U0881041

"十三五"普通高等教育规划教材

统计学

(第2版)

TONGJIXUE

刘 树 邵淑贤 主 编◎
张寿椿 刘广永 副主编◎
单昭祥 主 审◎

中国铁道出版社
CHINA RAILWAY PUBLISHING HOUSE

内 容 简 介

本书主要阐述统计的基本理论与方法，包括导论、统计调查、统计整理、综合指标、抽样推断、相关与回归、统计指数、时间数列、国民经济核算。

为适应高等院校经济学类、管理学类专业教学改革的发展趋向，体现学做结合、加强实际技能训练、提高实际工作能力的要求，本书不仅对各种统计方法均附有例题演示，还特在每章附加实训材料和习题。

本书体系合理、内容新颖、简明实用、通俗易懂，可以作为高等院校经济学类、管理学类各专业的教学用书，也可作为在职人员培训教材或相关人员的参考用书。

图书在版编目(CIP)数据

统计学/刘树，邵淑贤主编．—2版．—北京：中国铁道出版社，2016.3 (2018.12重印)
"十三五"普通高等教育规划教材
ISBN 978-7-113-21204-9

Ⅰ.①统… Ⅱ.①刘… ②邵… Ⅲ.①统计学—高等学校—教材 Ⅳ.①C8

中国版本图书馆 CIP 数据核字(2016)第025958号

书　　名：“十三五”普通高等教育规划教材
　　　　　统计学（第2版）
作　　者：刘树　邵淑贤　主编

策　　划：邢斯思　　　　读者热线：(010)63550836
责任编辑：邢斯思　贾淑媛
封面设计：刘　颖
封面制作：白　雪
责任校对：绳　超
责任印制：郭向伟

出版发行：中国铁道出版社（100054，北京市西城区右安门西街8号）
网　　址：http://www.tdpress.com/51eds/
印　　刷：三河市宏盛印务有限公司
版　　次：2014年1月第1版　2016年3月第2版　2018年12月第6次印刷
开　　本：787 mm×1 092 mm　1/16　印张：18.75　字数：454千
书　　号：ISBN 978-7-113-21204-9
定　　价：49.80 元

"十三五"普通高等教育规划教材
编审委员会

彭诗金	郑州轻工业学院	经济与管理学院院长
彭绪梅	大连海洋大学	教学质量监控与保障处处长
乔　梅	长春大学	管理学院副院长
任　慧	内蒙古工业大学	商学院书记
盛洪昌	长春大学	经济学院院长
孙国学	赤峰学院	经济与管理学院副院长
王　宏	河南城建学院	管理工程学院副院长
王诺斯	大连财经学院	管理学院院长
王庆生	天津商业大学	商学院副院长
王全在	内蒙古财经大学	会计学院书记
王　维	齐齐哈尔大学	经济与管理学院院长
王新平	西安科技大学	管理学院副院长
王新生	山东交通学院	管理学院院长助理
王信东	北京信息科技大学	经济管理学院教授
王　燕	佳木斯大学	经济管理学院副院长
肖　强	天津工业大学	文法学院院长
谢　军	大连交通大学	教务处副处长
张国旺	天津商业大学	商学院教授
张家成	长春工业大学	经济管理学院副院长
张　璞	内蒙古科技大学	经济管理学院院长
张议元	廊坊师范学院	管理学院副院长
张英华	天津财经大学	商学院教授
张玉智	长春工业大学	经济管理学院副院长
赵中利	山东交通学院	管理学院书记
朱春红	天津工业大学	经济学院院长

前言

Preface

统计信息是社会经济信息的主体。统计在认识客观事物的规律方面起着主导作用。认识客观事物，虽然可以采用理论假说、演绎推理分析等定性研究的手段，但只有通过统计手段从数量方面深刻认识客观事物发展的特征，才能达到对其发展规律的科学认识。

随着我国市场经济体系的发展和完善，统计信息日趋丰富，统计认识客观规律的需要日益凸显，统计手段和统计信息在社会经济生活中的地位和作用日益重要。统计的基本理论和方法，已成为从事社会、经济、管理、科学研究等人才必须具备的基本知识。具备了统计素质，才能及时获取所需统计信息，并深入分析研究，深刻认识和科学揭示社会经济现象发展的规律，才能为科学决策提供依据。因此，统计学是高等院校财经类、管理类各专业的核心课、必修课。

本教材强调了理论与实践的紧密结合，尤其强调了实训的环节。对重要的统计方法，都配有实例进行具体阐述；实训材料中，结合 Excel 软件在统计中的应用方法，配合数据实例进行了演示，适应了提高学生实际运用统计技能的要求。本书在第 1 版的基础上，优化了部分问题的表述，原第 8 章、9 章两章合并为第 8 章，增加了国民经济核算作为第 9 章。

本教材力求体系合理、内容新颖简明、方法简捷实用、语言通俗易懂，在吸收国内外统计研究的最新成果，结合实际工作的需要的基础上，突出统计方法的应用性。本教材可作为高等院校经济学类、管理学类各专业的教学用书，也可作为在职人员的培训教材或各类人员的参考用书。

本教材由刘树、邵淑贤（中国地质大学长城学院）任主编，张寿椿（河北科技学院）、刘广永（中国地质大学长城学院）任副主编。刘劲松参与了部分书稿的写作，并编写了全部实训材料，李伟伟参加了实训部分的书稿校对、修改工作。广东海洋大学单昭祥教授对全书给予审定并提出了宝贵意见。

本书编写过程中参考、吸收了许多统计学教材、统计学研究成果的精华，特向著作者表示感谢。统计学教材还在发展改进过程中，这也是我们的一次新的尝试，书中如有疏漏和不足之处，敬请读者批评指正。

编　者

2015 年 12 月

目录 Contents

第一章　导　　论

教学目标

理解统计的科学含义、特点和职能，对统计的研究方法和工作过程及其有关内容获得初步的认识，准确理解并掌握统计学中的几个基本概念。

开篇案例

2014 年，面对复杂多变的国际环境和艰巨繁重的国内发展改革稳定任务，党中央、国务院团结带领全国各族人民，牢牢把握国内外发展大势，坚持稳中求进的工作总基调，全力推进改革开放，着力创新宏观调控，奋力激发市场活力，努力培育创新动力，使国民经济在新常态下平稳运行，结构调整出现积极变化，发展质量不断提高，民生事业持续改善，实现了经济社会持续稳定发展。2014 年年末，全国大陆总人口为 136 782 万人，比上年末增加 710 万人，其中城镇常住人口为 74 916 万人，占总人口比重为 54.77%。全年出生人口 1 687 万人，出生率为 12.37‰；死亡人口 977 万人，死亡率为 7.16‰；自然增长率为 5.21‰。全国人户分离的人口为 2.98 亿人，其中流动人口为 2.53 亿人。国民经济稳定增长。初步核算，全年国内生产总值为 636 463 亿元，比上年增长 7.4%。其中，第一产业增加值 58 332 亿元，增长 4.1%；第二产业增加值 271 392 亿元，增长 7.3%；第三产业增加值 306 739 亿元，增长 8.1%。第一产业增加值占国内生产总值的比重为 9.2%，第二产业增加值占国内生产总值的比重为 42.6%，第三产业增加值占国内生产总值的比重为 48.2%。就业继续增加。2014 年年末全国就业人员 77 253万人，其中，城镇就业人员 39 310 万人。全年城镇新增就业 1 322 万人。年末城镇登记失业率为 4.09%。全国农民工总量为 27 395 万人，比上年增长 1.9%。其中，外出农民工 16 821万人，增长 1.3%；本地农民工 10 574 万人，增长 2.8%。劳动生产率稳步提高。全年国家全员劳动生产率为 72 313 元/人，比上年提高 7.0%。价格水平涨幅较低。全年居民消费价格比上年上涨 2.0%，其中食品价格上涨 3.1%。固定资产投资价格上涨 0.5%。工业生产者出厂价格下降 1.9%。工业生产者购进价格下降 2.2%。农产品生产者价格下降 0.2%。

——摘自 2014 年国民经济和社会发展统计公报

第一节　统计学的学科性质和研究对象

一、统计学基础知识

(一)统计的含义

统计一词，是由英语 statistics 翻译过来的。statistics 有三种含义:统计工作、统计资料和统计学。这里的统计是指统计工作。从这一含义上讲,统计工作是指搜集、整理和分析统计资料的实际工作过程,这一过程具体包括统计设计、统计调查、统计整理、统计分析四个基本阶段。统计资料是指反映社会经济现象数量方面特征的数字及文字资料。国家统计局等政府部门发布的各种统计公报和统计年鉴,各企事业单位日常生产经营活动中的统计数字和图表等,都是统计资料。统计资料是统计工作的最终成果。正因为我们需要用统计资料说明问题,才有必要进行统计工作来获得它们。

(二)统计学的含义

随着统计实践的不断发展,人们在统计工作实践的基础上,不断对统计方法加以总结概括,逐步抽象和系统化,形成了统计学。从基本含义上讲,统计学是研究如何测定、收集和分析反映客观现象总体数量特征的数据,以掌握其发展变化的数量特征和规律的方法论科学。

(三) 统计工作与统计学的关系

统计工作是统计学的基础和源泉,没有统计实践就不可能产生统计学。统计学源于统计工作实践,它一方面是统计工作方法、经验的科学总结和理论概括;另一方面又对统计工作实践发挥着科学的指导作用。两者的关系是一种实践和理论的关系。

二、统计工作过程及其特点

(一)统计工作过程

一项统计工作过程通常包括统计设计、统计调查、统计整理、统计分析四个阶段。

(1)统计设计。统计设计是根据确定的统计任务,对统计工作横向的各个方面和纵向的各个环节进行的通盘考虑和计划安排,其结果形成各种设计方案,如指标体系、分组体系、分类目录、调查方案、整理方案、分析提纲等。

(2)统计调查。统计调查是根据调查方案的要求,有计划、有组织地搜集原始资料的活动。统计调查是统计整理和统计分析的基础环节。这一活动在整个统计工作中极为关键,因为统计工作的质量和效能在很大程度上取决于原始资料是否准确、全面、可靠。

(3)统计整理。统计整理是对调查得到的资料进行审核、校正、分组、汇总,使之系统化、条理化,将标志汇总为指标,以说明总体及其内部数量特征的活动。它是由统计调查过渡到统计分析的必经阶段,是统计分析的前提。

(4)统计分析。统计分析是对经过加工汇总的统计资料,计算各项综合指标,利用各种统计分析方法对统计资料进行分析研究的活动。通过统计分析可以具体揭示社会经济现象发展的速度、结构、比例和效益、数量规模和界限、发展趋势和规律,从而达到深刻认识社会的目的。

(二)统计活动过程的特点

(1)目的明确性。由上述内容可知,统计是一个包括多项活动的过程。要使每项活动具有成效,必须做到目的明确,如果目的不明确,各项活动就难以有效地衔接起来,最后也就失去了统计的意义。

(2)整体联系性。一方面是指统计活动过程的各环节是一个环节衔接另一个环节,从而形成一个有机联系的整体,既不能漏掉某个环节,也不能跳过某个环节,各个环节必须密切协作,互相配合,共同完成统计任务;另一方面是指每一环节的活动,都要从整体上进行考虑,特别像统计设计和统计分析等活动,如果缺乏整体联系性,不仅难以把每一环节的活动搞好,而且会影响整个统计工作。

(3)明确具体性。统计的每项活动都是具体的工作,因此,统计活动过程要体现具体性的要求。统计任务必须要明确、指标要具体,调查范围和时限也要做出具体规定。这样统计活动才能提高效率。

(4)集中统一性。一项统计活动过程往往是一个由众多人员参加的实践活动。要保证统计活动过程的有序和有效,就应保持集中统一性,要求建立有权威的指挥组织系统。

三、统计学的研究对象和研究方法

(一)统计学的研究对象及研究特点

1.统计学的研究对象

任何一门科学都有自身特定的研究对象,特定的研究对象才构成特定的科学,从而区别于其他科学。统计学的研究对象是统计方法,它把解决统计问题所使用的一系列方法加以系统化,从而构建起一套完整的知识体系。

为适应高等院校经济学、管理学类专业统计学习的需要,本书以社会经济理论为指导,侧重研究运用统计手段在社会经济领域进行调查研究和分析的方法,包括指导统计活动的原理、原则,统计实践活动过程所应用的核算和分析方法,以及统计工作的组织方法等。学习统计学,对于提高统计的科学性和统计工作的效率具有重要意义。

2. 统计学的研究特点

统计学的研究特点主要表现在以下五个方面:

(1)社会性。统计学的研究领域是社会经济领域。社会经济领域中的各种事物都直接或间接地反映着人与人的关系,如生产、流通、分配、消费等,都和人的利益有关,即使表现人与物的关系,其背后也隐藏着人和人的关系。

(2)数量性。统计学研究社会经济现象,重在其数量方面,包括数量多少、数量关系、数量界限、数量变化规律。当然,任何社会经济现象都有质和量两个方面,量是质的表现,量变到一定程度会引起质变。因此,统计学对社会经济现象数量的研究,必须以对现象本质的定性认识为基础。只有正确认识社会经济现象的性质、特点及其运动过程,才能建立科学的统计指标体系,进行统计,并揭示其数量变化的本质特征和规律性。

(3)总体性。统计学研究社会经济现象总是从个体入手的,但其目的在于通过对个体的研究,过渡到对总体数量特征的认识。个别社会经济现象的变化具有特殊性、偶然性,难以充分反映现象的一般规律,社会经济现象的规律总是从现象总体中体现出来的。统计学对社会经济现象从总体上进行研究,就能消除偶然性,避免片面性,从而达到对社会经济现象的正确认识。

(4)具体性。统计学所研究的社会经济现象的数量特征,是具体事物在一定时间、地点、条件下的具体数量表现,而不是抽象的数字,这一点与数学是根本不同的。

(5)变异性。变异性是指统计研究的总体事物中个体之间存在着数量差异。总体事物中个体之间存在的数量差异往往是我们进行统计工作的客观原因,了解和分析总体事物中个体之间存在的数量差异,从而深入认识总体事物的数量结构、数量特征和数量变化规律,是我们进行统计工作的目的。

(二)统计学的研究方法

统计学研究的基本方法是大量观察法、综合分析法、归纳推断法和统计模型法。

(1)大量观察法。大量观察法是指在研究社会经济现象总体数量特征时,要对现象总体足够多的单位进行观察,以达到对现象总体数量特征的认识。社会经济现象是复杂的,这是由现象总体内各单位之间的差异性所决定的。要达到对现象总体数量特征的认识,并透过表象揭示事物的本质及发展的规律性,只观察个别事物或者极少数事物,是难以达到目的的,甚至会得出错误的结论。大量观察法的思想贯穿于整个统计研究的过程,具体运用主要表现在统计调查方法的设计上。

(2)综合分析法。综合分析法包括综合与分析两个方面。所谓综合是指对大量观察所获得的资料,在整理汇总的基础上,计算出各种综合指标以说明现象总体及其内部的数量特征。如通过计算总量指标、相对指标、平均指标,以反映现象总体在具体时间、地点、条件下的规模、水平、速度、结构、比例和效益。所谓分析是指在综合的基础上,利用对比分析、分解分析等各种分析方法,进一步研究现象总体的数量关系与差异。如应用统计分组法研究现象的内部结构,应用对比分析法、动态分析法、指数分析法、相关分析法等研究现象的数量差异、变动趋势和依存关系。

(3)归纳推断法。所谓归纳是指由个别到一般,由具体事实到抽象概括的推理方法。总体各单位的标志值,仅反映个别现象的具体事实,归纳法可以将总体各单位的标志值抽象为统计指标,从而得到反映总体的一般的数量特征。统计推断法是根据样本资料,按照一定的置信标准,用样本数据来判断总体数量特征的统计分析方法。统计推断法广泛用于对总体数量特征的估计和对总体某些假设的检验。所谓推断,是指以一定的置信标准,根据样本数据来判断总体数量特征的方法。如果研究的是由无限个单位构成的无限总体时,不可能观察总体的所有单位;如果研究的是一个由众多单位构成的总体时,有时没必要观察总体的所有单位。观察部分单位并以观察到的部分单位的样本数据来了解总体的数量特征,就必须利用推断法。统计推断法是社会经济统计中广泛应用的方法。

(4)统计模型法。统计模型法是指根据一定的统计理论和假定条件,通过建立数学模型模拟显示经济现象相关关系的一种研究方法。利用这种方法可以对社会经济现象的变化进行数量上的评估和预测,提高统计分析的认识能力和预见能力,对于增强社会经济管理工作的主动性和提高管理决策的科学性具有重要意义。

第二节　统计学的产生和发展

一、统计活动的产生与发展

统计作为人类适应社会生产发展和国家管理需要的一种社会实践活动,已有四五千年的历史。我国在原始社会末期,在奴隶社会的形成过程中,已出现了统计的萌芽。在我国《周易·系辞》一书中就有“上古结绳而治,后世圣人易之以书契”的记载。这说明当时已开始对政治经济事项进行粗略的分类和记述。另据《尚书》称,公元前两千多年前,在国家所进行的天文观察和居民生活条件的调查中,在国家建立的贡赋制度和劳役制度中,已有“四极”调查点的选择和年、季、月、“二分二至”与365日的划分,已有“九州”地理区划,“九山九水”治理方案和“上中下三等九级”贡赋标准,数量和分组的初步概念已经形成。在欧洲的古希腊、罗马时代,也已经开始人口和居民财产的统计工作。据

《商君书》载，我国在公元前三百多年前，在商鞅的调查研究思想中，已有了全国规模的人口调查登记制度和人口按年龄、按职业的分组，已有了国民经济调查研究中的各种数量对比分析，认为强国必须要知道"十三数"，包括"竟内仓[①]府[②]之数；壮男[③]壮女[④]之数；老[⑤]弱[⑥]之数；官[⑦]士[⑧]之数；以言说取食者[⑨]之数；利民[⑩]之数；马[⑪]、牛[⑫]、刍藁[⑬]之数。欲强国，不知国十三数，地虽利，民虽众，国愈弱至削。"把掌握反映国情国力的"十三数"定为富国强兵的重要手段。到十七世纪中叶，随着社会经济统计的发展，"统计"一词已约定俗成，在《清文献通考》中有明文记载。

封建社会由于经济十分落后，统计发展缓慢，仅停留于对事物的原始调查登记和简单的计数汇总工作。

十七世纪至十八世纪，欧洲资本主义处于上升时期，为适应生产发展的需要，社会经济统计有了很大的发展，包括人口、工业和农业的"国情调查"逐渐形成为制度，农业、工业、商业、外贸、海关与物价等方面的统计，先后都得到了广泛的发展，并建立了全国性的统计组织。

十九世纪中叶，古典概率引入社会经济统计活动，统计资料和统计方法在社会经济问题的研究中，得到日益广泛的应用。

十九世纪末至二十世纪初，列宁搜集大量俄国地方自治局的统计资料，进行了科学的评价和整理，写成《俄国资本主义的发展》一书，利用一百多份统计资料，用"数字的语言"分析了俄国资本主义发展的进程和特点。十月革命胜利后，列宁亲自创建了社会主义国家的统计工作，并第一次提出"社会经济统计是认识社会最有力的武器之一"，明确了统计的基本性质。列宁十分重视社会经济统计在国家建设中的作用，特别强调统计监督的意义。

我国社会经济统计虽历史悠久，但发展缓慢。近代统计，可以说是从 1859 年的"海关册"开始的。此后，虽于 1906 年(清光绪 32 年)在宪政编查馆成立统计局，但直至 1927 年，无论清政府还是北洋军阀都没有做多少统计工作。1927—1948 年，即国民党统治的 22 年间，虽然在立法院内设有统计处及稍后在主计处内设有统计局，但实际上既无统一的统计机构，也无统一的统计工作。对此，毛泽东同志曾指出，"一般地说，中国幼稚的资产阶级还没有来得及也永远不可能替我们预备关于社会情况的较完备的甚至起码的材料，如同欧美日本的资产阶级那样，所以我们自己非做搜集材料的工作不可。"[⑭]

中国共产党在领导中国人民进行革命战争期间，十分重视社会经济统计工作，并利用其为取得革命胜利发挥了重要作用。

新中国成立后，政务院财经委员会成立了统计处，为建立全国统一的统计工作打下了基础。1952 年 8 月，国家统计局成立，集中统一管理我国的社会经济统计工作。60 多年来，国家统计局和地方各级统计部门以及各部门的统计机构，进行了大量的调查统计工作，提供和积累了丰富的统计资料，为我国的社会主义建设做出了积极的贡献。

由此可见，社会经济统计是适应社会经济发展和国家管理的需要而产生和发展的。

二、统计学的产生和发展

随着社会经济统计实践的发展，人们从十七世纪中叶开始总结统计实践的经验，并逐渐形成了经济应用统计学。十七世纪中叶，英国人威廉·配第(1623—1687 年)于 1671 年写成并于 1672 年正式出版的《政治算术》，标志着经济应用统计学的诞生。马克思评价威廉·配第既

注：①～⑬表示为要知道的"十三数"。

⑭ 《毛泽东选集》第 3 卷，第 749 页。

是“政治经济学之父,在某种程度上也可以说是统计学的创始人。”[①]《政治算术》中的“政治”是指政治经济学,“算术”指统计方法。这本书运用大量的实际统计资料,对英国、法国和荷兰的国情国力作了系统的数量对比分析,阐明了英国的国际地位,提出了英国社会经济发展的方向和道路。

与威廉·配第同时,英国人约翰·格朗特(1620—1674年)的《关于死亡表的自然与政治的观察》一书于1662年出版。他在这本书中,根据英国若干年的人口资料,研究了出生、死亡、男女性别比例等人口现象中的规律,估计、推算了一系列重要的人口数字,编制了死亡年表。这本书所用的具体的数量对比的分析方法,对统计学的创立与《政治算术》起了同等重要的作用,被认为是统计科学的又一本名著,约翰·格朗特也被认为是统计学的创始人,与威廉·配第共同成为政治算术派。

与政治算术派同时存在的还有德国的记述学派,又称国情学派或国势学派,创始人是海尔曼·康令(1606—1681年)。该派学术的内容是用文字记述国家的显著事项。该派的主要继承人及中期代表人物德国人高特弗瑞德·阿痕瓦尔(1719—1772年)在《近代欧洲各国国势论》一书中使用“统计学”一词作为国势学的名称。不久以后,“统计学”一词传到英国,被译为英语statistics,取代了“政治算术”这一名称,至此正式确定了统计学这门科学的名称。

十九世纪中叶,比利时统计学家亚道尔夫·凯特勒(1786—1874年)把古典概率论引进统计学,为统计学的发展做出了巨大的贡献。他认为,概率论可以作为科学观察的基础。他说:“概率论在我们将要研究的现象中,对于人们从实际上或经验上命名的一切东西,将代之以具有科学的东西。”[②]他认为,人类社会的各种现象都有自身的规律(统计规律),而统计学应该揭示这些规律。他说:“我现在作为问题的统计学,在其语言的真正意义中,是可以称为社会生活的力学的,它将揭示与无机物体的力学同样惊人的各种规律。”[③]他在人口统计、道德统计、人体测量学等方面的研究中,依据概率论中的大数定律,致力于通过大量观察来揭示这种规律。例如,他认为人的身高、体重、呼吸等生理特征以及智力、道德、犯罪倾向等精神特征,都围绕着各自的规律性数值而摇摆不定,“应当对性质相同的事物作大量的观察和数量的比较,从而求出平均人”。[④] 他说:“根据我的各种调查,发现了以下基本原则:在我们对于多数人进行观察时,人的意志就平均化起来,并且不留任何显著的痕迹。所有部分(个人的)意志的作用,和纯粹受偶然原因所制约的各种现象一样,它们即被中和或抵消了。”[⑤]

马克思对凯特勒的“平均人”学说,就大数法则的作用,曾经给予肯定。他在《资本论》中曾说:“在每个产业部门,个别工人,彼得或保罗,都同平均工人多少相偏离。这种在数学上叫做误差的个人偏离,只要把较多的工人聚集在一起,就会互相抵消,归于消失。”[⑥]并在该页注(8)中指出:“还可参看凯特勒关于平均的个人的言论。”

十九世纪末叶,统计学的研究在英美各国都有了长足的发展,不少经济学家兼统计学家在统计指标体系、指数理论、时间数列分析、国民经济核算、投入产出法等方面的研究中做出了杰

① 马克思《资本论》第一卷,人民出版社1975年版,第302页。

② 转引自李惠村:《欧美统计学派发展简史》,中国统计出版社,1984年版,第57页。

③ 转引自李惠村:《欧美统计学派发展简史》,中国统计出版社,1984年版,第57页。

④ 转引自高庆丰:《欧美统计学史》,中国统计出版社,1987版,第89页。

⑤ 转引自李惠村:《欧美统计学派发展简史》,中国统计出版社,1984年版,第57页。

⑥ 《马克思恩格斯全集》,第25卷,第972~973页。

出的贡献。

马克思主义的产生，为建立社会主义的社会经济统计理论体系奠定了基础。马克思和恩格斯不仅对在统计学的发展中做出巨大贡献的配第和凯特勒作了科学的历史评价，还提出了“研究必须详细地占有材料”，从分析“典型”着手，注意绝对数、相对数和平均数的结合运用，注意数字之间的可比性和平均数的理论基础等重要问题。马克思和恩格斯利用统计资料和统计方法研究社会经济领域中的实际问题和理论问题，给我们树立了光辉典范。

十月革命后的苏联，明确规定统计学是一门独立的社会科学。前苏联的很多经济学家兼统计学家为统计学的发展做出了重要贡献。

新中国成立后，我们引进了当时苏联的统计学，并在很多高等院校开设了统计学课程。目前，统计学成为高等财经院校的核心课之一，各种版本的统计学教材得以出版，可以说，统计学在我国目前已发展到了空前未有的繁荣境地，统计学将大量概率论和数理统计的方法引入进来，方法体系日臻完善，其应用性和应用领域有很大的发展。

第三节 统计学的分类及与相关学科的关系

一、统计学的分类

统计学在发展中形成了包含若干分支学科的学科体系。根据统计方法的构成，可以分为描述统计与推断统计两大类；根据统计方法的研究与应用，可以分为理论统计与应用统计。

（一）描述统计与推断统计

从统计研究方法的角度来看，统计学主要有描述统计与推断统计两大组成部分。

1. 描述统计

描述统计是研究取得反映客观现象数量特征的数据，并对数据进行加工处理，运用表格、图形、数值等形式，通过综合、分析、概括得出反映客观现象总体数量特征、数量关系、数量变化规律的结论。其内容包括统计数据的收集方法、数据加工处理方法、数据的显示方法、数据分布特征的分析与概括方法等。

描述统计的方法运用非常广泛，统计年鉴、报纸、杂志、公司报告等刊载的大量统计信息，将数据以表格、图形及数值的形式表现出来，运用的都是描述统计的方法。描述统计是人们认识社会经济现象数量特征的重要途径和方法。

2. 推断统计

推断统计是研究如何根据样本数据推断总体数量特征的方法。它的内容主要包括参数估计的方法、假设检验的方法、方差分析的方法、相关与回归分析的方法等。

很多情况下，为了节省时间、费用或适应某些客观限制性条件，只能对样本进行调查，利用样本数据对总体的数量特征作出估计。如对某照明公司生产的日光灯管，只能抽出一小部分来做耐用时数的实验，估计其日光灯管的寿命。利用样本数据对总体的数量特征作出估计时，一般需要确定可靠程度和精度。样本数据包含的总体信息是不完备的，用其推断总体会产生误差。为了将误差控制在可接受的范围内，统计学就需要研究抽取样本的方法、推断的方法、估计误差的计算与控制的方法，以保证推断的结果达到要求的可靠性和精度水平。

统计学的描述统计与推断统计两大组成部分中，描述统计是整个统计学的基础，推断统计则是现代统计学的主要内容。利用样本数据推断总体数量特征的推断统计提高了统计的效率,拓展了统计的应用,越来越受到人们的重视。

(二)理论统计与应用统计

从统计学研究的是一般理论和方法还是具体领域的现象的角度来看,统计学主要由理论统计与应用统计两大组成部分。

1.理论统计

理论统计是研究统计学的一般理论和统计方法的数学理论。理论统计是统计方法的理论基础,把研究对象一般化、抽象化,以数学中的概率论为基础,从纯理论的角度,对统计方法加以推导论证,以归纳方法研究随机变量的变化规律,内容包括统计指标理论、统计分布理论、统计估计与假设检验理论、相关与回归分析、方差分析、时间序列分析、随机过程理论等。理论统计具有通用方法论的性质。

2.应用统计

应用统计是研究有具体对象的统计方法论。应用统计从研究的领域出发,根据研究对象的性质采用适当的指标体系和统计方法,解决需要研究的问题。应用统计先从所研究现象的质的分析中确定需要考察的指标,建立指标体系,采集数据,审核、整理和分析数据,得出符合实际的结论,为决策提供依据。

在统计学的发展中,理论统计与应用统计是相互促进、共同提高的。理论统计的发展为应用统计的数量分析提供更先进的方法论基础,不断提高统计的数据采集能力、数据处理能力、数据分析和推断能力。应用统计在实际问题处理中遇到的新问题、创造的新经验,成为理论统计的发展动力和丰富资源。

经济与管理类专业学习统计学,主要是学习社会经济统计学。社会经济统计学的研究对象是社会经济现象的数量方面,在社会经济领域运用统计方法,必须以对社会经济现象的质的分析为前提,必须以社会经济科学理论为指导,必须研究指标体系的设置,社会经济统计工作中必须采用估算的方法、核算的方法、综合评价分析的方法等。通过社会经济统计,国家可以及时、全面、系统、准确地掌握国民经济和社会发展情况,对国民经济和社会发展状况进行监督和预警,为实现宏观调控和决策提供依据;企业可以及时了解市场运行、需求和价格变化,了解企业自身的运行动态,为企业经营决策、投资理财提供数据支持。

二、统计学与相关学科的关系

在统计学的发展中,吸收、运用了许多数学的成果。数学和统计学都是研究数量规律的,都要运用许多数学运算公式。现代统计中运用了大量数学理论与数学方法,数学为统计学提供了数学理论和方法基础。统计学与数学有密切的联系,但是两门学科也存在本质的区别。从研究对象来看,数学研究一般的数量联系和空间形式;统计学,特别是社会经济统计学等应用统计学,研究客观的具体对象的数量表现,掌握其数量特征和变化规律,提供决策的依据。从研究方法来看,数学的研究方法主要是逻辑推理和演绎论证的方法,从严格的定义、假设的命题和给定的条件出发,推论证明出有关的结论。统计的方法,主要是归纳的方法,在相关领域科学理论的指导下,根据调查得到的大量数据资料,来归纳判断总体的情况。

统计学尤其是社会经济统计学,与相关的学科如经济学等,有十分密切的联系。经济学等实质性学科对经济统计学等应用统计学起着十分重要的指导作用。实质性学科研究该领域现象的本质关系并对有关规律作出合理的解释和论证。统计指标的设置、统计方法的应用，都离不开经济学等实质性学科的理论指导，统计学为实质性学科研究该领域现象的数量特征和数量关系、数量规律提供专门的方法。统计学是开展经济研究的重要工具。经济学对经济现象及其发展变化规律进行研究时，除了进行规范性的理论分析和定性分析，还要进行实证的数量分析。经济理论的真实性和完善程度、社会经济现象发展变化的数量规律，需要通过统计方法的运用进行检验和证实。“实践是检验真理的标准，统计是检验真理的方法。”统计归纳分析所获得的新知识、新发现，常常为实质性学科的研究开辟新的领域。已经有多位经济学家因为在成功地将统计方法运用于经济问题的分析方面做出杰出贡献，获得诺贝尔经济学奖。

第四节 统计学中的基本概念

一、统计总体和总体单位

统计总体是指客观存在的，具有某一共同性质的许多个别事物的集合体。例如我们要研究全国工业企业的发展情况，那么全国的工业企业就构成统计总体。又如，我们要研究城市居民家庭的生活水平，那么全部城市居民家庭就构成统计总体。

总体单位是指构成统计总体的个别事物、个别事件或基本单位。根据统计研究目的的不同，总体单位既可以是一个人、一件物品、一个事件，也可以是一个家庭或一个生产经营单位。上例中，每个工业企业、每个城市居民家庭都是总体单位。如果说，统计总体是同类性质事物的集合体，那么，总体单位则是构成该集合体的元素。

根据总体单位的数量，统计总体可分为有限总体和无限总体。例如，某县目前总人口有30万人，数量是有限的，属于有限总体；天空中的星星，它们无法计数，属于无限总体。需要强调指出的是，统计总体和总体单位具有相对性，随着研究目的的不同而不同。例如，研究某市工业企业状况，那么该市全部工业企业是统计总体，每个工业企业是总体单位。若研究某一工业企业的内部状况，那么这一工业企业就成为统计总体了。

二、标志和指标

(一)标志

标志是说明总体单位特征的名称。每个总体单位从不同角度考察，都有许多共同的特征，因此也就具有许多不同的标志。例如：人作为总体单位，其性别、民族、年龄、文化程度、身高、体重等都是标志。又如，企业作为总体单位，其经济类型、职工人数、设备数量、产值、成本、利润等都是标志。

标志有品质标志和数量标志之分。品质标志表示事物质的特征，它不能用数值表示，只能用文字表现，如职工的性别、民族、籍贯、文化程度等都是品质标志。数量标志表示事物量的特征，它可以用数值表示，如职工年龄、工资、身高、体重等都是数量标志。

总体各单位之间既有不变标志，又有可变标志。前者是统计总体构成的基础，后者是统计的必要性之所在。

标志的具体表现就是在标志名称之后所表明的属性或数值。如性别是女、民族是汉族、年龄是30岁、工资为7 000元等。其中“女”“汉族”是品质标志的具体表现;“30岁”“7 000元”是数量标志的具体表现。数量标志的表现称为标志值或变量值。统计调查的目的是要了解标志的具体表现,这是统计调查最关心的问题。如果说标志是统计所要调查的项目,那么标志表现则是调查所得的结果。总体单位、标志、标志表现三者密切联系,但又是不同的概念。总体单位是标志的承担者,而标志表现又是标志的实际体现。

(二)统计指标

统计指标是说明统计总体数量特征的名称及其数值。一个完整意义上的统计指标应由六个要素构成,即时间、空间、指标名称、数值、计量单位和计算方法。在实际应用过程中这六个要素缺一不可,这样才能清楚地表明社会经济现象总体数量特征的具体表现。

统计指标具有以下特点:

(1)数量性。由统计指标所概括的社会经济现象可以用数量来测度,统计指标可以用数学方法来进行加工处理。

(2)综合性。统计指标反映的是总体的综合数量特征,其基本数值是通过综合的手段得到的。统计指标所反映的是抽象掉个别事物的差异以后所得到的一般事物的数量特征。

(3)具体性。统计指标反映的是社会经济现象在一定时间、地点、条件下的数量表现,有具体的社会经济内容,是客观存在的事实。

统计指标可以有以下分类:

(1)按统计指标构成形式、作用与方法特点的不同,分为总量指标、相对指标与平均指标。

(2)按统计指标反映的总体特征的性质不同,分为数量指标与质量指标。

①数量指标是说明社会经济现象的总规模或总工作量的指标,一般表现为绝对数的形式。总量指标都是数量指标。如国内生产总值、财政收入、利润总额、总人口等指标都是数量指标。数量指标包括总体单位总量和总体标志总量。数量指标的数值随总体外延的变化而增减。

②质量指标是说明总体内部数量关系或总体单位一般水平的统计指标,表现为相对数或平均数的形式。质量指标的数值高低与外延范围的大小没有直接关系,如全员劳动生产率、资金利税率、人均国内生产总值、第三产业比重、职工平均工资、产品的平均价格等都是质量指标。

(3)按统计指标在管理中所起的作用的不同,分为考核指标和非考核指标;按统计指标认识功能的不同,分为描述指标、评价指标和预警决策指标。

统计指标的设计和使用应该具有目的性、科学性、适应性、可比性、可行性,要明确研究目的,确定统计指标的内涵和外延、确定统计指标的计算方法、规定统计指标的计量单位、规定统计指标的空间和时间。

在统计研究中统计指标有时仅指指标名称,如国内生产总值、工业总产值、粮食产量等。指标名称固然是统计指标的核心和实质含义,但它只能是抽象意义上的统计指标,在统计工作中一般出现在统计设计和统计调查前期阶段,而不是具体意义上的统计指标。

标志和指标既有明显的区别,又有密切的联系。

两者的主要区别是:

(1)标志是说明总体单位特征的名称,而指标则是说明总体特征的名称。

(2)标志有不能用数值表示的品质标志与能用数值表示的数量标志两种,而指标都是能用数值表示的，没有不能用数值表示的统计指标。

两者的主要联系是：

(1)统计指标的数值是根据总体单位的有关标志值或标志属性，进行汇总或有关计算得到的，所以，数量标志是统计指标的基础。

(2)统计指标与数量标志之间，随着研究目的不同可以相互转化。例如，当把某企业作为统计总体时，其产量、职工人数、工资总额都是统计指标；当把该企业作为总体单位时，其产量、职工人数、工资总额却又都成了数量标志。同样，相应也存在相反的转化。

(三)统计指标体系

若干个相互联系的统计指标所构成的整体，叫做统计指标体系，用以说明被研究现象各方面相互依存和相互制约的关系，从不同角度、不同侧面全面反映研究对象的整体状况。

统计指标体系的分类包括：

(1)按指标体系设置目的和内容的不同，分为基本统计指标体系和专题统计指标体系。

①基本统计指标体系是为满足国民经济核算与管理的需要而设置的统计指标体系。主要内容是反映各单位、各部门及整个国民经济的社会再生产过程。其中，着重反映各种要素投入的规模、比例和结构，各种产出的规模、比例和结构。

②专题统计指标体系是为研究某种专门问题而设置的统计指标体系。这类指标体系针对性强，有较大的灵活性。如工业经济效益指标体系、国有企业效绩评价指标体系、企业技术进步指标体系、人民物质文化生活水平指标体系等。

(2)按指标体系所反映对象的层次不同，分为宏观、中观、微观统计指标体系。宏观统计指标体系所反映的对象一般是指整个国家和社会；中观统计指标体系所反映的对象是各个地区、各个部门；微观统计指标体所反映的对象是企业或事业单位，以及居民家庭和个人。

(3)按统计指标体系反映问题所属领域的不同，分为社会、经济、科技统计指标体系。

统计指标体系必须紧紧围绕既定的研究目的，坚持指标体系的全面性、联系性和主要内容的相对稳定性，突出核心指标的重点性。

三、变异与变量

变异是指标志的具体表现和指标的数值存在的差别。变异是统计的前提，如果没有变异，统计就失去了存在的必要。可以说，变异是构成统计总体的充分条件。

变异有属性变异和数量变异之分。前者如性别标志，表现为男、女；后者如年龄标志，表现为20岁、25岁等。

变量是指可变的数量标志和统计指标。年龄、工资、产量、销售量等都是变量。变量的数值表现称变量值，也就是说，变量值是可变的数量标志的具体取值与统计指标的不同取值。如果某一变量以x表示，那么变量值一般以$x_1, x_2, \cdots, x_n$表示。

变量按其变量值的分布特点，可分为连续型变量和离散型变量。连续型变量的取值是连续不断的，相邻两值之间可作无限分割，即可取无限数值，如身高、体重、年龄等。连续变量的数值要用测量或计算的方法取得。离散型变量的取值都是以整数点值表示，如职工人数、机器台数等，都只能取整数值，不可能有小数(但不排除在有关计算过程中会出现小数)，离散型变量的数值可以用计数的方法取得。

变量按其性质的不同，可分为确定性变量和随机变量。确定性变量其值的变动具有趋势性,这是由某种决定性因素所影响的结果。例如,定期存款的利息就属于确定性变量。随机变量其值的变动没有一个确定的方向和变动幅度,带有偶然性,这是因为影响变量值的因素较多,作用不同所致。例如,抽取部分零件,检验其直径是否符合质量标准,被检验的零件直径数值往往大小不一,没有确定的方向,因而,零件直径就属随机变量。

第五节　我国的社会经济统计工作

一、我国社会经济统计工作的职能

统计信息是政府对社会经济运行进行决策、调控以及企业管理的重要依据。统计工作在社会经济管理中占有重要地位,并对经济社会发展发挥着重要的作用。

社会经济统计工作对国民经济的作用,是通过以下三种职能具体体现的:

1. 信息职能

社会经济统计工作的信息职能是指根据科学的统计指标体系和统计调查方法,为国民经济的发展搜集和提供大量及时、准确的社会经济信息。

2. 咨询职能

社会经济统计工作的咨询职能是指利用已经掌握的丰富的信息资源,运用科学的分析方法和先进的技术手段,深入开展综合分析和专题研究,为科学决策和管理提供各种可供选择的咨询建议与对策方案。

3. 监督职能

监督职能是指统计工作进行的统计调查和统计分析,及时、准确地从总体上反映国民经济的运行状态,并对其实行全面、系统的定量检查、监测和预警,以促进国民经济持续、快速、健康地发展。

统计的上述三种职能是一个有机整体,它们彼此依存、相互联系,彼此制约、相互促进。其中,采集和提供信息是最基本的职能。如果没有准确、丰富、系统、及时的统计信息,统计的咨询和监督职能也就失去了坚实可靠的基础。因此,统计的信息职能,是保证统计咨询和监督职能得以有效发挥的基本前提。

统计的咨询职能,是统计信息职能的延续和深化,因为采集统计信息的目的是能够对科学决策、科学管理和人们的社会实践产生作用。

统计的监督职能,是通过信息反馈来评判、检验决策方案是否科学、可行,并及时对决策执行过程中出现的偏差提出矫正意见。因而,统计的监督职能是在信息、咨询职能的基础上的进一步拓展。而统计监督职能的强化,又必然要对信息与咨询职能提出更高的要求,从而进一步促进统计信息与咨询职能的优化。

二、我国社会经济统计工作的组织

(一)我国社会经济统计的管理体制

我国社会经济统计工作实行统一领导、分级负责的管理体制。统一领导包括以下内容:

(1)统计资料的搜集主要集中在国家统计系统,各部门、各地方、各单位统计工作必须严格按照国家的统一要求,保质按时地完成国家规定的各项统计任务。

(2)国家统计工作必须贯彻执行全国统一规定的有关制度,包括统计指标体系、统计分类标准、统一调查项目、数字管理以及各项有关的计算规定。

(3)统计机构和统计人员独立行使统计调查、统计报告、统计监督的职权,各级党政部门不许干预统计资料的上报,不准篡改统计数字。

分级负责的内容包括:

(1)各地方、各部门、各单位在完成国家统计任务的前提下,可以根据自身需要开展自身的统计工作。

(2)各地方、各部门、各单位在严格贯彻执行国家统一规定的统计方法和制度的前提下,可以制订适合自身需要的统计方法和制度作为补充。

(3)统计报表和统计数字,由各级政府统计部门按照统一的规定,实行分级管理。

(二)我国社会经济统计工作机构的组成

(1)国家综合统计系统。由国家统计局和地方各级政府的统计机构组成,是我国国家统计组织的主系统。国家统计局是国务院的工作部门,负责组织领导全国各级和各部门统计机构,开展统计工作,并承担全国性的基本统计任务。各级地方统计机构,包括省(直辖市、自治区)市、县统计局受各级地方政府和上级统计机构的双重领导,在统计业务上以上级统计机构的领导为主。各级统计机构负责组织本地区的统计工作。

(2)业务部门专业统计系统。由中央及地方各级业务部门的统计机构组成。各级业务部门专业统计机构在业务上受国家统计局或同级地方政府统计机构的指导,组织执行本部门的各项统计任务。

(3)基层单位统计组织。包括乡镇统计组织或统计人员、企事业单位的统计组织或统计人员。基层单位统计组织是我国统计系统的基础。乡、镇政府是国家的基层行政组织,需要建立专门的统计机构或配备专职统计人员。乡、镇统计员在业务上受县人民政府统计机构的领导。乡镇以下的行政村统计工作,由村委会指定专人负责,在业务上受乡镇统计员的指导。企业、事业单位根据统计任务的需要,设立统计机构或统计人员,在业务上受所在地人民政府统计机构的指导,负责执行本单位的各项统计任务。

三、我国社会经济统计工作的法制建设

在社会主义市场经济条件下,社会经济统计工作必须纳入法制化轨道。法制化就是将统计工作的性质、任务、管理体制、工作制度、机构设置、有关当事人的责权利等用法律形式加以确定,作为从事统计工作的规范。它是我国社会经济统计职能正常发挥的基本保证。

《中华人民共和国统计法》(以下简称《统计法》)于1984年1月1日起开始施行。1987年2月15日国家统计局颁布《中华人民共和国统计法实施细则》,对我国统计法制的内容作了具体规定,明确了统计工作规范、权责保障和法律责任,使我国的社会经济统计工作在法制化的轨道上迈出了重要的一步。

法制建设是一个不断完善的过程。随着我国社会主义市场经济的不断发展和经济体制改革的不断深化,原有的《统计法》已出现了诸多不适应的问题,根据新情况、新变化,我国在1996年、2009年对其适时地进行修订,以保证我国社会经济统计工作在法制化的轨道上顺利发展,不断开创我国社会经济统计工作的新局面。

随着社会的发展和进步,统计在社会经济活动中的重要性愈益显现。国民经济运行情况

如何,需要统计提供正确的数据资料以进行宏观分析和调控;企业生产经营活动情况是否良好,需要统计提供必要的数据供管理者分析和决策;个人理财和投资,也需要运用统计的有关知识和方法。学好统计将有助于大家工作及事业顺利地开展并得到发展。

第六节　统计中计算机的应用

统计的工作目标是在大量观察的基础上,揭示总体的数量特征与数量关系及其变化规律。统计调查、统计数据处理和统计分析都需要对大量数据进行采集和处理。手工操作采集和处理海量数据,费时费力,容易产生误差。利用计算机、网络和统计软件来进行统计工作,提高了统计效率和统计质量,强化并拓展了统计功能。

统计软件有 Excel、SPSS、Eviews、MATLAB、SAS 等。这些统计软件各有特色和优势。在统计软件中,Excel 能够与 Windows 操作系统及 Office 中的其他软件很好地结合,普及面广、使用简便、功能强大、能够满足一般统计分析的需要,本教材的数据处理由 Excel 完成。

一、计算机在统计调查中的应用

利用计算机和互联网可以进行网上调查,快速准确地进行原始数据和次级数据的收集。对铁路、城市轨道交通的客流统计,对产品产量等物流统计,对商店销售的数量金额统计,都可以采用电子扫描设备采集数据。在经济普查中,采用卫星定位系统通过笔记本式计算机的实地扫描,就可以获得企业的占地面积的准确数据。许多调查可以采用网上调查的方式,如民意测验、消费倾向调查、意见征集等,因为其时效性好、意见征集广泛、所得数据便于计算机处理而日益得到普遍应用。

二、计算机在描述统计中的应用

利用计算机,运用统计软件,可以迅速对统计数据进行有效性、真实性、逻辑性检查,进行数据筛选、排序、分组整理等工作,使统计数据系统化、条理化,符合统计分析和统计数据使用的要求。利用统计软件中丰富的统计表和统计图的制作和编辑功能,可以把统计数据用表格、图形的形式形象直观地显示出来,凸显出统计数据的分布特征和规律性,易于读者理解;利用统计软件中强大的函数功能和分析工具,可以及时、准确地计算,并提供有关统计数据的分布特征值,如均值、方差、标准差、偏度、峰度等指标。

三、计算机在推断统计中的应用

利用统计软件中的随机数和抽样工具,可以方便地实施随机抽样、等距抽样等抽样方法,快速得到研究问题所需要的样本量。然后根据样本数据,利用统计软件中的参数估计和假设检验工具或公式与函数,对总体参数快速进行点估计、区间估计和假设检验等。

四、计算机在统计分析中的应用

利用统计软件中的方差分析、相关分析、回归分析和时间序列分析工具,可以轻松地测定出变量间的相关关系和相关程度,测定出现象的发展水平、发展速度、长期趋势、季度变动等,并能快速得到回归方程、趋势方程和季度指数,进而对未来发展作出预测。

总之，计算机在统计中的应用，有助于提高统计活动的效率，特别是对一些数据量较大、难以用手工完成的统计活动，计算机更能体现出它的优越性。

本 章 小 结

本章主要阐述了统计的三层含义：统计工作、统计资料、统计学。统计工作过程包括统计设计、统计调查、统计整理、统计分析四个阶段。统计学的研究对象是收集数据、整理数据、分析统计数据。统计的研究方法包括大量观察法、综合分析法、归纳推断法、统计模型法；本章还介绍了统计学的分类及其与相关学科的关系；解释了统计学中的几个基本概念，包括统计总体与总体单位、标志与指标、变量与变异等；介绍了我国社会经济统计工作组织与统计法制建设、计算机在统计中的应用。

实训材料

Excel 在统计中的应用简介

Microsoft Excel 是美国微软公司开发的 Windows 环境下的电子表格系统，它是目前应用最为广泛的办公室表格处理软件之一。随着版本的不断提高，Excel 软件的强大的数据处理功能和操作的简易性逐渐达到了一个新的境界，操作过程大为简化。这些特性，使Excel成为现代办公软件重要的组成部分。

Excel 具有强有力的数据库管理功能、丰富的宏命令和函数、强有力的决策支持工具，它具有以下主要特点：

1. 分析能力

Excel 除了可以做一些一般的计算工作外，还有 400 多个函数，用来做统计、财务、数学、字符串等操作以及各种工程上的分析与计算。Excel 还专门提供了一组现成的数据分析工具，称为“分析工具库”，这些分析工具为建立复杂的统计或计量分析工作带来极大的方便。

2. 操作简便

Excel(Excel 2003 版)内有许多工具按钮，每一个按钮代表一个命令。例如，要建立一个新的工作簿文件，就可直接按下工具栏第一个按钮，而不必先选择“文件”菜单，然后再选择其中的“新建”命令。

3. 图表能力

在 Excel 中，系统大约有 100 多种不同格式的图表可供选用，用户只要做几个简单的按键动作，就可以制作精美的图表。通过图表指南一步步的引导，可使用不同的选项，得到所需的结果，满意的话就继续，不满意则退一步，重新修改选项，直到最后出现完美的图表。

4. 数据库管理能力

所谓数据库系统，就是一组有组织的信息。对于一个公司，每天都会产生许多新的业务数据，例如，销售数据、库存的变化、人事变动的数据资料等。这些数据必须加以处理，才能知道每段时间的销售金额、某个时候的存货量、要发多少薪水给每个员工等。要对这些数据进行有效的处理，就离不开数据库系统。例如，每种产品的产地、规格、单位、单价、数量组成一列，每一行都包含同一属性的数据,每列都包含同一品种的数据,即每列都有产地、规格、单位、单价、数量。

在 Excel 中提供了类似的数据库管理功能,保存在工作表内的数据都是按照相应的行和列存储的,这种数据结构再加上 Excel 提供的有关处理数据库的命令和函数,使得 Excel 具备了能组织和管理大量数据的能力。

5. 宏语言功能

利用 Excel 中的宏语言功能,用户可以将经常要执行的操作的全过程记录下来,并将此过程用一简单的组合按键或工具按钮保存起来。这样,在下一次操作中,只须按下所定义的宏功能的相应按键或单击工具按钮即可,而不必重复整个过程。例如,可以定义一个打开最后编辑文件且可以自动执行的宏,以后当用户打开 Excel 后,将自动打开上一次编辑的工作簿。

6. 对象连接和嵌入功能

当需要更改图案时,只要在图案上双击,制作该图案的程序就会自动打开,图案将出现在该图形编辑软件内,修改、编辑后的图形也会在 Excel 内显示出来。也可以将一个声音文件或动画文件嵌入到 Excel 工作表中,使工作表变成一幅声形并貌的报表。

7. 连接和合并功能

通常,每个工作在一张工作表上执行即可,早期的工作表软件都只能在一张工作表上执行。但有时需要同时用到多张工作表,例如,公司内每个分公司每月都会有会计报表,要将各分公司区的资料汇总起来,就需要用到连接和合并功能。Excel 很容易将工作表连接起来,并进行汇总工作。Excel 内一个工作簿可以存放许多工作表、图形等。

练习题

一、单选题

1. 统计的含义有三种,其中的基础是(　　)。

A. 统计学　　B. 统计方法　　C. 统计工作　　D. 统计资料

2. 对 30 名职工的工资收入进行调查,则总体单位是(　　)。

A. 30 名职工　　B. 30 名职工的工资总额

C. 每一名职工　　D. 每一名职工的工资

3. 下列属于品质标志的是(　　)。

A. 某人的年龄　　B. 某人的性别

C. 某人的体重　　D. 某人的收入

4. 商业企业的职工人数、商品销售额是(　　)。

A. 连续变量　　B. 离散变量

C. 前者是连续变量,后者是离散变量　　D. 前者是离散变量,后者是连续变量

5. 了解某地区工业企业职工的情况,下列(　　)是统计指标。

A. 该地区每名职工的工资额　　B. 该地区职工的文化程度

C. 该地区职工的工资总额　　D. 该地区职工从事的工种

二、多选题

1. 社会经济统计的特点，可概括为（　　）。

A. 数量性　　B. 同质性
C. 总体性　　D. 具体性
E. 社会性

2. 统计学的研究方法是（　　）。

A. 大量观察法　　B. 归纳推断法
C. 统计模型法　　D. 综合分析法
E. 直接观察法

3. 下列标志（　　）属于品质标志。

A. 学生年龄　　B. 教师职称　　C. 企业所有制类型　　D. 企业产值

4. 下列（　　）属于离散型变量。

A. 年龄　　B. 机器台数　　C. 人口数　　D. 学生成绩

5. 总体、总体单位、标志、指标这几个概念间的相互关系表现为（　　）。

A. 没有总体单位就没有总体，总体单位也离不开总体而独立存在
B. 总体单位是标志的承担者
C. 统计指标的数值来源于标志
D. 指标是说明统计总体特征的，标志是说明总体单位特征的
E. 指标和标志都能用数值表现

6. 指标和标志之间存在着变换关系，是指（　　）。

A. 在同一研究目的下，指标和标志可以对调
B. 在研究目的发生变化时，指标有可能成为标志
C. 在研究目的发生变化时，标志有可能成为指标
D. 在不同研究目的下，指标和标志可以相互转化

7. 在说明和表现问题方面，正确的定义是（　　）。

A. 标志是说明总体单位特征的　　B. 标志是说明统计总体特征的
C. 变异是可变的数量标志的差异　　D. 变量是可变的数量标志
E. 标志值是变量的数量表现

三、填空题

1. 统计工作过程包括________、________、________、________四个阶段。
2. 一个完整意义上的统计指标由时间、地点、________、指标数值和计量单位构成。
3. 标志有用文字表示的品质标志和用数字表示的________之别。
4. 许多统计指标的数值是从________的数量标志值汇总而来的。
5. 人的性别是________标志，标志表现则具体为男或女。

四、判断题

1. 标志是说明总体特征的，指标是说明单位特征的。（　　）
2. 总体和总体单位是不会变化的。（　　）
3. 指标和标志在研究对象发生变化后，它们也会发生变化。（　　）
4. 可变的数量标志和指标都是变量。（　　）

5. 变异是统计的必要性所在。 (　　)

五、名词解释

统计学　统计总体　总体单位　标志　变异　变量　统计指标

六、简答题

1. 简述社会经济统计学的研究特点。
2. 什么是统计总体和总体单位？如何认识两者的关系？
3. 标志是如何分类的？
4. 变量是如何划分的？
5. 说明标志与指标之间的区别与联系。
6. 统计工作的职能有哪些？
7. 简述我国社会经济统计工作的组织有哪些。

第二章 统计调查

教学目标

理解统计调查的概念和意义，明确统计调查的各种分类，了解统计测量尺度，掌握统计调查方案的设计内容，重点掌握统计调查的主要组织形式以及结合应用。

开篇案例

据调查，我国人口平均预期寿命将达到 74.83 岁。2010 年第六次全国人口普查资料表明，随着我国社会经济的快速发展，人民生活水平的不断提高以及医疗卫生保障体系的逐步完善，我国人口平均预期寿命继续延长，婴儿死亡率进一步下降，国民整体健康水平有较大幅度的提高。平均预期寿命比 2000 年提高 3.43 岁。根据 2010 年第六次全国人口普查详细汇总资料计算，我国人口平均预期寿命达到了 74.83 岁(见表 1)，比 2000 年的 71.40 岁提高 3.43 岁。从性别看，男性为 72.38 岁，比 2000 年提高 2.75 岁；女性为 77.37 岁，比 2000 年提高 4.04 岁。男女平均预期寿命之差与十年前相比，由 3.70 岁扩大到 4.99 岁。这表明，在我国人口平均预期寿命不断提高的过程中，女性提高速度快于男性，并且两者之差也进一步扩大。这与世界其他国家平均预期寿命的变化规律是一致的。

表 1 平均预期寿命变化　　单位：岁

年份	合计	男	女	男女之差
1981	67.77	66.28	69.27	−2.99
1990	68.55	66.84	70.47	−3.63
2000	71.40	69.63	73.33	−3.70
2010	74.83	72.38	77.37	−4.99

2010 年世界人口的平均预期寿命为 69.6 岁，其中高收入国家及地区为 79.8 岁，中等收

入国家及地区为69.1岁。可见,我国人口平均预期寿命不仅明显高于中等收入国家及地区,也大大高于世界平均水平,但比高收入国家及地区平均水平低5岁左右。从提高幅度看,2000—2010年我国人口平均预期寿命提高3.43岁,比世界平均提高2.4岁快1岁左右。一般说来,平均预期寿命越高,提高速度越慢。但随着医药技术的发展和改善,一些平均预期寿命已处于较高水平的国家同期提高的速度也比较快,比如韩国提高4.9岁、新加坡提高3.6岁、巴西提高3.0岁、越南提高2.9岁、英国提高2.7岁、法国提高2.4岁、澳大利亚提高2.5岁、德国提高2.1岁等。婴儿死亡率继续呈下降趋势。人口平均预期寿命的提高,是各年龄死亡率水平下降综合作用的结果,而婴儿死亡率(指同时出生的一批婴儿未能存活到1岁的比例)的下降起着尤为重要的作用。2010年我国婴儿死亡率为13.93‰(见表2),比2000年的28.38‰下降14.45个千分点,平均每年下降1.45个千分点。而1990—2000年十年间,我国婴儿死亡率下降4.51个千分点,平均每年下降0.45个千分点。可见,随着我国经济的发展,人民生活水平和妇幼保健服务水平的提高,我国的婴儿死亡率不仅继续呈下降趋势,而且下降速度加快。

表2　婴儿死亡率变化

单位:‰

年份	合计	男	女	男女之差
1990	32.89	32.36	33.48	−1.12
2000	28.38	23.92	33.75	−9.83
2010	13.93	13.62	14.30	−0.68

资料来源:国务院第六次全国人口普查领导小组办公室

第一节　统计调查概述

一、统计调查的概念、任务和意义

统计调查就是按照预定的统计任务,运用科学的调查方法,有组织、有计划地向社会实际搜集资料的过程。

统计调查作为一种调查研究活动,它的基本任务是按照统计设计所确定的指标体系,通过调查,取得反映社会经济现象总体全部或部分单位以数字资料为主体的信息。这些信息是总体各单位有关标志的具体表现,或为尚待整理和系统化的原始资料,或为经过初步整理,仍须进一步系统化的次级资料。

统计调查对于搞好整个统计工作具有重要意义。它是人们认识的基础,分析的前提、决策的依据。一切统计计算和分析研究,都是在原始资料的基础上进行的。只有搞好统计调查,才能通过对原始资料的统计分析达到认识客观事物数量变动规律性的目的,并在此基础上为各级管理部门的科学决策和指导工作提供依据。

二、统计调查的种类

社会经济现象错综复杂,根据不同的研究目的和调查对象的不同特点,选择合适的调查方法，才能取得好的调查效果。统计调查可以有以下分类：

1.按照调查对象所包括的范围不同，可分为全面调查和非全面调查

（1）全面调查是对构成调查对象总体的所有单位进行调查。普查和全面统计报表，都属于全面调查。例如，人口普查要求调查登记全国每一个人的状况。全面调查能掌握比较全面完整的统计资料，是制定政策和计划的重要依据，但需要投入人力、物力和财力较多，操作也比较困难。有些现象也不适合进行全面调查。

（2）非全面调查是只对调查对象总体中的一部分单位进行的调查。重点调查、抽样调查、典型调查、非全面统计报表都属于这一类调查。例如，为掌握企业产品质量情况，可以抽查部分产品进行检验。其特点是调查单位相对较少，可以用较少的时间和人力调查较多的项目，不适合或不能进行全面调查时，可以用非全面调查资料来推算或说明全面情况，提供所需要的资料。

2.按照调查是否连续进行，可分为经常性调查和一次性调查

（1）经常性调查是指定期、连续进行的调查。例如，我国的城市和农村居民住户调查就是一种经常性的调查。

（2）一次性调查是指不连续进行的调查，可以定期或不定期进行。这类调查一般是针对某一具体问题而组织，如人口普查、人力资源调查等。

3.按照调查组织方式的不同，可以分为统计报表和专门调查

（1）统计报表是按一定的格式和要求，自上而下地布置，自下而上地提供统计资料的一种统计调查组织方式。它是国家统计系统和各业务部门为取得系统、全面的基本统计资料而采用的一种调查组织方式，目的在于掌握经常变动的、对国民经济运行有重要意义的统计资料。统计报表的绝大部分是以定期统计报表的形式实施。

（2）专门调查也称专项调查，是根据一定的目的和要求专门组织的一种调查方式。它具体包括抽样调查、普查、重点调查、典型调查等方法。专门调查既可以组织专门的调查队伍，深入实际搜集调查资料，也可以制发调查表，由报告单位填报。

4.按搜集资料的来源不同，可分为直接调查、凭证调查和询问调查

（1）直接调查指调查人员亲自到现场对调查对象进行测量、查看和计量，以取得原始资料的一种调查方法。如调查人员通过实割实测了解农作物的收获量，或直接到成品库观察、盘点工业产品的库存量等。

（2）凭证调查是通过被调查者以各种原始核算凭证为基础向调查者提供原始资料的方式。我国现在的统计报表就属此类。

（3）询问调查是调查者通过向被调查者提出问题，根据被调查者的回答来取得原始资料的方式。

5.按获取资料的方式不同，可分为自填问卷调查、派员访问调查、电话调查、网络调查、小组座谈调查等

（1）自填问卷调查是指设计好问卷之后，由被调查对象自行填写回答。这是当前常用的一种统计调查。把问卷送达被调查者以及问卷返回的方式有很多种，如由调查员分发与收回、通过邮寄或传真等。

（2）派员访问调查是派调查员与被调查者面对面进行的一种调查方式。社会经济调查中这种调查方式的应用相当普遍。其优点是回答率较高，可以使用比较复杂的问卷，调查所得到的数据比较准确。其缺点是费用比较高，调查时间比较长，质量控制比较困难，对调查人员的要求较高，对某些特殊群体的访问成功率较低。

(3)电话调查是调查人员利用电话这种通信工具与被调查者进行语言交流,从而获取信息、采集数据的一种调查方法。这种方式一般采用计算机作为辅助工具,时效快,可以访问到一些采用其他方式不容易接触到的调查对象。其缺点是采访时间受到限制,回答率比访问调查低,调查难以包括目标总体的全部单位。

(4)网络调查是充分利用互联网,通过向被调查者发送电子邮件或直接以网页作为载体向被调查者提出询问,由被调查者做出回答,从而获取有关信息的调查方式。网络调查的优点是成本低、范围广、速度快,交互性好,能够实现问卷多样化设计和更好的质量控制。网络调查存在的问题是代表的总体不全面,回答率低,回答的真实性不能得到保证,被调查者的身份验证比较困难。

三、统计调查的基本要求

根据统计工作的职能和任务,统计调查必须要满足以下基本要求:

1. 客观性

客观性是指统计调查必须能够正确反映客观事实而不受任何主观偏见的影响,不受任何势力的干扰,保证调查资料真实可靠。只有根据客观真实的资料,经过科学的整理分析,才能得出合乎规律的结论,为有关方面制定政策、编制计划、指导生产等提供可靠依据。

2. 准确性

准确性是指统计调查必须要严格控制调查误差,把统计数据的偏差控制在允许的误差范围以内。准确的调查资料是进行科学统计分析的基础和前提。调查数据的准确性决定着其使用价值的高低。

3. 及时性

及时性是指统计调查所提供的统计资料必须符合规定的时限,做到及时收集、及时整理、及时发表。只有及时提供资料,才能保证及时采取措施以解决生产和工作中存在的问题。资料不及时,就会失去应有的价值和作用。

4. 全面性

全面性是指统计调查必须按照调查方案的要求,对所要调查的全部单位和全部项目的全部资料毫无遗漏地搜集齐全,以保证资料完整无缺。只有搜集到全面的而不是零碎片面的资料,才能对所研究对象有全面正确的认识,并据以得出科学的结论。

5. 系统性

系统性是指统计调查应以客观现象之间的内在联系为基础。这包括两个方面的含义:一是各项数据相互之间能够有机衔接,具有统一性;二是所提供的统计资料在时间上应具有动态可比性和连续性,而不是孤立的。

6. 尊重隐私权

尊重隐私权是指统计调查必须要尊重被调查者的隐私权,保护资料提供者的合法权益。如被调查人员可通过不记名方式提供资料等。这样,才能消除被调查者的顾虑,从而有利于客观性、准确性、全面性原则的实现。

第二节　统计测量尺度

根据统计设计的要求,统计调查和整理的结果将形成预先设计的各项统计指标。统计调查必须要明确测量尺度。统计测量尺度是研究统计调查数据收集方法的基础。

一、统计测量尺度的概念及分类

统计测量可以定义为使用某种方法取得反映客观事物的状态的数据。

测量依据的标准不同，形成了不同的测量尺度，通常分为四类，即定类尺度、定序尺度、定距尺度和定比尺度。

1. 定类尺度

定类尺度是对事物的性质差异进行辨别和区分，说明事物是属于这一类还是属于那一类。以定类尺度对事物进行计量称为定类测量，所形成的变量称为定类变量。

定类尺度有如下基本特征：

(1)定类变量的不同类别间地位平等，没有高低优劣之分。如对种族、党派、宗教、性别等方面的测量就属于定类测量。反过来说，凡有前后顺序或大小差别的测量都不是定类测量。

(2)定类变量确切的表现是以文字表述的，不能以数字表述。如性别的值为“男”“女”，民族的值为“汉族”“满族”等。为便于处理，经常用数字来标识定类变量，如用 1 表示男性，用 2 表示女性。但数字在这里只起标签作用，并不代表真正的值，也不能用于计算。

2. 定序尺度

定序尺度是对事物的顺序性差异进行辨别和区分。某些事物不同类别间的差异都表现出高低、大小、多少、优劣、强弱等的顺序。这种顺序性差异可以分为两类：一类能以具体的单位表示其差距；另一类则无法表示具体的差距。如：某项成绩分为优秀、良好、及格、不及格四个次档；对某个事物的态度有很赞成、比较赞成、无所谓、不太赞成、很不赞成五类；人的文化程度可以分为文盲半文盲、小学、初中、高中、大学、研究生及以上六个级别。对于这后一类情况，就可以用定序尺度来测量。

定序尺度的基本特征是：

(1)定序变量的不同类别间存在顺序性差异，因此在表述或分析时不能随意排列。

(2)定序变量的顺序性差异无法准确计量，即能说明哪一类高、哪一类低，而说明不了高多少、低多少。

(3)定序变量确切的表现也是用文字表述的。与定类测量一样，定序测量也可以用数字对不同的类别加以标识，但同样仅仅是标识而已，不能进行计算。

3. 定距尺度与定比尺度

定距尺度是对事物绝对差异进行的辨别与区分；定比尺度则是对事物的绝对和相对差异进行的辨别和区分。

当事物的顺序性差异能够以具体的单位来计量时，统计测量的方法就从定序尺度转为定距和定比尺度。比如，当成绩用“分”来计量时，当人的文化程度用“受教育年限”来计量时，计量的结果就是定距、定比变量。

定距测量和定比测量是使用最多的统计测量尺度，因此，有必要了解它们的基本特征：

(1)有确定的计量单位是定距、定比尺度区别于另外两种测量尺度的基本特征。

(2)有无绝对意义上的零点是定距尺度与定比尺度的基本区别。当“零”值表示什么也没有时，它就是绝对意义上的零点。定距尺度没有真正的零点。一个典型的定距变量是温度，另一个典型的定距变量是公元纪年，还有海拔高度等。定比尺度具有真正意义上的零点。自然界或社会领域很多事物都可以用定比尺度去测量,例如人的身高、体重、年龄,产品产量、产值等。

(3)定距与定比变量的值均以数字表示,是真正意义上的数值,能够进行数学计算。这也是它们与定类、定序变量的明显区别。定距变量与定比变量之间也有差异。由于没有确切的零值,定距变量只能加减而不能进行乘除运算,而定比变量则可以。

二、统计测量尺度的作用

测量尺度是我们收集数据的依据。将统计测量尺度分为不同类别的一个重要原因在于它们在统计过程中所起的作用不同。概括起来,这些作用表现在两个方面:

1. 统计测量尺度决定数据的显示方法

统计数据的显示方法可以概括为两类,即统计图和统计表。统计图表具体又细分为多个种类,具有不同的表现形态。显示不同测量尺度的变量所使用的图表是不尽相同的,如:显示定类变量和定序变量形成的分布数列通常使用圆形图、条形图以及交叉表;如果构成分布数列的是定距、定比变量,则最好的显示方法是直方图和频数表。

2. 统计测量尺度决定数据的分析方法

数据的分析方法与测量尺度是直接关联的。例如,描述变量分布的集中趋势时,定类变量要使用众数,定序变量可以使用中位数,定距、定比变量则可以使用平均数;再如,对定类、定序变量的推断统计称为非参数统计,对定距、定比变量的推断统计则称为参数统计,二者有明显的区别。

三、测量层次及统计测量尺度的正确运用

(一)测量层次

当可以使用不同的尺度测量相同的事物时,从测量效果上比较各尺度的优劣,分出测量层次。测量效果包含三个方面的内容:测量精度、计算方法、信息数量。下面以对人的生命的测量为例,假设观察对象为A、B两个人,来说明不同测量尺度的测量效果。四种统计测量尺度的测量效果比较如表2.1所示。

表2.1 四种统计测量尺度的测量效果比较

效果 尺度	测量结果	测量精度	计算方法	信息数量
定类测量	A、B有生命	有无生命	无	A、B有生命
定序测量	A为中年人 B为青年人	生命时间与长短	无	A、B有生命 A比B年长
定距测量	A 1963年出生 B 1983年出生	确定的生命长度	加减	A、B有生命 A比B年长 A比B大20岁
定比测量	A 53岁 B 33岁	确定的生命长度	加减乘除	A、B有生命 A比B年长 A比B大20岁 A的年龄是B的1.8倍

从表 2.1 可以发现，从定类尺度依次到定序、定距、定比尺度，测量精度由低到高，计算方法从无到有，信息数量由少到多。据此可以得出结论：测量尺度是有层次之分的，定类尺度层次最低，其上是定序、定距尺度，定比尺度层次最高。

（二）统计测量尺度的正确运用

正确使用测量尺度是进行统计分析研究的基础。在运用统计测量尺度时应当注意以下几点：

1. 对于不同的事物，要准确使用适合的测量尺度

统计测量尺度是对事物本质特征的客观反映，必须根据研究对象的具体情况决定使用的测量尺度。如，对于各类别间为平等关系的事物（如性别、民族等），只能用定类尺度测量；再如，人的主观态度最适合用定序尺度测量。

2. 对于同一事物，要尽量使用高层次的尺度

由于高层次的测量尺度具有精度高、计算方法多、信息量大的特点，因此在有可能使用几种尺度测量同一事物时，要尽可能用高的测量尺度。如用定序尺度来测量人的文化程度，即将文化程度分为文盲半文盲、小学、初中、高中及以上，所提供的信息量有时不能满足需求。如果用定距尺度测量，将文化程度表述为受学校教育的年数，效果会更好一些。我们不妨做一下比较。假设一个成年人群的文化程度分布如表 2.2 所示。

表 2.2　某成年人群文化程度分布情况表

定序测量	文盲半文盲	小学	初中	高中	大专	本科	硕士	博士及以上
定距测量	1 年	6 年	9 年	12 年	14 年	16 年	19 年	22 年
人数/人	1 800	5 000	5 500	1 100	100	20	5	1

如果想了解这个人群的平均文化程度，分析结果为：文化程度众数是初中，中位数为小学，二者存在明显差异，且分析结果较为粗糙。如果对同一人群使用定距测量资料进行研究，除文化程度的众数和中位数外，还可以计算平均受教育年限，计算结果为 7.4 年。对应各种文化程度的累计受教育年数，7.4 年略高于小学、相当于初中一年级水平。显然，这一结果要比根据定序资料计算的指标更精确一些。

3. 对于同一指标体系，要使用相同的尺度

如前所述，低层次的指标不能使用高层次指标的计算方法，因此，当一个指标体系中包含不同测量层次的指标时，计算方法只能在低层次上得到统一，其中的高层次指标信息将无法应用，从而降低整个指标体系的层次。而同一测量层次的指标可以采用相同的计算方法，这对于指标体系的综合分析与评价是有利的。我们可以通过一个例子说明这一点：设某企业使用 8 项指标来评价生产经营综合情况，某年度的测量结果如表 2.3 所示。

表 2.3　某企业某年生产经营活动主要指标与同行业先进水平比较表

统计指标	某企业水平	同行业先进水平	某企业水平与同行业先进水平之比
成本利润率/%	9	10	0.9
销售合同履约率/%	95	100	0.95
产品畅销率/%	41	45	0.91
劳动生产率/(元/人)	5 640	6 000	0.94

续表

统计指标	某企业水平	同行业先进水平	某企业水平与同行业先进水平之比
增加值率/%	31.5	30	1.05
生产能力利用率/%	95	98	0.97
支付能力	一般	相当强	?
产品质量	一般	好	?

表2.3所示各项指标中,前6项均为定比指标,第7项、第8项则属于定序指标。由于这两个定序指标的存在,使综合评价变得困难起来。可以通过计算某企业和同行业先进水平的支付能力系数、产品质量指数,使得这两项指标的测量层次也上升到定比测度的层次,所有指标的测量层次就统一了,这样就可以按照所需要的方式对数据进行综合了。

第三节　统计调查方案的设计

统计调查涉及方方面面,一项大型的调查往往需要成千上万的人员协同工作才能完成。为了顺利完成调查任务,需要在调查过程中统一认识,统一内容,统一方法,统一步调,为此,组织调查之前必须首先设计一个周密的调查方案。

一、调查目的

调查目的,就是指为什么要进行调查,调查要解决什么问题。对任何社会经济现象,人们都可以根据不同的目的和需要,从不同的角度来搜集资料。只有明确了调查目的,才能做到有的放矢,正确地确定调查对象以及调查的内容和方法,并据以搜集到有关的资料。否则,可能调查来的资料并不是所需要的,而需要了解的情况又得不到充分的反映。

明确调查目的,统计调查方案的设计才能有针对性。首先必须明确什么样的信息是使用者所需要的,即为什么做这项调查。其次,还要进一步明确调查需要搞清楚的基本问题是什么。此外,还要明确组织调查的相关背景等。

二、调查对象和调查单位

调查对象,就是应搜集其资料的全部单位的总体。它由调查目的所决定,并由许多性质相同的调查单位所组成。例如,我国的人口普查,其目的是了解全国人口的各方面情况,因此,其调查对象就是全国的所有人口。

调查单位,就是所要调查的总体单位,即调查对象所包含的具体单位。它是所要登记标志的承担者。例如,调查目的是了解某地区所有国有工业企业的盈利状况,那么每一个国有工业企业作为调查标志的承担者,都是调查单位。

在实际调查中,除了要明确调查对象和调查单位,还要注意不要把调查单位和填报单位相混淆。调查单位是调查项目的承担者,而填报单位则是负责上报调查资料的单位。这二者有时一致,有时不一致。例如,进行工业企业普查时,调查单位是每一个工业企业,填报单位也是每一个工业企业;而进行工业企业设备普查时,调查单位是每一台工业企业设备,而填报单位则是每一个工业企业。

三、调查项目和调查表、调查问卷

1. 调查项目

调查项目，就是根据调查目的所确定的所要调查的具体内容。它包括需要向调查单位了解的有关标志及其他有关情况。如我国第六次人口普查规定的调查项目包括户别、本户普查登记人数、本户户籍人口中外出不满半年人数、本户户籍人口中外出半年以上人数、本户住房间数、本户住房建筑面积等“按户填报项目”23 项，姓名、与户主的关系、性别、年龄、民族、出生地、户口登记状况、户口性质、是否识字、受教育程度等“按人填报项目”26 项，共计 49 项。

具体拟定调查项目时，应注意以下几方面的问题：

(1)确定的调查项目应该与设计的统计指标和指标体系相一致，并本着“少而精”的原则。

(2)应根据需要和可能确定调查项目。所选择的项目必须是能够取得确切资料的。为避免调查人员或被调查者产生歧义，凡列入的调查项目，含义必须要具体、明确，必要时要加以注释或规定统一的标准。

(3)各个调查项目之间应尽可能相互联系，彼此衔接，以便于有关项目相互核对，起到校对作用，从而提高调查资料的质量。

2. 调查表

将所确定的调查项目按照一定的顺序排列在一定的表格内，就形成了调查表。调查表一般由表头、表体、表脚三部分组成。表头是用来说明调查表所反映主要内容的名称；表体是调查表的主要部分，包括统计调查所要说明调查单位特征的调查项目和这些项目的具体表现、栏号、计量单位等；表脚包括调查者或填报人的姓名、签章、填表日期等，有的还要填写单位负责人姓名，并有签章等。

调查表的格式有一览表和单一表两种。一览表是把许多调查单位和相应的项目按次序登记在一张表格里的一种统计表。它一般适用于调查项目不多的调查。单一表是在一张表格里只登记一个调查单位。调查项目较多时，多采用单一表的形式。

3. 调查问卷

调查项目也可用调查问卷的形式表现出来。调查问卷是为从被调查者那里获得有关某个主题的信息而专门设计的一组或一系列问题及答案。

从内容上来说，一份完整的调查问卷通常应该包括三个部分：导语、正文、调查情况的记录。

导语部分包括问卷的标题和说明词。正文部分是所需的问题和答案，也是问卷最主要的部分。调查情况的记录首先应包含调查人员的签名，以便明确责任负责。此外，还应记录调查地点、调查开始时间和结束时间等。如果是自填问卷，应记录回收时间。

四、调查时间和调查期限

调查时间是指资料所属的时间，即调查资料所反映的社会经济现象客观存在的时间。如果资料要反映的是现象在某一时点上的状态，调查方案中就必须规定统一的标准调查时点；如果所要调查的是时期现象，调查方案中就必须明确规定资料反映的起止时间。例如，人口普查所要调查的是时点现象，因此，我国第六次全国人口普查标准时点为 2010 年 11 月 1 日零时。在标准时点以前死亡和这个时点以后出生的人口不应该登记在内，其余必须进行登记。只有这样,才能正确统计出标准时点上人口的准确数字。

人口普查主要调查人口和住户的基本情况,内容包括:性别、年龄、民族、受教育程度、行业、职业、迁移流动、社会保障、婚姻生育、死亡、住房情况等。人口普查的对象是在中华人民共和国(不包括香港、澳门和台湾地区)境内居住的自然人。2011年4月28日,国家统计局局长马建堂发布2010年第六次人口普查登记(已上报户口)的全国总人口为1 339 724 852人。

调查期限是指调查工作从开始到结束的整个工作时间,包括从搜集资料到报送资料整个工作所需的时间。如我国第六次人口普查规定普查登记工作从2010年11月1日开始到11月10日前结束,其调查期限就是10天。显然,开始登记的时间不能先于调查时间中的标准时点时间或时期现象的资料所至时间。

五、调查方法的选择

一般来说,调查方法的选择包括在全面调查和非全面调查之间进行选择、从不同的统计调查组织方式中进行选择、从不同的数据收集方式中进行选择等。通常在选择时需要考虑经费、时效性、抽样框、目标总体特征和数据要求等问题。

六、调查工作的组织实施

在调查方案中,还必须研究确定调查的组织实施计划。调查的组织实施计划一般包括调查组织领导机构的建立,调查人员的组织、配备与培训,文件的印刷、调查资料的报送办法,经费预算和开支等。只有组织计划工作做得严密细致,才能保证统计调查工作顺利进行。

第四节　统计调查的组织方式

我国统计调查的主要组织方式包括普查、统计报表、抽样调查、重点调查和典型调查。其中普查、统计报表、抽样调查是我国目前最基本的统计调查方式,典型调查和重点调查是对上述基本调查方式的补充。

一、普查

(一)普查的概念及意义

普查是专门组织的一次性全面调查,可以用来搜集某些不能够或不适宜用定期全面统计报表搜集的统计资料。它一般主要用于调查属于时点性质的社会经济现象,如对总人口、土地面积、固定资产存量的调查,但也可用来调查属于时期性质的社会经济现象,如工业普查中对产值、销售额等指标的调查。对于一些重要的国情国力,只有通过普查才能搜集到全面、准确的数据资料,以作为国家制定方针政策和经济与社会发展规划的依据,而统计报表往往不能满足对这些方面资料的全面性、准确性要求。

(二)普查的组织原则

普查涉及面广,指标多,工作量大,时间性强,要求集中领导和统一行动。因此,搞好普查工作必须遵循以下几项基本原则:

(1)要确定一个统一的调查时点,也称标准时点。标准时点是指全体调查者在对调查对象进行登记时所依据的统一时点。所有调查资料都必须反映这一时点上的状况。这是因为,被调查对象是在不断变化的，为了避免重复和遗漏，必须确保普查空间范围内的全部对象都处于同一时点上的状态，否则，统计上来的数字就会因口径不一致而无法使用。

(2)普查范围内所有调查单位或调查点要同时开展工作，方法步骤上要保持一致，并力求在最短的期限内完成工作，以保证调查资料的准确性和时效性。

(3)普查项目要有统一规定，而且一经统一规定就不能任意改变或增减，以免影响资料的汇总和综合，降低资料质量。同一种普查，每次的普查项目应尽可能保持一致，以便历次资料进行比较和分析。

(4)普查应尽可能定期举行，以便于对比观察社会现象发展变化的特征和规律性。

(三)普查工作的一般步骤

普查工作由于调查规模大，涉及面广，必须通盘考虑它的全过程，作好每一步的工作。普查工作的一般步骤包括：

(1)建立统一的组织领导机构，同时对群众进行广泛的宣传动员。

(2)设计和颁发普查方案，必要时要提前搞好试点调查。

(3)组织培训普查队伍。

(4)进行物质准备和经费预算。

(5)调查登记和资料报道。

(6)整理和公布资料，总结普查工作。

(四)普查的分类

(1)按照组织方式的不同，普查可分为两种：一种是自上而下组织专门的普查机构，配备一定数量的专门普查人员，对调查单位直接进行登记；另一种是利用调查单位的原始记录和核算资料，或结合清库盘点，由调查单位自填调查表，物资库存普查多采用这种形式。

(2)按照普查资料汇总特点的不同，普查可分为一般普查和快速普查两种：一般普查采取逐级布置、逐级汇总上报的办法，前后花费时间较长；快速普查是由组织普查的最高领导机构直接将普查任务布置到各调查单位，调查单位完成任务后把调查结果直接报送组织普查工作的最高领导机构，无论布置任务和报送资料，都越过一切中间环节。快速普查一般指标项目较简单，并采用超级汇总的办法，可以最大限度地缩短资料的汇总和传递时间。

二、统计报表

(一)统计报表的概念和特点

统计报表是根据国家有关部门的统一规定，按统一的表格形式，统一的指标内容，统一的报送时间，自上而下地布置，自下而上逐级提供统计资料的一种调查组织方式。它是国家有计划、有组织地取得统计资料的一种调查组织形式，主要用于全面调查，有时也用于非全面调查。统计报表的特点包括：

(1)统一性。由于统计报表的指标体系、表格形式、报送程序、报送时间等都由国家有关部门统一规定，保证了所搜集的资料具有统一性。

(2)全面系统性。在报表的实施范围内，各单位都必须全面贯彻执行。这样，经过基层单位的填报，部门、地区以及全国的汇总综合，得到国民经济全面、系统的基本统计资料，可以满足各个层次、各个方面的需要。

(3)连续性。统计报表大多不间断地定期实施，可以取得连续性统计资料，便于进行动态分析。

(4)可靠性。统计报表建立在原始记录的基础上,因此具有相对可靠性。

(二)统计报表的种类

统计报表从不同的角度,可以进行不同的分类:

(1)按报表内容和实施范围不同,统计报表可分为国家、部门和地方报表。国家统计报表也称国民经济基本报表。它是由国家统计部门根据国民经济与社会发展计划和进行宏观调控所需资料的要求制定,并在全国范围内统一颁发执行,用以反映全国性的经济和社会基本情况的统计报表。部门统计报表是政府有关部门为适应本部门业务管理的需要,根据本部门的统计调查计划和统计调查项目,制定和实施的专业统计报表。地方统计报表是由省(市、区)级统计部门为本地区编制,为检查社会经济发展规划和对本地区社会经济活动进行科学管理服务,统一制定,并在本地区实施的统计报表。部门和地方报表都是国家统计报表的必要补充。

(2)按调查对象范围的不同,统计报表可分为全面统计报表和非全面统计报表。全面统计报表要求调查对象的每一个单位都填报,它属于全面调查的范畴。非全面统计报表只要求调查对象中的一部分单位填报,属于非全面调查的范畴。目前,我国大多数统计报表属于全面统计报表。

(3)按报送周期的长短不同,统计报表可分为日报、月报、季报、半年报、年报等。日报表、季报表一般只限于填报某些重要的社会经济活动中一些最主要的指标,以反映各个时期中心工作进展情况及一些重要产品的生产进度,主要为检查国民经济计划执行情况提供依据,因此又称进度报表。年报表的周期最长,内容也最详尽,主要用来总结报告年度内国民经济各部门经济活动和社会发展的全面情况,为各级领导制定方针、政策,确定发展战略,调整年度计划和编制长远规划提供依据。

(4)按报送方式不同,统计报表又可分为电报、电话、传真、计算机报表等方式。目前我国的统计报表一般均采用了计算机报表,即通过专门的计算机网络传输。

(5)按填报单位的不同,统计报表可分为基层报表和综合报表。由部门基层企事业单位、乡人民政府等机构向国家统计部门和上级主管部门报送的统计报表称基层报表。它反映基层单位的业务活动。综合报表是由国家统计部门和各业务主管部门根据基层报表逐级汇总填报的统计报表,它反映一个地区、部门的社会经济发展情况。基层报表是由基层单位独立填报的,综合报表是根据基层报表汇总整理的结果。

(三)统计报表制度

统计报表制度是国家有关部门为保证统计报表这一调查方式的正确实施而制定的有关规定。我国的统计报表制度的内容包括:

(1)表式。表式是统计报表制度的主体,统计调查资料是通过这些表式的填报而取得的。它的主要内容有主栏项目、宾栏指标以及补充资料等项目。

(2)填表说明。主要包括填报范围、指标解释、分类目录及报送日期等其他有关事项的规定。

(四)统计报表的资料来源

统计报表是自下而上逐级提供统计资料的一种调查方式,所以,统计资料的最初来源是基层单位的原始记录、统计台账和有关核算资料。

原始记录是基层单位通过一定的表格形式,对生产经营活动的过程和成果所作的第一手的数字或文字记载,是未经任何加工整理的原始材料。原始记录工作的质量直接影响统计报表数字的准确和提交的及时性。

统计台账就是根据统计报表和核算工作的需要,用一定的表格形式将分散的原始记录资料按时间顺序集中起来所形成的表册。根据需要,一般可分别设置班组统计台账、车间统计台账、企业统计台账等。

三、抽样调查

抽样调查是一种非全面调查的组织方式。它是按照随机原则,从总体中抽取一部分单位作为样本进行实际调查,然后根据调查所得的样本数据,对总体的有关信息做出具有一定可靠程度的推断。

关于抽样调查将在以后的有关章节具体介绍。

四、重点调查

(一)重点调查的概念、意义和特点

重点调查是一种非全面调查,它是在调查对象总体中,只选择其中的一部分重点单位进行调查,以了解总体基本情况的一种调查方式。所谓重点单位,是指所要调查的标志值在总体标志总量中占有较大比重的单位。通过对这些单位的调查,能够了解总体的基本情况。

重点调查具有以下几个特点:

(1)调查单位的少数与标志值的多数的统一。重点调查只在全部调查单位中,选取一少部分重点单位进行调查,但这一少部分重点单位的标志值在所研究对象的标志总量中占有很大比重,能反映总体的基本情况。

(2)节约性。由于所选择的重点调查单位数目较少,同时由于重点调查单位一般管理水平较高,统计基础工作较好,资料容易取得且质量较高,因此能够节省人力、物力、财力和时间,并易较快速度获得所需要的资料。

(3)取得资料的方法灵活。根据研究问题和需要,重点调查可以定期进行,也可以是一次性的;可以组织专门调查,也可以实施定期统计报表。

(二)重点调查的实施条件和组织方式

能否实施重点调查,是由统计调查的任务和对象特点所决定的。当调查任务只要求掌握总体的基本情况,而调查对象又确实存在着重点单位时,进行重点调查是比较适宜的。

重点调查的组织方式有两种:一种是专门组织一次性调查;另一种是利用定期统计报表经常地对一些重点单位进行调查。

(三)重点调查单位的确定

组织重点调查的重要问题是选择重点单位。重点单位选多选少,要根据调查任务来确定。一般来说,选出的单位应尽可能少些,其标志值在总体中所占比重应尽可能大些。无论哪种情况都应注意:同一调查单位,在不同的时期可能是重点单位,也可能不是;在这一问题上是重点单位,在另一问题上则不一定是重点单位。因此,重点单位的确定,必须根据有关资料进行具体分析,而不应该照搬过去或他人的经验。

五、典型调查

(一)典型调查的概念、意义和特点

典型调查是一种非全面调查,它是指根据调查的目的和要求,在对研究对象进行全面分析的基础上,有意识地选出少数具有代表性的典型单位,进行深入细致的调查,借以认识事物本

质及其发展变化规律的一种调查方式。典型调查的特点主要有：

(1)调查单位的典型性。典型调查的调查单位都是根据调查目的，在对总体进行全面分析的基础上，有意识地选择出来的，具有某种典型性。

(2)调查内容的深入性。典型调查对总体中的少数单位进行调查，便于用较少的人力、物力，在较短的时间内进行深入、细致的调查，取得所需要的详细资料。因此，典型调查的调查项目可以多一些，可以用来深入研究一些比较复杂的专门问题。

(3)调查单位选择的主观性。由于典型调查的调查单位是有意识选择出来的，因此，典型调查单位的确定与其他非全面调查相比较，更多地取决于调查者的主观判断和决策，具有更强的主观性。

(二)典型单位的选择

典型调查的首要问题是选出若干典型意义突出的单位。典型可以是单个的，也可以是整群的，可以是一次性的，也可作为一定时期内相对固定的典型单位进行连续调查。

选择典型单位应遵循以下原则：

(1)根据不同的调查目的和要求，选择不同的典型单位。

(2)如果调查对象单位差异不大，典型单位可以少选几个；调查对象中各单位差异较大时，典型单位应多选几个。

(3)选择典型单位要实行专家、领导、群众相结合的办法。

(三)典型调查的方式

按照统计调查的目的和任务不同，典型调查的方式有以下两种：

(1)“划类选典”式的典型调查。如果调查的目的是近似估算总体指标，总体各单位间的差异又较大时，可以用“划类选典”的方法，在了解总体大概情况的基础上，把总体先按有关标志划分为若干类型组，然后从每一组中按所占比例大小，选出若干典型单位进行调查。

(2)“解剖麻雀”式的典型调查。如果调查的目的是研究成功的经验或失败的教训，或是研究新生事物，可以选择少数典型单位进行深入细致的调查研究，即所谓“解剖麻雀”式的典型调查。

(四)典型调查的方法

典型调查的方法很多，根据客观实际情况的需要，常用的方法有：

(1)开调查会。就是召集若干了解情况的人进行座谈，由调查者根据预定的调查提纲提出问题，由与会者进行讨论的调查方法。这种方法简便易行，也比较可靠。

(2)个别访问。就是调查者直接访问了解情况的当事人的方法。这种方法便于互相谈心，交流经验，特别适用于总结先进经验。

(3)蹲点调查。就是调查者直接参与社会实践活动的全过程，达到从中认识事物本质和规律的目的。这种方法能更加深刻具体地认识事物的性质及其演变过程。

第五节　统计调查误差

一、统计调查误差的种类

统计调查误差就是统计调查所取得的数据与统计调查总体实际数据之间的差异。统计调查应该保证其资料的准确、及时、完整、系统，但是由于种种原因，在统计调查过程中往往会产生误差。

统计调查误差从其产生原因来看，可以分为两种：登记性误差和代表性误差。

1.登记性误差

登记性误差是指统计调查过程中由于各种原因而产生的误差，原因主要包括：

(1)登记、计量、计算、汇总等环节的工作不准确。

(2)被调查者提供的数据不符合实际。

(3)调查方案不够科学严密，项目含义不清、时间界限不明、调查对象范围不准等。

登记性误差在各种调查方式中都是可能产生的，但是要想办法将其控制在较小的范围内，以保证调查的数据资料基本真实准确。

2.代表性误差

代表性误差是指在用部分单位的资料推断总体的指标时，由于该部分单位的水平和结构与总体存在一定的差异，而使推断的总体指标数值与总体的真实指标数值之间存在误差。

根据统计调查误差是否带有倾向性，可将登记性误差和代表性误差分为系统性误差和非系统性误差。系统性误差是整体带有偏高或偏低的倾向的误差，有的是调查者的主观倾向造成的，也有的是抽样组织方法不当造成的。这类误差危害大，尤其要防止。非系统性误差是由客观的、偶然的因素造成的，不带有倾向性。

二、误差的防止

只有采取有效措施减少或防止统计调查误差的产生，才能够保证统计资料的真实性、准确性。

对于登记性误差，要增强统计调查方案的科学性和严密性，明确规定并详细说明调查项目的要求，防止调查人员误解误报。要切实落实统计调查方案，用统计调查方案规范指导统计调查工作，切实保证统计调查工作质量。加强统计法制建设，严肃统计纪律，坚持实事求是的工作作风，是保证统计调查的数据真实准确的根本。

对于代表性误差，在抽样调查中，要严格遵守随机原则来控制抽样误差；在其他非全面调查中，要在对调查对象的性质和特点了解分析的基础上，选出具有较高代表性的单位进行调查，尽可能减小调查误差。

本章小结

统计调查的概念、任务和意义，统计调查的种类。统计调查必须要满足的基本要求。

统计调查方案的设计，包括调查目的、调查对象和调查单位、调查项目和调查表、调查问卷、调查时间和调查期限、调查方法的选择、调查工作的组织实施。

统计调查的组织方式。我国统计调查的主要组织方式包括普查、统计报表、抽样调查、重点调查和典型调查。其中普查、统计报表、抽样调查是我国目前最基本的统计调查方式，典型调查和重点调查是对上述基本调查方式的补充。

统计调查误差的种类、登记性误差和代表性误差。只有采取有效措施减少或防止统计调查误差的产生，才能够保证统计资料的真实性准确性。

实训材料

调查问卷的设计

调查问卷是调查者根据调查目的和要求所设计的,由一系列调查项目、问题、备选答案、说明等内容组成的一种调查工具,用于向广泛的被调查者征求意见。其特点是:调查的广泛性、内容的标准化、被调查者的匿名性。一般采用直接汇总方式,体现了民主、科学的发展倾向,应用日益广泛。

一、调查问卷的分类

问卷调查,按照问卷填答者的不同,可分为自填式问卷调查和代填式问卷调查。其中,自填式问卷调查,按照问卷传递方式的不同,可分为报刊问卷调查、邮政问卷调查和送发问卷调查;代填式问卷调查,按照与被调查者交谈方式的不同,可分为访问问卷调查和电话问卷调查。

报刊问卷调查,就是随报刊传递分发问卷,请报刊读者对问卷做出书面回答,然后按规定的时间将问卷通过邮局寄回报刊编辑部。

邮政问卷调查,就是调查者通过邮局向被选定的调查对象寄发问卷,请被调查者按照规定的要求和时间填答问卷,然后再通过邮局将问卷寄还给调查者。

送发问卷调查,就是调查者派人将问卷送给规定的调查对象,等被调查者填答完后再派人回收调查问卷。

访问问卷调查,就是调查者按照统一设计的问卷向被调查者当面提出问题,然后再由调查者根据被调查者的口头回答来填写问卷。

电话问卷,就是通过打电话的方式进行问卷调查。

二、调查问卷的一般结构

问卷一般由卷首语、问题和回答方式、编码和其他资料四部分组成。

(1)卷首语。它是问卷调查的自我介绍信。卷首语的内容应该包括:调查的目的、意义和主要内容,选择被调查者的途径和方法,被调查者的希望和要求,填写问卷的说明,回复问卷的方式和时间,调查的匿名和保密原则,以及调查者的名称等。为了能引起被调查者的重视和兴趣,争取他们的合作和支持,卷首语的语气要谦虚、诚恳、平易近人,文字要简明、通俗、有可读性。卷首语一般放在问卷第一页的上面,也可单独作为一封信放在问卷的前面。

(2)问题和回答方式。它是问卷的主要组成部分,包括调查询问的问题、回答问题的方式以及对回答方式的指导和说明等。

(3)编码。就是把问卷中询问的问题和被调查者的回答,全部转变为A,B,C…或a,b,c…等代号和数字。

(4)其他资料。包括问卷名称、被访问者的地址或单位(可以是编号)、访问员的姓名、访问开始的时间和结束的时间、访问完成情况、审核员的姓名和审核意见等。

有的自填式问卷还有一个结束语。结束语可以是简短的几句话,对被调查者的合作表示真诚感谢；也可稍长一点，征询一下对问卷设计和问卷调查的看法。

三、问题的种类、结构和设计原则

调查所要询问的问题，是问卷的主要内容。设计调查问卷，必须弄清楚问题的种类、问题的结构和设计问题应该遵循的原则。

1. 问题的种类

问卷中要询问的问题，大体上可分为四类：

(1)背景性的问题，主要是被调查者个人的基本情况，它们是对问卷进行分析研究的重要依据。

(2)客观性问题，是指已经发生和正在发生的各种事实和行为。

(3)主观性问题，是指人们的思想、感情、态度、愿望等一切主要世界观状况方面的问题。

(4)检验性问题，为检验回答是否真实、准确而设计的问题。这类问题，一般安排在问卷的不同位置，通过互相检验来判断回答的真实性和准确性。

四类问题中，背景性问题是任何问卷都不可缺少的。因为，背景情况是对被调查者分类和不同类型被调查者进行对比研究的重要依据。

2. 问题的结构

问题的结构，即问题的排列组合方式。它是问卷设计的一个重要问题。为了便于被调查者回答问题，同时也便于调查者资料的整理和分析，设计的问题一般可采取以下几种方式排列：

(1)按问题的性质或类别排列，而不要把不同性质或类别的问题混杂在一起。

(2)按问题的复杂程度或困难程度排列。一般地说，应该先易后难，由浅入深；先客观事实方面的问题，后主观状况方面的问题；先一般性质的问题，后特殊性质的问题。特别是敏感性强、威胁性大的问题，更应安排在问卷的后面。

(3)按问题的时间顺序排列。一般地说，应该按照调查事物的过去、将来、现在的历史顺序来排列问题。无论是由远到近还是由近及远，问题的排列在时间顺序上都应该有连续性、渐进性，而不应该来回跳跃，打乱被调查者回答问题的思路。

问题的排列要有逻辑性。在特殊情况下，也不排除对某些问题做非逻辑安排。检验性问题也应分别设计在问卷的不同部位，否则就难以起到检验作用。

3. 设计问题的原则

要提高问卷回复率、有效率和回答质量，设计问题应遵循以下原则：

(1)客观性原则，即设计的问题必须符合客观实际情况。

(2)必要性原则，即必须围绕调查课题和研究假设设计必要的问题。设计的问题数量过少、过于简略，无法说明调查所要了解的问题；数量过多、过于繁杂，不仅会大大增加工作量和调查成本，而且会降低回答质量，降低问卷的回复率和有效率，也不利于正确说明要调查的问题。

(3)可能性原则，即必须符合被调查者自愿真实回答的要求。凡被调查者不可能自愿真实回答的问题，都不应该正面提出。

四、提问方式

现场调查问卷中，调查问题是其核心内容，问题的提出方式是否恰当，对调查结果的影响极大。通常，调查问卷的提问方式主要有封闭型提问和开放型提问两种类型。

1. 封闭型提问

封闭型提问方式是在问卷上同时列出问题和各种可能的答案,然后由被调查者在已经给出的答案中选出一项或几项作为回答。

封闭型提问的优点主要是调查时节省时间,从而可多问一些问题,且资料分类整理易于处理;其缺点是被调查者不能自由表达看法,问卷上给出的答案可能并不包含被调查者想要给出的回答,从而被调查者只好选择一种并非真正代表自己意见的答案,降低了调查资料的真实性。

2. 开放型提问

开放型提问方式是在问卷上仅给出问题,并不给出可供选择的答案,而是由被调查者根据问题自由回答。

开放型提问的优点是拟定问题不受拘束,比较容易,并且对被调查者不限制回答范围,能收到一些建设性的意见和调查者所忽略的答案与资料。缺点主要在于对资料的整理与分析比较困难。被调查者的回答可能各个不同,答案分类难免困难,整理过程相当耗费时间,而且很难避免整理者自己的偏见。

在一份问卷中,封闭型提问和开放型提问往往要结合运用,经常是简单的事实性问题采用封闭型提问,而复杂的建议性问题则采用开放型提问。

五、提问次序

调查问卷中提问次序安排的是否合理,往往也会影响调查数据资料的质量,因此对提问的次序也必须仔细斟酌。

一般来说,问题提出的次序应该是先易后难,先一般后特殊,即所谓漏洞式。问卷开始所提出的问题性质宽泛,被调查者容易回答,然后逐渐缩小范围,到最后则属特殊的专门性问题。

提问的次序安排还应考虑到调查中采用的访问方法。若采用口头访问法,则问卷开始应安排一些开放型问题,以便于被调查者能多说话,创造一个和谐轻松的气氛,便于整个调查工作的进行;若采用的是书面访问方式,则可将封闭型问题安排在问卷开头,使被调查者感到易于回答,有兴趣参加此项调查,而将开放型问题放在后头,便于被调查者在对前面问题思考的基础上提出自己独特的见解。

在实践中,为了避免提问次序对调查结果产生不良的影响,可将问卷分成几部分,各部分的提问次序或封闭问题答案的次序不同,从而使提问次序所产生的偏差相互抵消,以保证调查结果的质量。为了保证问卷调查的质量,对设计的问卷内容和形式要进行评价、测试和修改,比较理想后再进行印刷、实施调查。

下面是一个顾客满意度调查问卷的例子。

顾客满意度调查问卷

上海大众销售有限公司(SVWSC)用户满意度调查问卷

调查日期: 调查人员姓名:

调查地点: 调查样本编号:

尊敬的女士、先生:

您好!我是上海大众销售有限公司调查员,我们正在进行汽车市场用户满意度调查,请协助回答几个问题。您的回答将完全保密，尽请放心。谢谢您的合作与支持！

甄别部分

1. 请问您或您的家人有没有在下列行业工作的呢？

□ 广告、公关机构　　□ 电视、广播、报纸等媒介机构

□市场研究、咨询、调查机构

□轿车制造　　□ 轿车批发、零售

□以上皆无

2. 您在最近半月内是否接受过同类采访？

□ 是　　□ 否

3. 请问您的年龄是

□ 18 岁以下　　□ 18～50 岁

□ 50～72 岁　　□ 72 岁以上

4. 您这辆车的品牌，型号________。

5. 您这辆车的车主是：

□ 自己　　□ 公司　　□ 单位

6. 您购买这辆车已有________月。

主体问卷

一、满意程度

	很满意	满意	一般	不满意	很不满意
1. 根据您最近的经历，您对上海大众销售公司的满意程度如何？	□	□	□	□	□

	肯定	可能会	说不定	可能不会	肯定不
2. 根据您最近的经历，您是否打算再次购买大众汽车？	□	□	□	□	□
3. 根据您最近的经历，您会向您的业务伙伴推荐上海大众汽车吗？	□	□	□	□	□

4. 您对下列各项的总体满意程度如何？	很满意	满意	一般	不满意	很不满意
a. 您所购买的上海大众汽车	□	□	□	□	□
b. 您所得到的销售支持	□	□	□	□	□
c. 您所得到的技术服务	□	□	□	□	□
d. 您所得到的管理支持	□	□	□	□	□
e. 查询接待	□	□	□	□	□
f. 您所得到的配套产品支持	□	□	□	□	□
g. 上海大众用户培训	□	□	□	□	□
h. 上海大众提供的文字材料	□	□	□	□	□
二、售前服务项目					
1. 经销商的知名度与信誉	□	□	□	□	□
2. 展厅及展车的陈列	□	□	□	□	□
3. 产品介绍资料质量	□	□	□	□	□

4. 售前主动联系用户 □ □ □ □ □
5. 迅速答复报价询问 □ □ □ □ □
6. 对产品介绍全面 □ □ □ □ □
7. 设立购车咨询热线 □ □ □ □ □
8. 购车咨询热线的态度和质量 □ □ □ □ □
9. 对您的业务需要的理解 □ □ □ □ □

三、售中服务项目

1. 供货的及时性 □ □ □ □ □
2. 提供试车服务 □ □ □ □ □
3. 结账准确 □ □ □ □ □
4. 销售人员的服务态度 □ □ □ □ □
5. 新车的装潢服务 □ □ □ □ □
6. 车辆的外观性能 □ □ □ □ □
7. 专业化程度 □ □ □ □ □

四、售后服务项目

1. 您最近给公司打电话的目的是什么？

□ 查询　　□ 有问题

2. 您是多久以前打的电话？

□ 少于3个月　　□ 3～6个月

□ 6～12个月　　□ 超过1年

3. 您是与公司哪个部门联系的？

□ 销售部　　□ 服务部

□ 财务部　　□ 公司网站

□ 热线电话

	很满意	满意	一般	不满意	很不满意
4. 协助处理质量问题	□	□	□	□	□
5. 售后主动联系客户	□	□	□	□	□
6. 设立售后服务咨询热线	□	□	□	□	□
7. 售后服务咨询的质量	□	□	□	□	□
8. 维修服务处理速度	□	□	□	□	□
9. 维修服务态度	□	□	□	□	□
10. 维修质量	□	□	□	□	□
11. 零配件供应	□	□	□	□	□

此外，您认为上海大众销售服务公司还需要提供哪些方面的服务？

____。

背景部分

1. 请问您的职业是：

□ 党政干部　　□ 教科文卫人员

☐ 企业管理人员　　☐ 商务服务人员
☐ 个体经营者　　☐ 公司职员
☐ 离退休人员　　☐ 其他

2. 请问您的教育程度：
☐ 小学及以下　　☐ 初中
☐ 中专、技校　　☐ 高中
☐ 大学或以上

3. 您是属于：
☐ 政府机关　　☐ 事业单位
☐ 三资企业　　☐ 国营企业
☐ 私营企业　　☐ 出租
☐ 司法部门　　☐ 私人
☐ 其他

4. 您的车、您开的车属于：
☐ 公务用车　　☐ 商务用车
☐ 出租用车　　☐ 其他

再次感谢您的合作！

根据所学内容和上面的例子，请你设计一个对学生消费（或学习）状况调查的调查问卷，实施调查并写出分析报告。

练习题

一、单选题

1. 对一批商品进行质量检查，最适合采用的调查方法是（　　）。
A. 全面调查　　B. 抽样调查　　C. 典型调查　　D. 重点调查

2. 对某市全部商业企业职工的生活状况进行调查，调查对象是（　　）。
A. 该市全部商业企业　　B. 该市全部商业企业职工
C. 该市每一个商业企业　　D. 该市商业企业的每一名职工

3. 调查单位数目不多，但其标志值占总体标志总量比重较大，此种调查属于（　　）。
A. 抽样调查　　B. 重点调查　　C. 典型调查　　D. 全面调查

4. 需要不断对全国各铁路交通枢纽的货运量、货物种类等进行调查，以了解全国铁路货运情况。这种调查属于（　　）。
A. 连续性典型调查　　B. 连续性全面调查
C. 连续性重点调查　　D. 一次性抽样调查

5. 非抽样误差（　　）。
A. 仅在抽样调查中存在　　B. 仅在全面调查中存在

C. 在抽样调查和全面调查中都存在　　D. 在抽样调查和全面调查中都不经常出现

二、多选题

1. 统计调查按搜集资料的方法有(　　)。

A. 采访法　　B. 抽样调查法

C. 直接观察法　　D. 典型调查法

E. 报告法

2. 下列情况的调查单位与填报单位不一致的是(　　)。

A. 工业企业生产设备调查　　B. 人口普查

C. 工业企业现状调查　　D. 农作物亩产量调查

E. 城市零售商店情况调查

3. 抽样调查的优越性表现在(　　)。

A. 经济性　　B. 时效性

C. 准确性　　D. 全面性

E. 灵活性

4. 全国工业企业普查中(　　)。

A. 全国工业企业数是调查对象　　B. 全国每个工业企业是调查单位

C. 全国每个工业企业是填报单位　　D. 工业企业的所有制关系是变量

E. 每个工业企业的职工人数是调查项目

5. 以下属于非抽样误差的有(　　)。

A. 调查员的调查误差　　B. 被调查者的回答误差

C. 无回答误差　　D. 随机误差

E. 抽样框误差

三、填空题

1. 统计调查按其组织形式,可分为________和________两种。统计调查按其调查对象的范围不同,可分为________和________两种。统计调查按其调查登记的时间是否连续,可分为________和________。

2. 人员亲临现场对调查单位直接进行清点和计量,这种调查方法称为________。

3. 对象的所有单位都进行调查,这是________调查。重点调查、典型调查、抽样调查都属于________调查。

4. 全面调查或非全面调查中都会产生________误差,而________误差则是非全面调查所固有的,是不可避免的。

5. 应搜集调查资料的全部单位的总体称为调查对象,它是由________所决定的,并由许多性质相同的________所组成。

四、判断题

1. 在统计调查中,调查标志的承担者是调查单位。(　　)

2. 对全国各大型钢铁基地的生产情况进行调查,以掌握全国钢铁生产的基本情况,属于非全面调查。(　　)

3. 全面调查与非全面调查是根据调查结果所得资料是否全面来划分的。(　　)

4. 工业设备调查中,调查单位与填报单位是一致的。(　　)

五、名词解释

统计调查　普查　统计报表　重点调查

六、简答题

1. 简述统计调查的基本任务。
2. 简述统计调查的种类及适用范围。
3. 简述统计调查方案的主要内容。
4. 简述抽样调查适用的范围。
5. 简述重点调查、典型调查、抽样调查的区别。
6. 简述普查和全面统计报表能否相互替代。

第三章　统计整理

教学目标

理解统计整理的概念、了解统计整理的程序；理解并掌握统计分组的概念和作用，掌握统计分组的方法、选择分组标志的原则以及不同类型统计分组的拟定；理解分布数列的概念，掌握分布数列的编制方法；能够设计编制统计表、绘制统计图。

开篇案例

最近，某大学工商学院的学生就业指导部门为了掌握毕业生的就业服务领域，做了一项调查。通过对调查数据的整理，制作了如下两个统计图表，将调查得到的大量数据用直观、明了、简洁的方式呈现了出来。

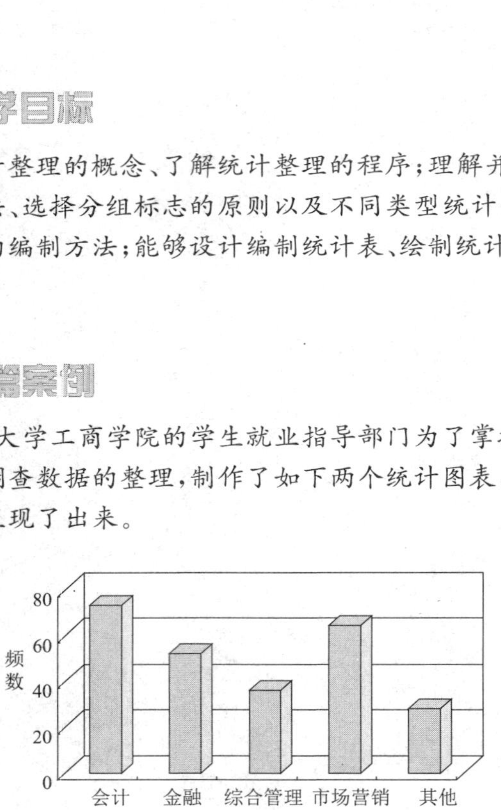

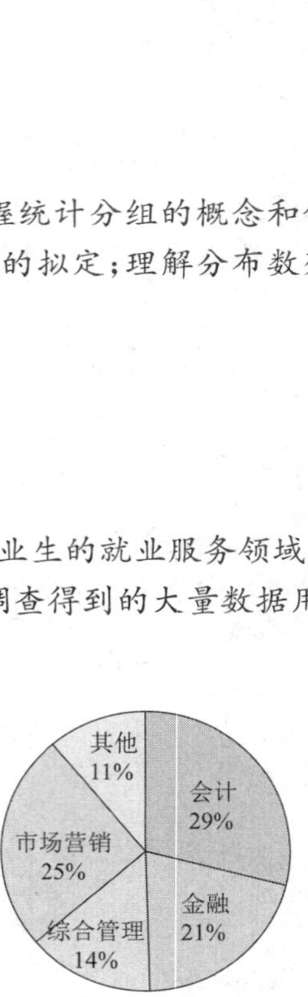

在获取调查资料之后，采用科学方法整理资料，对资料进行分类汇总，是统计工作中的一个重要环节，是进一步进行统计分析与研究并得出科学结论的基础。如何对原始资料进行分类汇总？数据资料的整理方法和步骤有哪些？如何根据统计资料正确编制统计表和统计图？本章将对这些问题一一解答。

第一节 统计整理的概念及程序

一、统计整理的概念

统计整理，是根据统计研究的目的，将大量个体的、分散的统计原始资料进行科学的分组与汇总，使其系统化、条理化，使其成为能够反映总体的数量特征及发展变化情况的综合性统计资料的工作过程。广义的统计整理还包括对次级资料的再加工过程。

统计调查搜集和取得的大量的统计资料，只反映总体单位个体特征，而不能反映现象总体的综合数量特征及其变化。为此，必须经过统计整理，才能达到认识的目的，完成统计研究的任务。

统计整理是统计调查的继续，也是统计分析的基础和前提。统计整理的合理与否，对社会经济现象总体数量表现、数量特征、数量关系及其变化的认识和分析有较大的影响——影响其科学性、合理性。

二、统计整理的程序

统计整理是一项细致的工作，需要有计划、有组织、有步骤地进行。统计整理的程序包括：

1.设计和编制统计资料的汇总方案

统计汇总方案就是要建立所需要的分组体系和指标体系，明确规定各种统计分组和各项汇总指标。统计汇总方案是统计设计在统计整理阶段的具体化，合理与否关系到统计整理结果的有效性。

2.对原始资料进行审核

统计汇总前，要对统计调查取得的原始资料进行审核与甄别，检查资料是否真实、准确、完整，发现问题及时加以纠正。具体包括：

(1)准确性审核。审核资料的统计口径和范围、计算方法和计量单位等是否准确，数据资料是否合理，是否有矛盾。

(2)完整性审核。审核应该调查的单位是否有重复或遗漏，调查表中应填的项目是否填写齐全。这是保证整理出的资料准确性的关键环节。

(3)及时性审核。审核资料数据是否及时上报，只有各单位及时上报，才能及时整理汇总提供给资料需求者，才能发挥统计资料的作用。

3.分组汇总原始资料

首先要根据汇总方案要求，选择汇总的组织形式和具体方法，然后按统计分组的要求对原始资料进行分组整理和计算汇总数据，最后还要对汇总整理的结果进行审核，及时更正汇总过程中出现的差错，确保汇总结果准确无误。

4.编制统计表和绘制统计图

把汇总结果编制成统计表和绘制成统计图，以集中、直观、形象的形式显示出来，从而系统地表达总体现象在数量方面的有关特征。

第二节　统计分组

一、统计分组的概念与作用

统计分组是根据统计总体的分布特点和统计研究的需要，将统计总体按照一定的标志区分为若干个性质不同的部分(组)。统计分组的目的，就是把同质总体中具有不同特点的单位分开，区分成性质不同的若干组成部分，从而深入认识事物内部的本质特征。具体来说，统计分组有以下四个方面的主要作用。

1. 研究总体内部各组成部分之间的相互关系

统计分组把社会经济总体现象区分成性质不同的若干个组成部分，进而研究各组成部分的特点以及相互之间的数量关系。例如，把人口总体区分为男女、城乡、贫富等不同的部分，目的在于研究不同人群的不同特点及其相互协调的状况，研究其平衡关系。

2. 研究总体的内部结构

按照某一标志对总体分组后，可以计算各组的总体单位总量或标志总量在总体中的比重，以反映总体内部的结构状况。从总体的构成状况可以认识总体中各部分的地位以及总体当前所处的发展阶段；从总体构成的改变状况可以认识总体性质改变的程度。例如，某国内企业生产的产品在四个国家销售，2015 年各地区销售份额如表 3.1 所示。

表 3.1　某企业 2015 年各地区销售份额　　单位：%

地区	销售份额
中国	40
美国	25
加拿大	15
欧洲	20
总计	100

表 3.1 反映了该企业销售的总体构成情况，从中可以看出，四个销售地区中，国内销售的比重最大(占 40%)，但该企业主要还是依赖出口外销(占 60%)。

3. 描述相互关联的统计变量之间的依存关系

有许多现象之间存在着不同形式、不同程度的依存关系。例如：在一定范围内，增加对农作物的施肥，可以提高生产率；商品价格的变化，可引起相应商品销售量的变化；居民收入水平的提高，可引起消费水平和结构的变化等。要研究现象之间的这种数量上的相互依存关系，首先需要通过统计分组的手段确定某些现象之间是否具有依存关系及其数量联系形态，然后用相关与回归分析的方法，进一步测度现象之间相互依存关系的密切程度，并可建立相应的数学模型来模拟和概括其依存规律。相关与回归的方法将在相关与回归分析一章中专门介绍。

4. 描述统计量的分布情况

当一个总体按照某一标志分组后，将总体中所有单位按组归类排列，形成总体中的单位在各组间的分布，可以深入表明总体内部的具体分布特征。具体方法将在下一节分布数列中详细介绍。

二、统计分组标志的选择

正确选择分组标志是统计分组是否科学的关键。这是因为：

其一，当分组标志选定以后，对总体所分的组别已经基本形成。例如，对人口进行统计分组时，如果选定了性别作为分组标志，即形成了男性人口和女性人口两个组别；若选定了年龄作为分组标志，则形成了不同的年龄组别；若选定了受教育程度作为分组标志，则又形成了不同文化程度的组别，等等。

其二，当我们选定了一个或几个分组标志时，必然突出了总体在此标志下的组间差异，而掩盖了其他标志下的差异。例如，我们对企业按规模分组，可以突出反映规模不同的企业在管理水平、经济效益等方面的差异，但必然掩盖了国有企业、集体企业、个体企业等不同经济类型企业在管理体制、生产效率、经济效益等方面的差异。

因此，只有选择适当的分组标志，才能使分组后的资料有利于实现统计研究的目的，正确反映总体的本质特征。

正确选择分组标志的原则是：

1.根据统计研究的目的选择分组标志

只有根据统计研究的目的选择分组标志，分组以及分析的结果才能实现研究的目的。如要研究人口的受教育程度，就要按照受教育程度对人口进行分组；要研究人口老龄化问题，就要按照年龄对人口进行分组。

2.选择最能反映事物本质区别的标志作为分组标志

只有以最能反映事物本质区别的标志作为分组标志，分组结果才能体现总体内部各单位的本质差异，才能体现总体的本质特征。如果要研究学生的专业课学习情况方面的差异，就要选择学生的专业课学习成绩作为分组标志。

3.结合现象所处的具体历史条件和社会经济条件来选择分组标志

在不同的历史条件下，对同一分组的分组标志有着不同的选择。以反映企业生产规模的分组标志为例，在技术密集、生产自动化程度较高的电子、通信、化工等行业或部门，应该选择企业的生产能力或固定资产总值作为分组标志。

三、统计分组的种类

根据分组标志的不同特征，统计总体可以按品质标志分组，也可以按数量标志分组。

1.按品质标志分组

按品质标志分组有两种情况：一种是简单的分组；一种是复杂的分组。

简单的分组，一般是采用单一的分组标志。分组标志一经确定，组数、组的名称和组间的界限也就自然确定了。例如，人口按性别分组，就是一个简单的按品质标志分组。

复杂的分组，一般称作统计分类。分组时往往是把几个标志结合起来进行，而且为了保证分组的统一性，还需制定统一的分类标准。例如：我国工业按行业分类，所采用的分组标志是产品经济用途的一致性，使用原材料的同类性，生产技术过程的相近性。对这种复杂的分类，一般都是由国家有关部门制定统一的分类标准。

2.按数量标志分组

按数量标志分组时，有单项式和组距式两种类型。

(1)单项式分组。单项式分组用一个具体数值做为一组的名称，从而把总体区分为若干不同的部分。如职工家庭按子女数分组，根据对研究对象的了解，得知其子女数最多为4个，最少为0个，因此可分为0、1、2、3、4五组。这种分组仅适用于变量值较少的情况。

(2)组距式分组。组距式分组是将变量(分组标志)的整个取值范围依据其数量变化的性质的界限依次划分为若干个区间,并用这些数值区间作为各组的名称,从而把总体区分为若干不同的部分。表示区间两端界限的数值称做组限,高值称为上限,低值称为下限。每一区间的长度称做该组的组距。每一区间中点位置的数值称做该组的组中值。

$$组距=上限-下限$$

$$组中值=\frac{上限+下限}{2}$$

表 3.2 近似组数的确定

观测值数目	组数
小于 50	5~7
50~200	7~9
200~500	9~10
500~1 000	10~11
1 000~5 000	11~13
5 000~50 000	13~17
大于 50 000	17~20

确定分组个数的方法一般有以下两种:一是根据观测值的数目确定(见表 3.2);二是运用公式确定:组数$=1+3.3\lg(n)$。例如,如果$n=200$,则组数$=1+3.3\times2.3=8.59$。

组限的确定应遵循两点原则:一是不能把不同性质的单位划分在一个组内;二是要尽量让组中值与分到组内各单位标志值的平均数接近。

为了便于计算和分析,编制组距数列时应尽可能采用等距分组。当数量变动不均衡,或由于特殊的研究目的,组距数列应采用异距分组。异距数列为消除各组频率由于组距不同不可比,需要计算频率密度指标。频率密度是单位组距内分布的频率。

当资料中有特别大或特别小的异常数值时,在最低组或最高组可采用开口组的形式,即只表示出上限或下限。如对学生按成绩分组时,最低组可用“60 分以下”来表示,最高组可用“90 分以上”来表示。

四、统计分组的形式

统计分组按其分组标志数目的多少及其排列形式,可以分为简单分组、复合分组和分组体系。

1. 简单分组

对总体按一个标志分组称做简单分组。如前面所举某企业按销售地区分组的例子就是简单分组。这种分组比较简单,它只能说明社会经济现象某一方面的情况。

2. 复合分组

对总体按两个或两个以上标志层叠分组,即先按一个标志分组,然后在所分的各组内再按另外的标志分组,称作复合分组。例如,为了全面认识某企业两个销售地区两种产品近两年的销售情况,我们可以选择地区、产品、年份三个标志作如下复合分组设计:

地区 1	地区 2
产品 A	产品 A
2014 年	2014 年
2015 年	2015 年
产品 B	产品 B
2014 年	2014 年
2015 年	2015 年

用复合分组的设计形式,可以同时反映按一个、两个乃至更多不同标志分组的各组单位数,从而可以比简单分组设计提供更多的信息量。如上例,不仅可以反映两个地区各自的销售

总量及地区分布结构、两种产品各自的销售总量及产品结构、近两年的销售总量及销量变动趋势，而且可以反映两个地区不同产品的销售总量及各地区内部的产品结构，还可以反映各地区内部近两年的销售变动情况。此外，还可反映各地区不同产品近两年的销售变动情况。

上述复合分组的形式可称作单向复合分组设计，如果把单项复合分组设计中最后一个层次的分组移到与以上层次分组垂直交叉的方向，便形成了双向复合分组设计。如将上述对企业销售的单向复合分组设计改变成双向复合分组设计，如表 3.3 所示。

双向复合分组设计和单向复合分组设计反映的信息量一样，只是在设计形式上有所区别。

表 3.3 企业销售量按地区、产品、年份双向复合分组表

企业销量按地区和产品分组	按年份分组	
	2014	2015
地区 1		
产品 A	200	300
产品 B	400	450
地区 2		
产品 A	600	800
产品 B	500	400

3. 统计分组体系

统计分组体系是对同一总体用若干有密切联系的标志分别做出一系列分组，用来从不同的角度说明总体的内部构成状况。构成分组体系的单个分组可以都是品质标准分组，也可以都是数量标志分组，或两者兼而有之；可以都是简单分组，也可以是复合分组，或两者兼而有之。其中，完全由若干简单分组构成的分组体系称作平行分组体系，它虽然也是按多个标志对总体进行的分组，但显然是与复合分组不同的概念，其结构有着本质的区别。

第三节 分布数列

一、分布数列的概念和种类

(一)分布数列的概念

将总体的所有单位按组归类整理，并按一定顺序排列，形成总体单位在各组间的分布，就称为次数分布。分布在各组的总体单位数称为次数，也称频数。各组单位数与总体单位总数的比率称为频率。频数与频率显示了各组标志值对总体指标所起作用的强度。

将各组的名称与相应的频数或频率，依次排列起来形成的数列称为次数分布数列，简称分布数列。分布数列也称分配数列或次数分配数列，它可以反映总体单位在各组间的分布状态和分布特征，是分析总体平均水平和变异程度的基础。

(二)分布数列的种类

根据统计分组标志特征的不同，分布数列可以分为品质分布数列和变量分布数列。

1. 品质分布数列

按照品质标志分组形成的分布数列称为品质分布数列，简称品质数列。例如，某大学工商学院毕业生就业领域的分布数列如表 3.4所示。

表 3.4 某大学工商学院毕业生就业领域分布数列

就业领域	毕业生数/人	毕业生比例/%
会计	73	28.9
金融	52	20.5
综合管理	36	14.2
市场营销	64	25.3
其他	28	11.1
合计	253	100

2. 变量分布数列

按数量标志分组形成的分布数列称为变量分布数列，简称变量数列。根据分组变量在各组取值形式的不同，变量数列可分为单项式分布数列、组距式分布数列和累计分布数列。

(1)单项式分布数列。它是按不同变量值划定各组界限形成的变量分布数列。其特点是数量标志的取值是有限的、为数不多的等差数值，数量标志的观察值集中在为数不多的几个数值上重复出现。单项式分布数列多用于离散型变量，表3.5所示为单项式分布数列。

(2)组距式分布数列。它是按不同的数值区间划定各组界限形成的变量分布数列。其特点是数量标志在各组的取值为数值区间，满足互斥性和包容性要求。组距式分布数列的要素包括：组数、组限、组距、组中值。例如，某企业40名员工的年龄按组距为10、组数为5，编制表3.6，即为组距式数列。

(3)累计分布数列。累计分布数列是将变量数列各组的频数(或频率)逐组累计相加而形成的数列。累计分布数列可分为向上累计和向下累计两种。向上累计是由变量值低的组向变量值高的组依次累计，各组的累计频数(或频率)是该组上限以下各组的频数(或频率)的累计数；向下累计是由变量值高的组向变量值低的组依次累计，各组的累计频数(或频率)是该组下限以上的各组频数(或频率)的累计数。例如，根据前面所举某企业职工年龄资料编制的累计分布数列如表3.7所示。

表3.5　统计学专业学生选修课选修人数及比重

按选修课程数量分组/门	学生数/人	比重/%
0	2	5
1	16	40
2	18	45
3	4	10
合计	40	100

表3.6　某企业职工年龄构成表

年龄	人数/人	频率/%
20以下	1	2.5
20～30	14	35.0
30～40	16	40.0
40～50	7	17.5
50及以上	2	5.0

表3.7　某企业职工年龄构成表的累计分布数列

年龄	人数/人	频率/%	向上累计		向下累计	
			人数/人	频率/%	人数/人	频率/%
20以下	1	2.5	1	2.5	40	100.0
20～30	14	35.0	15	37.5	39	97.5
30～40	16	40.0	31	77.5	25	62.5
40～50	7	17.5	38	95.0	9	22.5
50及以上	2	5.0	40	100.0	2	5.0
合 计	40	100.0	—	—	—	—

二、变量数列的编制

变量数列的编制步骤如下：

(1)根据研究对象本身的特点和研究目的，选择分组标志。

(2)依据分组标志，将原始资料按分组标志的数值大小排列。对原始资料重新排列后，可以发现数值分布的区间即全距，可以了解变量分布的特征和规律，为编制变量数列提供依据。

(3)确定变量数列的形式。依据变量的类型和变量变动幅度的大小，决定编制单项变量数列还是组距数列。对于连续变量，只能编制组距数列；对于离散变量，如果变量值数量较少，变动幅度小，可以编制单项变量数列，如果变量值较多，变动幅度较大，应编制组距数列。编制组距数列时，如果变量值分布均匀，一般编制等距数列；如果变量值分布不均匀，要编制异距数列。

(4)确定组数和组距。在全距一定时，组数越多，组距就越小。适当确定组数和组距有利于反映总体分布的特征，区分总体中性质不同的各个部分，反映总体的结构。

(5)确定组限。组限要反映性质差异的数量界限。组限最好用整数来表示，要使最低组的下限与最高组的上限之差等于或大于全距，最低组的下限等于或小于最小变量值，最高组的上限等于或大于最大变量值，从而把所有单位分配到各组中去。对于连续变量，必须使用重叠组限，有些离散变量，可使用重叠组限，也可使用不重叠组限。对于最低组或最高组，频数很少而变量值变动很大的，可以使用开口组的形式，前者不设下限，后者不设上限。

(6)计算各组单位数，编制变量数列。经过统计分组，把变量值按组归类得出各组单位数即次数，将组名与次数对应排列，就得到所要编制的变量数列。

例如，某班统计学考试成绩分别如下：

89 88 76 99 74 60 82 60 89 86
93 99 94 82 77 79 97 78 95 92
87 84 79 65 98 67 59 72 84 85
56 81 77 73 65 66 83 63 79 70

根据研究对象本身的特点和研究目的，按组距为10，确定组数为5(根据经验，组数不宜过多，一般情况下可分5～7组，组数尽可能取奇数，避免偶数。)，编制表3.8，即为组距式数列。

表3.8 某班统计学考试成绩表

考分/分	人数/人	频率/%
50～60	2	5.0
60～70	7	17.5
70～80	11	27.5
80～90	12	30.0
90～100	8	20.0
合　计	40	100.0

第四节 统计图表

由于社会经济现象的性质不同，各种统计总体的分布特征也不相同，使用各种不同类型的图表对其分布特征进行直观、形象地描述，有利于准确认识和把握不同现象的分布特征和规律。

一、统计表

将经过统计调查所得的数字资料，经过汇总整理后，得到一些系统化的统计资料，将这些数据按一定的顺序排列在表格上，这种表格就是统计表。统计表是表现统计资料的简明形式。

(一)统计表的结构

从统计表的形式看，统计表主要由总标题、横行标题、纵栏标题和数字资料四部分构成。总标题就是统计表的名称，简要说明全表表现的内容，放在表的顶端中央。如表3.9中，“2014

年上半年期末英语考试成绩统计表”就是总标题。与总标题放在一起的一般还包括表的编号、全表统一的计量单位。横行标题放在表的左方,纵栏标题放在表的上方,分别说明横行或纵栏填列的数字资料的内容。表的下方往往附加一些注释或说明,说明资料来源、计算方法、数据依据、数据缺失原因等。从统计表的内容看,包括主词和宾词两部分。主词是统计表所要说明的对象或总体,它可以是各个总体单位的名称、总体各组的名称,通常列在表的左方;宾词是说明主词的统计指标名称和指标数值,通常列在表的右方。

表 3.9　2015 年上半年期末英语考试成绩统计表

班级	平均分数
一班	85
二班	86
三班	89

(二)统计表的分类

统计表根据主词是否分组和分组的程度,分为简单表、分组表和复合表。

(1)简单表。主词未经任何分组的统计表称为简单表。简单表一般可以用来显示和比较各单位、地区、国家的社会经济现象和情况,或者说某些现象的发展情况。简单表如表 3.10 所示。

(2)分组表。表的主词只按一个标志进行分组形成的统计表称为分组表,又称为简单分组表。利用简单分组表可以提示不同类型现象的特征,说明现象的内部结构,分析现象的依存关系。分组表如表 3.11 所示。

表 3.10　某省 2013—2015 年地区生产总值

年份	地区生产总值/亿元
2013	18 305.66
2014	21 645.08
2015	25 560.10

表 3.11　某班 50 名学生期中测验成绩分组表

按成绩分组	学生数/人	比重/%
60 以下	3	6
60～70	9	18
70～80	12	24
80～90	20	40
90 以上	6	12
合计	50	100

(3)复合表。表的主词按两个或两个以上标志进行层叠分组的统计表,又称为复合分组表。利用复合分组表,可以揭示出被研究对象因受多个因素的共同影响而产生的变化情况,复合分组表能更深刻、更详细地反映客观现象的特征及其规律性。表 3.12 所示即为复合表,表中某地区固定资产投资额分别按企业所有制性质和固定资产投资性质这两个标志进行分组。

表 3.12　某地区固定资产投资额

项目	投资额/亿元	比重/%
一、国有企业		
基本建设		
更新改造		
二、民营企业		
基本建设		
更新改造		
三、合资企业		
基本建设		
更新改造		
合计		

二、统计图

借助几何图形或具体事物的形象和符号表现社会经济现象数量关系的图形称为统计图。

1. 条形图与柱形图

这两种图是用宽度相同的条形的高度或长度来表示数据变动的图形。绘制时，各分组类别放在纵轴称为条形图，放在横轴称为柱形图。长度或高度表示各类数据的频数或频率，既可以表达一个变量的频数或频率，也可以表达两个及以上变量关系的交叉表的数据结果。例如，根据表 3.13 绘制的条形图如图 3.1 所示。

表 3.13　某大学博士生专业就读情况　　单位：人

博士生专业	性别	
	男性	女性
机械	180	40
化工	160	30
数学	90	15
计算机	100	20
生物	150	35
经济	60	100
农业	50	30

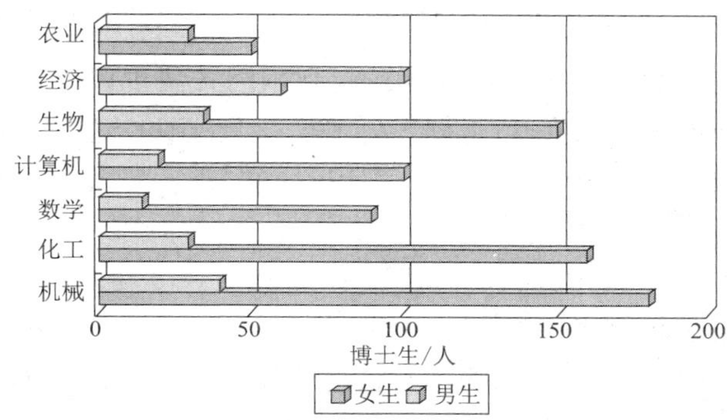

图 3.1　条形图

2. 直方图

直方图是用矩形的高度与宽度来表示频率分布的图形，适用于组距式分布数列。在平面直角坐标系中，以横轴表示分组组限，纵轴表示频率，按各组的频率确定各个直方形（组距为宽，频率为高），即可绘制成频率分布直方图。根据表 3.7的资料绘制直方图如图 3.2 所示。

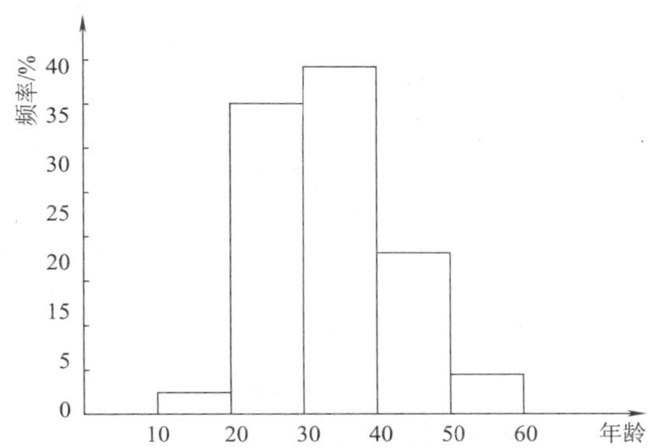

图 3.2　频率分布直方图

3. 折线图

折线图也称频数多边形图。在直方图的基础上，把直方图顶端的中点（组中值对应的频率高度）用直线连接起来，再把原来的直方图去除就是折线图；也可以组中值为横坐标，各组频率为纵坐标，在平面直角坐标中依次绘制各组组中值和频率构成的坐标点，并将坐标点用直线连接形成频率分布折线图。作图时要将折线图的两个终点与横轴相交,这样才会使折线图下围成的面积与直方图的面积相等,从而使二者所表示的频率分布一致。例如,在图3.2的基础上绘制的折线图如图3.3所示。

折线图与直方图的意义基本相同,图3.3更清楚地反映了该企业员工年龄近似呈正态分布的分布特征。此外,折线图还可以用来描述累计频率分布。向上累计频率分布图是从首组下限开始,将各组上限的纵坐标连结起来形成的;向下累计频率分布图则从末组的上限开始,将各组下限的纵坐标连接起来而成的。根据表3.7的资料绘制的累计频率分布折线图如图3.4所示。

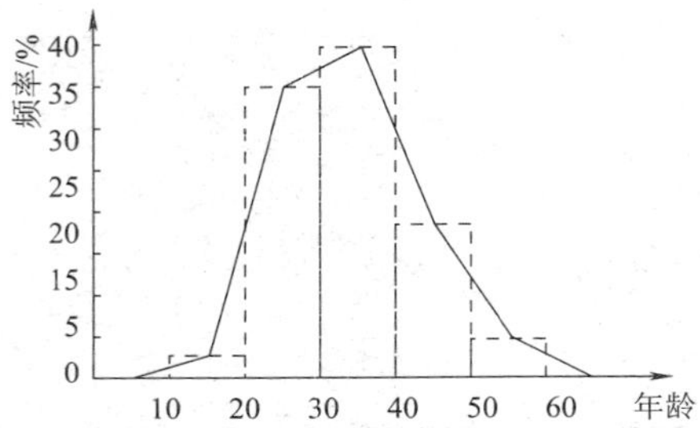

图3.3 频率分布折线图

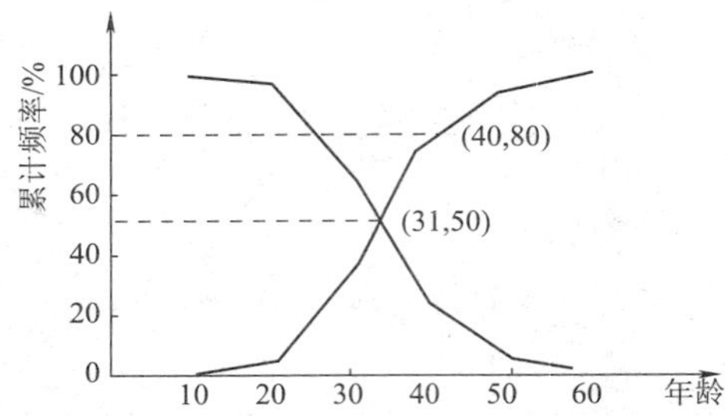

图3.4 累计频率分布折线图

累计频率分布折线图的主要作用包括:第一,利用插入法可以求得任意变量值的累计频率,如求40岁以下的职工所占比重,可得到80%;第二,便于两个总体之间进行变量分布规律的比较;第三,可用来求变量的中位数。两种累计折线的交点,其纵坐标就是中位数的位置,横坐标是中位数的数值。

4.曲线图

当变量值趋向无限多,分组数也可以无限多,组距趋近于零时,上述折线图便近似地表现为一条平滑的曲线图,称为频率分布曲线图。它是组数趋向于无限多时折线图的极限描述,在统计学中应用十分广泛,是描述各种统计量分布特征和规律的有效方法。比如常见的次数分布有钟形分布、U形分布和J形分布的曲线图。

(1)钟形分布。钟形分布的特征是"两头小、中间大",即靠近中间水平的变量值的分布频率高,靠近两边分布频率低,绘成曲线图如同一口古钟。钟形分布可分对称分布和偏态分布,偏态分布又有左偏形和右偏形两种,图3.5~图3.7分别为对称分布、右偏分布和左偏分布。

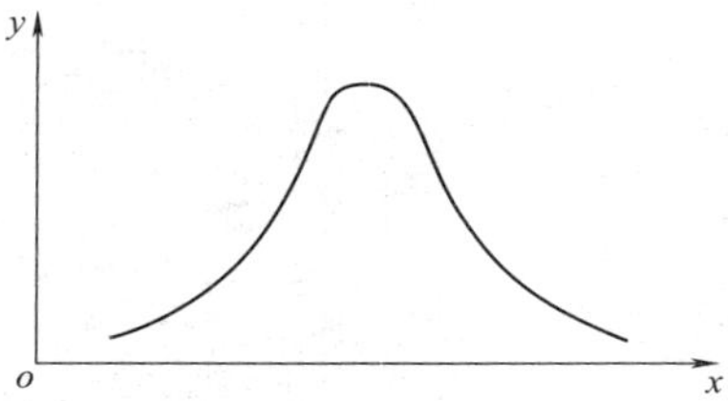

图3.5 对称分布

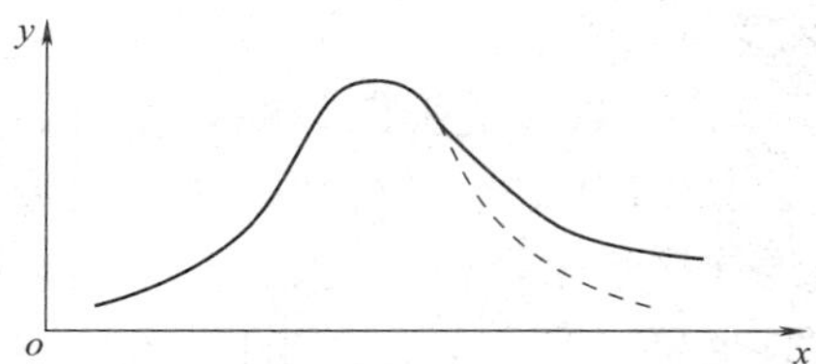

图3.6 右偏分布

其中,对称钟形分布也称正态分布,各种社会经济总体的分布大多趋近于此状态,如粮食单位面积产量的分布、零件公差的分布、商品市场价格的分布等。

（2）U 形分布。U 形分布的特征是"两头大、中间小"，即靠近中间水平的变量值分布频率最低，两侧变量值的频率随着与中心距离的增大而逐渐提高，绘成曲线图如同英文字母"U"字，如图 3.8 所示。在社会经济现象中，有些现象具有此类分布特征，如不同年龄人口的死亡率分布。

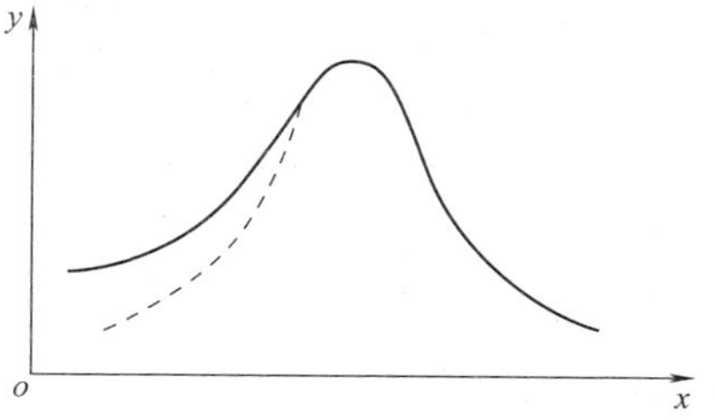

图 3.7　左偏分布

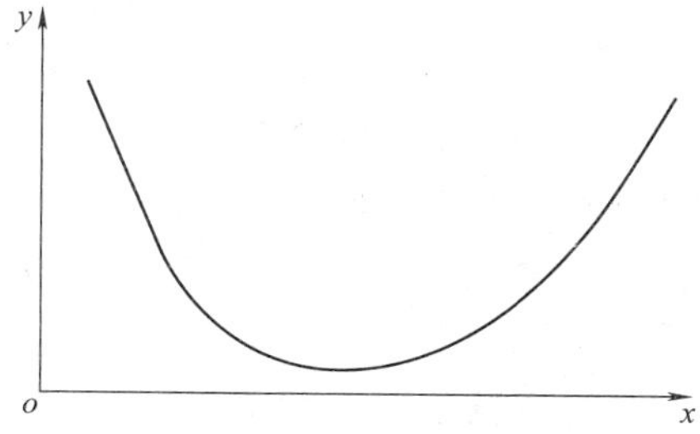

图 3.8　U 形分布

（3）J 形分布。J 形分布有两种，即正 J 形分布和反 J 形分布。前者是频率随着变量值增大而增高，绘成曲线图，如同英文字母"J"字，如图 3.9 所示，例如经济学中的供给曲线，随着价格的提高，供给量以更快的速度增加，呈现为正 J 形。后者是频率随变量值增大而减少，绘成曲线图如同英文字母"J"字反写，如图 3.10 所示，例如需求曲线表现为随着价格的提高需求量以较快的速度减少，呈反 J 形。

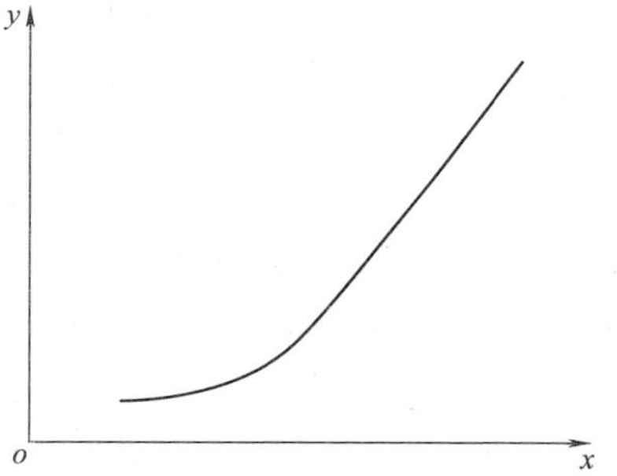

图 3.9　正 J 形分布

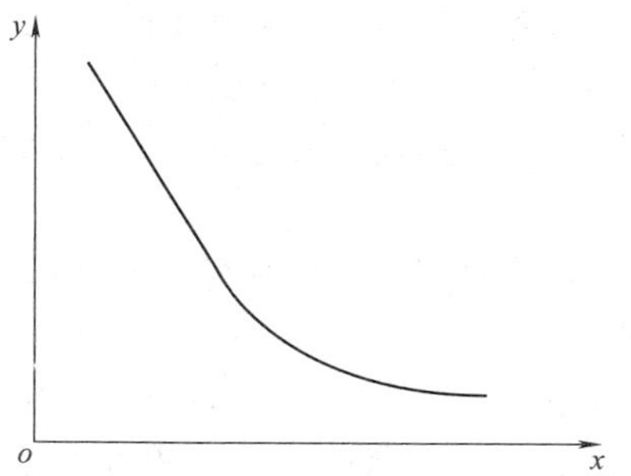

图 3.10　反 J 形分布

5. 饼图

它是以圆形及圆内各扇形的面积来表示总体内各部分数值大小的图形。该图形主要用于反映总体中各组成部分所占的比例，对于表现总体内部的结构特征十分有效。绘制时，可以采用平面图，也可以采用三维立体图；总体中各部分所占的百分比用圆内各个扇形面积表示，并将每一部分的数字和文字说明尽可能地直接记在圆形图内。例如，根据表 3.13 资料绘制的某大学男博士专业就读情况如图 3.11 所示。

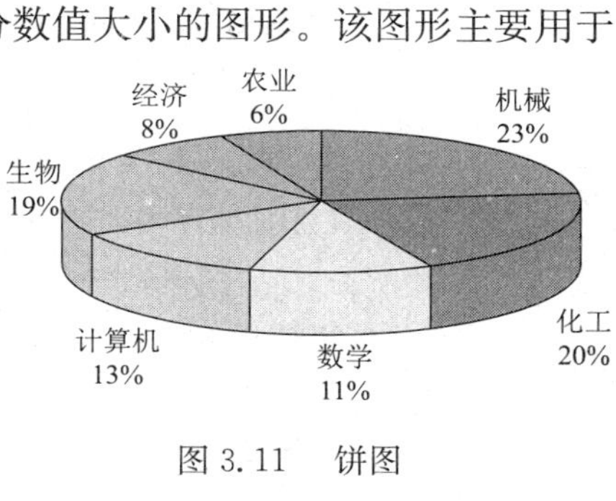

图 3.11　饼图

6. 茎叶图

对未分组的原始数据，可以使用茎叶图显示其分布特征。茎叶图由"茎"和"叶"两部分构成,其图形是由数字组成的。茎叶图既能给出数据的分布,同时保留了原始数据的信息,因此可以看出数据的分布形状及离散状况,如分布是否对称、数据是否集中、是否有极端值。

绘制茎叶图的关键是设计好树茎,通常是以该组数据的高位数值作为树茎,树叶是每一具体数据中高位数值后的其余数值。树茎一经确定,树叶就自然长在相应的树茎上了。下面以某企业职工年龄为例,绘制茎叶图,如图3.12所示。

树茎	树　叶	数据个数
1	9	1
2	0 2 2 3 5 6 7 7 8 8 9	14
3	0 0 0 1 1 1 1 2 2 3 4 5 6 7 7 7	16
4	1 1 3 5 6 6 7 8 8 9	10
5	1 5	2

图3.12　茎叶图

图3.12是对原始数据按照组距为10进行的分组,也就是每一行的数据宽度为10。而茎叶图的行数要根据数据的分散状况及数据分布的特征来确定,要以能充分显示出数据的分布特征为目的。由图3.12可以看出,该企业职工年龄相对集中,不存在极端值,基本呈对称钟形分布(即正态分布)。

7.箱线图

箱线图是由一组数据的5个特征值绘制而成的,它由一个箱子和两条线段组成。5个特征值为最大值、最小值、中位数和两个四分位数(中位数是数据排序后位于中间位置的变量值,四分位数是位于25%位置和75%位置的两个值,分别称为下四分位数和上四分位数。例如,对某企业职工年龄绘制的箱线图如图3.13所示。

图3.13较形象地反映了该企业职工年龄的分布特征。股票分析中常用的K线图与箱线图类似,只不过K线图是用开盘价、收盘价、最高价和最低价这四个数据绘制的。

8.环形图

环形图与圆形图类似,但中间空,形成环形,总体中的每一部分数据用环中的一段表示。通常,圆形图只能显示一个总体各部分所占的比例,而环形图则可将每一个总体的数据构成一个环,可以同时显示多个总体各部分所占的相应比例,有利于进行多个总体的结构比较。例如,根据表3.13资料绘制的某大学男女博士就读专业情况如图3.14所示。

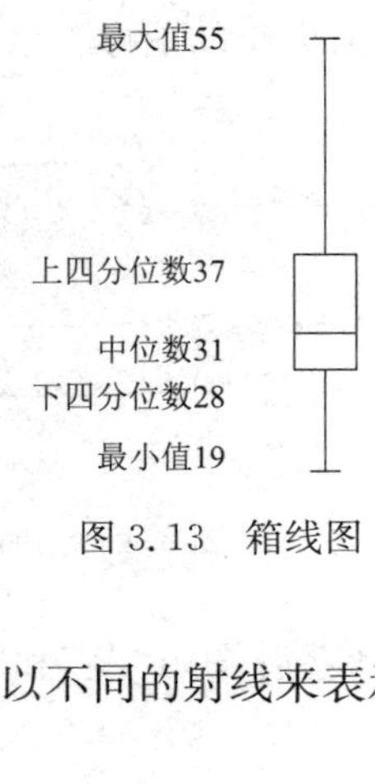

图3.13　箱线图

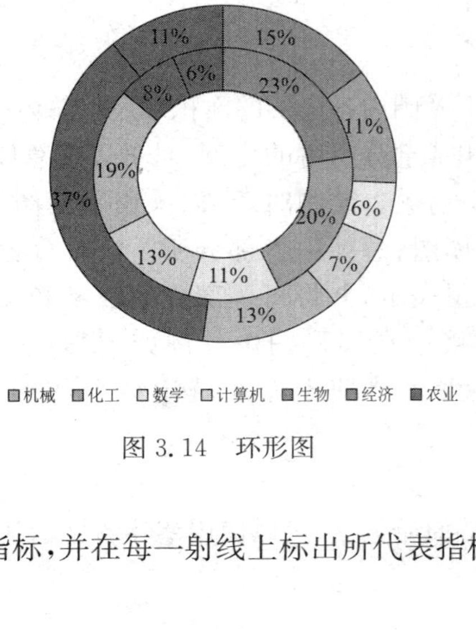

图3.14　环形图

9.雷达图

雷达图是以不同的射线来表示不同的指标,并在每一射线上标出所代表指标的实际水平,然后将各指标水平相对连接形成一个封闭环，用以显示一个总体不同方面的水平特征和差异。雷达图也可用来显示不同总体在各方面的不同水平和差异，还可以研究多个样本之间的相似程度。例如，根据表 3.13 绘制的雷达图如图 3.15 所示。如果各指标间数值差异较大，不宜直接利用原始数据绘制雷达图，可以将原始数据取对数，再根据对数值绘制雷达图，如图 3.16 所示。

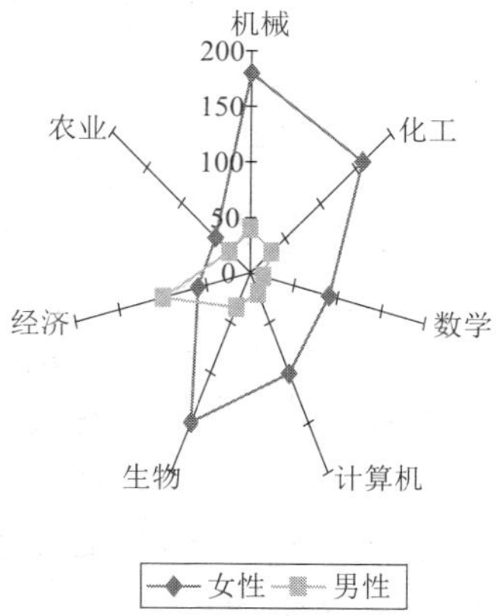

图 3.15 雷达图(1)

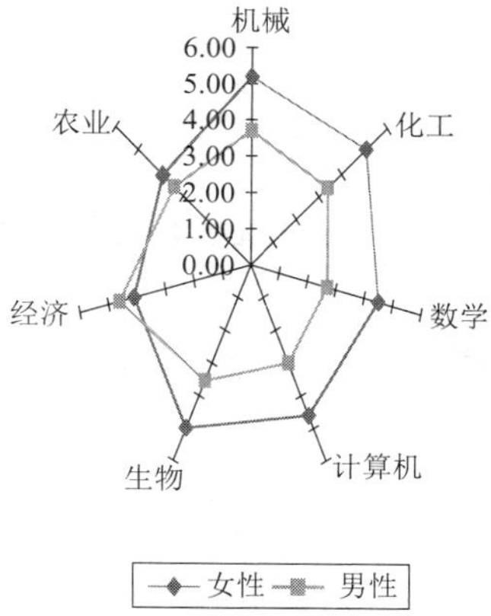

图 3.16 雷达图(2)

本章小结

统计整理，是根据统计研究的目的，将大量个体的、分散的统计原始资料进行科学的分组与汇总，使其系统化、条理化，使其成为能够反映总体的数量特征及发展变化情况的综合性统计资料的工作过程。统计整理的程序包括：设计和编制汇总方案、对原始资料进行审核、对原始数据进行编码及录入、分组汇总原始资料、编制统计表和绘制统计图。

统计分组是根据统计总体的分布特点和统计研究的需要，将统计总体按照一定的标志区分为若干个性质不同的部分(组)，从而深入认识事物内部的本质特征。统计分组的主要作用：研究总体内部各组成部分之间的相互关系、研究总体的内部结构、描述相互关联的统计变量之间的依存关系、描述统计量的分布情况。正确选择分组标志是统计分组是否科学的关键。

根据分组标志的不同特征，统计总体可以按品质标志分组，也可以按数量标志分组。统计分组按其分组标志数目的多少及其排列形式，可以分为简单分组、复合分组和分组体系。

将总体的所有单位按组归类整理，并按一定顺序排列，形成总体单位在各组间的分布，就称为次数分布。分布在各组的总体单位数称作次数，也称频数。各组单位数与总体单位总数的比率称为频率。频数与频率显示了各组标志值对总体指标所起作用的强度。将各组的名称与相应的频数或频率，依次排列起来形成的数列称为次数分布数列，简称分布数列。分布数列也称分配数列或次数分配数列，它可以反映总体单位在各组间的分布状态和分布特征，是分析总体平均水平和变异程度的基础。根据统计分组标志特征的不同，分布数列可以分为品质分布数列和变量分布数列。

变量数列的编制方法，步骤如下：根据研究对象本身的特点和研究目的，选择分组标志，依据分组标志,将原始资料按分组标志的数值大小排列,确定变量数列的形式,确定组数和组距、组限,计算各组单位数,编制变量数列。

将经过统计调查所得来的数字资料,经过汇总整理后,得到一些系统化的统计资料,将这些数据按一定的顺序排列在表格上,这种表格就是统计表。统计表是表现统计资料的简明形式。统计表和统计图的种类和制作方法。

实训材料

Excel 在统计整理中的应用

一、数据排序

Excel 可以根据用户的要求对数据清单的行或列数据进行排序。排序时,Excel 将利用指定的排序顺序重新排列行、列或各单元格,从而使现象的规则性更加简洁地表现出来。

【例 3.1】 某学院为了考察某班学生学习的情况,随机抽取了该班 10 名学生,询问了他们的考试成绩,怎样将这 10 个学生的学习成绩按递增的顺序排列呢?操作方法如下:

(1)打开 Excel 工作簿,建立"考试成绩"工作表,输入该班 10 名学生的考试成绩。

(2)选定单元格 A1:B11 区域,如图 3.17 所示。

(3)在菜单中选择"数据"中的"排序"选项,则弹出"排序"对话框,如图 3.18 所示。

图 3.17 "考试成绩"工作表

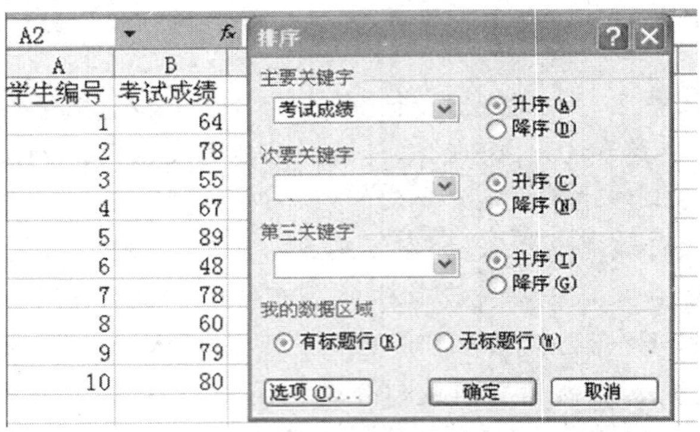

图 3.18 "排序"对话框

(4)在"排序"对话框中,选择"主要关键字"列表中的"考试成绩"作为排序关键字,并选择按"升序"排序。由于所选取数据中已经包含标题,所以在"我的数据区域"中选择"有标题行",然后单击"确定"按钮,即可得到排序的结果,如图 3.19 所示。

(5)在数据清单中使用分类汇总的方法如下:先选择需要分类汇总的数据区域 A1:B11,然后选择"数据"菜单中的"分类汇总"选项,则打开"分类汇总"对话框,如图 3.20 所示。

(6)如汇总方式为计数,则选择"计数"选项,后单击"确定"按钮,便得到分类汇总的结果,如图 3.21 所示。如汇总方式为平均值,则选择"平均值"选项,后单击"确定"按钮,便得到分类汇总的结果,如图 3.22 所示。

	A	B
1	学生编号	考试成绩
2	6	48
3	3	55
4	8	60
5	1	64
6	4	67
7	2	78
8	7	78
9	9	79
10	10	80
11	5	89

图 3.19　排序结果

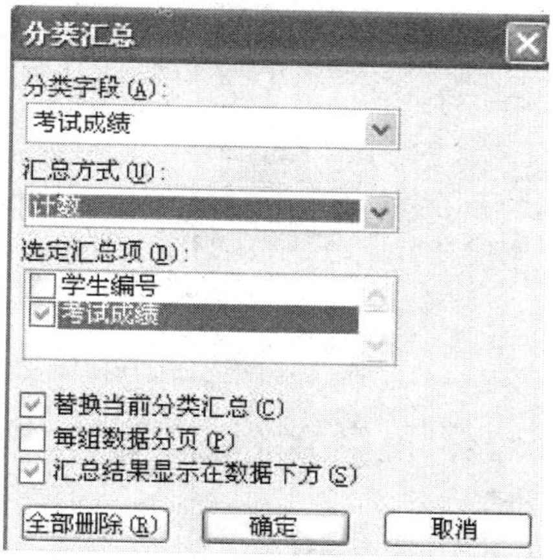

图 3.20　“分类汇总”对话框

A	B
学生编号	考试成绩
6	48
48 计数	1
3	55
55 计数	1
8	60
60 计数	1
1	64
64 计数	1
4	67
67 计数	1
2	78
7	78
78 计数	2
9	79
79 计数	1
10	80
80 计数	1
5	89
89 计数	1
总计数	10

图 3.21　“计数”汇总

	A	B
1	学生编号	考试成绩
2	6	48
3	**6 平均值**	48
4	3	55
5	**3 平均值**	55
6	8	60
7	**8 平均值**	60
8	1	64
9	**1 平均值**	64
10	4	67
11	**4 平均值**	67
12	2	78
13	**2 平均值**	78
14	7	78
15	**7 平均值**	78
16	9	79
17	**9 平均值**	79
18	10	80
19	**10 平均值**	80
20	5	89
21	**5 平均值**	89
22	**总计平均值**	69.8

图 3.22　“平均值”汇总

二、利用 Excel 频数分布函数进行分组

建立频数分布的步骤如下：

(1)打开工作簿，选择“考试成绩”工作表。

(2)在单元格 C2 中输入“分组”，在单元格 D2 中输入“频数”。

(3)在 C3:C7 区域中依次输入 50,60,70,80,90，作为频数接受区域，它们分别表明 50 分以下的人数，50 分以上但在 60 分以下的人数……

(4)选定 D3:D8 区域，在“插入”菜单中选择“函数”选项，打开“插入函数”对话框，如图 3.23所示。

(5)在“或选择类别”列表中选择“统计”，在“选择函数”列表中选择“FREQUENCY”，单击“确定”按钮，Excel 弹出“函数参数”对话框，如图 3.24 所示。

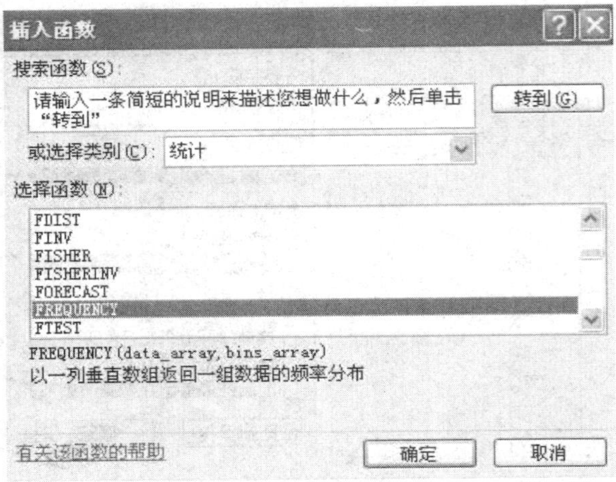

图 3.23 “插入函数”对话框

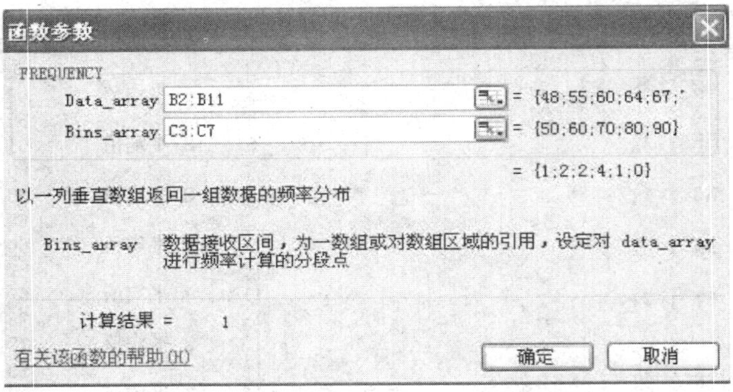

图 3.24 “函数参数”对话框

(6)在数据区域“Data_array”中输入单元格 B2:B11，在数据接受区间 Bins_array 中输入单元格 C3:C7。

(7)由于频数分布是数组操作，所以，此处不能直接单击“确定”按钮，而应按【Ctrl+Shift】组合键，同时按【Enter】键，得到频数分布如图 3.25 所示。

	A	B	C	D
1	学生编号	考试成绩		
2	6	48	分组	频数
3	3	55	50	1
4	8	60	60	1
5	1	64	70	3
6	4	67	80	4
7	2	78	90	1
8	7	78	合计	10
9	9	79		
10	10	80		
11	5	89		

图 3.25 建立频数分布

三、制作统计图

Excel 可以绘制许多图表，其中大部分是统计图，可用于数据的整理与分析，能够直观形象地描述现象的数量规律性。

1. 条形图和柱形图

【例 3.2】 2012 年上海、北京、浙江三个地区的城镇居民可支配收入，分别达到了 40 188 元、36 469 元和 34 500 元，最高的地区仍然是上海，那么此结论是否可以用图形来表示呢？

(1)打开 Excel 工作簿，建立“人均收入”工作表。

(2)在 Excel 的“插入”菜单中选择“图表”选项，Excel 会启动图表向导，弹出图表向导对话框。在“图表类型”列表中选择“柱形图”，在“子图表类型”列表中选择“三维簇状柱形图”

(见图 3.26),单击“下一步”按钮,进入图表源数据对话框。

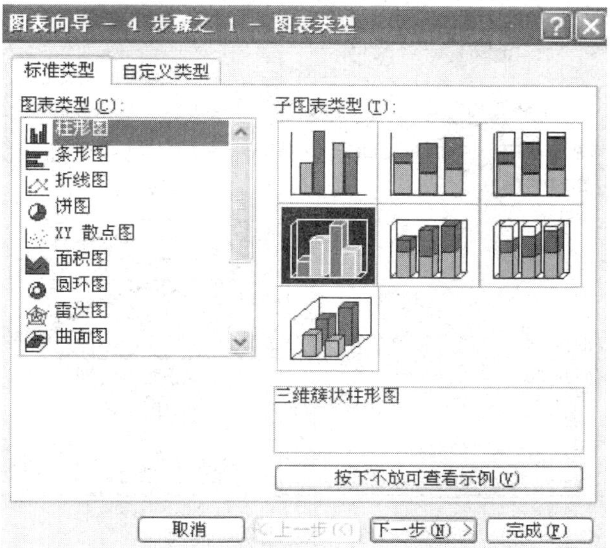

图 3.26　图表类型对话框

(3)在图表源数据对话框中,选择数据源如图 3.27 所示。单击“数据区域”右端的“压缩对话框”按钮,打开工作表,在工作表上将鼠标指针指向单元格 A1,按下鼠标左键,拖到 B4 单元格,再单击“压缩对话框”按钮,回到源数据对话框。确定 A1:B4 单元格作为此图的数据源,同时,也应注意数据系列是以行还是以列的方式排列,如果正确,此时,便有一个预览的图形如图 3.27所示,如满意可单击“下一步”按钮,进入图表选项对话框。

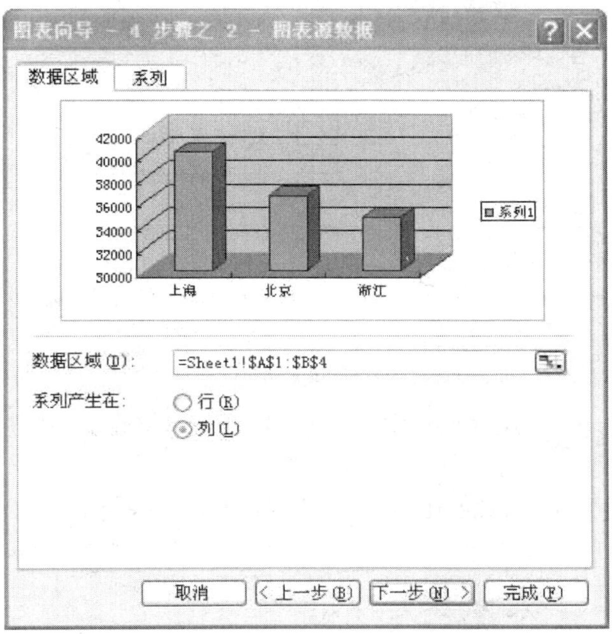

图 3.27　图表源数据对话框

(4)如图 3.28 示，单击对话框上方的“标题”选项卡，在标题中输入“三地区城镇居民可支配收入”；在“图例”选项卡中选择底部，至于其他功能则无须改动，这些过程都会在图表预览框中看到，如果满意，单击“完成”按钮结束，得到图形如图 3.28 所示。

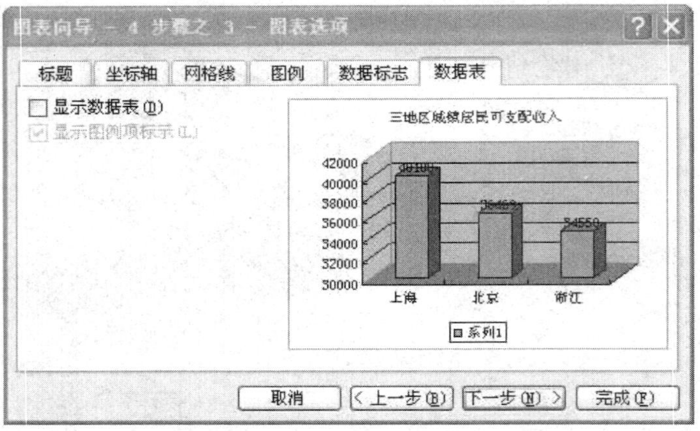

图 3.28　图表选项对话框

(5)双击所绘制的图形，则会得到图 3.29 所示对话框。选择“字体”选项卡，在“字体”列表中选择“宋体”，在“字形”列表中选择“常规”，在“字号”列表选择“10”。

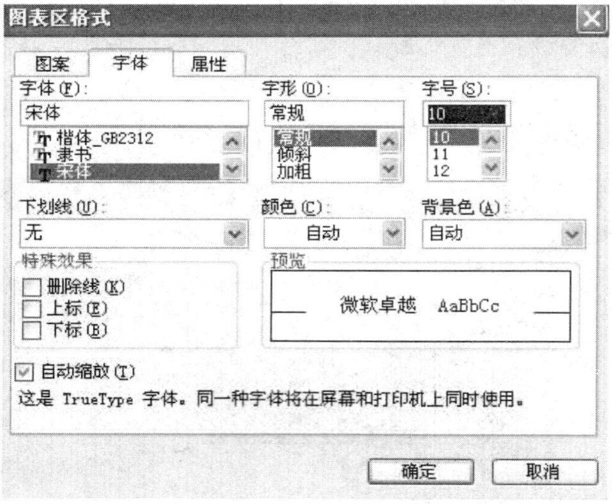

图 3.29　“图表区格式”对话框

(6)单击“图案”选项卡，选择“阴影”“圆角”选项，单击“确定”按钮结束，结果如图 3.30 所示。

从图 3.30 中清楚地看到，就 2012 年 3 个地区人均收入来讲，上海位居首位，其次是北京，再次是浙江。

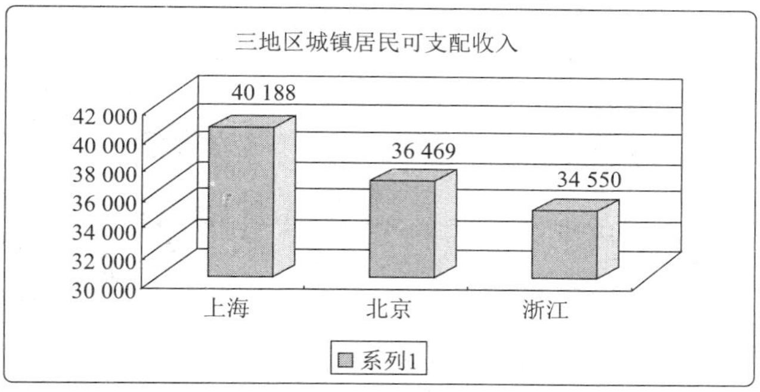

图 3.30　地区城镇居民可支配收入柱形图

2. 折线图

(1)打开 Excel 工作簿,建立“人均收入”工作表,输入人均收入数据,如图 3.31 所示。

A	B
年份	城镇居民人均可支配收入（元）
2006	11759.5
2007	13785.8
2008	15780.8
2009	17174.7
2010	19109.4
2011	21809.8

图 3.31　“人均收入”工作表

(2)打开 Excel“插入”菜单,选择“插入”菜单中的“图表”选项,Excel 会启动“图表向导”,如图 3.32 所示。

(3)在步骤 3 中选择图表“标题”选项卡,输入标题“城镇居民人均可支配收入趋势图”;单击“图例”选项卡,取消显示图例。图表预览,认为满意,即可单击“完成”按钮。经过修饰,得到图 3.33 所示图表。

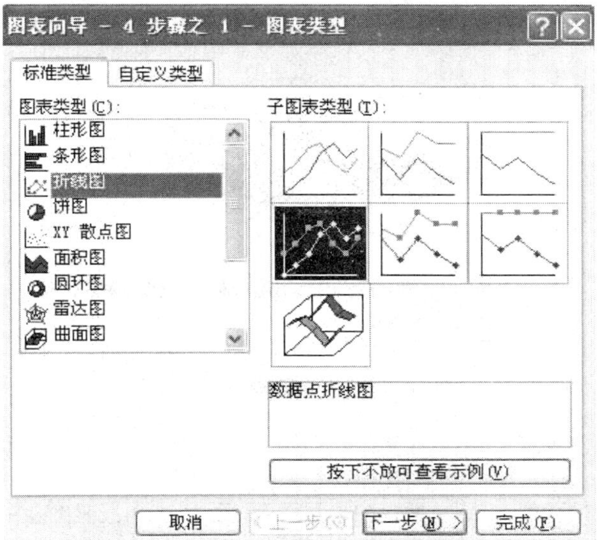

图 3.32　图表类型对话框

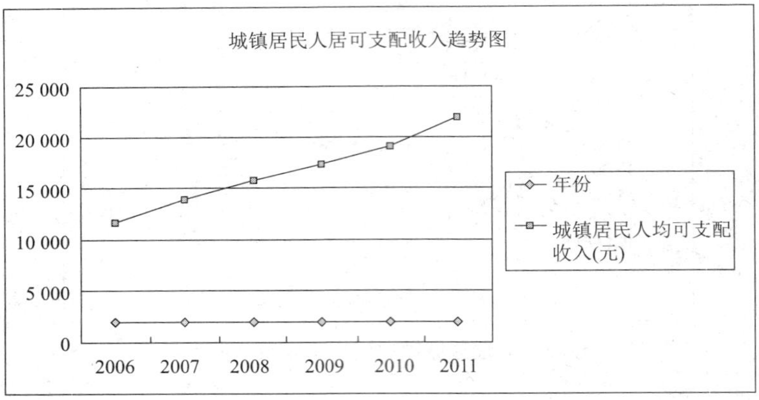

图 3.33　城镇居民人均可支配收入趋势图

3. 饼形图

【例 3.3】 考查某一班级学生的期末考试成绩，全班共 64 人，其中 12 人优秀，25 人良好，20 人及格，7 人不及格。试用饼图描述该班学生的成绩。

(1)打开 Excel 工作簿，建立"期末考试成绩"工作表，输入期末考试成绩数据。

(2)打开 Excel"插入"菜单，并单击"插入"菜单中的 "图表"选项，Excel 会启动图表向导。

(3)在步骤 1 的"图表类型"中选择"饼图"，并在"子类型图表"中选择"三维饼图"，单击"下一步"按钮，进入步骤 2，打开图表数据源对话框。

(4)图表数据源对话框如图 3.34 所示，单击"下一步"按钮，进入步骤 3，打开图表选项对话框。

(5)在图表选项对话框中选择"标题"选项卡，输入标题"期末考试成绩"；选择"图例"选项卡，取消显示图例；选择"数据标志"选项卡，在"数据标志"列表中选择"类别名称""百分比""显示引导线"复选框，如图 3.35 所示。

图 3.34　图表源数据对话框

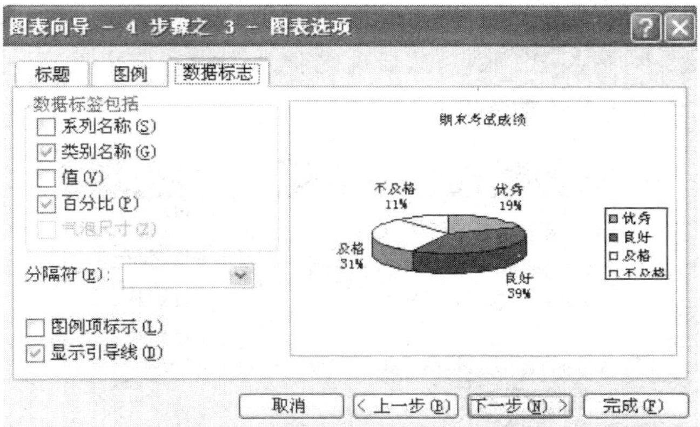

图 3.35　图表选项对话框

(6)图表预览,认为满意,即可单击“完成”按钮。经过修饰后,得饼形图如图 3.36所示。

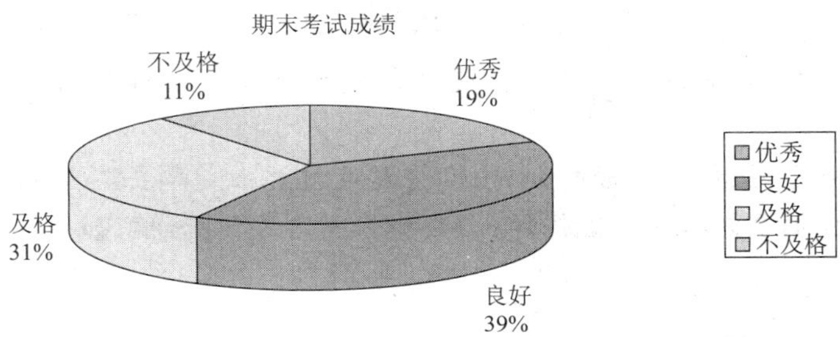

图 3.36　期末考试成绩饼形图

4. 直方图的制作

直方图分析工具是 Excel 分析工具的一种,它在给定工作表中数据单元格区域和接收区间的情况下,计算数据的个别和累积频率,用于统计有限集合中某个数值元素的出现次数。

【例 3.4】 关于 100 位居民的月均用水量,以 1 为组距将它们分成以下 5 组:[0, 1],(1, 2],(2, 3],(3,4],(4,5],为方便起见,将 100 个数据以方阵形式输入到 Excel 的工作表中的适当区域,将各组区间的右端点的值输入到工作表中的同一列(如 A 列)。

(1)打开 Excel 工作簿,建立“月均用水量”工作表,输入月均用水量数据,如图 3.37 所示。

	A	B	C	D	E	F	G	H	I	J	K
1	分点	100位居民的月均用水量									
2	0	3.1	2.5	2	2	1.5	1	1.6	1.8	1.9	1.6
3	1	3.4	2.6	2.2	2.2	1.5	1.2	0.2	0.4	0.3	0.4
4	2	3.2	2.7	2.3	2.1	1.6	1.2	3.7	1.5	0.5	3.8
5	3	3.3	2.8	2.3	2.2	1.7	1.3	3.6	1.7	0.6	4.1
6	4	3.2	2.9	2.4	2.3	1.8	1.4	3.5	1.9	0.8	4.3
7	5	3	2.9	2.4	2.4	1.9	1.3	1.4	1.8	0.7	2
8		2.5	2.8	2.3	2.3	1.8	1.3	1.3	1.6	0.9	2.3
9		2.6	2.7	2.4	2.1	1.7	1.4	1.2	1.5	0.5	2.4
10		2.5	2.6	2.3	2.1	1.6	1	1	1.7	0.8	2.4
11		2.8	2.5	2.2	2	1.5	1	1.2	1.8	0.6	2.2

图 3.37　“月均用水量”工作表

(2)打开“工具”菜单,选择“数据分析”选项,打开“数据分析”对话框。

(3)选择“直方图”,打开“直方图”对话框,如图3.38所示。

(4)在“输入区域”中,输入B2:K11,然后选定标志,并在“输出区域”中输入单元格L1,选定图表输出,表示需要直方图与频数表。

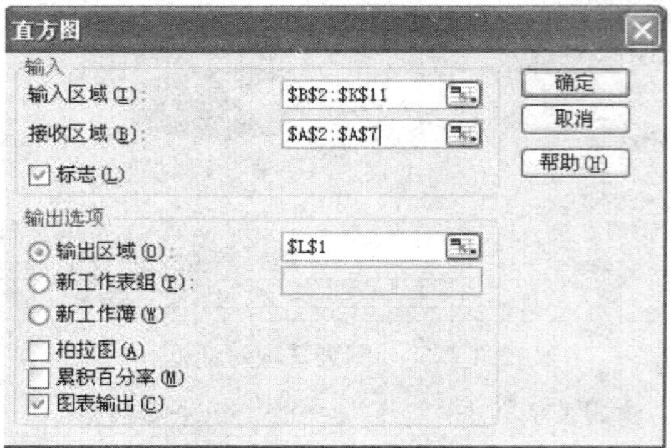

图3.38 “直方图”对话框

(5)单击“确定”按钮,直方图分析工具便生成频数分布表(见表3.14)、频率分布直方图,如图3.39所示。

(6)在默认的直方图中,柱形彼此分开,现将其连接起来。单击某个柱形,右击,在弹出的快捷菜单中选择“数据系列格式”选项,弹出“数据系列格式”对话框,如图3.40所示。

表3.14 频率分布表

接收	频率	累计/%
1	16	16.00
2	37	53.00
3	36	89.00
4	9	98.00
5	2	100.00
其他	0	100.00

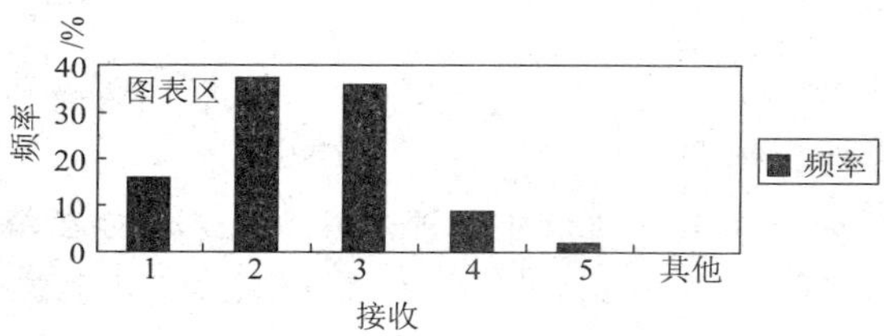

图3.39 频率分布直方图

(7)打开“选项”选项卡,将“分类间距”从150改成0,单击“确定”按钮,之后在图上右击,在弹出的快捷菜单中选择“图表选项”选项,在标题下的图表标题、x轴和y轴的文本框中输入相应的信息,单击“完成”按钮,得到图3.41所示的频率分布直方图。

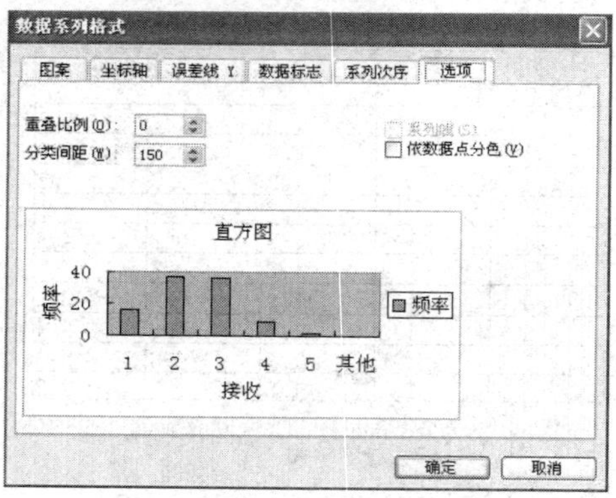

图3.40 “数据系列格式”对话框

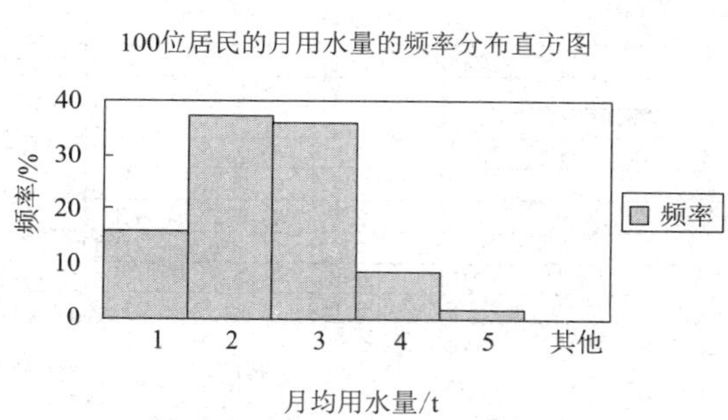

图3.41 100位居民的月用水量的频率分布直方图

练习题

一、单选题

1. 统计整理的中心工作是(　　)。

A. 对原始资料进行审核　　B. 编制统计表

C. 统计汇总问题　　D. 汇总资料的再审核

2. 统计汇总要求资料具有(　　)。

A. 及时性　　B. 正确性　　C. 全面性　　D. 系统性

3. 某连续变量分为 5 组:第 1 组为 40～50,第 2 组为 50～60,第 3 组为 60～70,第 4 组为 70～80,第 5 组为 80 以上,依习惯上规定(　　)。

A. 50 在第 1 组,70 在第 4 组　　B. 60 在第 2 组,80 在第 5 组

C. 70 在第 4 组,80 在第 5 组　　D. 80 在第 4 组,50 在第 2 组

4. 若数量标志的取值有限,且是为数不多的等差数值,宜编制(　　)。

A. 等距式分布数列　　B. 单项式分布数列

C. 开口式数列　　D. 异距式数列

5. 组距式分布数列多适用于(　　)。

A. 随机变量　　B. 确定型变量

C. 连续型变量　　D. 离散型变量

6. 向上累计次数表示截止到某一组为止(　　)。

A. 上限以下的累计次数　　B. 下限以上的累计次数

C. 各组分布的次数　　D. 各组分布的频率

7. 频率随着变量值增大而增高,该分布曲线属于(　　)。

A. 正态分布曲线　　B. J 形分布曲线

C. 右偏分布曲线　　D. 左偏分布曲线

8. 划分连续变量的组限时,相邻组的组限一般要(　　)。

A. 交叉　　B. 不等　　C. 重叠　　D. 间断

二、多选题

1. 统计整理的基本内容主要包括(　　)。

A. 统计分组　　B. 逻辑检查

C. 数据录入　　D. 统计汇总

E. 制表打印

2. 影响组距数列分布的要素有(　　)。

A. 组类　　B. 组限

C. 组距　　D. 组中值

E. 组数据

3. 常见的频率分布类型主要有(　　)。

A. 钟形分布　　B. X 形分布

C. U形分布　　D. J形分布

E. F形分布

4. 根据分组标志不同,分组数列可以分为(　　)。

A. 组距数列　　B. 品质数列

C. 单项数列　　D. 变量数列

E. 开口数列

5. 下列变量一般是钟形分布的有(　　)。

A. 粮食平均产量的分布　　B. 零件公差的分布

C. 大学生身高的分布　　D. 商品市场价格的分布

E. 学生成绩的分布

6. 下列变量呈J形分布的有(　　)。

A. 投资额按利润率的分布　　B. 60岁以上人口按年龄分组的分布

C. 经济学中的供给曲线　　D. 不同年龄人口的死亡率分布

E. 经济学中的需求曲线

三、填空题

1. 分布在各组的________叫次数(频数)。

2. 异距数列为消除各组频率由于组距不同不可比,需要计算________指标。

3. 频率密度是________内分布的频率。

4. 为了便于计算和分析,编制组距数列时应尽可能采用________分组。

5. 当数量变动不均衡,或由于特殊的研究目的,组距数列应采用________分组。

6. 测验中题目偏易,多数学生考分偏高情况下,其次数分布常呈________分布。

7. ________是由变量值高的组向变量值低的组依次累计。

8. 各种社会经济总体的分布大多趋近于________分布。

9. 统计分组的设计包括________的拟定和________的拟定两个问题。

10. 统计分组的基本原则是:必须保持各组内资料的________和组间资料的________。

四、判断题

1. 离散变量只能采用重叠组限和组距式分组。　(　　)

2. 连续变量可以采用不重叠组限和单项式分组。　(　　)

3. 按两个以上标志分组就是复合分组。　(　　)

4. 某企业职工按工资水平分组形成的分配数列是一个单项式分配数列。　(　　)

5. 频数或频率决定该组水平对总水平的影响大小。　(　　)

五、名词解释

统计整理　次数分布　频率密度

六、简答题

1. 简述统计整理的重要性。

2. 什么是分组标志?如何正确地选择分组标志?

3. 次数分布数列在统计研究中的重要意义和作用是什么?

第四章　综合指标

教学目标

掌握总量指标、相对指标结合运用原则，多个指标结合运用原则；了解是非标志的平均数和标准差如何计算；会用总量指标、结构相对指标、比较相对指标、强度相对指标、计划完成程度相对指标、动态相对指标等对实际问题进行分析计算；会用加权算术平均数、简单调和平均数、加权调和平均数、中位数、众数；会用标志变异指标及全距、平均差、标准差、平均差系数、标准差系数等对实际问题进行分析计算。

开篇案例

一家水果商店购进一批水果，其中包括 30 kg 苹果，30 kg 桃子。苹果 10 元 2 kg，桃子 10 元 3 kg。一天之内，这些水果都卖光了。30 kg 苹果卖了 150 元钱，30 kg 桃子卖了 100 元钱，一共卖了 250 元钱。第二天，店主又购进了 30 kg 苹果和 30 kg 桃子。店主一想，苹果 10 元 2 kg，桃子 10 元 3 kg，那还不如省点事，把两种水果掺在一起出售，20 元 5 kg 算了。一天下来，60 kg 水果全部卖完了。店主一清点，怎么一共只卖了 240 元，而不是 250 元？那 10 元钱哪里去了呢？这其实是一个统计学悖论，其实质是该店主没有真正理解统计学中的平均数的计算方法。该店主计算这两种商品的平均价格时采用的是简单算术平均数的计算公式，也就是：单价＝(10＋10)÷(2＋3)＝20÷5＝4(元/kg)。实际上，要计算这两种商品的平均价格，应该使用加权算术平均数，也就是：单价＝(10÷2×30＋10÷3×30)÷(30＋30)＝250÷60＝0.416 7(元/kg)。这位店主把自己的水果便宜卖了，当然收入就减少了。

在描述统计特征方面，统计学中不仅有平均数等集中指标，还有标准差、方差等离散指标，甚至还有描述相对变动程度的标志变异指标。

第一节　总量指标

一、总量指标的概念和特点

(一)总量指标的概念

总量指标是反映社会经济现象总规模、总水平或工作总量的统计指标,也称为绝对数指标,用以反映社会经济总体现象的规模特征。如我国2014年初步核算,全年国内生产总值636 463亿元、年末全国就业人员77 253万人,年末国家外汇储备38 430亿美元,全年全国公共财政收入140 350亿元,全年粮食产量60 710万吨等,这些绝对数指标都是总量指标。总量指标也可表现为不同时间、不同空间条件下社会经济现象总量间的差数或和数,如我国2014年粮食种植面积11 274万公顷(1公顷=1万平方米),比上年增加78万公顷;棉花种植面积422万公顷,比上年减少13万公顷。这里的增加额或减少额也是总量指标。

(二)总量指标的特点

总量指标是绝对数指标,其数值大小往往随总体范围的大小而增减。一般情况下,总体范围越大,指标数值越大;总体范围越小,指标数值越小。

二、总量指标的种类

总量指标按不同标准有以下几种分类:

(一)按其反映的内容不同划分

总量指标按反映内容不同可分为总体单位总量和总体标志总量。总体单位总量是指总体内所有单位个数的总和,反映总体规模大小。如以全部工业企业为统计总体时,工业企业个数就是总体单位总量。总体标志总量是指总体中各单位某一数量标志的标志值之和。仍以全部工业企业为总体,工业总产值、工业企业职工人数、工业固定资产总值等就是总体标志总量。一个特定总体内,只能存在一个单位总量,但可以同时并存多个标志总量。总体单位总量和总体标志总量的划分具有一定的相对性,随研究目的的不同而变化。在研究国有企业生产经营状况时,国有企业职工人数为总体标志总量;当研究国有企业职工素质状况时,国有企业职工人数则成为总体单位总量。

(二)按反映的时间状况划分

总量指标按其反映的时间状况不同可分为时期指标和时点指标。时期指标是反映某种社会经济现象在一段时期内的活动过程中所取得或实现的累计总量,如一定时期的国内生产总值、产品产量、固定资产投资额、人口出生数和死亡数等。时点指标是反映社会经济现象在某一时点(瞬间)上所实现或达到的总量指标,如总人口数、物资库存量、土地面积、牲畜存栏数等。时期指标和时点指标各有不同的特点。

1.时期指标的特点

(1)不同时期的指标数值具有可加性,相加后表示更长时期内现象总的发展规模。例如,将一年内12个月的钢产量相加即为全年的钢产量。

(2)时期指标数值大小与其时期长短有直接关系。一般情况下,时期越长,指标数值越大;时期越短,指标数值越小。

(3)时期指标数值通常是通过连续不断地登记取得,是累计的结果。

2.时点指标的特点

(1)不同时点指标数值不具有可加性,即相加后有大量重复并无实际意义。例如,将我国六次人口普查的总人口相加,其总和没有任何社会经济意义。

(2)时点指标的数值大小与其时间间隔(两个不同时点指标之间的时间距离)长短无直接关系。例如,我们无法判断一个企业月末的库存量是否会大于其月初的库存量,因为库存量是一个瞬间总量,影响库存量的因素取决于该期内不断购进与发出的数量。

(3)时点指标数值一般是采用间断登记取得的。因为时点指标就是反映总体在某一具体时点上的数量规模,只需要对总体某一时点的数量状况进行统计即可。

三、总量指标的计量单位

总量指标既然是表明不同社会经济现象总规模、总水平和工作总量的指标,必须有一定的计量单位。由于其反映的社会经济现象的性质不同,计量单位也不同,通常有实物单位、价值单位和劳动单位三种形式。

(一)实物单位

实物单位是根据事物的自然属性和特点而设计的计量单位。具体包括:

(1)自然单位。自然单位是按照被研究对象的自然状况来度量其数量的一种计量单位。如人口按人、自行车按辆、设备按台计算等。

(2)度量衡单位。按统一度量衡制度的规定来度量客观事物数量的一种计量单位。如,木材按立方米、粮食按千克、布匹按米计算等。统一度量衡制度不仅是准确反映客观事物数量的前提,也是统计核算的前提。

(3)复合单位。复合单位是指将两种计量单位结合使用而形成的实物单位。因在社会经济统计中,有些现象用一种单位计量不能确切地表示其实物量,必须采用两种以上的计量单位。如,货物周转量须按吨公里、发电量须按千瓦时计算等。

(4)标准实物单位。指按照统一折算的标准来度量被研究对象数量的一种计量单位。同类实物由于品种、规格、性能或化学成分不同,其使用价值的大小不同,混合计量往往不能确切地反映其规模,因此有必要将其按统一标准,折算成一种标准规格或标准含量的实物。如:将各种不同含氮量的化肥折合成含氮量为100%的纯品计算,将各种发热量不同的能源折合为7 000大卡/千克的标准煤计算等。

在统计上,以实物单位计量的总量指标称为实物量指标。实物量指标的优点是能够直接反映产品的使用价值量或现象的具体内容,能够生动具体地表明事物的规模和水平。在了解国民经济基本情况、编制和检查国民经济各项计划、研究分析各种产品生产和需求的数量关系中都广泛地使用实物量指标。但是,实物量指标也有局限性,不同种类的实物,有不同的使用价值,因而不能进行直接汇总,综合性较差。

(二)价值单位

价值单位又称货币单位,是用货币来度量社会财富和劳动成果的一种计量单位。如社会总产值、社会商品零售额、利税额、投资额等,都是以货币单位计量的。一般用元、百元、千元、万元、亿元等货币单位表示。

用价值单位表示的总量指标称为价值指标。价值指标的优点在于它反映的是最具有普遍意义的社会必要劳动量，具有最广泛的综合性能和概括能力，便于综合反映现象的总规模和总水平。但是价值指标也有局限性，即它脱离了物质内容，比较抽象，不能准确反映物品或劳务的使用价值量。实物指标和价值指标优缺点互补，在实际工作中，两者经常结合起来运用。

(三)劳动单位

劳动单位是用劳动时间表示的计量单位，如工时、工日等。用劳动单位表示的总量指标，称为劳动量或工作量指标，劳动量指标主要用于企业内部。借助劳动单位计算的劳动总消耗量指标可用来反映劳动投入的规模，并可作为评价劳动时间利用程度和计算劳动生产率的依据。以劳动单位计算的定额工时产量，可用于编制车间、班组和个人的生产作业计划及检查生产作业计划的完成情况，开展车间、班组及个人之间的竞赛评比分析。不同类型、不同经营水平的企业劳动量指标不能直接对比。

四、国民经济分析中的几个主要总量指标

反映我国国民经济运行状况的总量指标有很多，这里主要介绍社会总产品、增加值、国内生产总值、国内生产净值。

(一)社会总产品

社会总产品也称社会总产出，它是指以货币单位表现的一个国家或地区在一定时期(如一年)内全部生产活动的总成果，即全部生产活动成果的价值总量。这里所说的全部生产活动，既包括物质生产部门的生产，也包括非物质生产部门的生产，社会总产品就是这两类部门产品的总和，其产品形式既有实物形态的货物，也有不具有实物形态的各种服务。

物质生产部门的总产出是指物质生产部门在一定时期内从事物质生产的总成果，亦即社会总产值。社会总产值从使用价值角度看，包括生产资料和消费资料两大类；从价值角度看，包括生产过程中消耗掉的生产资料转移价值和劳动者新创造的价值(包括工资、利润、税金和利息等)。

非物质生产部门的总产出是指非物质生产部门在一定时期内提供的服务总值或劳务总值。金融业、保险业、房地产业等营利性服务部门的劳务总值一般以营业收入为基础计算；教育、国家机关等非营利性服务部门的劳务总值一般按经常性业务活动支出项计算。

(二)增加值

增加值是企事业单位或部门在一定时期(如一年)内从事各种生产经营活动所取得的最终成果价值。它是总产出减去中间投入后的余额，从价值构成看，它包括全部新创造的价值和物质消耗中的本期固定资产折旧。

(三)国内生产总值

国内生产总值是指一个国家(或地区)所有常住单位在一定时期内生产活动的最终成果。国内生产总值是国民经济核算体系中的一个核心指标，它能综合反映国民经济活动的总量，是衡量国民经济发展规模、速度，分析宏观经济结构和经济效益的基本指标，而且还可以广泛用于国际间的对比研究。

国内生产总值有以下三种计算方法：

1.生产法

生产法是从生产的角度计算国内生产总值。计算公式为：

$$国内生产总值=各部门增加值之和$$

$$增加值=总产出-中间消耗$$

2.收入法

收入法是从分配或收入的角度计算国内生产总值。计算公式为：

国内生产总值＝固定资产折旧＋劳动者报酬＋生产税净额＋营业盈余

上式中，固定资产折旧是为补偿生产经营中损耗的固定资产按比例提取的折旧费；劳动者报酬是指企业、单位对从事生产经营活动的职工及其他从业人员，以现金和实物形式支付的工资、福利费和社会保险费；生产税净额是指企业在生产、销售产品中应向政府缴纳的税金（利前税）减去生产补贴后的余额；营业盈余是指营业利润和其他盈余。

3.支出法

支出法是从最终使用的角度计算国内生产总值。计算公式为：

国内生产总值＝总消费＋总投资＋净出口

总消费包括居民和社会用于最终消费的物质产品和服务的价值，总投资指一定时期内固定资产投资和库存增加价值的总和，净出口是物质产品和服务出口价值减去进口价值的余额。

(四)国内生产净值

国内生产总值减去其中的固定资产折旧后，即为国内生产净值，表示一国或地区在一定时期内新创造的全部价值。

五、总量指标的作用和局限性

在社会经济统计中总量指标有着重要作用，具体表现在以下三个方面：

第一，总量指标是对社会经济现象总体认识的起点。因为社会经济现象的基本情况往往首先表现为不同的总量，所以，对一国的国情、国力或一个地区的基本状况进行了解时，首先要借助总量指标，如总人口、国土总面积、国内生产总值、财政总收入、外贸进出口总额等。

第二，总量指标是编制计划和检查各项计划执行情况的主要基础和依据。国民经济与社会发展计划中的一些基本指标是以总量指标来规定的。如我国“十二五”计划规定：2015 年国内生产总值预计达到 55.8 万亿元，全国总人口控制在 13.9 亿人以内，5 年城镇新增就业和转移农村劳动力各达到 4 000 万人等。计划指标的确定要以总量指标为基础，检查这些计划指标的执行情况则要以 2015 年这些总量指标实际达到的水平为依据。企事业单位编制和检查其各项计划的实现情况，同样也需要以相应的基本总量指标为依据。

第三，总量指标是计算相对指标和平均指标的基础。相对指标和平均指标一般都是两个有联系的总量指标对比的结果，因此相对指标和平均指标都是在总量指标的基础上派生出来的。总量指标的正确与否直接影响到相对指标和平均指标的准确性。

总量指标虽然是综合指标中最重要、最基础的指标，但其自身也存在着局限性。主要表现在不同规模总体进行对比时，总量指标往往缺乏可比性。例如，不能用国民生产总值来比较两个大小不同的国家的经济发展水平。总量指标的这种局限性可以用相对指标和平均指标来弥补。

第二节　相对指标

一、相对指标的概念和作用

社会经济现象是相互联系的，为了分析社会经济现象之间的联系程度，需要对总量指标之间的数量关系进行对比分析,因此,相对指标应运而生。相对指标又称相对数,它是两个性质相同或互有联系的指标数值之比。

相对指标在社会经济领域中的应用十分广泛,借助相对指标对现象进行对比分析,是统计分析的基本方法,其作用主要表现在以下两方面:

第一,相对指标可以说明现象内部结构和现象之间的数量联系程度,为人们全面、深入认识社会经济现象的不同数量特征及其发展变化状况提供重要依据。

第二,相对指标可以使不能直接对比的现象找到可以进行科学对比的基础。相对指标把两个对比的绝对水平抽象化,使人们对现象之间所存在的固有联系有较为清楚深刻的认识。例如,考察不同类型企业生产经营情况,由于生产条件不同、产品不同、规模不同,用产值指标直接对比的结果不能说明企业生产经营的好坏,但如果都以各自的计划指标和利润指标作为依据,计算计划完成程度指标和产值利润率指标,就可以进行比较,找出差距,从而对企业生产经营状况做出科学评价。

二、相对指标的表现形式

相对指标的表现形式概括地说有两种:一种是有名数形式;一种是无名数形式。

无名数形式是一种抽象化的数值,多以系数和倍数、成数、百分数和千分数表示。

1.系数和倍数

系数和倍数是将对比的基数抽象化为1而计算出的相对数。在两个数值对比得出的数值较小时,常称为系数,如固定资产磨损系数、标准实物产量的折合系数等。如果对比得出的数值较大(远大于1)时,则常称为倍数。如我国2015年国内生产总值规划为55.8万亿元,是2010年(39.8万亿元)的1.4倍。

2.成数

成数是将对比的基数抽象化为10而计算出来的相对数。一成表示1/10,如今年的小麦亩产比去年增产三成即增产3/10,增产两成就是增产2/10。

3.百分数和千分数

百分数(%)是将对比的基数抽象为100而计算出的相对数。百分数是相对指标中最常用的一种表现形式,如计划完成程度相对指标、动态相对指标等,都用百分数表示。千分数(‰)是将对比的基数抽象为1 000而计算出来的相对数,当对比的分子数值比分母数值小很多时,宜用千分数表示,如人口出生率、死亡率、自然增长率等。

有名数形式主要用于部分强度相对指标。它是把构成强度相对指标的分子、分母指标的原有计量单位同时使用。如人口密度用“人/km^2”表示,平均每人占有的粮食产量用“kg/人”表示等。

三、相对指标的种类及计算方法

在统计分析中,由于研究目的和任务的不同,具体研究对象的性质、特点不同,也就产生了不同相对指标的应用。常见的相对指标可以分为六种:计划完成程度相对指标、结构相对指标、比例相对指标、比较相对指标、动态相对指标和强度相对指标。

(一)计划完成程度相对指标

计划完成程度相对指标又称计划完成相对数,它是实际完成数与计划任务数之比,表明计划完成的程度,一般用百分数表示,所以也称计划完成百分比。应用计划完成程度相对指标可以监督和检查各项计划的执行情况，进而分析计划完成或未完成的原因，找出薄弱环节，提出对策建议。其基本公式为：

$$计划完成程度相对指标=\frac{实际完成数}{计划任务数}\times 100\%$$

公式的分子减去分母的差额表明计划执行的绝对效果。计划完成相对数的分子项是实际的统计数据，分母项是预期达到的目标。计算该指标时要求分子、分母在指标含义、计算口径、计算方法、计量单位及时间长短和空间范围等方面要保持一致。

由于计划任务数的表现形式不同，所以计划完成程度相对指标的计算和应用也具体表现为以下几种不同的情况。

1. 计划任务数以绝对数形式表现

$$计划完成程度=\frac{实际完成绝对数}{计划完成绝对数}\times 100\%$$

它一般适用于考核社会经济现象总规模、总水平或工作总量的计划完成情况。

【例 4.1】 某工业企业 2015 年利润计划为 900 万元，实际完成 930 万元，则：

$$计划完成程度=\frac{930}{900}\times 100\%=103.33\%$$

$$超额完成计划程度=103.33\% -100\%=3.33\%$$

$$超额完成计划绝对数=930-900=30(万元)$$

2. 计划任务数以平均数形式表现

$$计划完成程度=\frac{实际完成平均数}{计划任务平均数}\times 100\%$$

它一般适用于考核用平均水平表示的技术经济指标的计划完成程度。

【例 4.2】 某工业企业 2015 年 5 月某种产品的单项能耗计划为 40 t 标准煤，实际实现的单位产品单项能耗为 36.21 t 标准煤，则该企业单位产品单项能耗的计划完成情况为：

$$单位产品单项能耗计划完成程度=\frac{36.21}{40}\times 100\%=90.53\%$$

$$超额完成计划程度=100\%-90.53\% = 9.47\%$$

$$超额完成计划绝对数=40-36.21 = 3.79(t)$$

应该注意的是，以上两例所计算出的计划完成程度一个大于 100%，一个小于 100%，但得出的结论却相同，通常，对计划完成程度指标的评价，要注意计划指标的性质和要求。

当计划指标是以最低限额规定时，如产量、产值、销售额、利润等产出性指标，计划完成程度以“=”或“>”100%为好。大于 100%的部分表示超额完成计划的部分，完成程度小于 100%的表示未完成计划。

当计划指标是以最高限额规定的，如产品成本、原材料消耗量、流通费用等投入性指标，计划完成程度以“=”或“<”100%为好。小于 100%的部分表示超额完成计划的部分，完成程度大于 100%的表示未完成计划。

3. 计划任务数以相对数形式表现

计划任务数若是以相对数形式表现的，根据计划任务数的具体内涵不同，计划完成程度还有两种计算方法：

(1)计划任务数规定的是要完成的百分比。实际上这种计划任务数，其内涵相当于规定的是该指标的绝对量,只不过是该指标本身是一种相对指标。

【例 4.3】 某企业2015年第四季度推出一款新产品,计划广告费用占销率为18%,实际发生的广告费用占销率为20.26%,则:

$$广告费用占销率计划完成程度=\frac{20.26\%}{18\%}\times 100\%=112.56\%$$

广告费用占销率实际比计划多支出2.26个百分点(20.26%−18%)。广告费用占销率指标可以测定计划期内广告费用对销售额的影响,广告费用占销率越小,表明广告促销效果越好;反之,则越差。

(2)计划任务数规定的是降低率或提高率,其计算公式为:

$$计划完成程度=\frac{1\pm 实际提高或降低率}{1\pm 计划提高或降低率}\times 100\%$$

计划提高率或降低率实际上是"计划为上年百分数"减去100%的结果;实际提高率或降低率是"实际为上年百分数"减去100%的结果,要将其还原为"实际为上年百分数"与"计划为上年百分数"后再对比计算。

【例 4.4】 某企业计划规定本期劳动生产率比上期提高10%,实际提高了13%。在这种情况下,计划完成程度就不能直接用实际提高13%比计划提高10%计算,而应按下式计算:

$$劳动生产率计划完成程度=\frac{1+13\%}{1+10\%}\times 100\%=102.73\%$$

结果表明企业超额2.73%完成了劳动生产率的提高计划。

在实际工作中,有时实际完成数所含的时期只是计划期的一部分,这种实际数与计划数的对比,称为计划执行进度。它不是在计划期末,而是在计划执行过程中的计算,一般用于检查计划执行的均衡性。计算公式为:

$$计划执行进度=\frac{期初至检查之日止累计实际完成数}{全期计划数}\times 100\%$$

计划执行进度的计算结果要与时间进程作比较,通常1~3月,要完成年度计划的25%;1~6月要完成年度计划的50%;1~9月,要完成年度计划的75%。

【例 4.5】 某企业2015年1月份完成的产值为17万元,2月份为26万元,3月份为40万元,全年产值计划300万元,则:

$$截至3月份的计划执行进度=\frac{17+26+40}{300}\times 100\%=27.67\%$$

如果按照生产均衡性的观点看,该企业计划执行进度走在了时间的前面,即在25%的时间里完成了27.67%的任务。

在现实社会经济生活中,计划完成情况的检查,还可分为长期计划和短期计划的检查。以上所讲内容都适用于短期计划的检查。对于长期计划完成情况的检查,如对五年计划或十年规划进行检查,由于计划指标有两种不同的规定方法(一是规定计划期末应达到的水平,如农业计划、工业生产计划、商品流转计划;二是规定计划期内应达到累计完成的总量,如基建计划、造林计划等),因此检查长期计划完成情况有水平法和累计法两种。

1.水平法

如果计划任务规定的是计划期最末一年应达到的水平,检查该计划完成情况应该使用水平法。公式为：

$$计划完成程度=\frac{计划期最末一年实际达到水平}{计划期最末一年计划达到水平}\times 100\%$$

采用水平法检查长期计划执行情况，在计划期间内只要有连续一年时间实际完成的水平达到了计划规定的水平，就算达到了计划要求。据此可计算计划提前完成的时间，公式为：

计划提前完成的时间＝整个计划期时间－连续一年实际水平达到计划规定水平的时间

【例 4.6】 某地区“十一五”计划规定，粮食产量 2010 年达到 3 500 万吨，实际执行结果从 2009 年 7 月到 2010 年 6 月止粮食产量已达到 3 500 万吨，2010 年全年的实际粮食产量为 3 760 万吨，则：

$$某地区“十一五”粮食产量计划完成程度=\frac{3\ 760}{3\ 500}\times 100\%=107.43\%$$

提前完成计划的时间＝5 年－4 年零 6 个月＝ 6 个月

超额完成计划的程度＝107.43%－100%＝7.43%

2. 累计法

如果计划任务规定的是整个计划期内累计达到的水平，检查计划完成程度应使用累计法。计算公式为：

$$计划完成程度=\frac{整个计划期实际累计完成数}{整个计划期计划规定累计完成数}\times 100\%$$

采用累计法检查长期计划执行情况，完成计划的时间是指从计划期初累计至实际完成累计数达到计划规定累计数为止的时间。因此，计算计划提前完成时间的公式为：

提前完成计划的时间＝整个计划期时间－自计划期初累计至实际完成数达到计划规定累计数的时间

【例 4.7】 某地区“十一五”期间规定五年累计造林 5 000 亩，实际完成造林面积累计达到 5 230 亩，而实际截至 2010 年 7 月底已完成“十一五”计划规定的 5 000 亩的造林任务，则该地区造林面积“十一五”期间计划完成程度为：

$$“十一五”造林面积计划完成程度=\frac{5\ 230}{5\ 000}\times 100\%=104.60\%$$

超额完成计划程度＝104.60%－100%＝4.60%

提前完成计划的时间＝5 年－4 年零 7 个月＝5 个月

(二)结构相对指标

结构相对指标又称结构相对数，它是以科学分组为基础，将总体按某一标志划分成性质不同的各个部分，然后以部分数值与总体数值对比求得的比重或比率，以反映总体内部构成状况的综合指标。一般用百分数表示，其计算公式为：

$$结构相对指标=\frac{总体中某部分数值}{总体数值}\times 100\%$$

结构相对指标的分子和分母可以是总体单位总量，也可以是总体标志总量，表明总体单位构成或总体标志总量的构成。由于结构相对指标是总体各部分数值与全部数值之比，因此，各部分所占比重之和应等于 100%或 1。

如，初步核算，2014 年全年国内生产总值 636 463 亿元，比上年增长 7.4%。其中，第一产业增加值 58 332 亿元，增长 4.1%；第二产业增加值 271 392 亿元，增长 7.3%；第三产业增加值 306 739 亿元，增长 8.1%。第一产业增加值占国内生产总值的比重为 9.2%，第二产业增加值比重为 42.6%，第三产业增加值比重为 48.2%(见表 4.1)。其中的比重都是结构相对数。

表 4.1　2014 年我国全年国内生产总值产业构成

按三次产业分	金额/亿元	比重/%
第一产业	58 332	9.2
第二产业	271 392	42.6
第三产业	306 739	48.2
合　计	363 463	100.00

资料来源：国家统计局网站

表 4.1 资料表明了我国 2014 年全年国内生产总值中，第三产业占有最大比重，第二产业次之，第一产业比重最小。

将不同时间的结构相对指标进行比较分析，可以反映社会经济现象结构的变化过程及其发展趋势。

如我国 2006—2014 年国内生产总值第一、二、三产业各年的构成情况如表 4.2 所示。

表 4.2　2006—2014 年我国国内生产总值构成变动情况　　单位：%

产业类别	2006	2007	2008	2009	2010	2011	2012	2013	2014
第一产业	11.1	10.8	10.7	10.3	10.1	10.0	10.1	10.0	9.2
第二产业	47.9	47.3	47.4	46.2	46.7	46.6	45.3	43.9	42.6
第三产业	40.0	41.9	41.9	43.5	43.2	43.4	44.6	46.1	48.2
合计	100.0	100.0	100.0	100.0	100.0	100.0	100.0	100.0	100.0

资料来源：国家统计局网站

表 4.2 资料可以反映我国产业结构的发展变化趋势，从 2006—2014 年期间第一产业的比重呈降低趋势，第二产业的比重稳中有降，第三产业的比重平稳中不断上升。

(三)比例相对指标

比例相对指标又称比例相对数，它是反映总体中各部分之间数量联系程度、比例关系和协调平衡状况的综合指标。通常用百分比或几比几的形式来表现。其基本计算公式为：

$$比例相对指标=\frac{总体中某一部分数值}{总体中另一部分数值}$$

如，我国 2012 年国民经济和社会发展统计公报资料显示，全国出生人口性别比为 1.171 0，即在出生的婴儿中，男女比例达到 117.10∶100(以女性为 100)。比正常值 103～107 高出很多。中国政府已经提出，要实现全国“出生婴儿性别比趋向正常，初步形成新的婚育观念和生育文化”。

当把总体分成许多部分时，比例相对指标可采用连比形式。如，按产值计算的农、轻、重比例为 1∶3.5∶4.1；生产成本中的料、工、费比例为 1∶0.5∶0.3 等。

比例相对指标和结构相对指标有密切联系。结构相对指标的分子是分母的一部分，表现为一种包含关系，分子和分母不能互换，用以分析总体各部分组成或结构是否合理；比例相对指标表现为一种并列关系，分子和分母可以互换，用以说明总体各个部分之间的比例关系和协调平衡状况。实际工作中，两者常常结合应用。

(四)比较相对指标

比较相对指标又称比较相对数。它是同一时间不同空间(国家、地区、部门、单位、个人等)同类指标对比而得出的相对数,用以表明同类事物在不同条件下的数量对比关系和差异程度,通常用百分数和倍数表示。其计算公式为:

$$比较相对指标=\frac{某空间的某指标值}{同期另一空间同类指标值}$$

例如,2014 年重庆市的地区生产总值 14 265.47 亿元,为天津市 15 722.47 亿元的 90.73%,说明重庆的经济总量与天津还有一定的差距,但是差距在缩小。

在社会经济分析中,经常将各单位(部门、行业、地区等)的某一指标水平与同类指标的平均先进水平或典型水平(如国内先进水平、国际先进水平、国家规定标准等)对比,这样不仅可以对其发展水平做出正确的评价,而且可以揭示出其中存在的差距和潜力,为其进一步的发展和提高提供对策建议。

用于比较的指标可以是总量指标,也可以是相对指标或平均指标。不论采用哪种指标对比,分子、分母在指标类型、计算方法、计量单位、指标所属的时间上都要有可比性。比较相对指标的分子和分母可以互换,便于从不同角度说明同一问题。

(五)动态相对指标

动态相对指标也称动态相对数,又称发展速度,它是同类现象指标值在不同时间上的对比,用以表明现象在不同时间上发展变化的程度,通常以百分数或倍数表示。一般将作为比较基础的时期称作“基期”,与基期对比的时期称作“报告期”或“计算期”。其计算公式为:

$$动态相对指标=\frac{报告期水平}{基期水平}\times 100\%$$

【例 4.8】 据 2014 年国家统计公报,全年粮食产量 60 709.9 万吨,比上年增加 516 万吨,则:

$$2014\ 年我国粮食产量动态相对指标=\frac{60\ 709.9}{60\ 194}\times 100\%=100.9\%$$

即说明我国 2014 年的粮食产量相当于 2013 年的 100.9%,增长了 0.9%。

关于动态相对指标在社会经济分析中的具体应用,将在时间数列中作更深入的阐述。

(六)强度相对指标

强度相对指标又称强度相对数。它是两个有联系的、性质不同的总量指标之比,用以表明现象的强度、密度和普遍程度的综合指标。其计算公式为:

$$强度相对指标=\frac{某一总量指标数值}{另一有联系但性质不同的总量指标数值}$$

强度相对指标能够说明社会经济现象的强弱程度,在反映国家经济实力时被广泛应用。常用的反映国家经济实力的强度相对指标主要有人均 GDP、人均主要产品产量等指标。人口密度反映人口同居住地区土地面积之间的关系,说明居住的密集程度。

一些强度相对指标采用复名数表示,这种复名数由分子和分母指标原有的单位共同构成。如人口密度用“人/km^2”表示,人均国内生产总值用“元/人”表示等。但也有一些强度相对数用“千分数”或“百分数”表示,如人口自然增长率用千分数表示,流通费用率用百分数表示等。

【例 4.9】 据国家统计局公报数据,2014 年我国钢材产量 11.6 亿吨,国内生产总值 636 463亿元,平均人口136 427万人,土地面积 960 万平方千米,则:

$$人口密度=\frac{136\ 427}{960}=142.11(人/km^2)$$

$$人均钢材产量=\frac{116\ 000}{136\ 427}=0.850\ 27(t/人)$$

$$人均国内生产总值=\frac{636\ 463\times10^8}{136\ 427\times10^4}=46\ 627(元/人)$$

有些强度相对指标的分子和分母可以互换位置,形成正指标和逆指标。正指标是指标数值大小与现象的发展程度或密度方向相一致的强度相对指标,如平均每千人拥有的零售商业网点个数;逆指标是指标数值大小与现象的发展程度或密度方向相反的强度相对指标,如平均每个商业网点所服务的人口数。

在计算和运用相对指标分析问题时,应注意遵守以下原则:

第一,必须保持两个对比指标的可比性。这里的可比性,包括总体范围、指标口径、计算方法、计算价格等方面的一致性。相对指标表明的是两个指标之间的数量对比关系,因而指标之间的可比性是计算相对指标的重要前提。

第二,要把相对指标和绝对数指标结合运用。相对指标往往是两个绝对数指标对比的结果,它把现象的绝对水平抽象化了,虽然揭示了现象之间的相互联系和对比关系,但不能反映其背后客观存在的现象之间绝对水平的差别。为了全面深入地说明问题,在利用相对指标时需要把它同绝对指标结合起来进行分析。

第三,相对指标应该用于数值较大现象的分析,对于数值较小的现象进行分析时不宜勉强计算相对数。

第四,各种相对指标有不同的功能意义,应根据需要结合运用。

第五,相对指标基数不同,一般不能直接相加。

第三节　平均指标

一、平均指标的概念和特点

(一)平均指标的概念

平均指标是指用来反映总体各单位某一数量标志在一定时间、地点、条件下一般水平的综合指标,也称平均数。它也是反映统计分布集中趋势或中心位置的特征值。

在社会经济现象总体中,每个单位都有许多数量标志来表明它们不同方面的特征,这些特征的具体数量表现有大有小。"平均",即取得总体各单位的代表值。

(二)平均指标的特点

平均指标作为总体各单位标志值的代表值,是总体分布的特征值之一。它是事物发展变化在数量上的共同表现,依赖于总体各单位的实际数量水平,是对各数量标志值进行抽象概括的结果。因此,平均指标有两个特点:

第一,它是对总体单位之间数量标志值差异的抽象化。即平均指标消除了总体各单位标志值的数量差异,使那些偶然的、个别的数量差异互相抵消,从而将总体的一般特征或趋势显示出来。

第二,平均指标是用一个具体数值说明总体各单位标志值的一般水平,它反映了事物变动的集中趋势。总体各单位的标志值总是以平均数为中心上下波动的，所以平均数反映了总体的集中趋势，反映了总体的分布特征。

二、平均指标的作用和种类

(一)平均指标的作用

在社会经济统计分析中，平均指标是最常用的一种综合指标，有着广泛的应用。

(1)利用平均指标可以对同类现象进行企业、部门、地区、国家间的比较，以显示其水平的高低。因为平均指标作为一个代表值，不仅使个别单位的差异相互抵消，而且也不受总体规模大小的影响，所以可用来反映现象之间空间上的差异。例如，比较不同单位的平均工资。

(2)平均指标可以作为论断事物的一种数量标准或参考。因为平均数反映的是总体各单位的一般水平，表明总体数量特征的代表水平，故可以作为评价事物的客观标准。例如，评价一个学生成绩的好坏，可以根据其高于或低于该班学生平均成绩来评价。

(3)利用平均指标可以分析现象之间的依存关系。例如，为考察商业企业规模大小和流通费用率之间的依存关系，可以根据商品流转额对各商业企业进行分组，再计算各组企业的平均流通费用率，从而就可以看出企业经营规模和流通费用率的高低有着明显的依存关系。

(4)利用平均指标可以进行数量上的推算和估计。在统计中，经常需要利用部分单位的平均数去推算总体平均数，并进而估计总体标志总量。如在农产量抽样调查中，在用样本平均亩产估计总体平均亩产的基础上，结合播种面积资料，可以估计出农作物的总产量。

(二)平均指标的种类

从计算方法来看，平均指标可分为数值平均数和位置平均数两大类。前者包括算术平均数、调和平均数和几何平均数，它们都是根据分布数列中各单位的标志值及其分布次数计算而得的；后者包括众数和中位数，它们是根据分布数列中某些单位标志值所处的位置来确定的。

三、算术平均数($\bar{x}$)

(一)算术平均数的基本计算公式

算术平均数是统计中最常用的一种平均指标，在许多社会经济现象中都存在这样一种关系，即总体各单位标志值的算术和等于总体的标志总量。因此，算术平均数的基本公式为：

$$\text{算术平均数}(\bar{x})=\frac{\text{总体标志总量}}{\text{总体单位总量}}$$

【例 4.10】 某企业 2015 年 7 月的工资总额为 2 800 000 元，工人总数为 700 人，则该企业工人的月平均工资：$\bar{x}=\dfrac{2\ 800\ 000}{700}=4\ 000(\text{元}/\text{人})$

前面所讲的强度相对指标，有一部分也具有平均性，与平均指标一样是两个总量指标的对比结果，但二者是性质不同的指标。算术平均数的分子、分母同属一个总体，并且总体单位与各标志值是一一对应关系，每一个标志值都依附于一个总体单位，如某科考试的平均成绩。强度相对指标的分子、分母属两个不同总体且无总体单位和标志值的一一对应关系，只是在经济内容上存在客观联系，如人均粮食产量、人均 GDP。

(二)算术平均数的种类及计算

由于掌握的资料不同，算术平均数可以分为简单算术平均数和加权算术平均数两种。

1.简单算术平均数

简单算术平均数适用于由未分组资料计算平均指标。公式为:

$$\bar{x}=\frac{x_1+x_2+\cdots+x_n}{n}=\frac{\sum x}{n}$$

式中:$\bar{x}$ 为算术平均数;x 为各单位标志值;n 为总体单位数。

【例4.11】 某商场5名职工,他们的日销售额分别为620、630、675、715、730元,则平均每个职工日销售额为:

$$\bar{x}=\frac{\sum x}{n}=\frac{620+630+675+715+730}{5}=674(\text{元/人})$$

2.加权算术平均数

加权算术平均数适用于由分组资料计算平均指标。它是用各组标志值乘以相应各组单位数求出各组标志总量,然后加总求得总体标志总量,并用其除以总体单位总量,从而求得平均指标。

设将总体分为 n 组,各组的标志值用 x_1,x_2,…,x_n 表示,各组的单位数(次数)用 f_1,f_2,…,f_n 表示,则计算 x 加权算术平均数的基本公式为:

$$\bar{x}=\frac{x_1f_1+x_2f_2+\cdots+x_nf_n}{f_1+f_2+\cdots+f_n}=\frac{\sum xf}{\sum f}$$

【例4.12】 某企业有8个技术级别的生产工人,各级别的工人工资及人数资料如表4.3所示。

表4.3 某企业工人工资资料统计表

技术级别	月工资/元 x	工人人数/人 f	工资总额/元 xf
1	6 000	5	30 000
2	7 200	15	108 000
3	8 500	19	161 500
4	10 000	25	250 000
5	12 000	33	396 000
6	15 000	24	360 000
7	18 500	13	240 500
8	23 000	6	138 000
合计	—	140	1 684 000

则,该企业各级别工人的平均工资为:

$$\bar{x}=\frac{\sum xf}{\sum f}=\frac{1\ 684\ 000}{140}\approx 12\ 020.86(\text{元/人})$$

这是一个单项式变量数列。需要说明的是,如果我们掌握的资料是组距式分组数列,在缺乏组平均数资料的条件下,计算算术平均数时应取各组的组中值作为该组标志值的代表值,由于组中值不一定等于组平均数,所以这样计算的算术平均数不可避免地会存在一定的误差。另外,开口组的存在,也是算术平均数出现近似值的原因。

【例4.13】 某企业有60名车工,某月生产某种零件的资料如表4.4所示。

表 4.4 某企业车工按产量分组的统计表

产量/件	工人人数/人 f	组中值/件 x	xf
20～30	4	25	100
30～40	14	35	490
40～50	27	45	1 215
50～60	9	55	495
60 件以上	6	65	390
合计	60	—	2 690

则 60 名车工某月的平均产量为：

$$\bar{x}=\frac{\sum xf}{\sum f}=\frac{2\ 690}{60}\approx 45(\text{件})$$

从以上计算可以看出，加权算术平均数的大小不仅决定于每组的标志值(x)水平，同时也决定于各组的分布次数(f)，次数的多少对平均数的大小起着权衡轻重的作用，因此称之为权数。算术平均数的值总是向权数最大组的变量值靠近。

将简单算术平均数和加权算术平均数进行比较，不难看出，二者存在着这样的关系：当各组次数相等，即 $f_1=f_2=f_3=\cdots=f_n=A$ 时(A 为常数)，

$$\begin{aligned}\bar{x}&=\frac{x_1f_1+x_2f_2+\cdots+x_nf_n}{f_1+f_2+\cdots+f_n}=\frac{x_1A+x_2A+\cdots+x_nA}{nA}\\&=\frac{x_1+x_2+\cdots x_n}{n}=\frac{\sum x}{n}\end{aligned}$$

即简单算术平均数和加权算术平均数之间并没有根本的区别，简单算术平均数可以看成是加权算术平均数的一种特例。

权数除用各组单位数即频数(次数)形式表示外，还可以用比重即频率形式表示。因此，便有另一种加权算术平均数的计算形式，其公式为：

$$\bar{x}=x_1\cdot\frac{f_1}{\sum f}+x_2\cdot\frac{f_2}{\sum f}+\cdots+x_n\cdot\frac{f_n}{\sum f}=\sum x\cdot\frac{f}{\sum f}$$

【例 4.14】 根据表 4.4 资料，可以整理得到表 4.5。

表 4.5 以频率为权数的平均产量计算表

产量/件	组中值/件 x	工人人数/人 f	$\frac{f}{\sum f}$/%	$x\cdot\frac{f}{\sum f}$
20～30	25	4	6.67	1.67
30～40	35	14	23.33	8.17
40～50	45	27	45.00	20.25
50～60	55	9	15.00	8.25
60 件以上	65	6	10.00	6.50
合计	—	60	100.00	45.00

则60名车工的平均包装量为：

$$\bar{x}=\sum x\cdot\frac{f}{\sum f}\approx 45(件)$$

从计算结果可以看出，用频率作权数和用频数(次数)作权数计算结果相同，因为频率的大小和频数(次数)的大小是一致的，所以有：

$$\bar{x}=\frac{\sum xf}{\sum f}=\sum x\cdot\frac{f}{\sum f}$$

计算加权算术平均数有时还会遇到其他权数选择问题。在分配数列中，次数就是权数。但也有次数做权数不合适的时候，这主要表现在计算相对数的算术平均数中。

【例4.15】 某市某局所属15个企业产值计划完成情况如表4.6所示，要求计算各企业产值计划平均完成程度。

表4.6 某市某局所属15个企业产值计划完成情况

计划完成程度/%	组中值/% x	企业数	计划任务数/万元 f	实际完成数/万元 xf
90～100	95	5	100	95
100～110	105	8	800	840
110～120	115	2	100	115
合计	—	15	1 000	1 050

在这里，我们要计算的是整个15个企业的产值计划平均完成程度，那么是用企业数为权数呢？还是用计划产值为权数呢？企业数虽然是完成产值计划不同程度的各组次数，但并不是理想的权数。因为各企业规模大小不同，正确计算产值计划平均完成百分比，需用计划产值作权数，只有这样才符合相对指标的性质，因为相对数的平均数在本质上还是相对数，所以还应符合实际产值与计划产值的对比这一根本要求。根据上例具体计算如下：

$$平均计划完成程度=\frac{\sum xf}{\sum f}=\frac{95\%\times100+105\%\times800+115\%\times100}{100+800+100}=105\%$$

我们可以看出，相对指标算术平均数的计算结果仍是一个相对指标，表示的是一个总的相对数。计算时需要以相对指标的分母做权数。

(三)算术平均数的数学性质

(1)各个变量值与其算术平均数的离差之和等于零，即 $\sum(x-\bar{x})=0$。

证明：因为
$$\bar{x}=\frac{x_1+x_2+\cdots+x_n}{n}$$
所以
$$n\bar{x}=x_1+x_2+\cdots+x_n$$
则
$$x_1+x_2+\cdots+x_n-n\bar{x}=0$$
即
$$\sum(x-\bar{x})=0$$

对于加权算术平均数来说，这个性质可以写成：

$$\sum(x-\bar{x})f=0$$

其数学证明从略。

(2)各个变量值与其算术平均数的离差平方之和等于最小值。即 $\sum(x_i-\bar{x})^2=$ 最小值,亦即 $\sum(x_i-\bar{x})^2\leqslant\sum(x_i-A)^2$,式中 A 为任意常数。

证明:
$$\begin{aligned}\sum(x_i-A)^2&=\sum(\bar{x}-\bar{x}+x_i-A)^2\\&=\sum[(x_i-\bar{x})+(\bar{x}-A)]^2\\&=\sum[(x_i-\bar{x})^2+2(x_i-\bar{x})(\bar{x}-A)+(\bar{x}-A)^2]\\&=\sum(x_i-\bar{x})^2+2\sum(x_i-\bar{x})(\bar{x}-A)+\sum(\bar{x}-A)^2\\&=\sum(x_i-\bar{x})^2+\sum(\bar{x}-A)^2\\&=\sum(x_i-\bar{x})^2+n(\bar{x}-A)^2\end{aligned}$$

因为 $n(\bar{x}-A)^2\geqslant 0$

所以 $\sum(x-\bar{x})^2\leqslant\sum(x-A)^2$

即 $\sum(x_i-\bar{x})^2=$ 最小值

同理可证,加权算术平均数 $\sum(x-\bar{x})^2f=$ 最小值。

这里只介绍算术平均数的两个数学性质。

四、调和平均数(H)

调和平均数是平均指标的另一种形式,其原始含义是各个变量值倒数的算术平均数的倒数,又称倒数平均数。调和平均数也分为简单调和平均数与加权调和平均数。在社会经济统计中,一般把调和平均数作为算术平均数的变形来使用,因为在特定权数条件下,调和平均数与算术平均数的计算结果是相同的。

(一)简单调和平均数

简单调和平均数适用于未分组资料。

【例 4.16】 市场上某种水果的销售价格有三种,每千克 2.4 元、3.0 元、4.0 元,而三种价格水果的市场交易量无法知道,现在各买 1 元钱的水果,那么平均每千克水果的价格是多少?(假定每种水果的交易量相等。)

$$\text{平均价格}=\frac{\text{购买金额}}{\text{购买数量}}=\frac{1+1+1}{\dfrac{1}{2.4}+\dfrac{1}{3.0}+\dfrac{1}{4.0}}=3.52(\text{元/kg})$$

所以简单调和平均数的基本计算公式为:

$$H=\frac{n}{\dfrac{1}{x_1}+\dfrac{1}{x_2}+\cdots+\dfrac{1}{x_n}}=\frac{n}{\sum\dfrac{1}{x}}$$

(二)加权调和平均数

加权调和平均数适用于分组资料。基本计算公式为:

$$H=\frac{m_1+m_2+\cdots+m_n}{\dfrac{m_1}{x_1}+\dfrac{m_2}{x_2}+\cdots+\dfrac{m_n}{x_n}}=\frac{\sum m}{\sum\dfrac{m}{x}}$$

它和加权算术平均数存在的变形关系,表现在:

若 $$m = xf, \text{则} \quad f = \frac{m}{x}$$

则 $$\bar{x} = \frac{\sum xf}{\sum f} = \frac{\sum m}{\sum \frac{1}{m}} = H$$

上式表示,若加权调和平均数以各组标志总量(m)为权数,加权算术平均数以各组单位数(f)为权数,二者计算内容和结果都是相同的。究竟选择哪种方法计算,要根据所掌握资料的条件来定。

【例 4.17】 甲乙丙三种商品的销售单价及销售额情况如表 4.7 所示,要求计算三种商品的平均销售价格。

表 4.7　某种商品销售情况统计表

商品	单价/(元/件) x	销售额/元 m	销售量/件 m/x
甲	1.1	1 100	1 000
乙	1.2	2 400	2 000
丙	1.3	1 300	1 000
合计	—	4 800	4 000

解:如果掌握的是单价和销售额资料,销售量资料未知,应使用加权调和平均数计算:

$$H = \frac{\sum m}{\sum \frac{m}{x}} = \frac{4\ 800}{4\ 000} = 1.2(\text{元} / \text{件})$$

若掌握单价和销售量资料,销售额资料未知,则应使用加权算术平均数计算,即:

$$\bar{x} = \frac{\sum xf}{\sum f} = \frac{1.1 \times 1\ 000 + 1.2 \times 2\ 000 + 1.3 \times 1\ 000}{4\ 000} = 1.2(\text{元} / \text{件})$$

这里需要注意的是,求相对指标的调和平均数时,应以相对指标的分子作权数,即如果已知相对数的分子资料求相对指标的平均数时,采用加权调和平均数。相反,若已知各组相对数的分母资料时,则应采用加权算术平均数。

【例 4.18】 根据表 4.6 整理得到表 4.8,要求根据不同条件计算平均计划完成程度。

表 4.8　某局 15 个企业产值计划完成情况表

计划完成程度/%	企业数	实际完成数/万元 m	组中值/% x	计划任务数/万元 m/x
90～100	5	95	95	100
100～110	8	840	105	800
110～120	2	115	115	100
合计	15	1 050	—	1 000

若已知各组计划完成程度和实际完成产值，计划产值未知，应采用加权调和平均数计算：

$$平均计划完成程度=\frac{\sum m}{\sum\frac{m}{x}}=\frac{1\ 050}{1\ 000}=105\%$$

若已知各组计划完成程度和计划产值，实际完成产值未知，应采用加权算数平均数计算：

$$平均计划完成程度=\frac{\sum xf}{\sum f}=\frac{1\ 050}{1\ 000}=105\%$$

五、几何平均数(G)

算术平均数和调和平均数，适合于各标志值的和等于标志总量的情况。但有些社会经济现象，各标志值的和不等于标志总量，而是等于它们的连乘积，如平均比率、平均速度，对于这类社会经济现象，不能用算术平均数的方法反映其一般水平。

几何平均数是 n 项变量值连乘积的 n 次方根。几何平均数主要应用于：当若干个比率的连乘积等于总比率时，计算其平均比率；各期发展速度的连乘积等于总发展速度时，计算其发展平均速度。本节主要介绍用于平均比率的计算，用于平均发展速度的计算将在时间数列分析中具体介绍。

(一)简单几何平均数

简单几何平均数适用于未分组资料。

【例 4.19】 设某轧钢厂报告期资料如表 4.9 所示，要求计算各车间平均成材率。

表 4.9　轧钢厂各车间报告期生产情况表

车间	投入量/t	产出量/t	成材率/%
开坯(钢锭—钢坯)	1 000	800	80.0
粗轧(钢坯—粗材)	800	720	90.0
精轧(粗材—精材)	720	504	70.0
全厂(钢锭—精材)	1 000	504	50.4

解：由于各车间成材率与全厂总成材率之间，存在着连乘积的关系，所以适宜用几何平均法计算各车间的平均成材率。即：

$$G=\sqrt[n]{x_1\cdot x_2\cdot\cdots\cdot x_n}=\sqrt[n]{\Pi x}$$

$$=\sqrt[3]{0.8\times0.9\times0.7}=\sqrt[3]{0.504}=0.795\ 8=79.58\%$$

计算结果表明，该轧钢厂三个车间平均成材率为 79.58%。

(二)加权几何平均数

加权几何平均数适用于分组资料。计算公式为：

$$G=\sqrt[f_1+f_2+\cdots fn]{{x_1}^{f_1}\cdot {x_2}^{f_2}\cdot\cdots\cdot {x_n}^{fn}}=\sqrt[\sum f]{\Pi x^f}$$

【例 4.20】 某投资银行某笔投资是以复利计算的，它在 20 年间的年利率分配情况为：有 2 年利率是 5%，有 6 年利率是 6%，有 7 年利率是 8%，有 5 年利率是 10%。试计算该笔投资在 20 年间的平均年利率。

该笔投资在 20 年间的平均年本利率为：

$$G=\sqrt[20]{105\%^2\times106\%^6\times108\%^7\times110\%^5}=107.6\%$$

$$年平均利率=107.6\%-100\%=7.6\%$$

几何平均数的应用特点：

(1)它适用于反映特定现象的平均水平，即变量的总水平不是各变量值的总和，而是各变量值的连乘积。

(2)如果数列中有一个标志值等于零或负值就无法计算几何平均数。

六、众数(M_o)

众数是变量数列中出现次数最多的标志值。

在实际统计工作中，可以利用众数表明现象的一般水平。在现实社会经济生活中，有时需要用众数来观察某一标志值的集中趋势，以制定相应的决策。例如，有关企业为了保证所生产的产品型号能够适销，需要了解消费者需要最多的衣服、鞋帽等商品号码，以便了解最普遍、最流行的款式、尺寸、色彩等产品特征，从而帮助我们进行生产计划决策，这时需要了解的就是有关商品型号的众数。这时的众数有着与一般平均数不同的特殊意义。

确定众数需分以下两种情况：

1.由单项式变量数列确定众数

在单项式变量数列中，出现次数最多的变量值就是众数，例如，某种农副产品在同一个农贸市场的销售价格资料如表4.10所示。

由表4.10中可以直接看出，农副产品价格为1.8元的就是众数，表示该种农副产品交易的平均价格。

表4.10 某农贸市场某种农副产品销售资料统计表

农副产品价格/(元/kg)	销售数量/kg
1.3	50
1.5	160
1.8	300
2.0	120
2.5	70
合计	700

2.由组距式数列确定众数

首先根据定义确定众数所在组，然后用上、下限公式求出众数的具体值。

【例4.21】 某地区某年某月对1 000家工业企业按工业总产值进行分组，资料如表4.11所示，要求计算工业总产值的众数。

表4.11 某年某月某地区工业企业总产值分组资料

工业总产值/万元	企业数/个
100万元以下	12
100～200	32
200～300	55
300～400	85
400～500	115
500～600	420
600～700	128
800～900	89
900～1 000	48
1 000万元以上	16
合　计	1 000

第一步：确定众数组。

次数最多的组即为众数组。表4.11中工业总产值在500～600万元的企业最多(420个)，所以该组即为众数组。

第二步：用插补法计算众数的近似值。

计算众数的公式有上限公式和下限公式，计算结果一致，计算时任取一式即可。

下限公式：

$$M_o = L + \frac{\Delta_1}{\Delta_1 + \Delta_2} \times i$$

上限公式：

$$M_o = U - \frac{\Delta_2}{\Delta_1 + \Delta_2} \times i$$

式中：M_o 为众数；L 为众数所在组的下限；U 为众数所在组的上限；Δ_1 为众数所在组的次数与其前一组次数之差；Δ_2 为众数所在组的次数与其后一组次数之差；i 为众数组组距。

代入下限公式：

$$M_o = 500 + \frac{420 - 115}{(420 - 115) + (420 - 128)} \times 100 = 551.09(\text{万元})$$

代入上限公式：

$$M_o = 600 - \frac{420 - 128}{(420 - 115) + (420 - 128)} \times 100 = 551.09(\text{万元})$$

应该指出，按上述上、下限公式计算，众数大小取决于其前后相邻组次数大小的比较。若其前一组的次数大于后一组，则众数靠向众数组下限，反之则靠向上限。由于它只考虑相邻两组出现次数的多少，未考虑其他组次数的作用，故按上、下限公式计算得到的众数是近似值。

众数作为一种位置平均数，具有如下应用特点：

(1)众数是一种位置平均数，它不是根据每一单位标志值计算的，因此作为标志值数列的平均水平有不全面之处。但是，当数列中有异常标志值时，它又不受数列二端异常值的影响。因此，在这种情况下，它避免了极端值的影响，增强了作为标志值数列一般水平的代表性。

(2)当分布数列没有明显的集中趋势而趋向均匀分布时，则无众数可言，有时众数是不存在的。

(3)当分布数列有明显的集中趋势，且众数组相邻两组的次数相等，则众数组的组中值就是众数。

(4)有的分布数列有两个数值出现的次数最多，则该数列具有双众数。此时众数不唯一，而数列的平均数和中位数都是存在且唯一的。

(5)众数不仅对数量型数据(数据都是数值)有意义，它对按品质标志分组形成的数据也有意义。

七、中位数(M_e)

中位数也是一种位置平均数，是将被研究对象中各总体单位的标志值依其大小顺序排列，居中间位置的标志值称为中位数。

中位数的概念表明，数列中有一半单位的标志值小于中位数，另一半单位的标志值大于中位数，因此，在许多场合，用中位数来反映现象的一般水平更具有代表性。如在研究城乡居民收入水平时，总体中存在极高收入者，这时用居民收入的中位数比算术平均数更能代表居民收入的一般水平。

确定和计算中位数也需分以下两种情况：

1.根据未分组资料确定中位数

在资料未分组时，确定中位数首先应将总体各单位的标志值按大小顺序排列，然后按下列公式来确定中位数的位置：

$$\text{中位数位置} = \frac{n+1}{2}$$

如果总体单位数的项数 n 为奇数，则 $(n+1)/2$ 即为中位数位置，该位置的标志值就是中位数；若 n 为偶数，则 $(n+1)/2$ 居于数列中间的两个标志值之间，中位数为这两个标志值的简单算术平均数。

例如，求数列 16、19、22、25、28 的中位数。这个数列共有 5 项，所以中位数位置 $=\frac{n+1}{2}=\frac{5+1}{2}=3$，即第三项标志值就是中位数，即 $M_e=22$。

又如，求数列 6、9、12、15、18、21 的中位数，这个数列共有 6 项，中位数位置在第 3、4 项的标志值之间，所以中位数是：$M_e=\frac{12+15}{2}=\frac{27}{2}=13.5$。

2. 根据分组资料确定中位数

在分组资料中，包括两种情况：一种是单项式变量数列，另一种是组距式变量数列。

(1)由单项式变量数列确定中位数：

首先根据 $\frac{\sum f+1}{2}$ 确定中位数位置，然后计算累计次数以确定中位数所在组，再根据中位数所在组确定中位数，即该组对应标志值即中位数。

【例 4.22】 从某高校抽取 25 名学生，测试身高资料如表 4.12 所示，要求确定学生身高中位数。

表 4.12　25 名大学生身高次数分布表

身高/cm	人数/人	向上累计/人	向下累计/人
159	3	3	25
162	4	7	22
165	5	12	18
168	7	19	13
171	4	23	6
173	2	25	2
合计	25	—	—

$$\text{中位数位置}=\frac{\sum f+1}{2}=\frac{26}{2}=13\,(\text{人})$$

根据各组的累计次数(向上累计或向下累计)，找出包含中位数位次的组，该组即为中位数组，该组的标志值就是中位数。该例按向上累计确定中位数在第四组，如按向下累计确定中位数也在第四组，中位数就是 168 cm。

(2)由组距式变量数列计算中位数。

首先根据 $\sum f/2$ 确定中位数的位置，然后计算累计次数，并据以确定中位数所在组，最后用插补法计算中位数的具体数值。

【例 4.23】 某地区某年某月对 1 000 家工业企业按工业总产值分组情况，如表 4.13 所示，要求确定该地区工业总产值的中位数。

表 4.13 某年某月某地区工业企业按工业总产值分组表

工业总产值/万元	企业个数/个	向上累计/个	向下累计/个
100 万元以下	12	12	1 000
100～200	32	44	988
200～300	55	99	956
300～400	85	184	901
400～500	115	299	816
500～600	420	719	701
600～700	128	847	281
80C～900	89	936	153
900～1 000	48	984	64
1 000 万元以上	16	1 000	16
合计	1 000	—	—

第一步，确定中位数的位置：$\frac{\sum f}{2}=\frac{1\ 000}{2}=500$

第二步，确定中位数所在组：根据向上或向下累计，确定中位数在第六组（500～600）。

第三步，利用插补公式，计算中位数的近似值。

下限公式：

$$M_e = L+\frac{\frac{\sum f}{2}-S_{m-1}}{f_m}\times i$$

上限公式：

$$M_e = U-\frac{\frac{\sum f}{2}-S_{m+1}}{f_m}\times i$$

式中：M_e 为中位数；U 为中位数所在组的上限；L 为中位数所在组的下限；$\sum f$ 为各组单位数的总和；f_m 为中位数所在组的次数；S_{m+1} 为累计到中位数所在组后一组累计次数（向下累计）；S_{m-1} 为累计到中位数所在组前一组的累计次数（向上累计）；i 为中位数所在组的组距。

将表 4.13 资料代入下限公式计算：

$$M_e = 500+\frac{\frac{1\ 000}{2}-299}{420}\times 100 = 547.86\ (\text{万元})$$

将表 4.13 资料代入上限公式计算：

$$M_e = 600-\frac{\frac{1\ 000}{2}-281}{420}\times 100 = 547.86\ (\text{万元})$$

中位数位于中位数所在组组距之中的某个值。该数值是中位数组下限加上按一定几何比例分割中位数组组距所得的一段组距，或等于该上限减去按比例分割组距的另一段。

中位数的应用特点是：

(1)中位数是一种位置平均数,它除了受数列中间标志值影响外,不受其他标志值的影响,因此作为标志值数列的平均水平也有不全面之处。但是,如果数列二端有异常标志值,中位数不受其影响,从而增强了作为标志值数列一般水平的代表性。

(2)各单位标志值 x_i 与 M_e 之间离差绝对值的总和等于最小值,即存在 $\sum|x_i - M_e| = \min$。

八、平均数之间的相互关系

(一)算术平均数、几何平均数和调和平均数的关系

如果根据同一标志值数列计算且各标志值不等,则有 $\bar{x} > G > H$。例如有5个变量值3、4、5、6、7,求其平均数,$\bar{x} = 5$;$G = 4.79$;$H = 4.59$。当所有变量值都相等时,$\bar{x} = G = H$。概括而言,即有:$\bar{x} \geqslant G \geqslant H$。

证明:$\bar{x} \geqslant G \geqslant H$。

设有两个不等的数值 x_1、x_2。

因为 $$(\sqrt{x_1} - \sqrt{x_2})^2 = x_1 + x_2 - 2\sqrt{x_1 x_2} \geqslant 0$$

所以 $$\frac{x_1 + x_2}{2} \geqslant \sqrt{x_1 x_2} \qquad 即:\bar{x} \geqslant G$$

又因为 $$\frac{x_1 + x_2}{2} \geqslant \sqrt{x_1 x_2} = \frac{x_1 x_2}{\sqrt{x_1 x_2}}$$

即 $$\frac{x_1 + x_2}{2} \geqslant \frac{x_1 x_2}{\sqrt{x_1 x_2}}$$

所以 $$\sqrt{x_1 x_2} \geqslant \frac{2x_1 x_2}{x_1 + x_2} = \frac{2}{\dfrac{1}{x_1} + \dfrac{1}{x_2}} = H$$

所以 $G \geqslant H$

因此 $\bar{x} \geqslant G \geqslant H$ 成立

(二)算术平均数、众数、中位数的关系

算术平均数、众数、中位数的数量关系决定于总体次数的分布状况。对于对称的钟形分布,$\bar{x} = M_e = M_o$;对于非对称的钟形分布,当分布右偏时,$\bar{x} > M_e > M_o$,当分布左偏时 $\bar{x} < M_e < M_o$。英国统计学家卡尔·皮尔逊认为:当分布只是适度偏态时,三者之间近似的数量关系是:M_e 与 $\bar{x}$ 的距离是 $\bar{x}$ 与 M_o 距离的1/3,即 $|\bar{x} - M_o| = 3|\bar{x} - M_e|$。由此可得出以下三个关系式:

$$\bar{x} = \frac{3M_e - M_o}{2}$$

$$M_e = \frac{M_o + 2\bar{x}}{3}$$

$$M_o = 3M_e - 2\bar{x}$$

可以利用这些关系式,从已知的两个平均指标来估计另一个平均指标。

如,一批线团直径中位数为15 cm,其中直径最多的是16 cm,试求这批线团直径的算术平均数,并估计其偏斜情况。

解：$\bar{x}=\frac{3M_e-M_o}{2}=\frac{3\times15-16}{2}=14.5$(cm)

因为 14.5<15<16，即 $\bar{x}<M_e<M_o$　所以线团尺寸为左偏分布。

九、应用平均指标应注意的问题

(一)计算和应用平均指标必须注意现象总体的同质性

所谓同质性，就是社会现象的各个单位在被平均的标志上具有同类性。如果把具有不同类或不同质的现象加以平均，不仅会掩盖现象质的差别，而且会给人以虚构的假象，从而引出错误的结论。例如，我们不能把小麦、棉花、茶叶、甘蔗等混合在一起计算“农作物平均亩产量”，也不能把城镇居民收入和农村居民的收入混合起来计算平均收入。

(二)总平均数应与组平均数结合起来运用

总平均数虽然是根据同质总体计算的，但它只保证了总体各单位在某一方面的性质相同，而总体各单位在其他方面还存在着性质上的差别，并对总平均数产生影响，使总平均数不能充分显示总体的特征。所以往往需要用组平均数补充说明总平均数。

【例 4.24】 某企业 2014—2015 年工资资料见表 4.14。

表 4.14　某企业 2014—2015 年工资情况统计表

生产工人按工龄分组	2014 年			2015 年		
	工人人数/人	月工资总额/元	平均工资/元	工人人数/人	工资总额/元	平均工资/元
10 年以上	225	675 000	3 000	150	465 000	3 100
10 年以下	275	550 000	2 000	350	735 000	2 100
合　计	500	1 225 000	2 450	500	1 200 000	2 400

表 4.14 显示，2014 年该企业全部工人的平均工资为 2 450 元，2015 年为 2 400 元，2015 年低于 2014 年 50 元，能否由此断定该企业工人的工资水平下降了呢？从各组工人的工资水平来看，10 年以上工龄工人和 10 年以下工龄工人的平均工资都有所提高。那么为什么总平均工资却下降了呢？这是因为 2015 年的工人结构发生了变化，工资水平较高的 10 年以上工龄工人所占比重由 45%下降到 30%，而工资水平低的 10 年以下工龄工人所占比重由 55%上升到 70%，总平均工资将两年工人构成的差异掩盖了，同时总平均工资也受到了工人结构变化的影响。因此，运用平均指标进行分析时，要将组平均数和总平均数相结合运用。

(三)计算和运用平均数时，要注意极端值的影响

算术平均数受总体内极端数值的影响较大。为了正确反映总体的一般水平，当变量数列存在过大或过小的极端值时，计算算术平均数时应予以剔除，然后将其余数值计算平均数，或者计算众数、中位数来作为其代表水平。

(四)用分配数列补充说明平均数

平均数只是说明现象的共性，掩盖了总体各单位的差异及其分配情况。为了深入地说明问题，在利用平均数对社会经济现象进行分析时，还要结合原来的分配数列，分析平均数在原数列中所处的位置，及各单位标志值在平均数上下的分配情况。

【例4.25】 2015年5月某地区20个企业品种计划完成情况如表4.15所示。

根据表4.15资料计算,该数列的平均计划完成程度是102.14%,说明从总体来看该部门超额完成了品种计划。但若结合表4.15的分配数列,可以看出总平均数把企业总体分成了先进和后进两部分,而且尚有8个企业没有完成计划。这样显然使我们的认识更深入了一步。

表4.15 2015年某地区各企业品种计划完成情况统计表

按计划完成程度分组/%	企业数
85～90	1
90～95	3
95～100	4
100～105	8
105～110	3
110～115	1
企业数合计	20

第四节 变异度指标

一、变异度指标

(一)变异度指标的概念

变异度指标又称标志变动度,是综合反映总体各单位标志值差异程度的指标,也是反映总体分布状况的特征值之一。

我们对总体一般水平的认识可以借助于平均指标,但平均指标不能反映各单位的差异情况,它把各单位的差异抽象化了,而现象内部各单位的差异是客观存在的。例如,看某一班学生的学习成绩,平均分数只反映了该班学生成绩的一般水平,高分和低分的学生的差异被掩盖起来了,由此说明,平均指标可能会掩盖极其显著的差异事实。

另外,平均指标本身具有代表性,可平均指标本身也无法说明其代表性的大小。所以,只使用平均数对总体进行分析得到的认识就不会全面。变异度指标恰巧弥补了平均数的不足。如果平均指标用来说明总体标志值的集中趋势,则变异度指标可说明标志值的离中趋势,或偏离中心值的程度,即离散程度。因此,平均指标和标志变异度指标分别反映了事物发展在数量方面的共性和特性,在统计分析中,二者通常结合运用,互为补充。

(二)变异度指标的作用

1.变异度指标可以衡量平均指标代表性的程度

平均指标作为总体某一数量标志的代表值,其代表性的大小取决于变异度指标。变异度越大,说明总体各单位标志值差异程度越大,平均指标的代表性就越小;反之,变异度越小,说明总体各单位标志值的差异程度越小,平均指标的代表性就越大。

【例4.26】 各有7名工人的甲、乙两生产小组,他们的日产量(件)如下:

甲组:20、40、60、70、80、100、120

乙组:67、68、69、70、71、72、73

$$\bar{x}_{甲}=70(件)\quad \bar{x}_{乙}=70(件)$$

甲乙两组的平均日产量相同,但平均日产量对两个小组的代表性却不同,平均指标掩盖了各标志值的差异程度。对于这种总体单位数少的简单总体,我们能很容易发现差异大的一组,但对于总体单位数较多的复杂总体，必须要通过计算变异度指标来分析。

从这个例子我们可以看出，一组数据集中或分散的程度是该数列的另一个重要特征。

2. 变异度指标可以衡量现象发展过程中的稳定性和节奏性

例如，一种新的农作物品种具备推广价值，应不仅具有较高的平均收获水平，还应具有较高的稳定性，而说明稳定性的指标就是变异度指标。一般来说，变异度越小，社会经济活动过程越均衡，说明社会再生产诸要素的利用与配合越充分合理，效率越高；反之，均衡性越差，社会再生产诸要素的利用、配合损失越大，效率越低，需要加以调整和控制。

变异度指标主要有：全距、平均差、方差与标准差、变异系数。这些指标的计算方法不同，优缺点各异，应用条件和应用范围也有所不同。

二、全距(R)

全距是标志值数列中最大值与最小值之差，又叫极差，说明被研究现象中各单位标志值变动的最大范围。全距越小，说明数据变动的范围越小，标志值越集中，平均数的代表性越强；反之，则相反。

根据定义，全距的计算公式有两种：

1. 未分组数列

$$R=\text{最大值}-\text{最小值}$$

2. 分组数列

$$R=\text{最高组上限}-\text{最低组下限}$$

对于组距式分组资料，一般只就闭口组分组资料计算全距，如表 4.16 所示。

表 4.16 某大学机械系教师任教年限统计表

任教年数/年	1～5	6～10	11～15	16～20	21～25	26～30	31～35
人数/人	9	5	5	3	2	1	2

计算任教年数分布的全距： $R=35-1=34$(年)

利用全距指标进行产品质量检查和控制，可以及时发现问题，采取相应措施，保证生产正常进行。

全距计算简便，意义明确，具有一定的实用性。但由于它取决于总体中两个极端数值的比较，不能反映其他数值的差异，使得数列中间数值的一般变动情况被掩盖，不能全面反映标志值真实的变异情况。

三、平均差($A.D$)

平均差是数列中各单位标志值与其算术平均数离差绝对值的平均数。它反映了标志值数列的平均差异程度。平均差的计算方法有两种：

1. 简单平均差

适用于未分组资料，计算公式为：

$$A.D=\frac{\sum|x-\bar{x}|}{n}$$

2. 加权平均差

适用于分组资料,计算公式为:

$$A.D=\frac{\sum|x-\bar{x}|f}{\sum f}$$

【例4.27】 甲公司2015年10月的职工人数及工资资料如表4.17所示。

表4.17 甲公司2015年10月工资平均差计算表

工资/元	职工人数/人	xf	$x-\bar{x}$	$\lvert x-\bar{x}\rvert$	$\lvert x-\bar{x}\rvert f$
450	4	1 800	−318.4	318.4	1 273.6
550	8	4 400	−218.4	218.4	1 747.2
700	15	10 500	−68.4	68.4	1 026.0
850	20	17 000	+81.6	81.6	1 648.0
950	7	6 650	+181.6	181.6	1 276.8
1 150	3	3 450	+381.6	381.6	1 147.2
合计	57	43 800	—	—	8 118.8

解:

$$\bar{x}=\frac{\sum xf}{\sum f}=\frac{43\ 800}{57}=768.4(\text{元})$$

$$A.D=\frac{8\ 118.8}{57}=142.4(\text{元})$$

若乙公司的月平均工资也是768.4元,平均差为75元,则乙公司平均工资的代表性比甲公司强。

平均差的应用特点:平均差考虑到了数列中各个标志值的变异对整个数列变异程度的影响,弥补了全距的不足,故能比较全面、客观地反映数列的变异程度。但是,它采用取绝对值的方式来抑制正负离差的抵消,为进一步的数学处理和统计分析带来较大不便,因此,其实际应用受到了较大的限制。

四、方差(σ^2)与标准差(σ)

方差是各变量值与其算术平均数离差平方的算术平均数,一般用σ^2表示;标准差是方差的平方根,多用σ表示。方差和标准差是统计分析中反映总体平均变异程度最常用的指标。

(一)数量标志的方差与标准差

根据计算时所用资料不同,方差与标准差分为简单式和加权式两种计算方法。

1. 简单式

适用于未分组资料,公式为:

$$\sigma^2=\frac{\sum(x-\bar{x})^2}{n}\qquad \sigma=\sqrt{\frac{\sum(x-\bar{x})^2}{n}}$$

【例4.28】 为了考查某品牌电子元件的质量,随机抽取了6只,测得它们的寿命如表4.18所示,要求计算电子元件寿命的方差和标准差。

解：

$$\bar{x}=\frac{\sum x}{n}=\frac{6\ 006}{6}=1\ 001(\text{h})$$

$$\sigma^2=\frac{\sum(x-\bar{x})^2}{n}=\frac{962}{6}=160.33\ (\text{h})$$

$$\sigma=\sqrt{\frac{\sum(x-\bar{x})^2}{n}}=\sqrt{\frac{962}{6}}=12.66\ (\text{h})$$

表 4.18　某品牌电子元件寿命标准差计算表

电子元件寿命/h x	$x-\bar{x}$	$(x-\bar{x})^2$
985	−16	256
990	−11	121
993	−8	64
1 005	+4	16
1 013	+12	144
1 020	+19	361
合计 6 006	—	962

2.加权式

适用于分组资料，计算公式为：

$$\sigma^2=\frac{\sum(x-\bar{x})^2 f}{\sum f}$$

$$\sigma=\sqrt{\frac{\sum(x-\bar{x})^2 f}{\sum f}}$$

【例 4.29】 2015 年 9 月，某企业对生产的灯泡抽查其中的 50 只，调查其使用寿命，抽查结果如表 4.19 所示，要求据以计算灯泡寿命的标准差。

表 4.19　2015 年 9 月某企业灯泡标准差计算表

灯泡寿命/h x	数量/只 f	xf	$x-\bar{x}$	$(x-\bar{x})^2$	$(x-\bar{x})^2 f$
985	2	1 970	−16.08	258.57	517.14
990	7	6 930	−11.08	122.77	859.39
993	12	11 916	−8.08	65.29	783.48
1 005	20	20 100	3.92	15.37	307.40
1 013	6	6 078	11.92	142.09	852.54
1 020	3	3 060	18.92	357.97	1 073.91
合计	50	50 054	—	—	4 393.86

解：50 只灯泡的平均寿命为：

$$\bar{x}=\frac{\sum xf}{\sum f}=\frac{50\ 054}{50}=1\ 001.08\ (\text{h})$$

$$\sigma^2=\frac{\sum(x-\bar{x})^2 f}{\sum f}=\frac{4\ 393.86}{50}=87.88\ (\text{h})$$

$$\sigma=\sqrt{\frac{\sum(x-\bar{x})^2 f}{\sum f}}=\sqrt{\frac{4\ 393.86}{50}}=9.37\ (\text{h})$$

方差和标准差的应用特点：方差和标准差考虑到了总体所有单位标志值的差异，能全面反映各单位标志值的变异程度;在消除正负离差相互抵消时采用平方的方法,避免了取绝对值的缺点,因而具有数学性质上的优点。因此在统计上人们常常采用方差和标准差作为标志值离散趋势的度量,故成为各种变异指标中应用最广泛的一种。

(二)是非标志的方差与标准差

在统计研究中,经常遇到这种情况,把全部总体单位按某一品质标志只分为具有和不具有两组。如:把产品分为合格品和不合格品两部分,职工分为男性和女性两组或分为出勤和缺勤两组,把对问题的认识分为对和错两组,等等。这种只表现为“是”与“否”或“有”与“无”两种属性的品质标志叫交替标志或是非标志。将具有某种属性的单位数占全部单位数的比重叫成数,它反映数列中“是”或“非”属性的构成,并代表该种属性的单位反复出现的程度,即频率。

设数列中具有某种属性的单位数为 N_1,不具有某种属性的单位数为 N_0,全部单位数为 N,则 $N=N_1+N_0$。用 p 表示具有某种属性的单位数占全部单位数的比重,即 $p=\frac{N_1}{N}$;q 表示不具有某种属性的单位数占全部单位数的比重,即 $q=\frac{N_0}{N}$。因为是非标志不是数量标志,本无数值可言,但为了对它进行定量分析,可将这种品质标志数量化,即以“1”表示具有某种属性的单位的标志值,以“0”表示不具有某种属性的单位的标志值,使“是”和“非”变为以“1”和“0”代表的标志值,这样,便可以计算是非标志的平均数及其变异度指标了。是非标志的统计分布称作贝努里分布。

1. 是非标志的平均数

是非标志的平均数的计算过程,如表4.20所示。

可见,是非标志的平均数为:

$$\bar{x}=\sum x\cdot\frac{f}{\sum f}=1\times p+0\times q=p$$

也就是说,是非标志的算术平均数就是具有某一属性的单位数占总体单位数的比重,亦即成数 p。

表 4.20 是非标志平均数计算表

是非标志值 x	频率(成数) $\frac{f}{\sum f}$	$x\cdot\frac{f}{\sum f}$
1	p	p
0	q	0
合计	1	P

2. 是非标志的方差和标准差

是非标志的方差、标准差的计算过程如表4.21所示。

表 4.21 是非标志方差与标准差计算表

是非标志值 x	频率 $\frac{f}{\sum f}$	$x-\bar{x}$	$(x-\bar{x})^2$	$(x-\bar{x})^2\frac{f}{\sum f}$
1	p	$1-p$	$(1-p)^2$	$(1-p)^2p$
0	q	$0-p$	$(0-p)^2$	$(0-p)^2q$
合计	1	—	—	$(1-p)^2p+(0-p)^2q$

所以,是非标志的方差为:

$$\sigma^2=\sum(x-\bar{x})^2\cdot\frac{f}{\sum f}$$

$$
\begin{aligned}
&=(1-p)^2p+(0-p)^2q \\
&=q^2p+p^2q \\
&=pq(p+q) \\
&=pq \\
&=p(1-p)
\end{aligned}
$$

是非标志的标准差为： $\sigma=\sqrt{p(1-p)}$

是非标志的平均数和标准差具有实际应用的意义。如某班有 90 人参加考试，其中 80 人及格，则作为是非标志考试成绩的平均数 $p=\frac{80}{90}=88.89\%$，这里的平均数 p 即及格率，从一个方面反映着考试成绩的代表水平。

又如，一批产品 200 件，经检验合格的是 180 件，作为是非标志的产品质量的平均数 $p=\frac{180}{200}=90\%$，方差 $\sigma^2=0.09$，标准差 $\sigma=\sqrt{p(1-p)}=\sqrt{90\%\times10\%}=0.3$。这里的 p 是产品合格率，这也从一个方面反映着产品质量的一般水平。这里的方差和标准差则反映着产品质量的变异程度。

在具有是非标志的总体单位中，$p=q=0.5$ 时，σ^2 和 σ 的值最大：$\sigma^2=0.5\times0.5=0.25$，$\sigma=0.5$。

五、标志变异系数(V)

变异系数又称离散系数，它是以相对数表现的标志变异度指标，用以反映标志值的变异程度和平均指标的代表性大小，通常用百分数表示。

平均数作为一组数据的代表值，其代表性的高低取决于数据间的变异程度。当对两组量纲不同的数据的平均数的代表性进行比较时，根据前面所讲的各种变异度指标，包括全距、平均差、方差、标准差，都难以做出合理的评价，因为它们都有与平均数相同的计量单位，因而量纲不同的两组数据的变异度指标无法直接比较其大小。另外，前述平均差、方差和标准差等变异度指标值的大小不仅取决于标志值本身的变异，还取决于标志值的整体平均水平。因此，对两个总体平均水平显著不同的数列，用前述变异度指标也不宜直接进行对比。所以，为消除量纲和均值不同对标准差的影响，应计算标志变异系数。标志变异系数是反映标志变动相对程度的指标，它具有广泛的可比性，计算公式为：

$$V_\sigma=\frac{\sigma}{\bar{x}}\times100\%$$

【例 4.30】 甲乙两班学生英语考试成绩是：甲班平均 85 分，标准差为 10 分；乙班平均 72 分，标准差 9 分。分别计算变异系数为：

甲班： $$V_{甲}=\frac{\sigma_{甲}}{\bar{x}_{甲}}=\frac{10}{85}\times100\%=11.76\%$$

乙班： $$V_{乙}=\frac{\sigma_{乙}}{\bar{x}_{乙}}=\frac{9}{72}\times100\%=12.5\%$$

该结果表明：甲班平均成绩的代表性高于乙班。

从以上分析可以看出，标志变异系数越大，说明平均指标的代表性越差；反之，标志变异系数越小，说明平均指标的代表性越好。

第五节　偏度和峰度指标

偏度和峰度是用来表述统计数据形态特征的指标，它们是对一组统计数据分布的对称(或偏斜)程度和陡峭(或扁平)程度的度量。偏度和峰度是通过矩来定义的，因此首先需要了解矩的概念及计算方法，然后再来讨论偏度和峰度的概念、计算方法及其应用。

一、矩的概念及计算

在统计学中，矩用来描述统计数据的分布。例如，算术平均数、平均差、方差和标准差等都是矩，变异系数也是通过矩计算出来的。因此，矩是描述统计数据分布特征的一类数字特征。

(一)原点矩

(1)未分组资料，k 阶原点矩的计算公式为：

$$\alpha_k = \frac{\sum x^k}{n}$$

式中：α_k 为 k 阶原点矩；k 为原点矩的阶数。

(2)分组资料，k 阶原点距的计算公式为：

$$\alpha_k = \frac{\sum x^k f}{\sum f}$$

式中：f 为各组的次数。

显然，$\alpha_1 = \bar{x}$，即算术平均数是1阶原点矩。

(二)中心矩

(1)未分组资料，k 阶中心矩的计算公式为：

$$\mu_k = \frac{\sum (x - \bar{x})^k}{n}$$

式中：μ_k 为 k 阶中心矩；k 为中心矩的阶数。

(2)分组资料，k 阶中心矩的计算公式为：

$$\mu_k = \frac{\sum (x - \bar{x})^k f}{\sum f}$$

式中：f 为各组次数。

显然，$\mu_2 = \sigma^2$，即方差是2阶中心矩。

(三)中心矩和原点矩的换算公式

常用的前4阶矩的换算公式为：

$$\mu_0 = 1$$

$$\mu_1 = 0$$

$$\mu_2 = \alpha_2 - \alpha_1^2$$

$$\mu_3 = \alpha_3 - 3\alpha_1\alpha_2 + 2\alpha_1^4$$

$$\mu_4 = \alpha_4 - 4\alpha_1\alpha_3 + 6\alpha_1^2\alpha_2 - 3\alpha_1^4$$

二、偏度

偏度，亦称偏态系数，是对统计数据分布偏斜方向和程度的度量，是统计数据分布非对称程度的数字特征。前面讲过变量数列的次数分布有对称分布和非对称分布，如果是对称分布，则 $\bar{x}=M_e=M_o$；如果是非对称分布则三者就彼此分离，不再一致，其中算术平均数与众数分居两边，中位数介于中间，分布越偏，三者的距离越大。这一偏离程度就是用偏度来反映。偏度是利用 3 阶中心矩定义的，其计算公式为：

$$S_k=\frac{\sum(x-\bar{x})^3 f}{\sigma^3\sum f}=\frac{\mu_3}{\sigma^3}$$

式中：S_k 为偏度；μ_3 为 3 阶中心矩；σ 为标准差。

在一般情况下，当统计数据为对称分布时，$S_k=0$。当统计数据为右偏分布时，$S_k>0$，且 S_k 值越大，右偏程度越高；当统计数据为左偏分布时，$S_k<0$，且 S_k 值越小，左偏程度越高。

【例 4.31】 某车间工人日加工零件的数据如表 4.22 所示，要求计算其分布的偏度，并对其分布类型做出判断。

表 4.22 工人日产量分布偏度计算表

按日加工量分组/件	工人人数 f	组中值 x	xf	$(x-\bar{x})$	$(x-\bar{x})^2 f$	$(x-\bar{x})^3 f$
20 以下	1	15	15	−44.7	1 998.09	−89 314.62
20～30	2	25	50	−34.7	2 408.18	−83 563.85
30～40	4	35	140	−24.7	2 440.36	−60 276.89
40～50	8	45	360	−14.7	1 728.72	−25 412.18
50～60	14	55	770	−4.7	309.26	−1 453.52
60～70	16	65	1 040	5.3	449.44	2 382.03
70～80	10	75	750	15.3	2 340.9	35 815.77
80～90	3	85	255	25.3	1 920.27	48 582.83
90～100	1	95	95	35.3	1 246.09	43 986.98
100 以上	1	105	105	45.3	2 052.09	92 959.68
合计	60	—	3 580	—	16 893.4	−36 293.77

解：

$$\bar{x}=\frac{\sum xf}{\sum f}=\frac{3\ 580}{60}=59.7(\text{件})$$

$$\sigma=\sqrt{\frac{\sum(x-\bar{x})^2 f}{\sum f}}=\sqrt{\frac{16\ 893.4}{60}}=16.78(\text{件})$$

$$\mu_3=\frac{\sum(x-\bar{x})^3 f}{\sum f}=\frac{-36\ 293.77}{60}=-604.9$$

$$S_k=\frac{\mu_3}{\sigma^3}=\frac{-604.9}{16.78^3}=-0.128<0$$

上述结果表明该车间工人加工零件的次数分布略呈左偏分布。

三、峰度

峰度,亦称峰态系数,是对统计数据分布陡峭程度的度量。峰度是利用4阶中心矩定义的,其计算公式为:

$$E_k=\frac{\sum(x-\bar{x})^4 f}{\sigma^4\sum f}=\frac{\mu_4}{\sigma^4}$$

式中:E_k 为峰度;μ_4 为4阶中心矩;σ 为标准差。

数理统计证明,当统计数据为正态分布时,$E_k=3$;如果统计数据的分布较正态分布更加陡峭时,则 $E_k>3$,称为尖顶(尖峰)分布,且 E_k 值越大,分布的形状就越陡峭;如果统计数据的分布较正态分布更加平坦时,则 $E_k<3$,称为平顶(平峰)分布,且 E_k 值越小,分布的形状越平坦。当 $E_k=1.8$ 时,统计数据分布曲线为一条水平线,即各组次数相同,分布形态称为矩形分布;当 $E_k<1.8$ 时,统计数据分布曲线则成为U形分布。

【例4.32】 某班学生考试成绩如表4.23所示,要求据以计算其数据分布的峰度,并对其分布特征做出判断。

表4.23 学生成绩分布峰度计算表

按成绩分组/分	学生人数/人 f	组中值 x	xf	$(x-\bar{x})^2$	$(x-\bar{x})^2 f$	$(x-\bar{x})^4 f$
60以下	2	55	110	441	882	388 962
60~70	3	65	195	121	363	43 923
70~80	8	75	600	1	8	8
80~90	5	85	425	81	405	32 805
90以上	3	95	190	361	722	260 642
合计	20	—	1 520	1 005	2 380	726 340

解:

$$\bar{x}=\frac{\sum xf}{\sum f}=\frac{1\,520}{20}=76(\text{分})$$

$$\sigma^2=\frac{\sum(x-\bar{x})^2 f}{\sum f}=\frac{2\,380}{20}=119(\text{分})$$

$$\mu_4=\frac{\sum(x-\bar{x})^4 f}{\sum f}=\frac{726\,340}{20}=36\,317(\text{分})$$

$$E_k=\frac{\mu_4}{\sigma^4}=\frac{36\,317}{119^2}=2.56<3$$

以上计算结果表明该班同学考试成绩的次数分布为平顶分布。

本章小结

总量指标又称为绝对数，其数值大小随总体范围的大小而增减。按反映总体的内容不同，分为总体单位总量和总体标志总量；按反映的时间状况不同，分为时期指标和时点指标；按采用的计量单位不同，通常有实物单位、价值单位和劳动单位三种不同形式的总量指标。反映我国国民经济运行状况的总量指标有很多，主要有社会总产品、增加值、国内生产总值、国内生产净值。

相对指标又称为相对数，在社会经济领域中的应用十分广泛，其表现形式有两种：有名数和无名数形式。常用的相对指标分为六种：计划完成程度相对指标、结构相对指标、比例相对指标、比较相对指标、动态相对指标和强度相对指标。

平均指标也叫平均数，说明现象的一般水平，是个代表值。分为数值平均数和位置平均数。前者包括算术平均数、调和平均数和几何平均数；后者包括众数和中位数。

其中算术平均数是计算平均指标最常用的方法，由于掌握的资料不同，分为简单算术平均数和加权算术平均数两种。

一般把调和平均数作为算术平均数的变形来使用，在特定权数条件下，调和平均数与算术平均数的计算结果是相同的。

几何平均数主要应用于：当若干个比率的连乘积等于总比率时，计算其平均比率，是个特殊的平均数。

中位数是一种位置平均数，是将被研究对象中各单位的标志值依其大小顺序排列，居中间位置的那个数值。

众数是总体中出现次数最多的标志值。

变异度指标又称标志变动度，是反映总体各标志值差异程度的指标，说明标志值偏离中心值的程度。主要有：全距、平均差、方差与标准差、变异系数。常用的是方差与标准差。平均指标和变异度指标分别反映了事物发展在数量方面的共性和特性，在统计分析中，二者通常结合运用，互为补充。

算术平均数、调和平均数、几何平均数、中位数、众数、标准差、变异系数等，在计算分析过程中，可以借助 Excel 求得测度值。

实训材料

综合指标分析中 Excel 的应用

常用的综合分析指标主要有算术平均数、调和平均数、几何平均数、中位数、众数、标准差、变异系数等。在计算分析过程中，有些指标的计算比较烦琐，可以借助 Excel 非常便捷地求得测度值。

一、对未分组资料计算各种综合分析指标

某公司的 9 名销售人员，他们的月销售额（单位：元）分别为：6 200、6 300、6 450、6 600、6 600、6 600、6 750、7 150、7 300，要求用 Excel 数据处理功能计算月销售额的各种静态分析

指标。

操作步骤:启动 Excel 2003,新建一个工作簿 Book 1。

第一步:在工作表 Sheet1 上将 9 名销售人员的月销售额输入到 A2:A10 单元格,如图 4.1 所示。

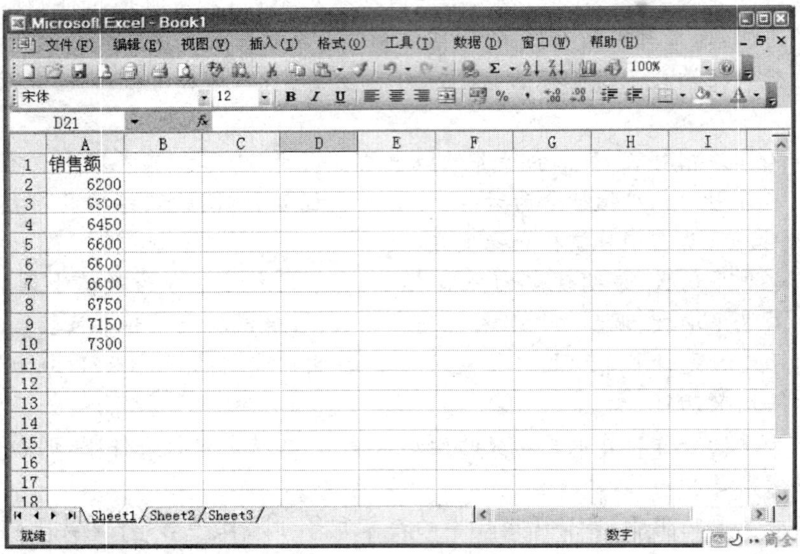

图 4.1 原始数据资料

第二步:根据 Excel 提供的公式,用函数计算各种分析指标。

(1)算术平均数。选择一空单元格,如,在 D3 输入"=AVERAGE (A2:A10)",按【Enter】键,得算术平均数为 6 661.111。

(2)调和平均数。在 D4 输入"=HARMEAN (A2:A10)",按【Enter】键,得调和平均数为 6 644.031。

(3)几何平均数。在 D5 输入"=GEOMEAN (A2:A10)",按【Enter】键,得几何平均数为 6 652.487。

(4)中位数。在 D6 输入"=MEDIAN (A2:A10)"按【Enter】键,得中位数为 6 600。

(5)众数。在 D7 输入"=MODE (A2:A10)",按【Enter】键,得众数为 6 600。

(6)全距。在 D8 输入"=MAX (A2:A10)-MIN(A2:A10)",按【Enter】键,得全距为 1 100。

(7)平均差。在 D9 输入"=AVEDEV (A2:A10)",按【Enter】键,得平均差为 270.370 4。

(8)方差。在 D10 输入"=VARP (A2:A10)",按【Enter】键,得方差为 117 098.8。

(9)标准差。在 D11 输入"=STDEVP (A2:A10)"按【Enter】键,得标准差为 342.197。

(10)变异系数。在 D12 输入"=STDEVP (A2:A10) / AVERAGE (A2:A10)",按【Enter】键,得变异系数为 5.1372%。

(11)在 C3:C12 依次输入"算术平均数、调和平均数、几何平均数、中位数、众数、全距、平均差、方差、标准差、变异系数"。输出结果如图 4.2 所示。

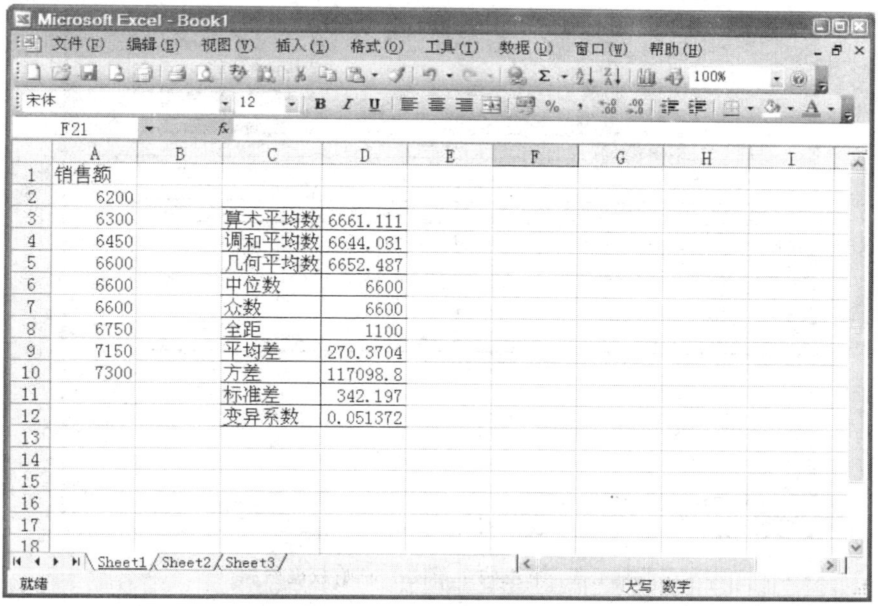

图 4.2　未分组资料的输出结果

二、对已分组资料计算各种静态分析指标

2007 年 6 月某企业甲乙两个车间工人的月工资资料如表 4.24 所示，要求用 Excel 数据处理功能比较两个车间月平均工资的代表性高低。

表 4.24　某企业甲乙两个车间工人的月工资资料

甲车间		乙车间	
月工资/元	工人人数/人	月工资/元	工人人数/人
800	9	850	4
1 000	13	900	7
1 200	16	1 000	9
1 500	7	1 300	19
1 800	5	1 600	11
合　计	50	合　计	50

操作步骤：启动 Excel 2003，新建一个工作簿 Book 2。

第一步：在工作表 Sheet1 上将表 4.22 资料输入到工作簿 Book2，如图 4.3 所示。

第二步：根据综合分析指标的计算公式，用函数计算各种分析指标。以甲车间的数据为例计算，输出结果如图 4.4 所示。

(1)计算各组月工资总额 xf。在 C3 输入"＝A3＊B3"，按【Enter】键后得 7 200；选定单元格 C3，将鼠标指针指向该单元格右下角，拖动填充柄至 C7，则各单元格自动填充；在 C8 输入"＝SUM (C3:C7)"，按【Enter】键后得 58 900。

(2)计算月平均工资 $\bar{x}$。在表格下方选一空单元格，如在 C12 输入"＝C8 / B8"，按【Enter】键后得月平均工资为 1 178 元。

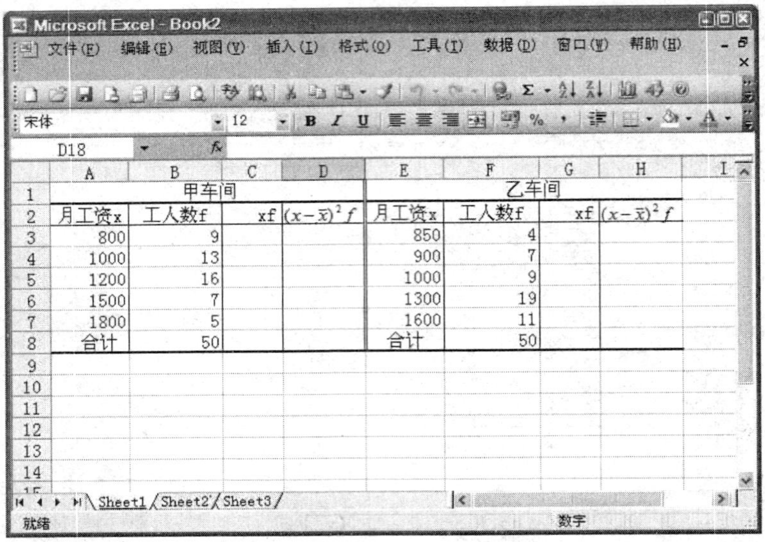

	甲车间				乙车间			
	月工资x	工人数f	xf	$(x-\bar{x})^2 f$	月工资x	工人数f	xf	$(x-\bar{x})^2 f$
3	800	9			850	4		
4	1000	13			900	7		
5	1200	16			1000	9		
6	1500	7			1300	19		
7	1800	5			1600	11		
8	合计	50			合计	50		

图 4.3　甲乙两个车间的原始数据资料

	甲车间				乙车间			
	月工资x	工人数f	xf	$(x-\bar{x})^2 f$	月工资x	工人数f	xf	$(x-\bar{x})^2 f$
3	800	9	7200	1285956	850	4	3400	547600
4	1000	13	13000	411892	900	7	6300	716800
5	1200	16	19200	7744	1000	9	9000	435600
6	1500	7	10500	725788	1300	19	24700	121600
7	1800	5	9000	1934420	1600	11	17600	1588400
8	合计	50	58900	4365800	合计	50	61000	3410000
12		算术平均数	1178			算术平均数	1220	
13		标准差	295.5			标准差	261.2	
14		变异系数%	25.08			变异系数%	21.41	

由计算结果得出，乙车间月平均工资的代表性高于甲车间。

图 4.4　甲乙两个车间的输出结果

(3)计算 $(x-\bar{x})^2 f$。在 D3 输入"＝B3 ∗ (A3 － \$C \$12)^2"，按【Enter】键后得 1 285 956；选定单元格 D3，拖动并自动填充；在 D8 输入"＝SUM (D3:D7)"按【Enter】键后得4 365 800。

(4)计算标准差 σ。在 C13 输入"＝SQRT (D8/B8)"，按【Enter】键后得标准差为295.5元。

(5)计算变异系数 ν。在 C14 输入"＝C13/C12 ∗ 100"按【Enter】键后得变异系数为25.08%。

同理，可计算出乙车间的算术平均数为 1 220 元，标准差为 261.2 元，变异系数为 21.41%。

由计算结果得出：乙车间月平均工资的代表性高于甲车间 。

练习题

一、单选题

1. 由反映总体单位某一数量特征的标志值汇总得到的指标是（　　）。

A. 总体单位总量　　B. 质量指标

C. 总体标志总量　　D. 相对指标

2. 各部分所占比重之和等于1或100%的相对数为（　　）。

A. 比例相对数　　B. 比较相对数

C. 结构相对数　　D. 动态相对数

3. 某企业工人劳动生产率计划提高5%，实际提高了10%，则提高劳动生产率的计划完成程度为（　　）。

A. 104.76%　　B. 95.45%

C. 200%　　D. 4.76%

4. 某企业计划规定产品成本比上年度降低10%，实际产品成本比上年降低了14.5%，则产品成本计划完成程度为（　　）。

A. 14.5%　　B. 95%　　C. 5%　　D. 114.5%

5. 在一个特定总体内，下列说法正确的是（　　）。

A. 只存在一个单位总量，但可以同时存在多个标志总量

B. 可以存在多个单位总量，但必须只有一个标志总量

C. 只能存在一个单位总量和一个标志总量

D. 可以存在多个单位总量和多个标志总量

6. 计算平均指标的基本要求是所要计算的平均指标的总体单位应是（　　）。

A. 大量的　　B. 同质的　　C. 有差异的　　D. 不同总体的

7. 几何平均数的计算适用于求（　　）。

A. 平均速度和平均比率　　B. 平均增长水平

C. 平均发展水平　　D. 序时平均数

8. 一组样本数据为3、3、1、5、13、12、11、9、7，这组数据的中位数是（　　）。

A. 3　　B. 13　　C. 7.1　　D. 7

9. 某班学生的统计学平均成绩是70分，最高分是96分，最低分是62分，根据这些信息，可以计算的测度离散程度的统计量是（　　）。

A. 方差　　B. 极差　　C. 标准差　　D. 变异系数

10. 用标准差比较分析两个同类总体平均指标代表性大小时，其基本前提条件是（　　）。

A. 两个总体的标准差应相等　　B. 两个总体的平均数应相等

C. 两个总体的单位数应相等　　D. 两个总体的离差之和应相等

11. 已知四个水果店苹果的单价和销售额，要计算四个店苹果的平均单价，应采用（　　）。

A. 简单算术平均数
B. 加权算术平均数
C. 加权调和平均数
D. 几何平均数

12. 算术平均数、众数和中位数之间的数量关系决定于总体次数的分布状况。在对称的钟形分布中(　　)。

A. 算术平均数=中位数=众数
B. 算术平均数>中位数>众数
C. 算术平均数<中位数<众数
D. 中位数>算术平均数>众数

二、多选题

1. 下列属于时点指标的有(　　)。

A. 某地区人口数
B. 某地区死亡人口数
C. 某地区出生人口数
D. 某地区生产总值
E. 某地区的学校数

2. 下列属于时期指标的有(　　)。

A. 工业总产值
B. 商品销售额
C. 职工人数
D. 生猪存栏数
E. 商品库存额

3. 下列属于强度相对指标的有(　　)。

A. 人均国民收入
B. 人口平均年龄
C. 粮食亩产量
D. 人口密度
E. 人均粮食产量

4. 相对指标中,分子分母可以互换位置的有(　　)。

A. 结构相对数
B. 比例相对数
C. 部分强度相对数
D. 比较相对数
E. 动态相对数

5. 下列指标中属于平均指标的有(　　)。

A. 人均国民收入
B. 人口平均年龄
C. 粮食亩产量
D. 人口密度
E. 人口自然增长率

6. 下列属于数值平均数的有(　　)。

A. 算术平均数
B. 调和平均数
C. 中位数
D. 几何平均数
E. 众数

三、填空题

1. 总量指标的局限性表现在________。

2. 检查长期计划的完成情况时,若计划任务规定的是长期计划应达到的总水平,检查计划完成程度应采用________法。

3. 权数有两种表现形式:一种是频数形式;一种是________形式。

4. 各个变量值与其算术平均数的离差和为________。

5. 平均指标说明变量数列中变量值的________,而变异度指标则说明变量值的________。

6. 众数是变量数列中________的标志值。

7. 用几何平均数求银行贷款的平均年利率时，应首先求贷款的________，在此基础上再求平均年利率。

8. 是非标志的平均数是________，是非标志的标准差是________。

四、判断题

1. 某企业 6 月末实有生产设备 1 730 台，是时期指标。 ( )

2. 结构相对指标和比例相对指标，是反映现象总体内部组成情况的相对指标，因此，说明的问题是一样的，只是表现形式不同。 ( )

3. 2004 年我国第一、二、三产业结构比为 15.2∶53∶31.8，这是比较相对指标。 ( )

4. 计划完成程度相对指标大于 100％一定都是超额完成计划，小于 100％一定都是未完成计划。 ( )

5. 某企业的产值计划在去年的基础上提高 10％，计划执行的结果仅提高 5％。产值的计划任务仅完成一半。 ( )

6. 人均国民生产总值是平均指标，人口死亡率和流通费用率是相对指标。 ( )

7. 权数的作用在于绝对数的多少，而不在于次数的分布的结构。 ( )

8. 根据职工人数和职工工资额资料，可用调和平均数方法计算平均工资。 ( )

9. 中位数是根据各个变量值计算的，不受极端变量值位置的影响。 ( )

10. 在甲乙两组变量数列中，若 $\bar{x}_{甲} \neq \bar{x}_{乙}$，$\sigma_{甲} > \sigma_{乙}$，说明甲的平均指标的代表性低于乙的代表性。 ( )

五、名词解释

总量指标　相对指标　时期指标　时点指标　强度相对数　比较相对数　比例相对数　平均指标　变异指标　是非标志

六、简答题

1. 时期指标和时点指标的区别是什么？
2. 强度相对指标和算术平均指标的区别是什么？
3. 相对指标的作用是什么？
4. 总量指标的作用是什么？
5. 实物指标和价值指标的优缺点是什么？
6. 平均指标的特点是什么？平均指标的作用是什么？
7. 加权算术平均数和加权调和平均数的区别和联系有哪些？
8. 如何理解权术的意义？在什么情况下应用简单算术平均数和加权算术平均数？
9. 应用平均指标应注意的问题是什么？
10. 变异指标的意义和作用是什么？

七、计算题

1. 某企业按五年计划规定，某产品最后一年产量应达到 200 万 t，各年实际生产情况下表所示。

	第一年	第二年	第三年	第四年				第五年			
				一季	二季	三季	四季	一季	二季	三季	四季
产量/万吨	160	165	165	40	40	45	45	50	50	55	60

试计算该产品五年计划完成程度和提前完成五年计划指标的时间。

2. 某地区"十五"计划规定五年固定资产投资额300亿元,各年实际投资完成情况如下表所示(其中,2005年1～7月累计实际投资40亿元)。

时间/年	2001	2002	2003	2004	2005
固定资产投资额/亿元	60	62	68	70	73

试计算该地区"十五"时期固定资产投资额计划完成程度和提前完成"十五"计划的时间。

3. 分别已知某企业资料如下:

(1)已知计划实际完成情况如下表所示。

按计划完成百分比分组/%	实际产值/万元
80～90	68
90～100	57
100～110	126
110～120	184

根据以上资料,计算该企业的平均计划完成百分比。

(2)已知计划任务情况如下表所示。

按计划完成百分比分组/%	计划产值/万元
80～90	70
90～100	60
100～110	120
110～120	180

根据以上资料,计算企业的平均计划完成百分比。

4. 甲乙两个企业生产三种商品的单位成本和总成本资料如下表所示。

产品名称	单位成本/元	总成本/元	
		甲企业	乙企业
A	15	2 100	3 255
B	20	3 000	1 500
C	30	1 500	1 500

比较两企业的总平均成本哪个高,并分析其原因。

5. 某乡甲乙两个村的粮食生产情况如下表所示。

按耕地自然条件分组	甲村		乙村	
	平均亩产/(kg/亩)	粮食产量/kg	平均亩产/(kg/亩)	播种面积/亩
山地	100	25 000	150	1 250
丘陵地	150	150 000	200	500
平原地	400	500 000	450	750

试分别计算甲乙两个村的平均亩产。根据表列资料及计算结果比较分析哪一个村的生产

经营管理工作做得好，并简述作出这一结论的理由。

6. 甲、乙两单位工人的生产情况资料如右表所示。

试分析：

(1)哪个单位工人的生产水平高?

(2)哪个单位工人的生产水平整齐?

日产量/(件/人)	甲单位工人数/人	乙单位总产量/件
1	120	30
2	60	120
3	20	30
合计	200	180

7. 某车间有甲、乙两个生产组，甲组平均每个工人的日产量为36件，标准差为9.6件；乙组工人日产量资料如右表所示。

要求：

(1)计算乙组平均每个工人的日产量和标准差。

(2)比较甲、乙两生产小组哪个组的日产量更具有代表性。

日产量/件	工人数/人
15	15
25	38
35	34
45	13

第五章　抽样推断

教学目标

理解和掌握抽样推断的有关概念，包括抽样平均误差、抽样极限误差、样本容量、抽样推断的可靠程度等；掌握抽样推断和假设检验计算原理、方法及应用，并能利用 Excel 进行抽样推断计算。

开篇案例

统计技术可以帮助广告商们了解有多少人在收看他们打广告的节目。好多广告公司对电视观众进行抽样调查以了解他们收看什么节目，其中最为著名的公司是 A. C. 尼尔森（Nielsen）公司。尼尔森公司的评级是以 1 000～2 000 户随机抽样的家庭样本为基础，在这些家庭的电视上有个装置可以记录电视接收的频道，然后评级体系计算出每个节目被收看的比例，从而使广告商确定每个节目有多少观众以及各种广告的潜在价值。

比如尼尔森公司在 2012 年 9 月 28 日（周一）晚上 11:40 调查了 2 000 名电视观众，调查结果用以下代码表示：

(1)杰伊·来诺的"今晚秀"（国家广播公司，NBC）。

(2)大卫·莱特曼的"夜场秀"（哥伦比亚广播公司，CBS）。

(3)"夜线"（美国广播公司，ABC）。

(4)其他。

(5)关电视。

尼尔森公司可以用此数据估计出潜在的 1 亿台电视机的总体中有多少台在接收"今晚秀"节目。

第一节　抽样推断的一般问题

一、抽样推断的概念

抽样推断是指按照随机原则，从总体中抽取一部分单位作为样本进行调查，根据样本数据在一定可靠程度下推断总体的特征值的方法。

在现实社会经济生活中，对未知的总体数量特征进行全面调查，往往需要花费很大的代价，甚至是无法实现的。抽样推断为社会经济现象的数量分析提供了一个有效利用样本的有限信息，来了解和掌握总体未知数量特征的科学方法，可以降低调查成本、提高时效性，同时满足对资料可靠性和准确性的要求。抽样推断方法适应我国市场化改革的发展，已成为最重要的统计方法。

二、抽样推断的特点

抽样推断作为一种科学的统计分析方法，具有以下特点：

1. 抽样推断是由部分推断整体的统计推断方法

抽样推断是依据部分单位的数值特征即样本的指标，达到推断整体的数值特征的目的。

2. 抽样推断坚持随机抽样原则

所谓随机抽样原则，就是指每次从总体中抽取样本单位时，保证每个单位被抽中的概率相同。这样，在抽取的样本单位足够多时，可以保证所有被抽中的样本单位的集合体与总体有相似的分布结构，从而就可以使样本总体在一定的允许误差范围内代表总体，并可保证据以推断总体的准确性及其相应的可靠性。

3. 抽样推断是运用概率估计方法，用样本指标来推断总体指标

样本指标是随机变量，依据样本指标估计总体指标，就要用概率估计方法。概率论中的大数定律和中心极限定理，给出了在遵守随机抽样原则下样本指标与被推断的总体指标之间的数量关系及其分布规律，从而使根据样本指标来推断总体指标有了依据，并能够保证抽样推断的准确性和可靠性。

4. 抽样推断的误差可以事先计算和控制

用样本指标推断总体指标，因其分布结构和总体分布结构有误差，存在一定的代表性误差。但在抽样推断中，可以把推断误差事先计算出来，并通过采取扩大样本容量、改善抽样方法和抽样组织方式等措施，把这种误差控制在所要求的准确性和可靠性的范围之内。

三、抽样推断的作用

作为一种科学的统计分析方法，抽样推断在社会经济生活中具有广泛的应用，概括起来主要有以下几个方面作用：

1. 对无限总体的数量特征推断

无限总体包含无限多个单位，不可能进行全面调查，要了解其总体数量特征，只有采取抽样推断的方法。如对某种正在源源不断地被生产出来的产品，可看作属于无限总体。实际上我们只能通过抽样调查，利用取得的样本数据来推断其总体特征值。

2. 对需经破坏性实验才能取得结果的产品质量检验必须采用抽样推断的方法

如要检验与分析所生产的某批日光灯管的平均使用时间、某种鞋的耐磨度、某种棉纱的拉力

等,需经破坏性实验才能取得结果,必须采用抽样推断的方法,否则,所有产品都将变成废品。

3. 对不必要进行全面调查的总体数量特征的推断

总体范围很大、总体单位分布很分散、调查的工作量和费用巨大的社会经济现象,虽然从理论上说可以进行全面调查,而实际上却因为经费有限、时间有限很难实现。要了解其总体数量特征,一般也只有采取抽样推断的方法。如要了解所有观众对某一电视栏目的满意度、某一林区的林木蓄积量等,一般也都只能采取抽样推断的方法。

4. 抽样推断可以检验、修正和评价全面资料

全面调查由于范围广、工作量大、参加人员多,登记性误差在所难免。为对全面调查的质量进行验证,可在全面调查后,再随机抽取一部分单位进行调查,将这些单位两次调查的结果进行对照比较,计算差错比率,依此对全面调查的差错率做出推断,并对其结果依此进行修正。这样既实现了调查资料的全面性,又保证了调查资料的可靠性。

5. 用于生产过程中的质量控制

抽样推断也可有效地运用于产品生产过程的质量检查与控制。即通过在生产过程的不同工序、不同阶段,随机抽取部分制品进行检测,以判断生产过程是否正常,及时提供质量信息,以便及时采取控制措施,预防残次品的产生。

6. 对总体的某种假设进行检验

例如,新的医疗方法或药品的采用,新教学方法的采用,新工艺、新技术的引进,新品种的推广,是否具有明显的效果,需要对未知或不完全知道的总体(效果)做出一些假设,然后通过随机抽取样本进行调查或实验,并根据调查或实验的结果对所做的假设进行检验,再根据检验的结果对总体效果做出判断,并作为决定是否采用和推广的依据。

四、抽样推断中的有关基本概念

(一)总体和样本

我们把所研究对象的全体称做总体或母体,即由所推断对象的全部单位构成的集合体。总体包括的单位数一般以 N 表示。

把按随机抽样方法从总体中抽出的部分单位所组成的集合体,称作样本。样本所包括的单位数称作样本容量,一般以 n 表示。

比如,要研究某学校5万名学生的学习状况,那么这5万名学生就是总体,从中抽取100名学生进行调查,这100名学生就是样本。在一项特定的抽样调查中,总体是唯一确定的,样本是随机产生的。在抽样推断中,总体只有一个,样本可以有多个。但是一般只调查一个样本并根据这个样本的指标来推断总体的指标。

(二)总体指标和样本指标

1. 总体指标

反映总体某种特征的指标称作总体指标。总体指标是我们推断的目标,其值是唯一确定的量。主要包括:总体平均数 $\bar{X}$、总体成数 P 和总体方差 σ_X^2 与 σ_P^2(或总体标准差 σ_X 与 σ_P)。

(1)总体平均数 $\bar{X}$ 的计算公式。按照总体单位的数量标志 X_i 计算的平均数 $\bar{X}$:

$$\bar{X}=\frac{\sum_{i=1}^{N}X_i}{N}$$

(2)总体方差 σ_X^2 、总体标准差 σ_X 的计算公式。按照总体单位的数量标志 X_i 计算的方差 σ_X^2 和标准差 σ_X ：

总体方差：
$$\sigma_X^2=\frac{\sum_{i=1}^{N}(X_i-\bar{X})^2}{N}$$

总体标准差：
$$\sigma_X=\sqrt{\frac{\sum_{i=1}^{N}(X_i-\bar{X})^2}{N}}$$

(3)总体成数 P 的计算公式。总体单位中 N_1 个单位具有某种属性,按照总体单位的是非标志计算总体成数,即具有某种属性的单位所占的比重 P:

$$P=\frac{N_1}{N}$$

(4)总体的方差和标准差的计算公式：

$$\sigma_P^2=P(1-P)$$

$$\sigma_P=\sqrt{P(1-P)}$$

2.样本指标

样本指标又称样本统计量,它是根据样本中各单位的标志值或标志属性计算的综合指标。样本指标随抽取样本的不同而不同,因而是随机变量。因为在抽样推断中,就是要利用样本指标来推断总体指标,所以样本指标与总体指标的设计相对应,也有样本平均数($\bar{x}$)、样本成数(p)、样本方差(S^2)和样本标准差(S)。

(1)样本平均数。根据样本单位的数量标志 x_i,样本平均数的计算公式：

$$\bar{x}=\frac{\sum_{i=1}^{n}x_i}{n}$$

(2)样本变量为 x_i时,样本的方差和标准差计算公式：

样本方差：
$$S_x^2=\frac{\sum_{i=1}^{n}(x_i-\bar{x})^2}{n}$$

样本的标准差：
$$S_x=\sqrt{\frac{\sum_{i=1}^{n}(x_i-\bar{x})^2}{n}}$$

作为估计总体方差和标准差的修正样本方差和标准差计算公式：

修正样本方差：
$$S_x^2=\frac{\sum_{i=1}^{n}(x_i-\bar{x})^2}{n-1}$$

修正样本标准差：
$$S_x=\sqrt{\frac{\sum_{i=1}^{n}(x_i-\bar{x})^2}{n-1}}$$

【例 5.1】 某单位 200 名工人,随机抽样的 20 名工人的生产情况资料如表 5.1 所示 。计算样本平均数和修正样本方差,则有：

工人的平均日产量：

$$\bar{x}=\frac{\sum_{i=1}^{n}x_i}{n}=\frac{1\times4+2\times12+3\times4}{4+12+4}$$

$$=\frac{40}{20}=2(件/人)$$

表5.1　某单位20名工人的生产情况统计表

日产量/(件/人)	工人数/人
1	4
2	12
3	4
合计	20

修正的样本方差：

$$S_x^2=\frac{\sum_{i=1}^{n}(x_i-\bar{x})^2}{n-1}=\frac{(1-2)^2\times4+(2-2)^2\times12+(3-2)^2\times4}{20-1}=0.421\ 1$$

修正样本标准差：　　$S_x=\sqrt{\frac{\sum_{i=1}^{n}(x_i-\bar{x})^2}{n-1}}=0.648\ 8$

(3)样本成数的计算公式：

$$p=\frac{n_1}{n}$$

(4)在是非标志情况下，样本的方差和标准差计算公式：

$$S_p^2=p(1-p)$$

$$S_p=\sqrt{p(1-p)}$$

【例5.2】　某厂生产某种日用商品，现在从10 000件产品中随机抽取100件进行检验，产品中一级品有90件，试计算根据抽样检验结果该产品一级品率及样本的方差和标准差。

根据已知条件：　　$p=\frac{n_1}{n}=\frac{90}{100}=0.9$

样本的方差：　　$S_p^2=p(1-p)=0.9\times0.1=0.09$

样本的标准差：　　$S_p=\sqrt{p(1-p)}=0.3$

(三)抽样方法与样本的可能数目

抽样方法有重复抽样与不重复抽样，其区别在于抽取的单位是否放回参加下一个样本单位的抽取。重复抽样得到的样本是由n次独立抽取的结果构成的，每次抽取是在完全相同的条件下进行，每个单位被选抽中的机会均为$1/N$，而且每个单位都有可能被重复抽中，因此会在一定程度上影响样本的代表性。不重复抽样是从总体N个单位中随机抽取一个容量为n的样本，每次从总体中抽取一个单位，每次抽到的单位登记后不再放回总体参加下一次抽取。因此，不重复抽样得到的样本中不可能使某一个单位被重复抽中，因而样本的代表性更广泛，故抽样误差一般要小于重复抽样。

考虑顺序的抽样是指从总体N个单位中抽取n个单位构成样本时，不但要考虑样本各单位成分的不同，而且还要考虑样本各单位的中选顺序。样本的构成相同，如果单位中选的顺序不同，也视作不同样本。不考虑顺序的抽样是指从总体N个单位中抽取n个单位构成样本时，样本构成不同视作不同样本，如果样本构成相同，不论单位中选顺序有无区别，都视作同一样本。

样本的可能数目是指按照一定的抽样方法和组织方式，从总体 N 个单位中随机抽取 n 个单位构成样本，一共可以抽出的不同样本的数量，一般用 M 表示。样本的可能数目既和总体的大小、样本的容量、抽样的方法有关，也和抽样的组织方式有关。

1. 考虑顺序的重复抽样的样本数目

从总体 N 个单位中抽取 n 个允许重复的单位构成样本，组成样本的可能数目可按重复排列的公式计算：

$$M = A_N = N^n$$

设从 A、B、C、D、E 五个企业中，按上述方法随机抽取三个企业构成样本，即 $N = 5$，$n = 3$，则

$$M = 5^3 = 125$$

2. 考虑顺序的不重复抽样的样本数目

即从总体 N 个单位中抽取 n 个不重复的单位构成样本，组成样本的可能数目可根据不重复排列的公式计算：

$$M = B_N = \frac{N!}{(N-n)!}$$

仍依上例，则

$$M = \frac{5\times 4\times 3\times 2}{(5-3)} = 60$$

3. 不考虑顺序的重复抽样的可能样本数目

即从总体 N 个单位中抽取 n 个允许重复的单位构成样本，组成样本的可能数目可按可重复的组合公式计算：

$$M = C_{N+n-1}^{n} = \frac{(N+n-1)!}{n!(N-1)!}$$

仍依上例，则

$$M = \frac{7\times 6\times 5\times 4\times 3\times 2}{3\times 2\times 4\times 3\times 2} = 35$$

4. 不考虑顺序的不重复抽样的样本数目

即从总体 N 个单位中抽取 n 个不重复的单位构成样本，组成样本的可能数目可按不重复组合的公式计算：

$$M = C_N^n = \frac{N!}{n!(N-n)!}$$

仍依上例，则

$$M = \frac{5\times 4\times 3\times 2}{3\times 2\times (5-3)} = 10$$

(四)抽样组织方式

抽样组织方式是指按抽样时对总体各单位是否进行了有关整理以及整理的不同特点，而划分的抽取样本的具体形式。我国目前常用的抽样组织方式主要有：简单随机抽样（纯随机抽样）、类型（分层）抽样、等距抽样、整群抽样、多阶段抽样、多重抽样等形式，具体内容和方法将在本章第四节介绍。

第二节　抽样推断的误差

一、抽样误差的概念

抽样误差是指样本指标与总体指标之差,即抽样估计值与被估计的未知的真实总体参数(总体指标)之差。平均数估计的抽样误差即样本平均数与总体平均数之差($\bar{x}-\bar{X}$),成数估计的抽样误差即样本成数与总体成数之差($p-P$)。

在抽样推断中,误差有登记性误差和代表性误差两类,代表性误差又有系统性代表性误差和偶然性代表性误差两种。

系统性代表性误差一般多是由于未遵守随机原则,有意多选较好或较差的单位作为样本进行调查,从而造成样本指标系统性偏高或偏低,以致产生的显著误差。但系统性代表性误差有时也会在遵守随机原则下由于某种巧合而偶然产生,例如,在等距抽样中,有时样本单位的分布与产品质量的分布形成某种契合,该样本产品的质量偏高或偏低,用来估计整批产品的质量就将会产生系统性偏差。系统性的代表性误差,通过合理组织和调整抽样方式,是可以避免和消除的。

偶然性的代表性误差是指遵守了随机原则,且样本的分布正常,但由于被抽取的样本结构与总体结构仍存在一定的差异,由此产生的样本指标与总体指标的偏离。抽样推断中的抽样误差是指偶然性代表性误差。这种偶然性代表性误差是无法完全消除和避免的,但可以根据概率论中的有关定理对其做出估计,并可通过加大样本容量、改变抽样方法或抽样组织方式等措施加以控制。

抽样误差的大小,主要取决于以下四种因素:

(1)样本容量的大小。在其他条件不变的情况下,样本容量与抽样误差成反比:扩大样本容量,可以缩小抽样误差;缩小样本容量,将会扩大抽样误差。当样本容量扩大到接近全及总体单位数时,抽样推断就近似全面调查了,抽样误差也就趋向零了。

(2)总体的变异程度。在其他条件相同的情况下,总体各单位的标志变动度与抽样误差成正比:总体各单位的标志变动度越大,抽样误差也越大;总体各单位的标志变动度越小,则抽样误差也越小。如果总体各单位的标志变动度为零,那么无论抽到任何单位,也无论抽取多少单位,计算出的样本指标都将和总体指标完全一致,因此,抽样误差也就不存在了。

(3)抽样方法和抽样组织方式。因为根据不同的抽样方法和抽样组织方式,所抽出的样本结构会不同,对总体的代表性也就各不相同,因而由此产生的抽样误差也就必然不同。

二、抽样平均误差

(一)抽样平均误差的概念

抽样误差是指样本指标与总体指标之差,它是一个随样本不同而不同的随机变量。在抽样推断中总体指标是未知的,因此,在一次具体的抽样推断中,抽样误差即样本指标与总体指标之间的实际误差,是无法直接计算出来的。在实际抽样推断中,一般是用抽样平均误差来说明样本指标与总体指标的平均差异程度。

如前所述,从总体 N 个单位中,按一定抽样方法和组织方式抽取容量为 n 的样本,可以抽出多种不同的可能样本。不同的样本配合,会得出不同的样本指标,不同的样本指标和总体指标相比较,就会产生一系列大小不同的实际抽样误差。抽样平均误差就是根据所有可能样本的样本平均数或样本成数计算的标准差,用以表现这一系列大小不同的实际抽样误差的平均水平，也即说明每一次具体抽样的样本指标和总体指标之间的平均差异程度。

抽样平均误差的定义公式为：

$$\mu_{\bar{x}} = \sqrt{\frac{\sum[\bar{x}-E(\bar{x})]^2}{M}}$$

$$\mu_p = \sqrt{\frac{\sum[p-E(p)]^2}{M}}$$

在这里，可以清楚地看出，抽样平均误差 $\mu_{\bar{x}}$ 就是样本平均数的标准差，抽样平均误差 μ_p 就是样本成数的标准差。数理统计证明：

$$E(\bar{x}) = \bar{X} \qquad E(p) = P$$

所以，抽样平均误差的定义公式又可写为：

$$\mu_{\bar{x}} = \sqrt{\frac{\sum(\bar{x}-\bar{X})^2}{M}}$$

$$\mu_p = \sqrt{\frac{\sum(p-P)^2}{M}}$$

【例 5.3】 某班组有 4 名学生，其体重分别为 40 kg、50 kg、70 kg、80 kg，每个样本抽取 2 名学生，采用考虑顺序的重复抽样方式，可能样本配合、样本平均数及各个样本的抽样误差情况如表 5.2 所示，按上述定义公式计算抽样平均误差。

表 5.2　平均抽样误差计算表(一)

序号	样本配合	样本变量 (x)	样本平均数 $(\bar{x})$	抽样误差 $(\bar{x}-\bar{X})$	$(\bar{x}-\bar{X})^2$
1	甲，甲	40，40	40	−20	400
2	甲，乙	40，50	45	−15	225
3	甲，丙	40，70	55	−5	25
4	甲，丁	40，80	60	0	0
5	乙，甲	50，40	45	−15	225
6	乙，乙	50，50	50	−10	100
7	乙，丙	50，70	60	0	0
8	乙，丁	50，80	65	5	25
9	丙，甲	70，40	55	−5	25
10	丙，乙	70，50	60	0	0
11	丙，丙	70，70	70	10	100
12	丙，丁	70，80	75	15	225
13	丁，甲	80，40	60	0	0
14	丁，乙	80，50	65	5	25
15	丁，丙	80，70	75	15	225
16	丁，丁	80，80	80	20	400
合计	—	—	960	0	2 000

本例中

$$\bar{X}=\frac{\sum X}{N}=\frac{240}{4}=60\ (\text{kg})$$

$$E(\bar{x})=\frac{\sum \bar{x}}{M}=\frac{960}{16}=60\ (\text{kg})$$

可见,样本平均数的平均数等于总体平均数。

$$\text{总体标准差}\ \sigma=\sqrt{\frac{\sum (x_i-\bar{x})^2}{N}}=15.811\ (\text{kg})$$

$$\text{抽样平均误差}\ \mu_{\bar{x}}=\sqrt{\frac{\sum (\bar{x}-\bar{X})^2}{M}}=\sqrt{\frac{2\,000}{16}}=11.180\ (\text{kg})$$

该结果表明上述16个不同样本的样本平均数和总体平均数的平均误差是11.180 kg。

(二)抽样平均误差的计算

在实际抽样推断中,一般N相当大,从中抽取容量为n的样本,其可能数目非常巨大,例如,从10亿人中抽取10 000人作样本,若采取考虑顺序的重复抽样,就有$(1\,000\,000\,000)^{10\,000}$个可能样本,显然是无法把它们全部抽出来加以计算的,也没有必要。为解决抽样平均误差的计算问题,数理统计证明了以下计算公式:

1.用样本平均数推断总体平均数的抽样平均误差

若采用重复抽样:

$$\mu_{\bar{x}}=\sqrt{\frac{\sigma^2}{n}}=\frac{\sigma}{\sqrt{n}}$$

式中:σ为总体标准差,由于其真值也是未知的,一般可用过去掌握的总体标准差或抽样得到的样本标准差代替。因为样本方差容易得到,而且数理统计证明它是总体方差的优良估计量,故实践中多采用样本标准差代替总体标准差。

若采用不重复抽样:

$$\mu_{\bar{x}}=\sqrt{\frac{\sigma^2}{n}\left(\frac{N-n}{N-1}\right)}$$

式中:$\frac{N-n}{N-1}$为修正系数,当N较大时可忽略分母中的“1”,上式可写为:

$$\mu_{\bar{x}}=\sqrt{\frac{\sigma^2}{n}\left(1-\frac{n}{N}\right)}$$

现仍用上例资料来验证重复抽样条件下抽样平均误差计算公式的有效性。

根据前面的计算,$\sigma=15.811$,$n=2$。

$$\mu_{\bar{x}}=\frac{\sigma}{\sqrt{n}}=\frac{15.811}{\sqrt{2}}=11.180\ (\text{kg})$$

按定义公式计算

$$\mu_{\bar{x}}=\sqrt{\frac{\sum (\bar{x}-\bar{X})^2}{M}}=\sqrt{\frac{2\,000}{16}}=11.180\ (\text{kg})$$

这一结果证明,在重复抽样条件下,采用上述计算公式计算抽样平均误差,其结果与按定义公式计算是完全一致的。

现在对上例资料采用不考虑顺序的不重复抽样，可能样本配合、样本平均数及各个样本的抽样误差情况如表 5.3 所示。

表 5.3　抽样平均误差计算表(二)

序号	样本配合	样本变量 (x)	样本平均数 ($\bar{x}$)	抽样误差 ($\bar{x}-X$)	$(\bar{x}-X)^2$
1	甲,乙	40,50	45	−15	225
2	甲,丙	40,70	55	−5	25
3	甲,丁	40,80	60	0	0
4	乙,丙	50,70	60	0	0
5	乙,丁	50,80	65	5	25
6	丙,丁	70,80	75	15	225
合计	—	—	360	0	500

按定义公式计算：

$$\mu_{\bar{x}} = \sqrt{\frac{\sum(\bar{x}-\bar{X})^2}{M}} = \sqrt{\frac{500}{6}} = 9.129\ (\text{kg})$$

按上述计算公式计算：

已知 $\sigma = 15.811$，$N = 4$，$n = 2$。

$$\mu_{\bar{x}} = \sqrt{\frac{\sigma^2}{n}\left(\frac{N-n}{N-1}\right)} = \sqrt{\frac{15.811^2}{2}\left(\frac{4-2}{4-1}\right)} = 9.129\ (\text{kg})$$

可见，在不重复抽样条件下，该结果也符合按定义公式计算的结果。

2. 用样本成数推断总体成数的抽样平均误差

因为总体成数 P 是总体各单位是非标志的平均数，总体各单位是非标志的方差为 $P(1-P)$，所以，根据上述 $\mu_{\bar{x}}$ 的公式构成，可得到以下抽样平均误差公式：

若采用重复抽样：

$$\mu_p = \sqrt{\frac{P(1-P)}{n}}$$

若采用不重复抽样：

$$\mu_p = \sqrt{\frac{P(1-P)}{n}\left(\frac{N-n}{N-1}\right)}$$

若总体单位数 N 较大，也可省略修正系数分母中的“1”，直接使用下式：

$$\mu_p = \sqrt{\frac{P(1-P)}{n}\left(1-\frac{n}{N}\right)}$$

式中：P 为总体成数，由于其真值也是未知的，一般可用过去掌握的总体成数或抽样得到的样本成数代替。因为样本成数容易得到，而且数理统计证明它是总体成数的优良估计量，故实践中多采用样本成数代替总体成数。

【例 5.4】　某厂生产某种日用商品，现在从 10 000 件产品中随机抽取 100 件进行检验，抽样检验结果产品的一级品率为 90%，试计算根据抽样检验结果推断该批产品一级品率的抽样平均误差。

根据已知条件：$p=0.9$

$$p(1-p)=0.9\times0.1=0.09$$

所以，若采取重复抽样：

$$\mu_p=\sqrt{\frac{p(1-p)}{n}}=\sqrt{\frac{0.09}{100}}=3\%$$

若采取不重复抽样：

$$\mu_p=\sqrt{\frac{p(1-p)}{n}\left(1-\frac{n}{N}\right)}=\sqrt{\frac{0.09}{100}\left(1-\frac{100}{10\ 000}\right)}=2.98\%$$

三、抽样极限误差

(一)抽样极限误差的概念

抽样极限误差就是指在抽样推断中，根据被研究对象的变异程度和研究目的，可允许的误差范围。从实际抽样推断的角度讲，抽样极限误差是指实际样本指标和总体指标之间存在抽样误差的可能范围。由于总体指标是一个唯一确定的量，而样本指标是围绕着总体指标上下变动的随机变量，抽样指标变动的上限或下限与总体指标之差的绝对值就可以表示抽样误差的可能范围：

设 $\Delta_{\bar{x}}$、Δ_p 分别表示用样本平均数推断总体平均数与用样本成数推断总体成数的极限误差，则有：

$$\Delta_{\bar{x}}=|\bar{x}-\bar{X}|$$

$$\Delta_p=|p-P|$$

上面的等式可转换为下列等价的不等式：

$$\bar{X}-\Delta_{\bar{x}}\leqslant\bar{x}\leqslant\bar{X}+\Delta_{\bar{x}}$$

$$P-\Delta_p\leqslant p\leqslant P+\Delta_p$$

上式表明，样本平均数 $\bar{x}$ 是以总体平均数 $\bar{X}$ 为中心在 $\bar{X}\pm\Delta_{\bar{x}}$ 之间变动，样本平均数与总体平均数的绝对离差不超过 $\Delta_{\bar{x}}$；样本成数 p 是以总体成数 P 为中心在 $P\pm\Delta_p$ 之间变动，样本成数 p 与总体成数 P 的绝对离差不超过 Δ_p。

(二)抽样极限误差的应用

在抽样推断中样本平均数 $\bar{x}$ 和样本成数 p 是已知的，而总体平均数 $\bar{X}$ 和总体成数 P 是未知的，它们需要靠抽样实测的样本平均数 $\bar{x}$ 和样本成数 p 来估计。抽样极限误差是用来和样本指标一起构造对总体指标的区间估计。

$$\bar{x}-\Delta_{\bar{x}}\leqslant\bar{X}\leqslant\bar{x}+\Delta_{\bar{x}}$$

同理可得

$$p-\Delta_p\leqslant P\leqslant p+\Delta_p$$

上述不等式就构成了对总体平均数 $\bar{X}$ 和总体成数 P 的估计区间。即总体平均数 $\bar{X}$ 可能落入的区间是 $(\bar{x}-\Delta_{\bar{x}},\bar{x}+\Delta_{\bar{x}})$，在这个区间里，总体平均数 $\bar{X}$ 与样本平均数 $\bar{x}$ 的误差上下不超过 $\Delta_{\bar{x}}$；总体成数 P 可能落入的区间是 $(p-\Delta_p,p+\Delta_p)$，在这个区间里，总体成数 P 和样

本成数 p 的误差上下不超过 Δ_p。

四、抽样推断的可靠程度

（一）可靠程度的概念和意义

所谓抽样推断的可靠程度，就是指总体指标和样本指标之间的误差不超过一定范围的概率保证程度，或者说是总体指标落入区间（$\bar{x}-\Delta_{\bar{x}}$，$\bar{x}+\Delta_{\bar{x}}$）或（$p-\Delta_p$，$p+\Delta_p$）的概率保证程度。在进行抽样推断时，不但要考虑抽样误差的可能范围有多大，而且还必须考虑总体指标落入我们所计算出的估计区间的可能性有多大。前者是推断的准确性问题，后者是推断的可靠性问题，两者紧密联系不可分开。抽样误差的可能范围是指一定可靠程度下的误差范围，估计区间也是指一定可靠程度下的估计区间，因此也称置信区间。同样，可靠程度也是指一定估计精度（误差范围）下的可靠程度。

（二）可靠程度的计算

总体指标落入某一估计区间的可靠程度，也即总体指标和样本指标误差不超过一定范围的可靠程度，在实际抽样推断中一般是通过将原变量标准化，然后查标准正态分布表来得到相应的概率保证程度。将原变量进行标准化处理以后，实际上是将总体指标与样本指标的误差范围 $\Delta_{\bar{x}}=|\bar{x}-\bar{X}|$ 和 $\Delta_p=|p-P|$，变成了以抽样平均误差为标准单位来衡量的 $\Delta_{\bar{x}}=t\mu_{\bar{x}}$ 和 $\Delta_p=t\mu_p$，对总体指标的估计区间也就变成了（$\bar{x}-t\mu_{\bar{x}}$，$\bar{x}+t\mu_{\bar{x}}$）和（$p-t\mu_p$，$p+t\mu_p$）。在这里，可靠程度与抽样极限误差、抽样平均误差、标准化变量 t（概率度）的关系是：

$$\Delta_{\bar{x}}=t\mu_{\bar{x}} \qquad \mu_{\bar{x}}=\frac{\Delta_{\bar{x}}}{t} \qquad t=\frac{\Delta_{\bar{x}}}{\mu_{\bar{x}}}$$

$$\Delta_p=t\mu_p \qquad \mu_p=\frac{\Delta_p}{t} \qquad t=\frac{\Delta_p}{\mu_p}$$

以上关系说明：对样本随机变量进行标准化处理以后，总体指标和样本指标之间的误差范围（抽样极限误差）Δ 可以用抽样平均误差 μ 为标准单位来衡量；抽样平均误差也可用总体指标与样本指标之间的误差范围（抽样极限误差）Δ 除以 t 来得到；用总体指标与样本指标之间的误差范围（抽样极限误差）Δ 除以抽样平均误差 μ，可以得到标准化变量 t，表示总体指标与样本指标之间的误差范围（抽样极限误差）Δ 相当于多少倍的抽样平均误差。同时，t 也是测量估计可靠程度的参数，它的大小直接决定着抽样推断结果的概率保证程度，因此也称作概率度。

在标准正态分布下，总体指标落在区间（$\bar{x}-t\mu_{\bar{x}}$，$\bar{x}+t\mu_{\bar{x}}$）内的概率，可以用相应正态曲线下的面积来表示，如图 5.1 所示。

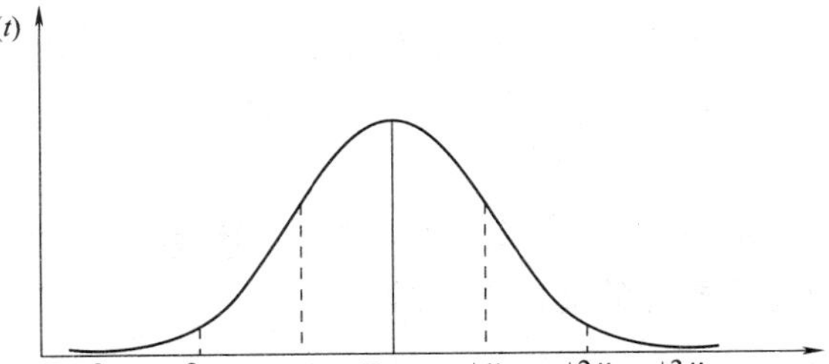

图 5.1　标准正态分布

在实际应用中，我们可以根据 t 值查标准正态分布概率表，求得概率保证程度 $F(t)$；也可根据给定的概率保证程度 $F(t)$ 查出 t，以求得实际抽样推断的极限误差 Δ。在抽样推断中，常用概率度、误差范围和概率对照表如表5.4所示。

表5.4 常用概率度、误差范围和概率对照表

概率度 t	误差范围 Δ	概率 $F(t)$
0.50	0.50μ	0.382 9
1.00	1.00μ	0.682 7
1.50	1.50μ	0.866 4
1.96	1.96μ	0.950 0
2.00	2.00μ	0.954 5
3.00	3.00μ	0.997 3

第三节 总体指标的推断

一、抽样推断的优良标准

样本指标是一个随机变量，随着抽取样本的不同，便有不同的变量值。样本指标作为总体指标的估计量，仅从某一次抽样得到的某一样本的结果来衡量是不可靠的，而应该从多次实验中来看这种估计量是否在统计意义上最接近于被估计总体参数的真值。一般地说，满足这三项标准的，就可以认为是合理的估计量或优良的估计量。

(一)无偏性

所谓无偏性标准，是指用样本指标估计总体指标，要求样本指标的平均数等于被估计的总体指标。也就是说，虽然每一个样本的具体指标值和未知的总体指标值可能不相同，但若把所有可能样本都抽出来，各样本指标的平均值应该等于总体指标值，即抽样指标的估计平均说来是没有偏误的。该标准亦即要求：

$$E(\bar{x}) = \bar{X} \qquad E(p) = P \qquad E(S^2) = \sigma^2$$

(二)一致性

所谓一致性标准，是指用样本指标估计总体指标，要求当样本容量充分大时，样本指标值能够充分地靠近总体指标值。以样本平均数来说，根据大数定律有：

$$\lim_{n\to\infty} P(|\bar{x} - \bar{X}| < \alpha) = 1$$

当样本容量无限增大时，样本平均数和总体平均数的绝对离差小于任意数 $\alpha(\alpha > 0)$ 的概率趋近于1，即样本平均数作为总体平均数的估计量，符合一致性的标准。

(三)有效性

所谓有效性标准，是指用样本指标估计总体指标时，要求作为优良估计量的方差应该比其他估计量的方差小。样本平均数平均说来与总体平均数的离差更小，样本平均数是更为优良的估计量。

数理统计证明，样本平均数、样本成数和样本方差，作为相应总体指标的估计量，均符合上述三项标准，即均为相应总体指标的优良估计量。

二、对总体平均数的推断

对总体平均数进行推断，就是用抽样平均数来估计总体平均数。下面举例说明进行具体

推断的方法。

【例 5.5】　某企业对所生产的一批电子元件进行耐用性能检查，按随机重复抽样方法抽取 100 个作了耐用测试，所得结果如表 5.5 所示。

表 5.5　100 个电子元件耐用时数的测试数据表

耐用时数/h	组中值 x	电子元件数/个
900 以下	875	1
900～950	925	2
950～1 000	975	6
1 000～1 050	1 025	35
1 050～1 100	1 075	43
1 100～1 150	1 125	9
1 150～1 200	1 175	3
1 200 以上	1 225	1
合 计	—	100

(1)要求在 95%的概率保证程度下对该批电子元件的平均耐用时数做出估计。

$$\bar{x}=\frac{\sum xf}{\sum f}=1\ 055.5(\mathrm{h})$$

$$S_x=\sqrt{\frac{\sum(x-\bar{x})^2f}{\sum f}}=51.91(\mathrm{h})$$

$$\mu_{\bar{x}}=\sqrt{\frac{\sigma^2}{n}}=5.191(\mathrm{h})$$

概率保证程度要求为 95%，查标准正态分布概率表得其对应的 t 值为 1.96，所以：

$$\Delta_{\bar{x}}=t\mu_{\bar{x}}=1.96\times5.191=10.17(\mathrm{h})$$

①点估计。根据抽样测试结果推断，该批电子元件的平均耐用时数为 1 055.5 h，误差范围不超过 10.17 h，概率保证程度为 95%。

或：根据抽样估计，该批电子元件的平均耐用时数为 1 055.5 h，精确度为 $1-\frac{10.17}{1\ 055.5}=99\%$，可靠性为 95%。

②区间估计。

估计下限：　　　　$1\ 055.5-10.17=1\ 045.33\ (\mathrm{h})$

估计上限：　　　　$1\ 055.5+10.17=1\ 065.67\ (\mathrm{h})$

即根据抽样测试结果估计，该批电子元件的平均耐用时数在 1 045.33～1 065.67，可靠程度为 95%。

(2)要求对该批电子元件平均耐用时数估计的误差范围不超过 10 h，试根据上述样本测试结果对该批电子元件的平均耐用时数做出估计。

根据样本资料计算：

$$\bar{x}=1\ 055.5(\mathrm{h})$$

$$S_x=51.91(\mathrm{h})$$

$$\mu_{\bar{x}}=5.191(\mathrm{h})$$

然后根据允许的误差范围 $\Delta_{\bar{x}}=10$ h，计算出概率度 $t=10/5.191=1.93$，查标准正态分布概率表可得，概率保证程度 $F(t)=94.64\%$。

①点估计。根据抽样测试结果估计，该批电子元件的平均耐用时数为 1 055.5 h，误差不超过 10 h 的可靠程度为 94.64%。

②区间估计。

估计下限：　　　　$1\ 055.5-10=1\ 045.5\ (\mathrm{h})$

估计上限：　　　　$1\ 055.5+10=1\ 065.5\ (\mathrm{h})$

即估计该批电子元件的平均耐用时数在1 045.5～1 065.5 h,可靠性为94.64%。

三、对总体成数的推断

对总体成数进行推断,就是根据样本成数来估计总体成数,例如根据抽样结果估计产品的合格率、废品率,学龄儿童的入学率等。总体成数的推断方法与总体平均数的推断方法类似,下面仍以前例资料说明。

(1)设上例资料中电子元件的质量标准规定,耐用时数达到1 000 h及以上者为合格品,试以95.45%的概率保证程度,估计该批电子元件的合格品率。

样本合格品率:
$$p=1-\frac{9}{100}=91\%$$

抽样平均误差:
$$\mu_p=\sqrt{\frac{p(1-p)}{n}}=2.86\%$$

概率保证程度 $F(t)=95.45\%$,查标准正态分布概率表可得,$t=2$。

则
$$\Delta_p=t\mu_p=2\times 2.86\%=5.72\%$$

①点估计。根据抽样测试的结果,估计该批电子元件的合格品率为91%,误差不超过5.72%,可靠程度为95.45%。

或:根据抽样测试结果,估计该批电子元件的合格品率为91%,精确度为 $1-\frac{5.72\%}{91\%}=93.7\%$,可靠性为95.45%。

②区间估计。

估计下限:
$$91\%-5.72\%=85.28\%$$

估计上限:
$$91\%+5.72\%=96.72\%$$

即根据抽样测试结果,估计该批电子元件的合格品率在85.28%～96.72%,可靠性为95.45%。

(2)假若现在要求对合格品率估计的误差范围不允许超过7%,试根据上述抽样测试结果及产品质量标准要求,对该批电子元件的合格品率做出推断。

根据上述样本测试资料计算:

$$p=91\%$$
$$\mu_p=2.86\%$$

根据允许的误差范围 $\Delta_p=7\%$,可以计算出 $t=7\%/2.86\%=2.45$,查标准正态分布概率表可知,概率保证程度 $F(t)=98.58\%$。

①点估计。根据抽样测试结果,估计该批电子元件的合格品率为91%,误差范围不超过7%的可靠性为98.58%。

②区间估计。

估计下限:
$$91\%-7\%=84\%$$

估计上限:
$$91\%+7\%=98\%$$

即根据测试结果,估计该批电子元件的合格品率在84%～98%,可靠性为98.58%。

四、必要的样本容量

所谓必要的样本容量,是指既能够满足抽样推断精确性和可靠性的要求,又不会造成过于浪费的样本单位数目。

根据有关原理已知，样本容量越大，抽样误差越小，用样本指标推断总体指标的可靠性越高。但是，样本容量过大，就会造成不必要的浪费，降低抽样推断的优越性；而样本容量过小，则会造成抽样误差过大或概率保证程度过低，推断结果无法保证足够的精确性和可靠性，会降低抽样推断的应用价值。因此，在实际抽样之前，必须确定一个必要的样本容量。

(一)影响必要样本容量的主要因素

影响必要样本容量的因素主要有：

(1)总体中各单位标志变异的程度，即总体方差 σ^2 和 $P(1-P)$ 的大小。满足同样的估计精度和可靠程度，总体方差大，抽取的样本单位数目就要多一些；总体方差小，抽取的样本单位数目就可以少一些。

(2)允许的误差范围，即 Δ 值的大小。在其他条件和要求相同的情况下，允许误差范围大，可以少抽一些样本单位；允许误差范围小，则要多抽一些样本单位。

(3)要求的概率保证程度。在其他条件和要求相同的情况下，对推断结果的可靠性要求高，就需要多抽一些样本单位；反之，则可少抽一些样本单位。

(4)抽样方法和抽样组织方式。在同样的条件和要求下，采用重复抽样，样本容量要大些；采用不重复抽样，样本容量要小些。高效率的抽样组织方式必要的样本容量可以小些，反之，低效率的抽样组织方式样本容量就需要大些。

(二)必要样本容量的计算公式

1.重复抽样

(1)估计总体平均数的必要样本容量：

由于
$$\Delta_{\bar{x}} = t\sqrt{\frac{\sigma^2}{n}} \qquad \Delta_{\bar{x}}{}^2 = \frac{t^2\sigma^2}{n}$$

所以
$$n = \frac{t^2\sigma^2}{\Delta_{\bar{x}}{}^2}$$

【例 5.6】 某市拟对职工家庭收入状况进行抽样推断，根据历史资料已知，本市职工家庭平均每人每月生活费收入的标准差为 100 元，若要求推断的可靠程度为 0.954 5，允许误差范围为 10 元，则需抽取的样本单位数为多少？

已知
$$\sigma = 100 \qquad t = 2 \qquad \Delta_{\bar{x}} = 10$$
$$n = \frac{t^2\sigma^2}{\Delta_{\bar{x}}{}^2} = \frac{2^2 \times 100^2}{10^2} = 400(\text{户})$$

(2)估计总体成数的必要样本容量：

由于
$$\Delta_p = t\sqrt{\frac{P(1-P)}{n}} \qquad \Delta_p^2 = \frac{t^2P(1-P)}{n}$$

所以
$$n = \frac{t^2P(1-P)}{\Delta_p^2}$$

【例 5.7】 某公司欲对一批产品抽样检验其合格率，已知其过去的合格品率曾有过 99%、97%、95%三种情况，现在要求推断的极限误差不超过 1%，把握程度为 95%，则需要抽检的产品数量为多少？

已知
$$P(1-P) = 0.95 \times 0.05 = 0.047\ 5$$
(取按三种合格品率分别计算方差的最大值)

$$\Delta_p = 0.01 \qquad t = 1.96$$

所以
$$n = \frac{t^2 P(1-P)}{\Delta_p^2} = \frac{1.96^2 \times 0.047\,5}{0.01^2} = 1\,825(\text{件})$$

2.不重复抽样

(1)估计总体平均数的必要样本容量:

由于
$$\Delta_{\bar{x}} = t\sqrt{\frac{\sigma^2}{n}\left(1-\frac{n}{N}\right)}$$

两边乘方得
$$\Delta_{\bar{x}}{}^2 = t^2\left(\frac{\sigma^2}{n} - \frac{\sigma^2 n}{Nn}\right)$$

整理得
$$n = \frac{t^2\sigma^2 N}{N\Delta_{\bar{x}}{}^2 + t^2\sigma^2}$$

(2)估计总体成数的必要样本容量:

由于
$$\Delta_p = t\sqrt{\frac{P(1-P)}{n}\left(1-\frac{n}{N}\right)}$$

同理得
$$n = \frac{t^2 P(1-P)N}{N\Delta_p^2 + t^2 P(1-P)}$$

在实际抽样推断中,由于抽样比例(n/N)一般很小,计算必要样本容量时也可以忽略修正系数,即虽然实行的是不重复抽样,但也可以按照重复抽样的公式计算必要的样本容量。

第四节　抽样的组织方式

一、纯随机抽样

(一)纯随机抽样的概念及特点

纯随机抽样也称简单随机抽样。它是按照随机原则直接从总体 N 个单位中抽取 n 个单位作为样本,然后通过对样本单位的调查观测,计算出样本指标,据以对相应的总体指标作出推断。

纯随机抽样是一种最简单而又最基本的抽样组织形式。它适用于均匀总体,即具有某种特征的总体单位比较均匀地分布于总体的各个部分。纯随机抽样具有下列优点:

(1)它在理论上最符合随机原则。一是总体中各个单位被抽中的机会完全相等。设总体有 N 个单位,各单位被抽中的概率均为 $1/N$。二是总体中各个可能样本被抽中的概率相等。例如,采取不考虑顺序的不重复抽样,从总体 N 个单位中抽取容量为 n 的样本,一共可以抽出 C_N^n 个不同的样本,那么,在一次抽样中某个样本被抽中的概率均为 $1/C_N^n$。纯随机抽样遵循这种等概率的随机原则,为利用概率论的理论基础进行抽样推断、计算抽样误差,提供了重要的前提条件。

(2)它是设计其他更复杂抽样形式的基础。也就是说,其他更复杂的抽样设计,都是建立在纯随机抽样的有关理论基础之上的,同时在实践中,经常需要和纯随机抽样结合运用。例如,设计分层随机抽样时,其抽样误差的计算等理论和方法问题,需要在纯随机抽样的基础上产生。在实际应用上,一般是将总体划分为若干层次,而后对各个层次实施纯随机抽样。

(3)它是衡量其他抽样效果的比较标准。为了提高抽样效率和效果，在纯随机抽样基础上设计出来的其他抽样组织形式，要说明其抽样效果是否真正优良，一般是以其产生的抽样方差或抽样平均误差来和纯随机抽样比较，前者优于后者的，才能说明其确有较高的抽样效果和抽样效率。

纯随机抽样在实际应用中也存在一些局限性，主要表现在以下两点：

(1)实施纯随机抽样需要对全部总体单位进行编码，编制出抽样框。这在总体单位数 N 很大的情况下是比较困难的，有时甚至是无法办到的。

(2)这种抽样组织方式未能充分利用总体的有关信息，抽样误差较大。

(二)抽取样本单位的方法

采取纯随机抽样，首先要将总体中全部单位无一遗漏的进行编码形成抽样框，然后按随机抽样方法从其中抽取若干个号码，中选号码对应的单位即为样本单位。常用的具体抽取方法主要有以下几种：

(1)抽签法。将总体 N 个单位编上序号($1,2,\cdots,N$)，并把号码写在签上，掺和拌匀后从中抽取 n 个签，编号与签上号码一致的单位即为中选的样本单位。这种方法简便易行。但在社会经济调查中，如果总体范围很大，编号、做签、均匀抽取都很困难，所以一般只能用于总体范围较小的抽样。

(2)滚球法。首先将总体 N 个单位进行编号，然后在圆球容器中装入 10 个小球，每个小球标有 0,1,2,…,9 中的一个数字(不能重复)，圆球容器每摇一次，滚出一个带某一数字的小球，N 有几位数就要摇几次，最后与摇出小球数字组成的号码相对应的编号单位即为一个中选的样本单位，这样直至抽出 n 个单位为止。

(3)计算机模拟法。一般计算机都带有随机数字发生器，对于已编号的总体单位，按计算机所产生的随机数字，确定相应的样本单位。

(4)随机数表法。这是目前得到广泛应用的一种简便方法。这种方法需要利用随机数字表，该表数字的出现及其排列是随机形成的，0,1,2,…,9 出现的概率约各为 1/10，并且，由表上数字组成的各种多位数(如两位数、三位数、四位数…)也大体有相同的机会出现。具体抽样时，对已编好号码的全部总体单位，按编号的最大位数确定使用随机数字表中的位数，然后从表中任意列和任意行开始，按纵向(或横向)观察所确定位数下的数字，凡是属于总体编号范围内的数字，就作为中选单位的号码，其对应的总体单位就是抽中的样本单位。对超过总体编号范围的数字或又重复出现的数字，就弃之，直至取够预定的样本单位数为止。

现举例说明随机数表法的应用。假设有一个总体含有 5 000 个单位，现在拟从中抽取 30 个单位进行调查。因总体单位数是 4 位数，故对总体各单位的编号是 0001,0002,…,4999,5000。然后，随机确定从随机数字表中的第六行第三列开始，按横向取四位数字，依次纵向行进(到页底折回，从本页第一行的下四列数字继续选取)。抽取的样本单位号码依次是:2277,4217,0163,2112,1807,4240,3628,2917,4957,0815,1693,3430,4237,3968,2766,3564,3429,3244,1995,3512,1213,3735,2277,0472,3243,1370,2961,3696,4281,3854。这些号码对应的单位(编号与抽中数字相同的单位)即为抽取的样本单位。

(三)样本指标的计算方法

在纯随机抽样条件下，有关样本指标的计算以及对总体指标的推断方法均与前述相同，即前面所讲的基本抽样理论与方法都是建立在纯随机抽样的基础之上的。

(1)样本平均数：

未作分组的样本资料：
$$\bar{x}=\frac{\sum x}{n}$$

分组整理的样本资料：
$$\bar{x}=\frac{\sum xf}{\sum f}$$

(2)样本成数：

$$p=\frac{n_1}{n}$$

(3)抽样平均误差：

重复抽样：
$$\mu_{\bar{x}}=\sqrt{\frac{\sigma^2}{n}}$$

$$\mu_p=\sqrt{\frac{P(1-P)}{n}}$$

不重复抽样：
$$\mu_{\bar{x}}=\sqrt{\frac{\sigma^2}{n}\left(1-\frac{n}{N}\right)}$$

$$\mu_p=\sqrt{\frac{P(1-P)}{n}\left(1-\frac{n}{N}\right)}$$

下面举例说明纯随机抽样的应用。

【例 5.8】 为调查彩色电视机在农村的普及率，在某地 5 000 户农村居民中，采取不重复的纯随机抽样抽取了 400 户进行调查，得知这 400 户中有彩色电视机的为 87 户，试以 95%的把握程度推断该地区全部农村居民住户的彩色电视机拥有率。

解：样本成数：
$$p=\frac{87}{400}=21.75\%$$

抽样平均误差：
$$\mu_p=\sqrt{\frac{p(1-p)}{n}\left(1-\frac{n}{N}\right)}=1.98\%$$

$$F(t)=95\% \quad t=1.96$$

极限误差： $\Delta_p=1.96\times1.98\%=3.88\%$

估计下限： $21.75\%-3.88\%=17.87\%$

估计上限： $21.75\%+3.88\%=25.63\%$

即根据抽样调查的结果，估计该地区农村居民住户的彩电拥有率在 17.87%～25.63%，可靠性为 95%。

【例 5.9】 某高校有 5 000 名学生，采用不重复的纯随机抽样方法抽取了 250 名学生调查每周收看电视的时间，所得资料如表 5.6 所示。

试根据上述资料，以 95.45%的概率推断该校全部学生每周平均收看电视的时间。

表 5.6 某高校学生每周收看电视时间的调查资料

收看时间/h	收看时间/h 组中值	学生人数/人
2 以下	1	22
2～4	3	56
4～6	5	92
6～8	7	60
8 以上	9	20
合 计		250

解:已知 $N=5\ 000\quad n=250\quad F(t)=95.45\%\quad t=2$

$$\bar{x}=\frac{\sum xf}{\sum f}=5(\mathrm{h})$$

$$S_x=\sqrt{\frac{\sum(x-\bar{x})^2 f}{\sum f}}=2.132\ (\mathrm{h})$$

$$\mu_{\bar{x}}=\sqrt{\frac{\sigma^2}{n}\left(1-\frac{n}{N}\right)}=0.13\ (\mathrm{h})$$

$$\Delta_{\bar{x}}=t\mu_{\bar{x}}=2\times 0.13=0.26\ (\mathrm{h})$$

估计下限：$5-0.26=4.74\ (\mathrm{h})$

估计上限：$5+0.26=5.26\ (\mathrm{h})$

根据抽样调查的结果,估计该校全部学生每周平均收看电视的时间在 4.74～5.26 h,估计的可靠程度为 95.45%。

(四)必要样本容量的确定

在纯随机抽样条件下,必要样本容量的计算也与前述方法相同。

1.估计总体平均数的必要样本容量

重复抽样：
$$n=\frac{t^2\sigma^2}{\Delta_{\bar{x}}^{\ 2}}$$

不重复抽样：
$$n=\frac{t^2\sigma^2 N}{N\Delta_{\bar{x}}^2+t^2\sigma^2}$$

2.估计总体成数的必要样本容量

重复抽样：
$$n=\frac{t^2P(1-P)}{\Delta_p^2}$$

不重复抽样：
$$n=\frac{t^2P(1-P)N}{N\Delta_p^2+t^2P(1-P)}$$

在确定必要的样本容量时需要注意以下两点：

第一,必要的样本容量受允许误差范围 Δ 的制约,Δ 要求越小,则样本容量 n 就要越大,但两者并不是保持等比例的变化。以重复抽样来说,在其他条件不变的情况下,误差范围 Δ 缩小一半,则样本容量 n 必须扩大到原来的 4 倍;而误差范围 Δ 扩大一倍,则样本容量只需要原来的 1/4。所以,在抽样方案设计中对抽样误差的允许范围必须要十分谨慎的抉择。

第二,有时需要对一个总体的平均数和成数同时做出推断,但由于它们的方差和允许的误差范围或要求的可靠性不同,因此需要的样本容量也可能不同。为了满足平均数推断和成数推断的共同需要,必须要按较大的样本容量来抽取样本。

【例 5.10】 对某企业生产的某种型号的电池进行电流强度检验,根据以往正常的生产经验,该电池电流强度的标准差 $\sigma=0.4$ A,合格率一般在 90%左右。现在拟采用纯随机重复抽样的方式进行抽样检验,要求在 95.45%的概率保证程度下,平均电流强度推断的极限误差不超过 0.08 A,产品合格率推断的极限误差不超过 5%,试确定必要的样本容量应为多少?

解:估计电池平均电流强度需要的样本容量：

$$n=\frac{t^2\sigma^2}{\Delta_{\bar{x}}^2}=\frac{2^2\times 0.4^2}{0.08^2}=100(\text{只})$$

估计电池合格率需要的样本容量：

$$n=\frac{t^2P(1-P)}{\Delta_p^2}=\frac{2^2\times 0.9\times 0.1}{0.05^2}=144(\text{只})$$

根据以上结果应选择能够满足两项估计共同需要的样本容量，即必要的样本容量为144只。

二、分层抽样

(一)分层抽样的概念和特点

分层抽样也称类型抽样。设总体由 N 个单位构成，把总体划分为 K 层(组或类型)，使 $N=N_1+N_2+\cdots+N_K$，然后从每类的 N_i 个单位中随机抽取 n_i 个单位，构成容量为 n 的样本，使 $n=n_1+n_2+\cdots+n_K$。这种抽样方法称为分层抽样或类型抽样。

分层抽样的特点是先对总体各单位按某种主要标志加以分层，然后再从各层中按随机原则抽选一定数目的单位构成样本，它把统计分组和随机抽样结合了起来。采取分层抽样可以有效地控制抽样误差，提高抽样效率，其意义具体表现在以下两点：

(1)可以提高样本的代表性。因为各样本单位是从各层(类型、组)中抽取的，样本中包括了各类型不同标志值水平的单位，因此和纯随机抽样相比，可以保证样本的构成有较好的代表性。

(2)可以有效缩小总体变异程度对抽样误差的影响。在对总体进行分层的情况下，总体方差是由两部分构成：一部分是层间方差，即各层之间标志值的差异程度；另一部分是层内方差，即各层内部各单位之间标志值的差异程度。在分层抽样的情况下，因为从各层都抽取了样本单位，所以，对各层来说是全面调查，不存在层的代表性误差，因此层间方差不影响最终的抽样误差，即影响抽样误差的总体变异程度只是层内方差，因而与纯随机抽样相比，有效地缩小了总体变异程度对抽样误差的影响。

提高分层抽样效率的关键是如何分层。在这里，分层的原则要求是：从客观经济现象的实际特点出发，通过进一步了解总体的内部构成，在调查标志上尽量实现层内一致性、层间差异性。实现这一原则，可以有效缩小层内方差，增大组间方差，从而降低总体变异程度对抽样误差的影响，最终达到提高抽样效率的目的。

(二)抽取样本单位的方法

分层抽样具体可分为两类方法：一类是等比例分层抽样，另一类是不等比例分层抽样。等比例分层抽样是各层都按同一比例抽取样本单位。不等比例分层抽样是指考虑到各层层内的标志值变异程度不同，或是各层单位调查费用不同，因此从更有效地缩小抽样误差或合理节约调查费用的目的出发，各层不按同一比例抽样，而是对标志值变异大或单位调查费用低的层适当多抽一些单位，即适当加大这些层的抽样比例，而适当缩小标志值变异小或单位调查费用高的层的抽样比例，由此按侧重缩小抽样误差和降低调查费用的不同又可分为最小误差法(适度分配法)和最小费用法(经济分配法)。这里只具体介绍等比例分层抽样的方法及其应用。

在等比例分层抽样下，样本各单位是按各层总体单位数的多少等比例分配，使各层的样本

单位数与总体单位数之比相等;使各层的样本单位数与整个样本容量之比等于各层总体单位数与整个总体单位数之比,即:

$$\frac{n_1}{N_1}=\frac{n_2}{N_2}=\cdots=\frac{n_K}{N_K}=\frac{n}{N}$$

$$\frac{n_1}{n}=\frac{N_1}{N},\ \frac{n_2}{n}=\frac{N_2}{N},\ \cdots,\ \frac{n_i}{n}=\frac{N_i}{N}$$

所以,各层的样本单位数应为:$n_i=n\times\frac{N_i}{N}$

(三)样本指标的计算方法

(1)样本平均数:

$$\bar{x}=\frac{\sum\bar{x}_i n_i}{n}$$

式中:$\bar{x}_i=\frac{\sum x_{ij}}{n_i}$。

(2)样本成数:

$$p=\frac{\sum p_i n_i}{n}$$

式中:p_i 为各层成数;n_i 为各层的样本单位数。

(3)抽样平均误差:

①推断总体平均数的抽样平均误差。设 $\mu_{\bar{x}_i}$ 表示第 i 层的抽样平均误差,σ_i 表示第 i 层的总体标准差,$W_i=N_i/N$ 为第 i 层的总体单位数比重,根据方差定理有:

$$\mu_{\bar{x}}^2=\sum W_i^2\mu_{\bar{x}_i}^2$$

又由于:

$$\mu_{\bar{x}_i}^2=\frac{\sigma_i^2}{n_i}$$

所以,在重复抽样条件下:

$$\mu_{\bar{x}}^2=\sum W_i^2\frac{\sigma_i^2}{n_i}$$

抽样平均误差为:

$$\mu_{\bar{x}}=\sqrt{\sum W_i^2\ \frac{\sigma_i^2}{n_i}}=\frac{1}{N}\sqrt{\sum N_i^2\frac{\sigma_i^2}{n_i}}$$

因为在等比例抽样下,$W_i=\frac{N_i}{N}=\frac{n_i}{n}$,所以有:

$$\mu_{\bar{x}}^2=\frac{\sum\sigma_i^2 n_i}{n^2}=\frac{1}{n}\ \frac{\sum\sigma_i^2 n_i}{n}$$

$$\mu_{\bar{x}}=\sqrt{\frac{1}{n}\ \frac{\sum\sigma_i^2 n_i}{n}}=\sqrt{\frac{\bar{\sigma}^2}{n}}$$

在不重复抽样条件下:

$$\mu_{\bar{x}}^2 = \sum W_i{}^2 \mu_{\bar{x}_i}^2$$

$$\mu_{\bar{x}_i}^2 = \left(\frac{\sigma_i^2}{n_i}\right)\left(1-\frac{n_i}{N_i}\right)$$

$$\mu_{\bar{x}}^2 = \sum W_i^2 \frac{\sigma_i^2}{n_i}\left(1-\frac{n_i}{N_i}\right)$$

所以,抽样平均误差为:

$$\mu_{\bar{x}} = \sqrt{\sum W_i^2 \frac{\sigma_i^2}{n_i}\left(1-\frac{n_i}{N_i}\right)} = \frac{1}{N}\sqrt{\sum \frac{N_i^2\sigma_i^2}{n_i}\left(1-\frac{n_i}{N_i}\right)} = \frac{1}{N}\sqrt{\sum N_i(N_i-n_i)\frac{\sigma_i^2}{n_i}}$$

因为在等比例抽样条件下:

$$\frac{N_i}{N} = \frac{n_i}{n} \qquad \frac{n_i}{N_i} = \frac{n}{N}$$

$$\mu_{\bar{x}}^2 = \sum\left(\frac{W_i^2\sigma_i^2}{n_i}\right)\left(1-\frac{n_i}{N_i}\right) = \frac{1}{n}\frac{\sum n_i\sigma_i^2}{n}\left(1-\frac{n}{N}\right)$$

$$= \frac{\bar{\sigma}^2}{n}\left(1-\frac{n}{N}\right)$$

所以,抽样平均误差为:

$$\mu_{\bar{x}} = \sqrt{\frac{\bar{\sigma}^2}{n}\left(1-\frac{n}{N}\right)}$$

②推断总体成数的抽样平均误差。

根据方差定理有:

$$\mu_p^2 = \sum W_i^2 \mu_{pi}^2$$

又因为:

$$\mu_{pi}^2 = \frac{P_i(1-P_i)}{n_i}$$

所以,在重复抽样条件下:

$$\mu_p^2 = \frac{\sum W_i^2 P_i(1-P_i)}{n_i}$$

$$\mu_p = \frac{1}{N}\sqrt{\sum N_i^2 \frac{P_i(1-P_i)}{n_i}}$$

因为在等比例抽样条件下: $\frac{N_i}{N} = \frac{n_i}{n}$

所以有

$$\mu_p^2 = \frac{\sum\left(\frac{n_i^2}{n^2}\right)P_i(1-P_i)}{n_i} = \frac{1}{n}\frac{\sum n_i P_i(1-P_i)}{n} = \frac{\overline{P(1-P)}}{n}$$

$$\mu_p = \sqrt{\frac{\overline{P(1-P)}}{n}}$$

若为不重复抽样:

$$\mu_p^2 = \sum W_i^2 \frac{P_i(1-P_i)}{n_i}\left(1-\frac{n_i}{N_i}\right)$$

$$\mu_p = \frac{1}{N}\sqrt{\sum N_i^2 \frac{P_i(1-P_i)}{n_i}\left(1-\frac{n_i}{N_i}\right)}$$

$$= \frac{1}{N}\sqrt{\sum N_i(N_i-n_i)\frac{P_i(1-P_i)}{n_i}}$$

因为在等比例抽样条件下： $\frac{N_i}{N}=\frac{n_i}{n}$ $\frac{n_i}{N_i}=\frac{n}{N}$

所以有

$$\mu_p^2 = \sum\left(\frac{n_i^2}{n^2}\right)\frac{P_i(1-P_i)}{n_i}\left(1-\frac{n}{N}\right)$$

$$= \frac{1}{n}\frac{\sum n_i P_i(1-P_i)}{n}\left(1-\frac{n}{N}\right)$$

$$= \frac{\overline{P(1-P)}}{n}\left(1-\frac{n}{N}\right)$$

$$\mu_p = \sqrt{\frac{\overline{P(1-P)}}{n}\left(1-\frac{n}{N}\right)}$$

【例 5.11】 某乡全部粮食耕地面积为 5 000 亩，分为平原和山区两类，现按这两类耕地面积所占比例，等比抽取了 630 亩作为样本，测算得到各类耕地的样本平均亩产和标准差数据如表 5.7 所示。试以 95%的概率保证程度对全乡的粮食平均亩产和总产量做出区间估计。

表 5.7 样本平均亩产和标准差数据表

耕地类型	全部面积/亩	样本面积/亩	样本平均亩产/kg	亩产标准差/kg
平　原	4 000	504	960	200
山　地	1 000	126	750	400
合　计	5 000	630	918	253

解：由表 5.7 资料计算可得：

$$\bar{x} = \frac{\sum x_i n_i}{n}$$

$$= \frac{(960\times 504+750\times 126)}{630} = 918\ (\text{kg})$$

$$S_{\bar{x}}^2 = \frac{\sum S_i^2 n_i}{n}$$

$$= \frac{(200^2\times 504+400^2\times 126)}{630} = 64\ 000\ (\text{kg})$$

$$\mu_{\bar{x}} = \sqrt{\frac{\bar{\sigma}^2}{n}\left(1-\frac{n}{N}\right)} = 9.42\ (\text{kg})$$

要求概率保证程度为 95%，即 $t=1.96$，所以：

$$\Delta_{\bar{x}} = t\mu_{\bar{x}} = 1.96\times 9.42 = 18.46\ (\text{kg})$$

估计下限：　　　　　　918－18.46＝899.54(kg)

估计上限：　　　　　　918＋18.46＝936.46(kg)

即根据抽样结果推断，该乡的粮食平均亩产在899.54～936.46 kg，概率保证程度为95%。

该乡粮食总产量的估计区间为：

估计下限：　　　　　899.54×5 000＝449.77(万 kg)

估计上限：　　　　　936.46×5 000＝468.88(万 kg)

即根据抽样结果推断该乡的粮食总产量在(449.77～468.88)万 kg 之间。

三、等距抽样

(一)等距抽样的概念

等距抽样又称为机械抽样或系统抽样，它是先将总体各单位按某一标志排列，然后按固定的顺序和间隔来抽选调查单位的一种组织形式。

设总体共有 N 个单位，从中抽取一个容量为 n 的样本：先将 N 个总体单位按一定的标志排队，然后分成 n 个相等的部分，每个部分都包括 K 个单位，即 $N/n=K$，$N=Kn$；然后在第一部分的 K 个单位中随机抽取第 $i(i\leqslant K)$ 个单位，在第二部分抽取第 $i+K$ 个单位，第三部分抽取第 $i+2K$ 个单位，……，在第 n 部分抽取第 $i+(n-1)K$ 个单位，从而构成一个容量为 n 的样本。因为这样产生的样本，每个样本单位间的间隔距离均为 K，所以把这种方法称为等距抽样。

(二)等距抽样的种类及抽取样本单位的方法

(1)等距抽样按排队所依据的标志不同，可分为按无关标志排队等距抽样和按有关标志排队等距抽样。

①按无关标志排队，是指用于排队的标志和抽样推断的指标没有直接关系或关系很小。如在居民住户调查抽样时，按户主的姓氏笔画排队；在农产量抽样调查中，按总体各单位的地理位置排队，都是按无关标志排队。等距抽样的抽样误差计算比较复杂，我国在实际应用中，一般是采用纯随机抽样的计算公式来代替。根据是：采用无关标志排队的总体实质上仍是一个随机总体(排队的顺序是偶然形成的，并没有形成有某种约束或规律的固定模式)，因而按无关标志排队的等距抽样，可视为一种纯随机抽样，抽样平均误差可用纯随机抽样的公式来近似计算。

②按有关标志排队，是指用于排队的标志与所抽样推断的指标有着密切的联系。如在居民住户调查中，对所有住户按上一年的人均收入水平排队；在对高校学生学习情况调查时，对学生按高考入学成绩排队，都是按有关标志排队。按有关标志排队等距抽样，可以有效地控制和避免系统误差的产生，保证样本单位在总体中的均匀分布，从而提高样本的代表性，显著地提高抽样效率。因此，在有条件的情况下，即在能够得到总体各单位有关信息的条件下，应尽量采用按有关标志排队的等距抽样。按有关标志排队的等距抽样，抽样误差的计算也比较困难，在实际应用中一般可采用分层抽样的公式来近似计算。根据是：按有关标志排队的等距抽样，具有分层抽样的性质，所不同的只是比一般的分层抽样层分得更多一些，每层只抽一个单位，因此可把这种等距抽样看作分层抽样的一种特例。但是，在等距抽样中每部分(层)只抽一个单位，因此无法利用样本资料来计算各部分(层)的方差及总体平均方差，而只能按已掌握的用于排队的总体各单位的标志值资料来计算。但已知的排队资料往往是历史资料或预计资料，因此其结果也只能是近似的。

如果总体范围很大，用全部总体单位的排队资料计算比较麻烦，在实践中也可以根据样本资料，利用纯随机抽样的公式近似计算。

(2)等距抽样按样本单位抽取的方法不同，可分为随机起点等距抽样、中点等距抽样和对称等距抽样。

①随机起点等距抽样。当抽样距离(间隔) $N/n = K$ 确定以后，先在第一部分包括的 K 个单位中，随机抽取第 i 个单位作为第一个样本单位($i \leqslant K$)，然后每隔一个抽样距离抽取一个单位，依次从 n 个部分抽出 n 个单位构成样本。在这种抽样组织方式下，抽取的各样本单位的位置数依次为：i，$K+i$，$2K+i$，$3K+i$，…，$(n-1)K+i$。在抽样框中与这些位置数对应的单位即为抽中的样本单位。

【例 5.12】 拟在某城市的 120 个公共汽车停车站中，按无关标志排队等距抽取 10%，即抽取 12 个停车站进行公共汽车服务质量的调查。具体抽样过程是：首先，按地理位置对 120 个停车站进行排队、编号；然后，计算抽样距离 $K=N/n=120/12=10$；最后，根据抽样距离等距抽取样本单位。假如随机确定起点 $i=2$，则抽取的 12 个停车站的号码依次为：2，12，22，32，42，52，62，72，82，92，102，112。

随机起点等距抽样一般只适用于按无关标志排队的等距抽样。如果用于按有关标志排队的等距抽样，有可能抽到的样本单位在各部分都具有偏高水平或偏低水平，因此容易产生系统性误差。

②中点等距抽样。中点等距抽样与随机起点等距抽样所不同的是：第一个样本单位不是在第一部分(层)中的 K 个单位中随机确定的，而是从第一部分(层)的中点($K/2$)处抽取，若设 $m = K/2$，则各中选样本单位的位置数依次为：m，$K+m$，$2K+m$，…，$(n-1)K+m$。

在按有关标志排队等距抽样时，采用这种组织方式可以保证抽取的样本具有充分的代表性，从而有效地限制和排除系统性误差的产生。但是这种抽样组织方式存在两个显著的缺点：一是抽样的随机性受到较大限制，不能保证每个单位都有同等的中选机会；二是从总体中只能抽取一个样本，不能进行样本轮换，抽样框的利用率太低。

③对称等距抽样。对称等距抽样是在计算出抽样距离以后，从第一部分(层)随机起点确定第一个样本单位的位置，然后保持对称地等距抽取各样本单位。

设总体单位数为 N，抽取的样本单位数为 n(一般取偶数)，抽样距离为 $K = N/n$，随机起点为 i($i \leqslant K$)，则各样本单位的位置数 U_j ($j = 1,2,3,\cdots,n$)：

j 为奇数：

$$U_j = (j-1)K + i$$

j 为偶数：

$$U_j = jK - i + 1$$

例如，仍是从 120 个公共汽车停车站中抽取 12 个停车站进行调查，$K=10$，设随机起点为 2，则采取对称等距抽样抽取的样本单位的位置数依次为：2，19，22，39，42，59，62，79，82，99，102，119。样本单位的分布特征如图 5.2 所示。

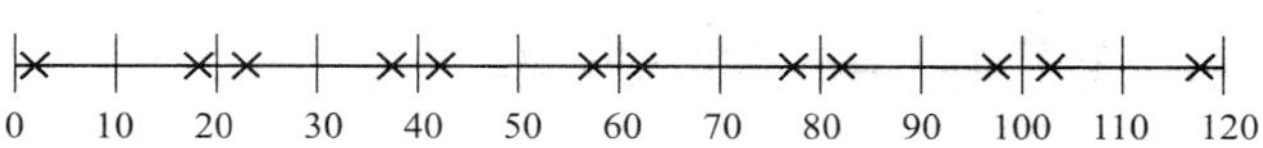

图 5.2　样本单位的分布特征

由以上样本单位的分布特征可以看出，对称等距抽样具有以下两方面的优点：

①保留了中点等距抽样的优点,可以保证样本单位在总体中的均匀分布,有效避免和排除系统性误差的产生,从而有利于提高抽样推断的准确性和可靠性。

②克服了中点等距抽样的局限性,既保持了较好的抽样随机性,可以保证每个样本单位及 K 套可能样本中的每一套样本都有同等的机会被抽中,又使样本的轮换成为可能。因此,对称等距抽样在目前我国的抽样实践中被广泛应用。

四、整群抽样

(一)整群抽样的概念

整群抽样是先将总体各单位划分为若干群,然后从中随机抽取若干群,最后对中选群所含的全部单位进行全面调查,并据以推断总体指标的抽样组织方式。这里所谓的"群",是指由若干总体单位构成的某种小的集合体。如对某一城市居民生活水平进行调查,调查单位是居民户,但抽样时不是从全部住户中直接抽选部分住户进行调查,而是从该城市全部居委会中随机抽取若干居委会,对中选居委会中所有住户进行调查,这就是整群抽样,这里的居委会就是所谓的"群"。

整群抽样的优点是抽样组织方便,节约调查费用。因为编制整群抽样的抽样框不需要按全部总体单位编制,而只需要按"群"编制,从而可以节约大量工作量。在社会经济调查中,总体单位常常是以某种形式结合为群体,所以利用这些群体作为整群抽样的"群"会给抽样调查的组织工作和搜集资料工作提供方便。同时,由于整群抽样的调查单位相对集中,从而也可以节约调查费用。但是,也正是由于整群抽样的调查单位相对集中,影响了样本单位在总体中的均匀分布,从而使整群抽样的抽样误差一般要大于其他抽样组织方式。

(二)整群抽样的特点

整群抽样实际上是以"群"为单位的简单随机抽样,具体有以下三个特点:

(1)整群抽样直接抽取的不是总体单位而是由若干总体单位构成的"群",因此总体和样本在这里是由"群"构成的。通常总体群数用 R 表示,样本群数用 r 表示。

(2)影响抽样误差的总体方差是群间方差,群内方差不影响抽样误差。因为对抽中的群来说,对群中所有单位都进行调查,即群内是全面调查,因此群内不产生代表性误差。

(3)整群抽样一般采用不重复抽样,因此应该用不重复抽样的公式来计算抽样平均误差。

(三)整群抽样的抽样平均误差

1. 推断总体平均数的抽样平均误差

设总体共有 R 群,每群包含 M 个总体单位,现从中抽取 r 群构成样本,样本中第 i 群各单位的标志值为 x_{ij},则第 i 群的样本平均数为:

$$\bar{x}_i = \frac{\sum_{j=1}^{M} x_{ij}}{M}$$

整个样本平均数是样本中各群平均数的平均数:

$$\bar{x} = \frac{\sum_{i=1}^{r} \bar{x}_i}{r}$$

推断总体平均数的抽样平均误差为:

$$\mu_{\bar{x}}=\sqrt{\frac{\delta_{\bar{X}}^2}{r}\left(\frac{R-r}{R-1}\right)}$$

式中：$\delta_{\bar{x}}^2$ 为总体群平均数的群间方差，计算公式为：

$$\delta_{\bar{X}}^2=\frac{\sum(\bar{X}_i-\bar{X})^2}{R}$$

式中：$\bar{X}_i$（$i=1,2,\cdots,R$）为总体各群平均数。

R 较大时，修正系数分母中的“1”可忽略不计。当 $\delta_{\bar{X}}^2$ 未知时，一般须用样本群平均数的群间方差 $\delta_{\bar{x}}^2$ 代替

$$\delta_{\bar{x}}^2=\frac{\sum(\bar{x}_i-\bar{x})^2}{r}$$

式中：$\bar{x}_i$（$i=1,2,\cdots,r$）为样本各群平均数。

2.推断总体成数的抽样平均误差

样本成数：

$$p=\frac{\sum p_i}{r}$$

用样本成数推断总体成数的抽样平均误差：

$$\mu_p=\sqrt{\frac{\delta_p^2}{r}\left(\frac{R-r}{R-1}\right)}$$

式中：δ_p^2 表示总体成数的群间方差。R 较大时修正系数分母中的“1”也可省略。

$$\delta_p^2=\frac{\sum(P_i-P)^2}{R}$$

式中：P_i（$i=1,2,\cdots,R$）为总体各群成数。

当总体各群成数未知时，一般可用样本成数的群间方差 δ_p^2 代替：

$$\delta_p^2=\frac{\sum(p_i-p)^2}{r}$$

式中：p_i（$i=1,2,\cdots,r$）为样本各群成数。

【例 5.13】 某化肥厂昼夜连续生产，每分钟产量为 100 袋。现在采用整群抽样来检验一昼夜生产的每袋化肥的重量和包装的一等品率，随机抽取了 10 个 1 分钟生产的全部袋装化肥进行检查，结果如表 5.8 所示。

表 5.8　某化肥厂袋装化肥抽样检验结果

每分钟样本编号	1	2	3	4	5	6	7	8	9	10
平均每袋重量/kg $\bar{x}_i$	49.9	50.4	50.5	49.5	50.3	50.2	50.0	50.5	50.2	50.5
包装一等品率/% p_i	65	70	72	73	71	72	70	68	69	70

根据表 5.8 中资料，以 95%的置信度推断该厂这一昼夜生产的每袋化肥的平均重量和包装一等品率。

解：

(1)推断每袋化肥的平均重量：

已知：$R=1\ 440$，$r=10$，$t=1.96$，则

$$\bar{x}=\frac{\sum \bar{x}_i}{r}=\frac{(49.9+50.4+50.5+\cdots+50.5)}{10}=50.2\ (\mathrm{kg})$$

$$\delta_{\bar{x}}^2=\frac{\sum(\bar{x}_i-\bar{x})^2}{r}$$

$$=\frac{[(49.9-50.2)^2+(50.4-50.2)^2+\cdots+(50.5-50.2)^2]}{10}=0.094$$

$$\mu_{\bar{x}}=\sqrt{\frac{\delta_{\bar{x}}^2}{r}\left(\frac{R-r}{R-1}\right)}=\sqrt{\frac{0.094}{10}\left(1-\frac{10}{1\ 440}\right)}=0.097$$

$$\Delta_{\bar{x}}=t\mu_{\bar{x}}=1.96\times0.097=0.19$$

$$50.2-0.19\leqslant\bar{X}\leqslant50.2+0.19$$

即根据抽样检测结果推断该昼夜生产的袋装化肥平均每袋重量在50.01～50.39 kg，可靠程度为95%。

(2)推断包装一等品率：

$$p=\frac{\sum p_i}{r}=\frac{(0.65+0.70+0.72+\cdots+0.70)}{10}=70\%$$

$$\delta_p^2=\frac{\sum(p_i-p)^2}{r}$$

$$=\frac{[(0.65-0.7)^2+(0.7-0.7)^2+\cdots+(0.7-0.7)^2]}{10}$$

$$=0.048\%$$

$$\mu_p=\sqrt{\frac{\delta_p^2}{r}\left(\frac{R-r}{R-1}\right)}=\sqrt{\frac{0.000\ 48}{10}\left(1-\frac{10}{1\ 440}\right)}=0.69\%$$

$$\Delta_p=t\mu_p=1.96\times0.69\%=1.35\%$$

$$70\%-1.35\%\leqslant P\leqslant70\%+1.35\%$$

即根据抽样检测结果估计该昼夜生产袋装化肥的包装一等品率在68.65%～71.35%，可靠程度为95%。

第五节　假设检验

一、假设检验的基本问题

1.假设检验的概念

假设检验是以样本指标构造检验统计量来检验对总体参数所做的某种假设是否成立的一种统计推断方法，它是统计推断的另一个重要组成部分。假设检验也叫显著性检验，是统计推断的基本内容之一。在实践中，我们往往会遇到这样的问题：我们根据样本观测得到的一些结论，根据经验积累得到的一些知识，以及由此得到的一些判断是否成立？例如，居民的收入是

否提高，产品的质量是否上升，事物的发展是否具有某种规律等，都是我们经常面对的问题。为了尽可能科学、客观地回答这些问题，使我们的判断、选择和决策避免失误，我们需要借助一定的方法，这就是统计学的假设检验的方法。

它是从总体参数的某种假设出发，然后利用一个随机样本的统计值（样本指标）计算某一检验统计量，用来决定是接受还是拒绝对总体参数所做的假设。因此，统计假设就是关于统计总体分布特征的某种论断。在统计中，常见的统计假设有：总体均值（或总体成数、总体方差等）等于（或大于、小于）某一数值，总体相关系数等于零，两总体均值（或两总体成数、两总体方差）相等，总体分布服从正态分布等。而这些假设是否成立，正是假设检验需解决的问题。

2. 原假设和备择假设

要进行假设检验，必须设立原假设和备择假设。原假设又称为零假设或虚无假设，是研究者对总体参数值事先提出的假设，是被检验的假设。备择假设也称对立假设，是研究者通过检验希望能够成立的假设，是当原假设不成立时供选择的假设。原假设一般是假设未知参数等于某一具体的值，表示为：

$$H_0: \theta = \theta_0$$

它表示总体参数值与其假设值之间没有显著差异。

备择假设表示为：

$$H_1: \theta \neq \theta_0，或 H_1: \theta > \theta_0，或 H_1: \theta < \theta_0$$

使用 $H_1: \theta \neq \theta_0$，称“双尾检验”；使用 $H_1: \theta > \theta_0$，称“右单尾检验”；使用 $H_1: \theta < \theta_0$，称“左单尾检验”。

它们分别表示总体参数值与其假设值之间有显著差异，或总体参数值小于其假设值，或总体参数值大于其假设值。

在一般情况下，总是将检验者的目的放在备择假设上，这样可以保证有充分的把握拒绝原假设，达到检验者的目的。

3. 显著性水平和拒绝域

进行假设检验，概率论中关于小概率事件在一次实验中是不可能事件的原则，是其所要遵循的基本原则。由抽样分布理论可知，若原假设 H_0 成立，则样本统计值与总体参数假设值偏差很大的事件是一个小概率事件。倘若在一次抽样中，样本统计值与总体参数假设值相差很大，那么在原假设成立的条件下，就是出现了一个小概率事件。一旦出现了小概率事件，就要怀疑原假设的正确性，从而否定原假设。若一次抽样的样本统计值与总体参数假设值相差不大，那么就没有理由拒绝原假设，也就只好接受原假设。

现在的问题是，概率小到多少的事件为小概率事件？这个概率是在假设检验之前由人们事先主观选定的，用 α 表示，取值通常不超过 0.01 或者 0.05。

接受或者拒绝原假设，最终要以显著水平为依据确定评判的规则，这里就是临界值规则。所谓临界值规则，就是先把 α 值转化为一定分布下的临界值，然后计算检验统计值，最后把检验统计值与临界值相比较来判断是否拒绝原假设。在双侧检验时，α 平分为两侧，其临界值表示为 $\pm Z_{\alpha/2}$（正态分布）或者 $\pm t_{(\alpha/2,n-1)}$（t 分布）。例如在正态分布下，$\alpha=0.05$ 时，$Z_{\alpha/2}=1.96$。在单侧检验时，α 处于分布的某一侧，左单侧检验时处于左侧，其临界值表示为 $-Z_\alpha$ 或者 $-t_{(\alpha,n-1)}$；右单侧检验时处于右侧，其临界值表示为 Z_α 或者 $t_{(\alpha,n-1)}$。然后把检验统计量的值和临界值进行比较。检验统计量是样本统计量的标准化形式，其构造公式为：

$$Z=\frac{\bar{x}-\bar{X}}{\sigma_{\bar{x}}}\text{（正态分布）}$$

$$T=\frac{\bar{x}-\bar{X}}{\sigma^{\Delta}_{\bar{x}}}\text{（}t\text{ 分布）}$$

凡是检验统计量之值的绝对值小于临界值的绝对值，那么就接受原假设；若检验统计量之值的绝对值大于或者等于临界值的绝对值，那么就拒绝原假设。这样，临界值就把样本统计量的概率分布区域分成了两部分，我们把不超过临界值的区域称为接受域，把超过临界值的区域称为拒绝域。

图 5.3～图 5.5 分别显示了双侧检验、左单侧检验和右单侧检验的接受域和拒绝域。

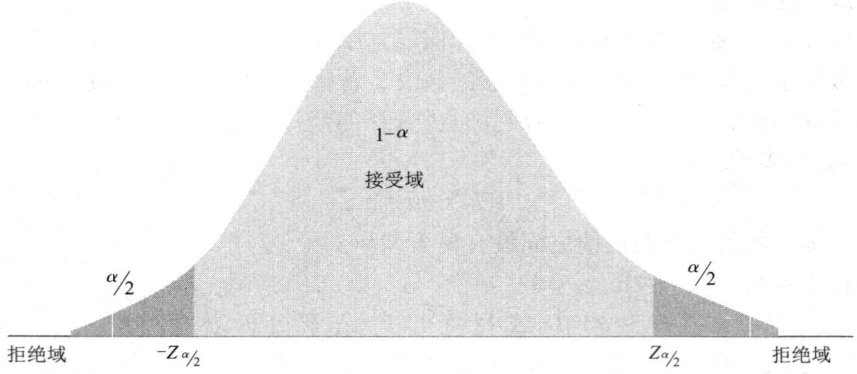

图 5.3　双侧检验

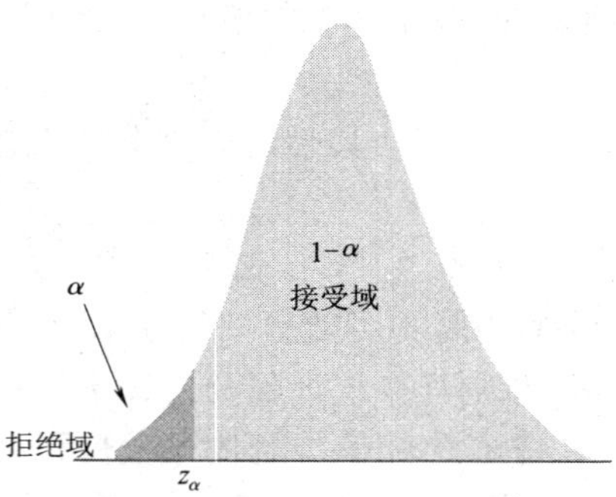

图 5.4　左单侧检验

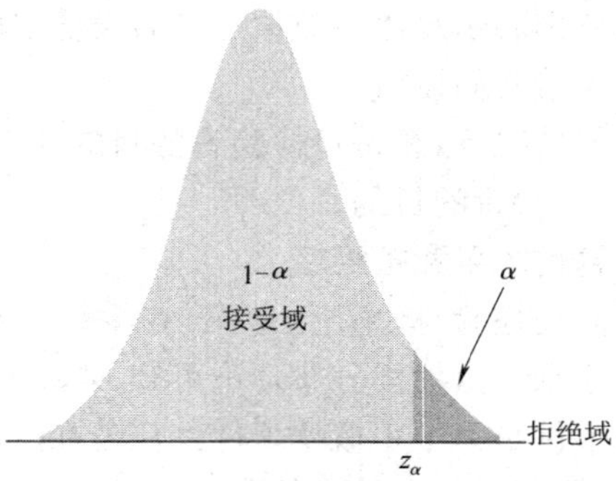

图 5.5　右单侧检验

4.假设检验中的两类错误

由于人们对于总体问题的真实情况往往是未知的，试图以样本的统计值来检定假设时，无论是否定或接受这样的结论都不能绝对保证不犯错误。在假设检验中可能会出现两种错误：第一种错误指原假设为真却被我们放弃了，犯这种错误的概率用 α 表示，此种错误又叫弃真错误；第二种错误是指原假设是错误的却被我们接受了，犯这种错误的概率用 β 表示，此种错误又称为取伪错误。我们一般只注重第一种错误。

5.假设检验的步骤

(1)提出原假设 H_0 和备择假设 H_1。

(2)选择显著性水平 α。

(3)计算检验统计量。根据样本资料和检验统计量的计算公式,计算检验统计量的值,作为抉择的依据。

(4)抉择取舍。比较检验统计量的值和理论分布值,决定是否接受原假设。

二、假设检验的应用

抽样推断中假设检验的内容与参数估计的内容相对应,也包括总体平均数、总体成数的假设检验。

(一)总体平均数的假设检验

1.单个总体平均数的假设检验

当某一总体平均数 $\bar{X}$ 为未知时,为检验 $\bar{X}$ 等于某一假设的值 $\bar{X}_0$,设 $H_0: \bar{X}=\bar{X}_0$, $H_1: \bar{X} \neq \bar{X}_0$。检验上述假设,可根据检验统计量的分布情况,分别采取 Z 检验或 t 检验。

(1)Z 检验。设样本取自一个平均数为 $\bar{X}$、方差为 σ_x^2 的正态总体,或 $n>30$,则检验统计量 $Z=\dfrac{\bar{x}-\bar{X}}{\sigma_{\bar{x}}}$ 服从标准正态分布。当显著水平为 α 时,查正态分布表,如果 $Z \leqslant t_{\alpha/2}$,或 $Z \geqslant t_{1-\alpha/2}$ ($Z \leqslant t_\alpha$ 或 $Z \geqslant t_{1-\alpha}$),则拒绝原假设 H_0;反之接受原假设 H_0。

【例 5.14】 某公司引进一自动包装线包装大米,设计规格为每袋大米 10 kg,标准差为 0.6 kg。随机抽取 100 袋大米检验,每袋大米平均重 9.8 kg。问当 $\alpha=5\%$时,该生产线的设计规格是否准确?

根据题意:

$$H_0: \bar{X}=10 \qquad H_1: \bar{X} \neq 10$$

$$\sigma_{\bar{x}}=\frac{\sigma}{\sqrt{n}}=\frac{0.6}{\sqrt{100}}=0.06$$

$$Z=\frac{\bar{x}-\bar{X}}{\sigma_{\bar{x}}}=\frac{(9.8-10)}{0.06}=-3.33$$

查正态分布表得:$t_{1-\alpha/2}=t_{0.975}=1.96$,$t_{\alpha/2}=t_{0.025}=-1.96$,因为 $Z<-1.96$,所以拒绝原假设。即说明根据样本提供的信息,每袋大米平均重量与包装线的设计规格存在显著差异,即该生产线的设计规格不准确。该假设检验图示如图 5.6 所示。

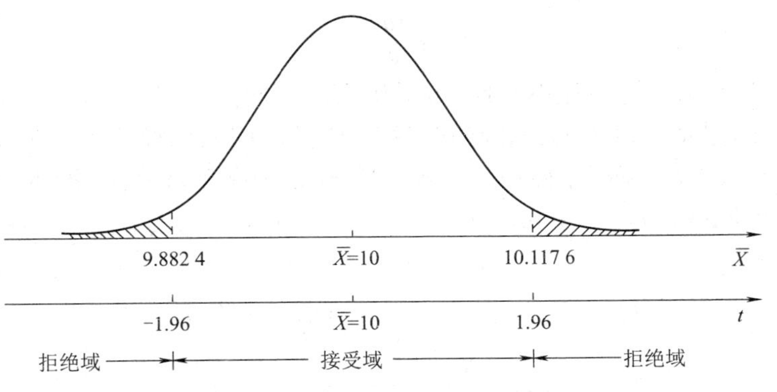

图 5.6　假设检验图

(2)T检验。设样本取自一个方差σ^2为未知的正态总体，且$n \leqslant 30$，则检验统计量$T=\frac{\bar{x}-\bar{X}}{\hat{\sigma}_{\bar{x}}} \sim t(n-1)$，即$T$服从自由度为$(n-1)$的$t$分布。当显著水平为$\alpha$时，查$t$分布表，如果$T \leqslant t_{\alpha/2}$或$T \geqslant t_{1-\alpha/2}$（或$T \leqslant t_{\alpha}$，或$T \geqslant t_{1-\alpha}$），则拒绝原假设$H_0$；反之接受原假设$H_0$。

【例5.15】 某公司年度报表指出该公司本年度应收账款的平均误差不超过50元。审计师从该公司年度内的应收账户中抽取了17笔进行审查，结果表明：$\bar{x}=56, S=8$。当$\alpha=1\%$时，该公司应收账款的平均误差是否超过了50元？

根据题意：

$$H_0: \bar{X}=50 \qquad H_1: \bar{X}>50$$

$$\hat{\sigma}_{\bar{x}}=\frac{S}{\sqrt{n-1}}=\frac{8}{\sqrt{16}}=2$$

$$T=\frac{\bar{x}-\bar{X}}{\hat{\sigma}_{\bar{x}}}=(56-50)/2=3$$

查t分布表得$t_{1-\alpha}=t_{0.99}=2.583$。因为$T>2.583$，所以拒绝原假设，即认为该公司应收账款的平均误差超过了50元。

2.两个总体平均数之差的假设检验

(1)两个正态总体，已知σ_1^2和σ_2^2。在假设检验中常常需要检验两个均值是否有显著差异。若已知$x_{11}, x_{12}, \cdots, x_{1n}$来自总体$N(\bar{X}_1, \sigma_1^2)$，$x_{21}, x_{22}, \cdots, x_{2n}$来自总体$N(\bar{X}_2, \sigma_2^2)$，则

$$Z=\frac{(\bar{x}_1-\bar{x}_2)-(\bar{X}_1-\bar{X}_2)}{\sqrt{\frac{\sigma_1^2}{n_1}+\frac{\sigma_2^2}{n_2}}} \sim N(0,1)$$

因此，要检验$\bar{X}_1$是否等于(大于或小于)$\bar{X}_2$，可建立如下假设：

$$H_0: \bar{X}_1=\bar{X}_2; \qquad H_1: \bar{X}_1 \neq \bar{X}_2$$

或

$$H_0: \bar{X}_1-\bar{X}_2=0; \ H_1: \bar{X}_1-\bar{X}_2 \neq 0$$

显然，这时应选用的检验统计量是：

$$Z=\frac{(\bar{x}_1-\bar{x}_2)-(\bar{X}_1-\bar{X}_2)}{\sqrt{\frac{\sigma_1^2}{n_1}+\frac{\sigma_2^2}{n_2}}}$$

【例5.16】 某车间装配一种小部件，可采用两种不同的生产工序，历史数据表明其装配时间服从正态分布，且根据过去的经验已知工序1装配时间的标准差为2 min，工序2装配时间的标准差为3 min。为了研究两种工序的装配时间是否有显著差异，各抽10个样品进行试验，结果为：$\bar{x}_1=5$ min，$\bar{x}_2=7$ min。试以$\alpha=0.05$进行显著性检验。

根据题意：

$$H_0: \bar{X}_1-\bar{X}_2=0; \ H_1: \bar{X}_1-\bar{X}_2 \neq 0$$

有

$$Z=\frac{(\bar{x}_1-\bar{x}_2)-(\bar{X}_1-\bar{X}_2)}{\sqrt{\frac{\sigma_1^2}{n_1}+\frac{\sigma_2^2}{n_2}}}=\frac{5-7-0}{\sqrt{\frac{4}{10}+\frac{9}{10}}}=-1.754$$

查正态分布表：$Z=t_{\alpha/2}=t_{0.05/2}=-1.96$，因为 $Z=-1.754>t_{\alpha/2}$，所以没有理由拒绝 H_0，即没有理由认为两种工序在装配时间之间有显著差异。

(2)任意两个总体，且未知总体方差。在这种情况下应采用大样本进行检验，统计量

$$U=\frac{(\bar{x}_1-\bar{x}_2)-(\bar{X}_1-\bar{X}_2)}{\sqrt{\frac{S_1^2}{n_1}+\frac{S_2^2}{n_2}}}$$

近似服从标准正态分布。

【例 5.17】 某公司为了了解两种药品在治疗成本方面的差异，对两种药品的服用者实施一项标准测验，测验结果如表 5.9 所示。

表 5.9　测验结果

药品 1	药品 2
$n_1=30$	$n_2=40$
$\bar{x}_1=82.5$	$\bar{x}_2=79$
$S_1=8$	$S_2=10$

试检验两种药品的治疗成本是否有显著差异。($\alpha=0.05$)

解：根据题意：

$$H_0:\bar{X}_1-\bar{X}_2=0;\ H_1:\bar{X}_1-\bar{X}_2\neq 0$$

检验统计量：

$$U=\frac{(\bar{x}_1-\bar{x}_2)-(\bar{X}_1-\bar{X}_2)}{\sqrt{\frac{S_1^2}{n_1}+\frac{S_2^2}{n_2}}}=\frac{82.5-79-0}{\sqrt{\frac{8^2}{30}+\frac{10^2}{40}}}=1.626$$

因为 $t_{1-\alpha/2}=t_{0.975}=1.96>1.626$，检验统计量落入接受域，所以没有理由拒绝原假设，也即由样本所显示的结果表明，这两种药品的治疗成本没有显著差异。

(二)总体成数(比例)的假设检验

1.单个总体成数(比例)的假设检验

为检验未知的总体成数 P 等于某一假设值，设 $H_0:P=P_0$；$H_1:P\neq P_0$（或 $H_1:P<P_0$，或 $H_1:P>P_0$）。当样本取自一个二项总体，且 $nP>5$，$n(1-p)>5$，则检验统计量 $Z=\frac{(p-P)}{\sigma_p}$ 逼近正态分布。当显著水平为α时，查正态分布表，如果 $Z\leqslant t_{\alpha/2}$，或 $Z\geqslant t_{1-\alpha/2}$（或 $Z\leqslant t_\alpha$，或 $Z\geqslant t_{1-\alpha}$），则拒绝原假设 H_0；反之接受原假设 H_0。

【例 5.18】 长城公司推出一种男女均宜的红酒，并认为这种红酒的消费者的性别比例应各为 50%。为证实这一看法，随机抽取了 100 名消费者进行了调查，结果是男性饮用者 55 人，女性饮用者 45 人。当 $\alpha=5\%$时，问该红酒消费者的性别比例相等的看法能否成立？

解：

根据题意：

$$H_0:P=0.5 \qquad H_1:P\neq 0.5$$

$$p=0.55$$

$$\sigma_p=\sqrt{\frac{P_0(1-P_0)}{n}}=\sqrt{\frac{0.5\times 0.5}{100}}=0.05$$

$$Z=\frac{(p-P)}{\sigma_p}=\frac{(0.55-0.5)}{0.05}=1$$

查正态分布表得，$t_{1-\alpha/2}=t_{0.975}=1.96$。因为 $Z<1.96$，所以接受原假设，即认为该红酒消

费者性别比例相等的看法能够成立。

2. 两个总体成数(比例)之差的假设检验

如果两个样本独立地抽自两个独立的总体,根据两个样本成数 p_1 和 p_2 就可以检验总体成数 P_1 和 P_2 是否相等。在两个样本都是大样本的前提下,有检验统计量

$$Z=\frac{(p_1-p_2)-(P_1-P_2)}{\sqrt{\frac{P_1(1-P_1)}{n_1}+\frac{P_2(1-P_2)}{n_2}}}\sim N(0,1)$$

【例5.19】 大洋保险公司认为,对于新出台的某一医疗险种,沿海地区人们的喜爱程度要高于内陆地区的人们。为了进一步证实这一判断,进行了一次抽样调查,了解两地喜爱该险种的人数比例,结果如表5.10所示。试以0.01的显著水平进行检验。

表5.10 两地对某险种喜爱程度的调查结果

沿海地区	内陆地区
$n_1=300$ $p_1=0.65$	$n_2=400$ $p_2=0.55$

解:根据题意

$$H_0:P_1-P_2\leqslant 0\quad H_1:P_1-P_2>0$$

$$\begin{aligned}Z&=\frac{(p_1-p_2)-(P_1-P_2)}{\sqrt{\frac{P_1(1-P_1)}{n_1}+\frac{P_2(1-P_2)}{n_2}}}\\&=\frac{0.65-0.55-0}{\sqrt{\frac{0.65\times 0.35}{300}+\frac{0.55\times 0.45}{400}}}\\&=2.695\end{aligned}$$

该检验为单尾检验(右尾),查表得,$t_\alpha=t_{0.01}=2.323<2.695$,即检验统计量落入了拒绝域,所以拒绝原假设,接受备择假设,即认为沿海地区消费者更偏好该险种。

本章小结

抽样推断是指按照随机原则,从总体中抽取一部分单位作为样本进行调查,根据样本数据,在一定可靠程度下推断总体的特征值。

抽样推断有以下特点:抽样推断是由部分推断整体的统计推断方法;抽样推断坚持随机抽样原则;抽样推断是运用概率估计方法,用样本指标来推断总体指标;抽样推断的误差可以事先计算和控制。

抽样推断的有关基本概念:总体和样本、总体指标和样本指标、重复抽样与不重复抽样、样本的可能数目、抽样组织方式等。

抽样误差是指样本指标与总体指标之差,即抽样估计值与被估计的未知的真实总体参数(总体指标)之差。抽样平均误差表明样本指标与总体指标的平均差异程度。影响因素有:样本容量的大小、总体的变异程度、抽样方法和抽样组织方式。要重点掌握抽样平均误差的计算公式,以及抽样平均误差、极限误差、概率保证程度的数量关系。

抽样推断有对总体指标进行推断,点估计就是用样本指标作为总体指标的估计值,区间估计是根据抽样平均误差、概率度计算出极限误差,从而得出估计区间。要熟练掌握区间估计的

公式和步骤。

必要的样本容量是指既能够满足抽样推断精确性和可靠性的要求，又不会造成过于浪费的样本单位数目。影响必要样本容量的因素主要有：总体中各单位标志变异的程度，允许的误差范围，要求的概率保证程度，抽样方法和抽样组织方式。要熟练掌握样本容量计算公式。

假设检验是以样本指标构造检验统计量来检验对总体参数所做的某种假设是否成立的一种统计推断方法，它是统计推断的另一个重要组成部分。它是通过比较样本特征值和假设的总体特征值，以确定是否有充分的把握支持假设的总体特征值。

实训材料

Excel 在抽样推断中的应用

一、利用 Excel 计算总体均值置信区间

1. 简介

利用 Excel 的几个函数，如求平均函数 AVERAGE、标准差函数 STDEV、t 分布函数等的组合使用可以构造一个专门用于实现样本推断总体的 Excel 工作表。以下例子先计算样本的平均数和标准差，然后在一定置信水平上估计总体均值的区间范围。

图 5.7 所示为实现样本推断总体的工作表。

	A	B
1		以样本均值推断总体均值的置信区间
2		
3	样本统计量	
4	样本个数	=COUNT(样本数据)
5	样本均值	=AVERAGE(样本数据)
6	样本标准差	=STDEV(样本数据)
7	用户输入	
8	置信水平	0.95
9	计算结果	
10	抽样标准误	='样本标准差'/SQRT('样本个数')
11	自由度	='样本个数'-1
12	t值	=TINV(1-'置信水平','自由度')
13	置信区间半径	='t值'*'抽样标准误'
14	置信区间上界	='样本均值'-'置信区间半径'
15	置信区间下界	='样本均值'+'置信区间半径'

图 5.7 实现样本推断总体的工作表

2. 操作步骤

某企业对所生产的一批电子元件进行耐用性能检查，抽取 8 个样本对其耐用小时进行检测，结果如下：

875 925 975 1 025 1 075 1 125 1 175 1 225

试以 95％的置信度估计这批灯泡的平均耐用小时。

(1)打开 Excel 工作簿，建立“均值”工作表，输入灯泡耐用小时数据，如图 5.8 所示。

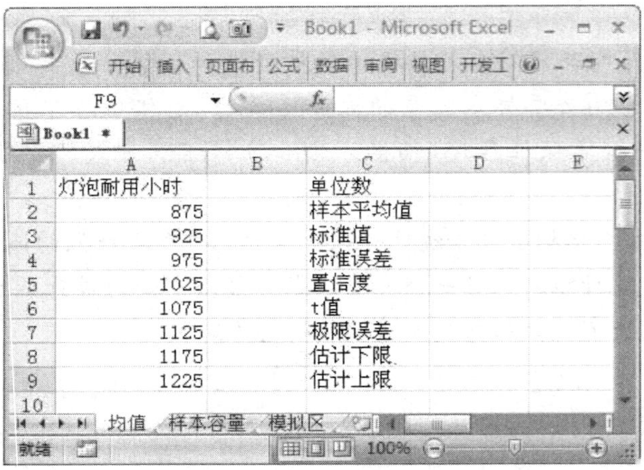

图 5.8 “均值”工作表

(2)选择单元格 D1,在“插入”菜单中选择“函数”选项,打开“插入函数”对话框,如图 5.9 所示。

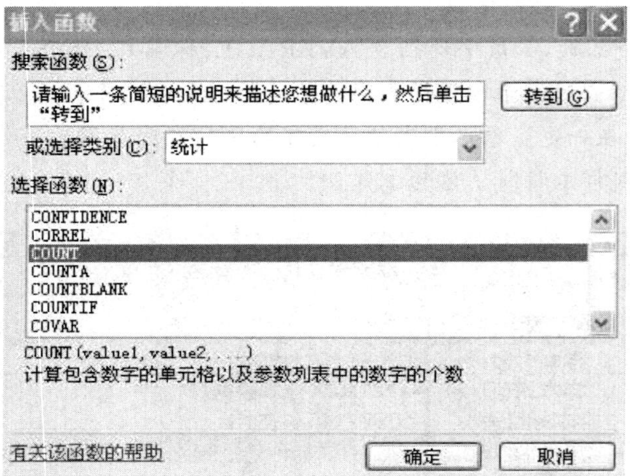

图 5.9 “插入函数”对话框

(3)在“或选择类别”列表中选择“统计”,在“选择函数”列表中选择计数函数 COUNT。单击“确定”按钮,打开“函数参数”对话框,如图 5.10 所示。

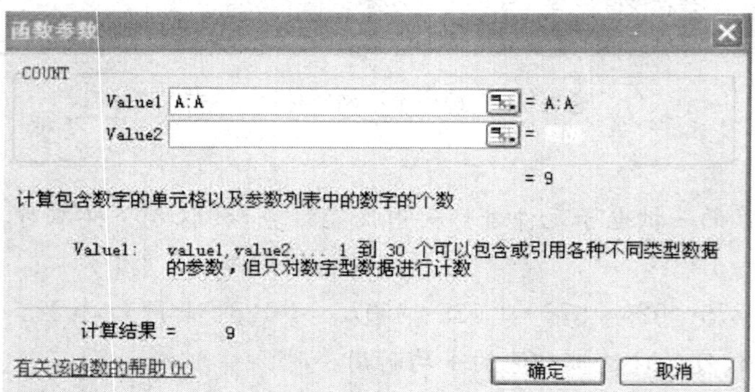

图 5.10 “函数参数”对话框 1

(4)在 Value1 中输入数据范围。单击 A 列列头,或输入“A:A”,这相当于选择整个列,包括标题和所有的空单元格。单击“确定”按钮。单元格 D1 中会显示结果为 9,即 A 列中数据的个数。

(5)在单元格 D2 中输入公式“=AVERAGE(A:A)”,计算 A 列的均值,显示值为 1 085。

在单元格 D3 中输入公式“=STDEV(A:A)”,计算 A 列的标准差,显示值为 155.402 7。

在单元格 D4 中输入公式 “=D3/SQRT(D1)”,计算标准误差,即标准差除以样本容量的算术平方根,D4 中显示 51.800 901。

在单元格 D5 中输入置信度 95%,注意加上百分号。

(6)在单元格 D6 中使用 TINV 函数计算在 95%置信度和自由度下的 t 值:选择单元格 D6,在“插入”菜单中选择“函数”选项,打开“插入函数”对话框。选择 TINV 函数。单击“确定”按钮,打开“函数参数”对话框,如图 5.11 所示。

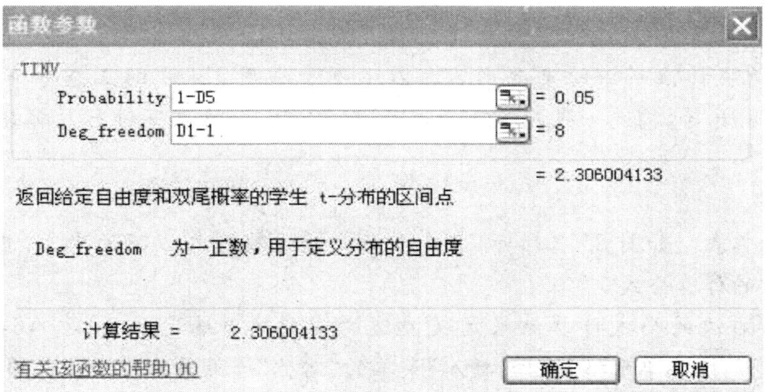

图 5.11 “函数参数”对话框

(7)在“Probability”中输入“1-D5”,所显示的值是 0.05。在“Deg_freedom”中输入自由度的表达式,即“D1-1”,所显示值是 8,单击“确定”按钮,单元格 D6 中显示值为 2.306 004 133。

(8)在单元格 D7 中输入计算抽样极限误差 Δ 的公式,它是 t 值和标准误差的乘积,公式为“=D6 * D4”,显示值为 119.453 091 6。

(9)在单元格 D8 和 D9 中输入计算置信区间上限和下限的公式,下限为样本均值减抽样极限误差,上限为样本均值加抽样极限误差。其公式分别为“=D2-D7”和“=D2+D7”,显示值为 965.546 908 4 和 1204.453 092。

这样,总体均值的 95%的置信区间为:

$$965.5469084 < \bar{x} < 1\,204.453\,092$$

总体均值区间估计结果如图 5.12 所示。

置信度越高,下限值越低,上限值越高,置信区间越宽;反之,置信度越低,置信区间越小。

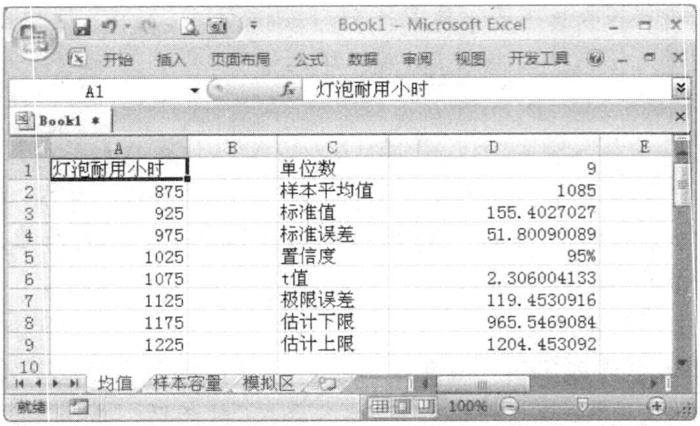

	A	B	C	D
1	灯泡耐用小时		单位数	9
2	875		样本平均值	1085
3	925		标准值	155.4027027
4	975		标准误差	51.80090089
5	1025		置信度	95%
6	1075		t值	2.306004133
7	1125		极限误差	119.4530916
8	1175		估计下限	965.5469084
9	1225		估计上限	1204.453092

图 5.12　估计结果

二、假设检验

1. 简介

假设检验是统计推断中的重要内容。以下例子利用 Excel 的正态分布函数 NORMSDIST、判断函数 IF 等,构造一张能够实现在总体方差已知情况下进行总体均值假设检验的 Excel 工作表。

2. 操作步骤

(1)构造工作表。如图 5.13 所示,首先在各个单元格输入以下的内容,其中左边是变量名,右边是相应的计算公式。

(2)为表格右边的公式计算结果定义左边的变量名。选定 A3:B4,A6:B8,A10:A11,A13:A15 和 A17:B19 单元格,选择“插入”菜单的“名称”子菜单的“指定”选项,单击“最左列”选项,然后单击“确定”按钮即可。

(3)输入样本数据,以及总体标准差、总体均值假设、置信水平数据,如图 5.14 所示。

(4)为样本数据命名。选定 C1:C11 单元格,选择“插入”菜单的“名称”子菜单的“指定”选项,单击“首行”选项,然后单击“确定”按钮,得到图 5.14 所示的计算结果。

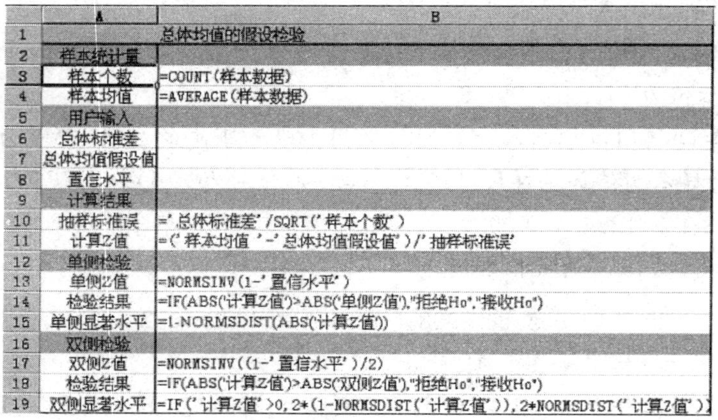

	A	B
1	总体均值的假设检验	
2	样本统计量	
3	样本个数	=COUNT(样本数据)
4	样本均值	=AVERAGE(样本数据)
5	用户输入	
6	总体标准差	
7	总体均值假设值	
8	置信水平	
9	计算结果	
10	抽样标准误	='总体标准差'/SQRT('样本个数')
11	计算Z值	=('样本均值'-'总体均值假设值')/'抽样标准误'
12	单侧检验	
13	单侧Z值	=NORMSINV(1-'置信水平')
14	检验结果	=IF(ABS('计算Z值')>ABS('单侧Z值'),"拒绝Ho","接收Ho")
15	单侧显著水平	=1-NORMSDIST(ABS('计算Z值'))
16	双侧检验	
17	双侧Z值	=NORMSINV((1-'置信水平')/2)
18	检验结果	=IF(ABS('计算Z值')>ABS('双侧Z值'),"拒绝Ho","接收Ho")
19	双侧显著水平	=IF('计算Z值'>0,2*(1-NORMSDIST('计算Z值')),2*NORMSDIST('计算Z值'))

图 5.13　构造总体均值假设检验的工作表

1	[illegible]		[illegible]
2	样本统计量		28.5
3	样本个数	10	26.4
4	样本均值	31.4	33.5
5	用户输入		34.3
6	总体标准差	5.56	35.9
7	总体均值假设值	35	29.6
8	置信水平	0.95	31.3
9	计算结果		31.1
10	抽样标准误	1.758226379	30.9
11	计算Z值	-2.047517909	32.5
12	单侧检验		
13	单侧Z值	-1.644853	
14	检验结果	拒绝Ho	
15	单侧显著水平	0.020303562	
16	双侧检验		
17	双侧Z值	-1.959961082	
18	检验结果	拒绝Ho	
19	双侧显著水平	0.040607125	

图 5.14　计算结果

3. 结果说明

如图 5.14 所示，该例子的检验结果不论是单侧还是双侧均为拒绝 H_0 假设。所以，根据样本的计算结果，在 5% 的显著水平之下，拒绝总体均值为 35 的假设。同时由单侧显著水平的计算结果还可以看出，在总体均值是 35 的假设之下，样本均值小于等于 31.4 的概率仅为 0.020 303 562。

练习题

一、单选题

1. 抽样推断的目的在于(　　)。

A. 对样本进行全面调查　　B. 了解样本的基本情况

C. 了解总体的基本情况　　D. 推断总体指标

2. 在重复抽样条件下纯随机抽样的平均误差取决于(　　)。

A. 样本单位数　　B. 总体方差

C. 抽样比例　　D. 样本单位数和总体方差

3. 根据重复抽样的资料，一年级优秀生比重为 10%，二年级为 20%，若抽样人数相等时，优秀生比重的抽样误差(　　)。

A. 一年级较大　　B. 二年级较大

C. 误差相同　　D. 无法判断

4. 用重复抽样的抽样平均误差公式计算不重复抽样的抽样平均误差结果将(　　)。

A. 高估误差　　B. 低估误差

C. 恰好相等　　D. 高估或低估

5. 在其他条件不变的情况下，如果允许误差缩小为原来的 1/2，则样本容量(　　)。

A. 扩大到原来的 2 倍　　B. 扩大到原来的 4 倍

C. 缩小到原来的1/4
D. 缩小到原来的1/2

6. 当总体单位不很多且差异较小时宜采用(　　)。
A. 整群抽样
B. 纯随机抽样
C. 分层抽样
D. 等距抽样

7. 在分层抽样中影响抽样平均误差的方差是(　　)。
A. 层间方差
B. 层内方差
C. 总方差
D. 允许误差

二、多选题

1. 抽样推断的特点有(　　)。
A. 建立在随机抽样原则基础上
B. 深入研究复杂的专门问题
C. 用样本指标来推断总体指标
D. 抽样误差可以事先计算
E. 抽样误差可以事先控制

2. 影响抽样误差的因素有(　　)。
A. 样本容量的大小
B. 是有限总体还是无限总体
C. 总体单位的标志变动度
D. 抽样方法
E. 抽样组织方式

3. 抽样方法根据取样的方式不同分为(　　)。
A. 重复抽样
B. 等距抽样
C. 整群抽样
D. 分层抽样
E. 不重复抽样

4. 抽样推断的优良标准是(　　)。
A. 无偏性
B. 同质性
C. 一致性
D. 随机性
E. 有效性

5. 影响必要样本容量的主要因素有(　　)。
A. 总体方差的大小
B. 抽样方法
C. 抽样组织方式
D. 允许误差范围大小
E. 要求的概率保证程度

6. 参数估计的三项基本要素是(　　)。
A. 估计值
B. 极限误差
C. 估计的优良标准
D. 概率保证程度
E. 显著性水平

7. 分层抽样中分层的原则是(　　)。
A. 尽量缩小层内方差
B. 尽量扩大层内方差
C. 尽量扩大层间方差
D. 尽量缩小层间方差
E. 便于样本单位的抽取

三、填空题

1. 抽样推断和全面调查结合运用,既实现了调查资料的________性,又保证了调查资料的________性。

2. 在其他条件不变的情况下，样本容量与抽样误差成________比；总体各单位的标志变动度与样本容量成________比。

3. 样本的可能数目既和总体的________、样本的________、抽样的________有关，也和抽样的________有关。

4. 必要样本容量是指满足既定的抽样效果和概率保证程度要求时，样本单位数量的________值。

5. 样本单位数受允许误差范围的制约，允许误差越小，则样本单位数需要的________，以重复抽样来说，其他条件不变时，允许误差缩小一半，则样本单位数必须增加到原来的________，而允许误差扩大一倍，则样本单位数只需要原来的________。

四、判断题

1. 对于同一总体，所有可能样本的平均数的平均数等于总体平均数。（　　）
2. 抽样调查既有登记误差，又有代表性误差，所以不如全面调查准确。（　　）
3. 抽样极限误差增大 1 倍，简单重复抽样中，样本容量减少 3/4。（　　）
4. 抽样单位数量增加到原来的 4 倍，随机重复抽样的平均误差减少到原来的 1/2。（　　）
5. 在抽样推断中，样本和样本指标是唯一确定的。（　　）
6. 抽样推断的可靠程度要求越高，估计的准确程度就越低。（　　）
7. 估计区间的大小既取决于概率保证程度，又取决于抽样平均误差。（　　）
8. 抽样平均误差可能大于实际抽样误差，也可能小于抽样实际误差。（　　）

五、名词解释

抽样误差　抽样极限误差　必要样本容量　等距抽样　假设检验

六、简答题

1. 简述抽样推断的特点。
2. 影响抽样误差的因素有哪些？
3. 简述抽样极限误差和可靠程度之间的关系。
4. 影响必要样本容量的因素有哪些？
5. 分层抽样和整群抽样相比各有什么特点？

七、计算题

1. 某乡有 10 000 户农民，随机不重复抽取 100 户，调查月收入资料如右表所示。

月收入分组/元	户数/户
300 以下	3
300～400	18
400～500	32
500～600	25
600～700	12
700～800	10
合计	100

试计算：

(1)以 95.45%的概率保证程度估计该乡农民的平均月收入的范围。

(2)以同样的概率估计月收入 600 元以上户数所占比重的范围。

2. 某砖瓦厂对所生产的砖的质量进行抽样检查，要求概率保证程度为 68.27%，抽样误差范围不超过 0.015，并知过去进行过几次同样的调查，产品的不合格率分别为 1.25%、1.83%、2%。要求：

(1)计算必要样本单位数。

(2)假定其他条件不变,允许误差扩大1倍,抽样单位数为多少?

3. 某食品厂生产果酱,标准规定每罐净重250 g,根据以往经验,标准差为3 g。现在该厂生产一批这种罐头,从中抽取100罐检验,其平均净重251 g,按规定显著性水平$\alpha=0.05$,这批罐头是否合乎标准?

4. 某公司经理希望估计一下其所在城市居民参加财产保险的比例,业务科长认为大约有80%的居民参加了财产保险。而统计工作人员随机调查了150户居民,了解到有70%的居民参加了财产保险,在$\alpha=0.05$情况下检验参加财产保险户为80%这个假设是否成立?

第六章　相关与回归

教学目标

理解和掌握相关关系的概念、函数关系与相关关系的区别和联系；掌握测定变量间相关关系密切程度的分析指标——相关系数的计算原理、方法及应用；掌握给具有相关关系的变量拟合回归方程的方法，能利用回归方程对现象的未来发展情况进行预测和估计，并对产生的误差进行分析，能熟练地掌握利用Excel进行相关分析和回归分析。

开篇案例

1947年，宝丽来公司创始人埃德文·兰德博士(Dr. Edwin Land)宣布，他们在研究即时显像的技术方面迈出了新的一步，这使得一分钟成像成为可能。紧接着，公司开始拓展用于大众摄影的业务。宝丽来的第一台相机和第一卷胶卷诞生于1949年。在那之后，他们不断地在化学、光学和电子学方面进行试验和发展，以生产具有更高品质、更高可靠性和更为便利的摄影系统。

宝丽来公司的另一项主要业务是为技术和工业提供产品，它致力于使即时显像技术在现代可视的通信环境下，成为日益增长的成像系统中的关键部分。为此，宝丽来公司推出了多种可进行即时显像的产品，以供专业摄影、工业、科学和医学之用。除此之外，公司还在磁学、太阳镜、工业偏振镜、化工、传统涂料和全息摄影的研制和生产力方面有自己的业务。

用于衡量摄影材料感光度的测光计，可以提供许多有关于胶片特性的信息，比如它的曝光时间范围。在宝丽来中心感光实验室中，科学家们把即时显像胶片置于一定的温度和湿度下，使之近似于消费者购买后的保存条件，然后再对其进行系统地抽样检验和分析。他们选择专业彩色摄影胶卷，抽取了分别已保存1～13个月不等的胶卷，以便研究它们保存时间和感光速率之间的联系、数据显示，感光速率随保存时间的延长而下降，它们之间相应变动的关系可用一条直线或线性关系近似表示出。

运用回归分析，宝丽来公司建立起一个方程式，它能反映出胶卷保存时间长短对感光速率的影响。

$$y=-19.8-7.6x$$

式中：y 为胶卷感光率的变动；x 为胶卷保存时间（月）。

从这一方程式可以看出，胶卷的感光速率平均每月下降 7.6 个单位。通过此分析得到的信息，有助于宝丽来公司把消费者的购买和使用结合起来考虑，调整生产，提供顾客需要的胶卷。

第一节　相关分析的一般问题

一、相关关系的概念

客观现象总是普遍联系和相互依存的，现象之间在数量上的依存关系通常有两种类型，即函数关系和相关关系。

(一)函数关系

函数关系是指变量之间客观存在确定性的数量对应关系(因果关系)。在函数关系中，当一个或几个变量取一定值时，与其相对应的另一个变量的值也随之确定。这种关系可以用数学函数式反映出来。

例如，圆的面积与半径的关系可表示为：$s=\pi r^2$。

(二)相关关系

相关关系是指变量之间客观存在非确定性的数量对应关系(因果关系)。在相关关系中，当一个或几个变量取一定值时，与其相对应的另一个变量的值不完全确定，而是有多个值与其对应，且这些值围绕着一个均值上下浮动。如：对于一名成年男性，身高 1.7 m，体重有若干值与之对应；而体重 70 kg，身高又有若干值与之对应。由此，学习成绩与学习时间的关系、消费支出与收入的关系等都是相关关系。

在社会经济活动过程中，这种相关关系是大量存在的。如提高劳动生产率会使成本降低、提高劳动生产率会使利润增加、粮食的亩产量与施肥量之间等也存在着关联。因此，相关关系是一种不完全确定的随机关系，在相关关系的情况下，因素变量的每个数值都可能有若干个结果变量的数值与之对应。相关关系是一种不完全的依存关系。

现象之间之所以会存在这种不完全的依存关系，是因为除了被分析的影响因素外，还有诸多其他的因素在发挥着作用。如学习成绩的高低除了受学习时间长短的影响外，还要受到学习效率、学习态度、基础、智力等因素的影响；粮食的亩产量的高低除了受施肥量的影响外，还要受到种子的质量、气候条件、土壤、耕作方法等因素的影响。

(三)相关关系与函数关系的区别与联系

相关关系与函数关系的不同之处表现在：

(1)函数关系指变量之间的关系是确定的；而相关关系的两变量的关系则是不确定的，而是随机的。

(2)函数关系变量之间的依存可以用一定的方程 $y=f(x)$表现出来，可以给定自变量来推算因变量；而相关关系条件下，给定自变量时因变量的取值具有随机性。函数关系是相关关系的特例，即函数关系是完全的相关关系，相关关系是不完全的相关关系。

函数关系与相关关系虽然有明显的区别，但两者之间并不存在不可逾越的界限。由于存在测算误差等原因，函数关系在实际中往往通过相关关系表现出来。而在研究相关关系时，为了找到现象间数量关系的内在联系和表现形式，又常常需要借助于函数关系的形式加以描述。

因此，相关关系是相关分析的研究对象，函数关系是相关分析的借助工具。

二、相关分析的内容

从狭义的角度来看，相关分析以现象之间是否相关、相关的方向和密切程度等为主要研究内容，它不区分自变量与因变量，因为 x 与 y 是否相关和 y 与 x 是否相关是同一个问题；另外，狭义的相关分析对各变量的构成形式（关系的表现形态）也不关心。

从广义的角度来看，相关分析就是研究两个或两个以上变量之间相关方向和相关密切程度大小以及用一定函数来表达现象相互关系的方法。也就是说，广义的相关分析除了包括对现象间数量关系的密切程度的测定外，还包括具体的相关形式的分析，即回归分析。

三、相关关系的种类

（一）按相关的因素多少可分为单相关和复相关。

所谓单相关（又称一元相关），是指两个变量之间的相关关系，即因素变量只有一个，研究一个自变量与一个因变量之间的相关关系。

复相关（又称多元相关），是指三个或三个以上变量之间的相关关系。即因素变量不止一个，有两个或两个以上，研究一个因变量与多个自变量之间的相关关系。

（二）按相关的表现形式可分为线性相关和非线性相关

线性相关（又称直线相关）是指如果自变量数值发生变动，因变量数值随之发生大致均等的变动，从平面图上观察其各点的分布近似地表现为一直线，这种相关关系就为直线相关（也称线性相关）。

非线性相关（又称曲线相关）是指如果自变量发生变动，因变量数值也随之发生变动，但这种变动不是沿着一个方向发生均等变动，从图形上看，其分布表现为各种不同的曲线形式，这种相关关系称为曲线相关。

（三）按相关的方向可分为正相关和负相关

正相关是指当自变量 x 数值增加（或减少）时，因变量 y 的数值也将随之相应的增加（或减少），即因变量和自变量的变动方向是一致的，这种相关关系称为正相关。例如，消费收入越多，则消费支出也增加；儿童数量增加，玩具的销售量也会增加等。

负相关：当自变量 x 的数值增加（或减少），因变量 y 的数值随之减少（或增加），即自变量与因变量的变动方向是相反的，这种相关关系称为负相关。例如，劳动生产率提高，产品成本降低；商品价格降低，销售量增加等。

（四）按相关的程度可分为完全相关、不完全相关和不相关

完全相关是指两个变量之间，当自变量改变一定量时，因变量的改变量是一个确定的量，则这两个变量间的关系称为完全相关，此种关系实际上就是函数关系。如前面提到的圆的面积与半径之间的关系、商品销售额与价格、销售量的关系等都是完全相关关系。

不相关是指当变量之间没有任何关系，而是各自独立，互不影响，则称为不相关（零相关）。如一年中天气晴好所占的比率与学生们的学习成绩之间没有关系；再如学生的学习成绩与学生的身高也没有关系等这些现象之间就不相关。

不完全相关是指若变量之间的关系介于完全相关与不相关之间,则称为不完全相关。不完全相关是相关分析的主要对象,也就是一般意义上所讲的相关关系。

第二节　定性数据的相关分析

我们在实际中搜集到的数据有许多是定性数据。对于定性数据进行相关分析,主要采用交互列表法、χ^2 检验法、品质相关系数和等级相关系数进行分析。分析定量数据层次差异等方面的特性时,也需使用这些方法。

一、交互列表分析法

(一) 交互列表分析法的含义

交互列表分析法是以交互列表(也称为列联表) 为工具,同时将两个或两个以上具有有限类目和确定值的变量按照一定顺序对应排列在一张表中,从中分析变量之间的相关关系。

在交互列表分析中,我们习惯将定性数据所反映的变量称为项目,如性别、年龄组等,项目中的不同类别为类目,如性别中的男、女,年龄中的老年、中年、青年、少年、幼年等。项目和类目是交互列表分析中的常用术语。

交互列表分析技术、χ^2 检验分析技术、品质相关系数分析技术的组合称为列联表分析法。其中,交互列表分析技术可以作为一门单独的分析技术存在。

(二)交互列表的编制

将一组数据按照两个不同变量的类型进行综合分类,可称为交互分类。交互分类的结果通常以交互列表的形式表现出来。交互列表的编制过程如下:首先,确定分类的变量即项目;其次,对每个项目进行分类,得到各项目的类目;最后,将不同项目的类目分别排列在一张表格的横行和纵列上,并将纵横交叉点上的分布频数填写出来,就形成了交互列表。

【例 6.1】　中央电视台在北京、上海、重庆三地抽取了一个样本容量为 240 人的样本,调查观众对某部电视剧的态度,结果如表 6.1 所示。

表 6.1　三城市观众对某部电视剧的态度频数分布表

城市 态度	北京	上海	重庆	合计
喜欢	40	30	20	90
一般	20	30	30	80
不喜欢	40	20	10	70
合计	100	80	60	240

表 6.1 就是一张交互列表。该表涉及两个定性变量,即城市和态度。其中城市又分为北京、上海、重庆三个类目,态度也分为喜欢、一般和不喜欢三个类目。在编制交互列表时,由于分析研究的具体任务和目的不同,对不同变量进行分类的类目数也不同。一般说来,如果在某一交互列表中,横向变量划分为 r 个类别,纵向变量划分为 c 个类别,则可以把该表称为 χ^2 交互列表。

交互列表中,行频数合计(如表 6.1 中的 90、80、70)称为行边缘频数,列频数合计(如

表 6.1中的 100、80、60)称为列边缘频数,一般常把它们定义为 $H_i(i=1,2,\cdots,r)$ 和 $L_j(j=1,2,\cdots,c)$。这样,交互列表表现的就是在变量 X 条件下变量 Y 的分布,或变量 Y 条件下变量 X 的分布,因此也可以把交互列表中的频数分布称为条件分布。每个具体的频数就是条件频数,记为 $f_{ij}(i=1,2,\cdots,r;j=1,2,\cdots,c)$,它们满足 $\sum_{i=1}^{r}\sum_{j=1}^{c}f_{ij}=n$,即所有条件频数之和等于样本容量。以表 6.1 的资料为例,其中北京市喜欢某电视剧的观众为 40 人,这里 40 就是一个条件频数。所有的条件频数的合计等于 240,正好等于样本容量。

需要注意的是,虽然条件频数反映了变量的分布,但有时并不适合于据之直接进行对比分析。如本例中,北京、上海、重庆喜欢某电视剧的观众人数分别为 40、30 和 20 人,但我们并不能就此认为北京市全部人口中喜欢某电视剧的人数一定多于上海和重庆市。其原因在于三个城市中接受调查的观众人数不同,北京接受调查的人数最多,上海其次,重庆最少;对比的基数不同,因此不能直接用条件频数进行对比。

为解决这一问题和更深入地分析问题,可以根据表中的频数资料计算频率资料。频率有行频率、列频率和总频率之分。其定义分别如下:

行频率: $$H_i=\frac{f_{ij}}{\sum_{j=1}^{c}f_{ij}}(i=1,2,\cdots,r)$$

列频率: $$L_j=\frac{f_{ij}}{\sum_{i=1}^{r}f_{ij}}(j=1,2,\cdots,c)$$

总频率: $$P_{ij}=\frac{f_{ij}}{\sum_{i=1}^{r}\sum_{j=1}^{c}f_{ij}}(i=1,2,\cdots,r;j=1,2,\cdots,c)$$

根据表 6.1 的资料,运用上述关于各频率的定义,可以编制频率分布表,编制结果如表 6.2所示。

表 6.2 三城市观众对某部电视剧态度的频率分布表

城市 态度	北京	上海	重庆	合计
喜欢	40	30	20	90
$H_{ij}/\%$	44.4	33.3	22.2	100
$L_{ij}/\%$	40	37.5	33.3	110.8
$P_{ij}/\%$	16.7	12.5	8.3	37.5
一般	20	30	30	80
$H_{ij}/\%$	25	37.5	37.5	100
$L_{ij}/\%$	20	37.5	50	117.5
$P_{ij}/\%$	8.3	12.5	12.5	33.3
不喜欢	40	20	10	70
$H_{ij}/\%$	57.1	28.6	14.3	100
$L_{ij}/\%$	40	25	16.7	81.7
$P_{ij}/\%$	16.7	8.3	4.2	29.2

续表

态度＼城市	北京	上海	重庆	合计
合计	100	80	60	240
	41.7	33.3	25	100

表6.2是交互列表的频率分布综合表形式。根据需要,可以将频率分布综合表分解为行频率分布表、列频率分布表和总频率分布表。如可根据表6.2分解得到三城市观众对某电视剧态度的行频率分布表,见表6.3。

表6.3　三城市观众对某部电视剧态度的行频率分布表

态度＼城市	北京	上海	重庆	合计
喜欢/%	44.4	33.3	22.2	100
一般/%	25.0	37.5	37.5	100
不喜欢/%	57.1	28.6	14.3	100
样本量/人	100	80	60	240

这里需要注意,表6.3这一行频率分布表中各行之和等于100%,即表明的是持“喜欢”态度的城市分布结构;但各列之和不等于100%,因为它们相对的分母是不同的,因此各列所表现的不是一个城市的态度结构,如果要反映这一问题需要编制列频率分布表。

另外需要说明的是,如果某一变量的类目与抽样框有关,且每一类目下抽取的样本容量不等,则不论运用何种频率分布表进行分析,都需要消除样本容量不等这一因素的影响。如上例中的城市变量下三个类目与抽样框有关,且每个类目中抽取的观众人数不等,此时要分析比较不同城市间观众对某部电视剧持有某种态度的差异,就不能运用行频率分布表直接分析。这时需要先将行频率除以相应的样本量,得到标准化的行频率,以消除样本不同的影响,然后再进行分析比较。标准化的行频率表见表6.4所示。

表6.4　三城市观众对某电视剧态度的标准行频率分布表

态度＼城市	北京	上海	重庆
喜欢/%	44	41	37
一般/%	25	47	62.5
不喜欢/%	57	36	23.8

(三)交互列表分析法的作用

表6.4清晰地表明了北京、上海、重庆对某电视剧的态度差别。交互列表分析法简便易行,应用广泛。此外,该方法在处理有关调查数据、分析复杂现象或事物之间的联系、解释有关调查研究结果等方面还有着特殊的作用。

二、χ^2 检验分析

交互列表分析不需要复杂的计算,简便易行。但是,该方法的一个重要缺陷是它的结论不具有统计意义。其原因在于,交互列表分析的结论通常只在所调查的样本范围内成立,并不能代表总体也一定具有相同的结论,而在实际进行研究时常常需要据以说明总体的情况。为保证从样本中得出的结论具有统计意义,证明样本中所体现的变量之间的关系在总体中同样成立,就需要对交互列表中变量之间的相关关系进行检验,通常运用 χ^2 统计量进行 χ^2 检验。

(一) χ^2 统计量

χ^2 统计量是进行 χ^2 检验时必须计算的样本信息，常用于交互列表中变量之间是否相关的检验，尤其适用于两个定类变量之间是否相关的检验。χ^2 统计量的计算公式如下：

$$\chi^2 = \sum \frac{(f_0 - f_e)^2}{f_e}$$

式中：f_0为交互列表中每一个结点(交叉点)上的观察频数；f_e为交互列表中每一个结点上对应的期望频数。

计算 χ^2 统计量关键是要计算出每一个结点上的期望频数 f_e。期望频数可以定义如下：

$$f_e = \frac{h_i l_j}{n} (i = 1,2,\cdots,r; j = 1,2,\cdots,c)$$

式中：h_i为交互列表中的行边缘频数；l_j为交互列表中的列边缘频数；n 为样本量。

【例 6.2】 以表 6.1 的资料为例：

$$f_{e.11} = \frac{h_1 l_1}{n} = \frac{90 \times 100}{240} = 38$$

$$f_{e.12} = \frac{h_1 l_2}{n} = \frac{90 \times 80}{240} = 30$$

$$f_{e.13} = \frac{h_1 l_3}{n} = \frac{90 \times 60}{240} = 22$$

$$\cdots$$

$$f_{e.33} = \frac{h_3 l_3}{n} = \frac{70 \times 60}{240} = 18$$

期望频数的综合结果如表 6.5 所示。

表 6.5 三城市观众对某电视剧态度的期望频数分布表

态度 \ 城市	北京	上海	重庆	合计
喜欢	38	30	22	90
无所谓	33	27	20	80
不喜欢	29	23	18	70
合计	100	80	60	240

根据表 6.5 和表 6.1 的资料，可以计算 χ^2 统计量。计算过程如表 6.6 所示。

表 6.6 χ^2 统计量计算表

f_0	f_e	$f_0 - f_e$	$(f_0 - f_e)^2$	$\frac{(f_0 - f_e)^2}{f_e}$	$\chi^2 = \sum \frac{(f_0 - f_e)^2}{f_e}$
40	38	2	4	0.11	
30	30	0	0	0	
20	22	−2	4	0.18	14.01
20	33	−3	9	0.27	
30	27	3	9	0.33	
30	20	10	100	5	
40	29	11	121	4.17	
20	23	−3	9	0.39	
10	18	−8	64	3.56	

(二) χ^2 检验步骤

我们以表 6.1 的资料为例，说明 χ^2 检验的步骤。

第一步，建立两变量间无关系的假设。在本例中，假设观众对某电视剧所持态度与观众所在城市这两个变量间相互独立，互不相关。即：

H_0：观众所持态度与所在城市独立(即两变量不相关)

H_1：观众所持态度与所在城市不独立(即两变量相关)

第二步，计算 χ^2 统计量。本例的计算结果为 $\chi^2=\sum\frac{(f_0-f_e)^2}{f_e}=14.01$。

第三步，根据自由度和规定的显著性水平(一般取 $\alpha=0.05$ 或 0.01，本例中取 $\alpha=0.05$)，查 χ^2 分布表，得临界值。

在 χ^2 独立性检验中，χ^2 统计量的自由度的确定公式为：$df=(r-1)\times(c-1)$。对于本例来说，$df=(3-1)\times(3-1)$，查表结果为 $\chi^2_{0.05(4)}=9.448$。

第四步，决策：根据 χ^2 检验的基本原理，若 $\chi^2>\chi^2_\alpha$，则拒绝原假设；若 $\chi^2<\chi^2_\alpha$，则不能拒绝原假设。本例中，由于 14.01>9.448，因此拒绝原假设，即认为观众对某部电视剧所持态度与所在城市相关。

三、品质相关系数

χ^2 检验研究了两个变量之间是否存在相关关系的问题，接下来的问题是，两个变量之间的相关关系是强还是弱？χ^2 检验本身不能回答这个问题。需要用衡量变量间相关程度强弱的指标即相关系数来解决这一问题。测定定性变量之间相关程度的相关系数是品质相关系数。常用的品质相关系数有 ϕ 系数、c 系数、v 系数和 λ 系数。

(一) ϕ 系数

ϕ 系数也称为 ϕ 相关系数，它是一种主要用于描述 2×2 交互列表中各定类变量之间相关程度的指标。ϕ 系数的计算公式为

$$\phi=\frac{ad-bc}{\sqrt{(a+b)(c+d)(a+c)(b+d)}}$$

式中：a、b、c、d 为 2×2 交互列表中 4 个结点上的条件频数。

$|\phi|$ 的取值范围为 0～1。$|\phi|=0$ 时，表明变量之间相互独立；$|\phi|=1$ 时，表明两变量之间完全相关；$|\phi|$ 的取值越接近于 1，变量之间的相关程度越高。

需要指出的是，由于交互列表中变量的位置可以任意互换，因此 ϕ 的符号没有实际意义。

【例 6.3】 从某种疾病的患者中随机抽取 200 人，其中男性 150 人，女性 50 人，研究某新型药物的疗效。调查结果整理如表 6.7 所示。

表 6.7 患者性别与药物疗效的频数分布表

疗效 性别	男性/人	女性/人	合计
有疗效	120	15	135
无疗效	30	35	65
合计	150	50	200

解:根据表 6.7 资料计算 ϕ 系数的结果为:

$$\phi = \frac{120\times 35-30\times 15}{\sqrt{(120+15)(30+35)(120+30)(15+35)}}=0.46$$

结果表明,患者性别与药物疗效之间存在着较弱的相关关系。

如果 $r\times c$ 双变量交互列表中任意一个变量所划分的类目数大于 2,则 ϕ 系数可按下式计算:

$$\phi=\sqrt{\frac{\chi^2}{n}}$$

以表 6.1 资料为例,观众所在城市与对电视剧态度之间的 ϕ 相关系数为 $\phi=\sqrt{\frac{14.01}{240}}=0.24$,表明观众所在城市与对某电视剧的态度之间虽然存在相关关系,但相关程度很弱。

(二) c 系数

c 系数也称为列联相关系数,主要用于大于 2×2 的交互列表情况下变量之间相关程度的测定。它是 ϕ 系数的一种改进形式。之所以要对 ϕ 系数进行改进,是因为它随 $r\times c$ 交互列表中 r 和 c 的增加而增大,因此 ϕ 相关系数没有上限,从而系数之间缺乏可比性。c 系数的计算公式为:

$$c=\sqrt{\frac{\chi^2}{\chi^2+n}}$$

与 ϕ 相关系数不同,c 系数是有上限的,它不可能大于 1。但 c 系数也有局限性,它可能的最大值依赖于交互列表中的行数和列数,且随行数和列数的增加而增大。因此根据不同行数和列数计算出来的 c 系数也不能直接进行比较,除非两个交互列表的行数和列数相同。c 系数计算简便,对总体的分布没有任何特殊要求,因此在实践中得到广泛应用。

(三) v 系数

v 系数又称 v 相关系数,其计算公式为:

$$v=\sqrt{\frac{\phi^2}{\min[(r-1),(c-1)]}}$$

由该公式可以看出,要计算 v 相关系数,首先必须计算出 ϕ 相关系数的平方。v 系数的取值范围为 0～1。当 $v=0$ 时表示两个变量之间相互独立,$v=1$ 时表示两个变量完全相关。如果交互列表中的某个变量只划分为两个类目,即 $\min[(r-1)(c-1)]=1$,则 v 相关系数的值等于 ϕ 相关系数的值。

(四) λ 系数

λ 系数是一种具有消减误差比例意义的相关统计量。其计算公式为:

$$\lambda=\frac{\text{每列最高频数之和}-\text{行总计中最高频数}}{\text{样本量}-\text{行总计中最高频数}}$$

以表 6.7 的资料为例:

$$\lambda=\frac{120+35-135}{200-135}=0.31$$

这一计算结果的含义为:用患者性别的差异来解释药物对患者疗效的不同,可以减少预测误差的 31%。

四、等级相关系数

以上我们研究了定类变量的相关关系的测定问题。而在现实生活中,还有大量的现象是只能以等级排列描述的。对于这些定序变量,人们常用等级相关系数来描述两个定序变量或等级序列之间的相关程度。在等级相关系数中,尤以斯皮尔曼(Spearman)等级相关系数的运用最为普遍。

斯皮尔曼等级相关系数的计算公式如下:

$$r_s = 1 - \frac{6\sum d_i^2}{n(n^2-1)}$$

式中:n 为划分的等级数;d_i 为两个等级序列中第 σ_{xy}^2 个等级上的等级级数之差。

r_s 的取值范围为$-1\sim1$。如果 $|r_s|=1$,表明两个定序变量之间完全相关;r_s 的符号为负,表明两个定序变量之间负相关;符号为正,表明两个定序变量之间为正相关;r_s 为0,表明两个定序变量之间完全不相关。

斯皮尔曼等级相关系数的计算过程一般为:

(1)对所取得的相关数据资料进行排序。

(2)计算斯皮尔曼等级相关系数。

(3)对计算结果进行显著性检验。

【例6.4】 某社科院对10种不同职业在人们心目中的社会地位和收入水平进行研究,调查结果排列如表6.8所示。

表6.8　10种职业在人们心目中的社会地位和收入水平等级排序表

职业编号	1	2	3	4	5	6	7	8	9	10
社会地位等级	1	2	4	7	3	5	8	10	9	6
收入水平等级	1	2	5	6	4	8	9	7	3	10

试计算等级相关系数,说明这10种职业在人们心目中的社会地位和收入水平之间的相关性。

解:将表6.8的数据资料列表进行计算,如表6.9所示。

表6.9　社会地位与收入水平的等级相关系数计算表

职业编号	1	2	3	4	5	6	7	8	9	10	合计
社会地位等级 x	1	2	4	7	3	5	8	10	9	6	—
收入水平等级 y	1	2	5	6	4	8	9	7	3	10	—
等级差 $d=x-y$	0	0	−1	1	−1	−3	−1	3	6	−4	—
d^2	0	0	1	1	1	9	1	9	36	16	74

将表6.9中的等级差平方和代入等级相关系数计算公式得:

$$r_s = 1 - \frac{6\sum {d_i}^2}{n(n^2-1)} = 1 - \frac{6\times74}{10(10^2-1)} = 0.55$$

计算结果表明,10种职业在人们心目中的社会地位与其收入水平之间存在着中等程度的相关关系，职业在人们心目中的社会地位越高，收入水平也越高。

需要注意的是，以上计算的等级相关系数 r_s 只是就样本而言计算出来的，它所表明的职业在人们心目中的社会地位与收入水平之间的相关关系是否在总体范围内同样显著地存在，或者说，样本的等级相关系数 r_s 能不能代表总体的相关系数 R_s，需要通过对 r_s 的显著性检验才能确定。

数理统计已经证明，当 $n \geqslant 10$ 时，r_s 的抽样分布近似为正态分布，有具有标准差 $\dfrac{1}{\sqrt{n-1}}$。下面以上例中的资料为例，说明对 r_s 进行显著性检验的具体步骤：

第一步，提出假设：

$H_0: R_s = 0$ 即认为总体中职业在人们心目中的社会地位与收入水平不相关。

$H_1: R_s \neq 0$ 即认为总体中职业在人们心目中的社会地位与收入水平相关。

第二步，给定检验的显著性水平，通常取 $\alpha = 0.05$ 或 0.01，本例中取 $\alpha = 0.05$。

第三步，建立检验统计量并计算。对样本的等级相关系数进行显著性检验所采用的统计量为：

$$Z = \frac{r_S}{\dfrac{1}{\sqrt{n-1}}}$$

本例中：

$$Z = \frac{0.55}{\dfrac{1}{\sqrt{10-1}}} = 1.65$$

第四步，决策。在给定显著性水平 $\alpha = 0.05$ 下，查正态分布表得 $Z_{\alpha/2} = Z_{0.025} = 1.96$。通过比较，$|Z| < Z_{\alpha/2}$，所以接受原假设，即认为上例中计算出来的 10 种职业在人们心目中的社会地位和收入水平之间的等级相关系数 r_s 在 0.05 的显著性水平下不显著。换句话说，在 95%的可靠程度下，不能认为总体中职业的社会地位和收入水平之间存在显著的相关关系。

第三节　定量数据的相关分析

由于现象之间的相关关系比较复杂，测定相关关系之前，一般在定性分析基础上还要利用编制相关表、绘制相关图粗略地判断现象之间的相关程度和相关形态，然后，再通过计算相关系数详细地判断现象之间的相关关系密切程度。

一、相关表和相关图

（一）编制相关表

相关表就是根据所掌握的有关变量一定数量的原始对应资料编制的统计表。该表可以清晰地表明变量之间的关系。相关表有简单相关表和分组相关表，分组相关表又可分为单变量分组相关表和双变量分组相关表。

1. 简单相关表

简单相关表是资料未经分组，只将自变量的变量值按大小顺序排列，并配合其对应的因变量的变量值所形成的表。如取 16 个企业的销售收入和销售利润资料，依据专业知识和实际经验，经过定性分析判断产品销售额与利润总额有相关关系，于是可编成简单相关表如表 6.10 所示。

表 6.10　某地区 16 个企业的销售收入和销售利润资料

企业编号	销售收入/万元 x	销售利润/万元 y	企业编号	销售收入/万元 x	销售利润/万元 y
1	5	0.6	9	20	2.5
2	5	0.8	10	20	2.5
3	5	1.0	11	25	2.5
4	10	1.0	12	25	2.6
5	12	1.1	13	25	2.7
6	12	1.3	14	28	2.8
7	15	1.8	15	30	3.0
8	15	2.2	16	30	3.2

从表 6.10 可以看出，销售收入与销售利润有同步增长的趋势，两变量存在着正相关关系。简单相关表的应用条件是总体单位数是比较少的资料。

2. 分组相关表

(1)单变量分组相关表，是对因素变量即自变量分组并计算次数，而对应的结果变量即因变量不分组而只计算平均值。如上例资料，可编制单变量分组相关表见表 6.11。

表 6.11　某地区 16 个企业的销售收入和销售利润资料

按销售收入分组	企业数	平均销售利润	按销售收入分组	企业数	平均销售利润
5	3	0.8	20	2	2.5
10	1	1.0	25	3	2.6
12	2	1.2	28	1	2.8
15	2	2.0	30	2	3.1

单变量分组相关可将简单相关表的资料简化，更清晰地反映出两个变量之间的相关关系。从表 6.11 中可以看到销售收入和销售利润之间存在着正相关的直线趋势。

(2)双变量分组相关表，是对自变量和因变量都进行分组而制成的相关表，又称为棋盘式相关表。其编制程序是：首先，分别确定自变量和因变量的分组数；其次，按两个变量的组数设计棋盘型表格；最后，计算各组次数置于相对应的方格中。如上例资料，可编制双变量分组相关表见表 6.12。

表 6.12　某地区 16 个企业的销售收入和销售利润资料　　单位：万元

按销售利润分组	按销售收入分组								
	5	10	12	15	20	25	28	30	合计
3.0 以上(含 3.0)								2	2
2.5～3.0(含 2.5)					2	3	1		6
2.0～2.5(含 2.0)				1					1
1.5～2.0(含 1.5)				1					1
1.0～1.5(含 1.0)		1	2						4
1.0 以下	3								2
合计	3	1	2	2	2	3	1	2	16

编制双变量分组相关表，要把自变量置于横行，其变量值从小到大自左至右排列；因变量置于纵栏，其变量值从大到小自上而下排列。这样排列，可使相关表与相关图取得一致形式，能直观地看出变量之间相关的方向。

3.相关表的作用

(1)相关表是绘制相关图的基础。

(2)相关表是相关分析进行各种计算的依据。

(二)绘制相关图

相关图又称散布图或散点图，它是利用直角坐标第一象限，以横轴表示自变量(x)，纵轴表示因变量(y)，将两个变量相对应的变量值用坐标点描绘出来，以表明相关点分布状况的统计图形。通过相关图，可以大致看出两个变量之间有无相关关系，及相关的形态、方向和密切程度。其判断方法如下：

(1)强正相关。当变量 x 的数值增大时，变量 y 的数值也明显增大，相关点的分布集中呈直线形状，说明这两个变量间是强正相关，如图 6.1 所示。

(2)弱正相关。当变量 x 的值增大时，变量 y 的值也增大，但其相关点的分布比较分散，这表明两个变量间是弱正相关，如图 6.2 所示。

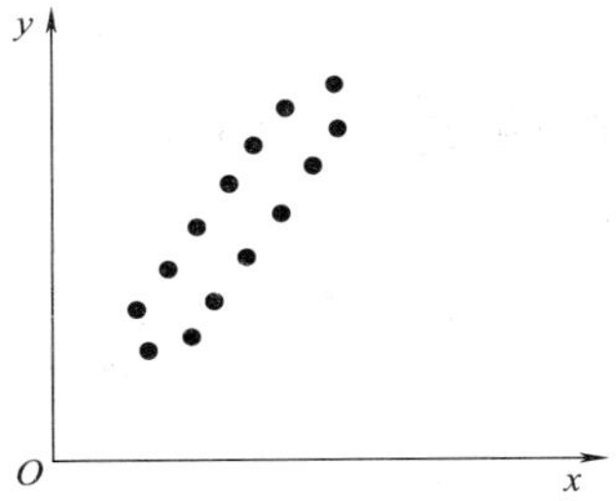

图 6.1　强正相关

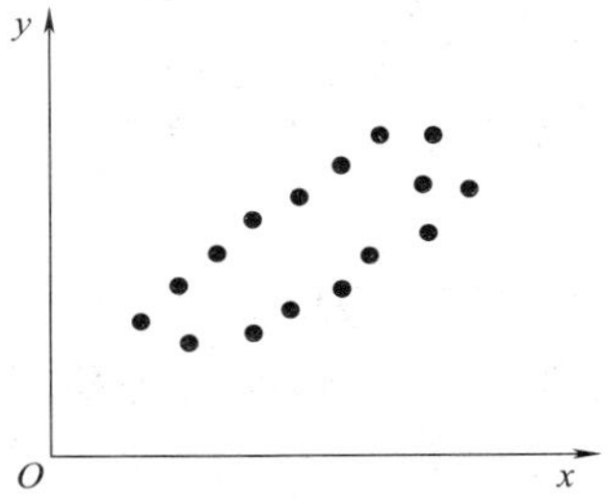

图 6.2　弱正相关

(3)强负相关。若变量 x 的数值增大时，变量 y 的数值显著减少，相关点的分布集中呈直线状，这说明两个变量间是强负相关，如图 6.3 所示。

(4)弱负相关。若变量 x 的数值增大时，变量 y 的数值趋于下降，但相关点的分布较松散，这说明两个变量间是弱负相关，如图 6.4 所示。

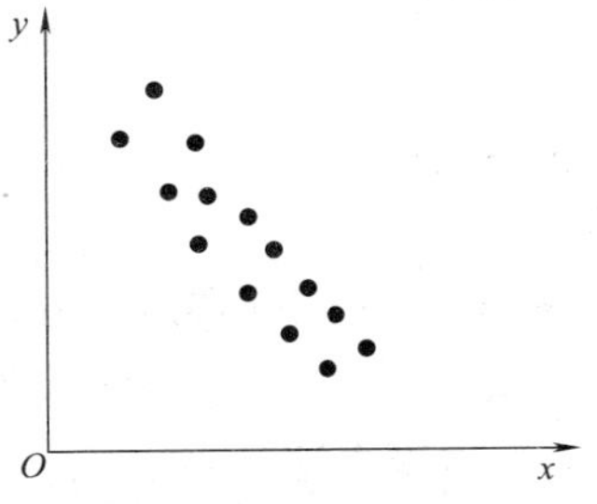

图 6.3　强负相关

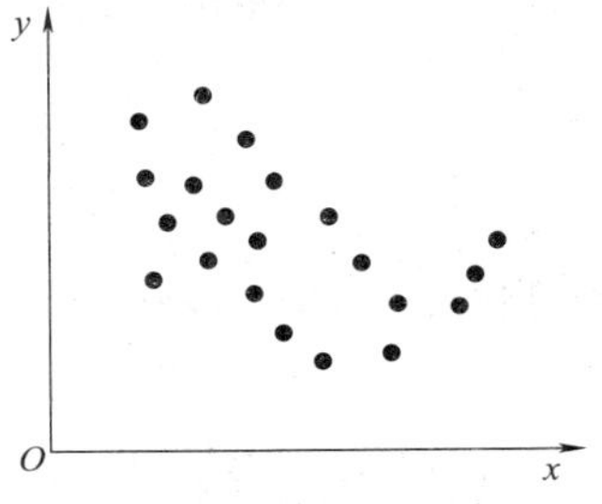

图 6.4　弱负相关

(5)非线性相关(曲线相关)。当变量 x 的数值增大时，各相关点的分布呈曲线状，这是非线性相关的表现，如图 6.5 所示。

(6)不相关。如果坐标图上各相关点很分散,没有任何规律性,它说明变量 x 和变量 y 没有相关关系,如图 6.6 所示。

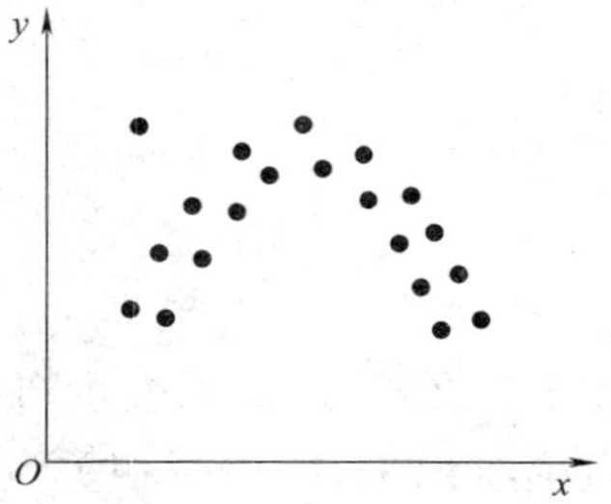

图 6.5　非线性相关

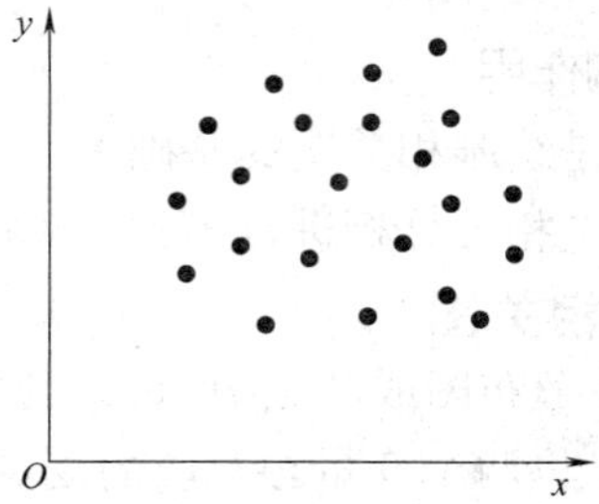

图 6.6　不相关

二、计算相关系数

用相关表和相关图判断现象之间的相关关系虽然很直观,但却很粗略。因为图和表并没有明确反映出现象间的相关程度到底如何。要确切、具体地说明变量间的相关程度,就需要进行必要的定量分析,即计算相关系数。

(一)相关系数的概念

相关系数是用于测定两个变量之间线性相关程度和相关方向的指标,是相关分析的重要指标。

(二)相关系数的计算

相关系数是协方差(σ_{xy}^2)与自变量、因变量标准差乘积($\sigma_x\sigma_y$)的对比值,计算公式为

$$r=\frac{\sigma_{xy}^2}{\sigma_x\cdot\sigma_y}=\frac{\frac{1}{n}\sum(x-\bar{x})(y-\bar{y})}{\sqrt{\frac{1}{n}\sum(x-\bar{x})^2}\sqrt{\frac{1}{n}\sum(y-\bar{y})^2}}$$

式中:r 为相关系数;n 为资料项数;$\bar{x}$ 为 x 变量数列的算术平均数;$\bar{y}$ 为 y 变量数列的算术平均数;σ_x 为 x 变量数列的标准差;σ_y 为 y 变量数列的标准差;σ_{xy}^2 为 x、y 两个变量数列的协方差。

上面公式的分子和分母中,都有公因子 $\frac{1}{n}$,约掉后 r 的公式可写成:

$$r=\frac{\sum(x-\bar{x})(y-\bar{y})}{\sqrt{\sum(x-\bar{x})^2\sum(y-\bar{y})^2}}$$

由于它是通过将各个离差相乘的方法来说明相关程度的,所以通常把这一相关系数的公式称做"积差法"公式。上式需要根据 $x-\bar{x}$、$y-\bar{y}$ 的数值计算,当 $\bar{x}$、$\bar{y}$ 为除不尽的小数时,计算既麻烦又影响其准确性。在实际应用中,可运用相关系数简捷法计算:

$$r=\frac{n\sum xy-(\sum x)(\sum y)}{\sqrt{n\sum x^2-(\sum x)^2}\cdot\sqrt{n\sum y^2-(\sum y)^2}}$$

此式可以不用计算两个变量数列的平均值与标准差,既可以节省工作量,而且还可以减少

计算平均值由于小数所带来的误差。此公式可由“积差法”相关系数计算公式推导得出：

$$\begin{aligned}\sum(x-\bar{x})^2 &= \sum(x^2-2x\bar{x}+\bar{x}^2)\\ &= \sum x^2-\sum(2x\bar{x})+\sum\bar{x}^2\\ &= \sum x^2-2\bar{x}\frac{\sum x}{n}\cdot n+n\bar{x}^2\\ &= \sum x^2-2n\bar{x}^2+n\bar{x}^2\\ &= \sum x^2-n\bar{x}^2\\ &= \sum x^2-n\left(\frac{\sum x}{n}\right)^2\\ &= \sum x^2-\frac{\left(\sum x\right)^2}{n}\end{aligned}$$

同理可得：

$$\sum(y-\bar{y})^2=\sum y^2-\frac{\left(\sum y\right)^2}{n}$$

$$\sum(x-\bar{x})(y-\bar{y})=\sum xy-\frac{\sum x\sum y}{n}$$

把以上结果代入“积差法”相关系数计算公式后化简，即可得出相关系数简捷法的公式。

如果令：

$$L_{xx}=\sum(x-\bar{x})^2$$

$$L_{yy}=\sum(y-\bar{y})^2$$

$$L_{xy}=\sum(x-\bar{x})(y-\bar{y})$$

则相关系数公式可写成：

$$r=\frac{L_{xy}}{\sqrt{L_{xx}L_{yy}}}$$

从此式中可以看出：r 取正值或负值决定于分子 L_{xy}，当 L_{xy} 为正值时，r 为正值；当 L_{xy} 为负值时，r 也为负值。

(三)相关系数的取值范围及相关程度的判断标准

计算相关系数的目的是要判断两变量的直线相关程度与方向，因此，需要明确判断标准。相关系数的特征是：

(1)相关系数 r 的取值在 -1 到 $+1$ 之间。

(2)当 $r>0$ 时为正相关，$r<0$ 时为负相关。

(3)当 $|r|=1$ 时，表明变量 x 与变量 y 为完全线性相关，即为函数关系。

(4)$0<r<1$ 时表明变量 x 与变量 y 存在着一定程度的线性相关。

$|r|$ 的值越大，越接近于 1，表示变量 x 与变量 y 的线性相关程度越密切。

$|r|$ 的值越小，越接近于 0，表示变量 x 与变量 y 的线性相关程度越不密切。当 $r=0$ 时，

表明变量 y 的变化与变量 x 无关，即变量 x 与变量 y 完全没有线性相关关系。通常按以下标准来判断两变量的直线相关密切程度：

$|r|<0.3$ 时　　为微弱相关；

$0.3\leqslant|r|<0.5$ 时　　为低度相关；

$0.5\leqslant|r|<0.8$ 时　　为中度相关；

$0.8\leqslant|r|<1$ 时　　为高度相关。

(四)相关系数计算举例

【例 6.5】 表 6.13 是 2015 年某市 10 家超市每人月平均销售额和利润率的资料，试用简捷法计算相关系数。

解：

表 6.13　2015 年某市 10 家超市销售额与利润率的相关系数计算表

人均销售额/千元 x	利润率/% y	x^2	y^2	xy
6	12.6	36	158.76	75.6
5	10.4	25	108.16	52.0
8	18.5	64	342.25	148.0
1	3.0	1	9	3.0
4	8.1	16	65.61	32.4
7	16.3	49	265.69	114.1
6	12.3	36	151.29	73.8
3	6.2	9	38.44	18.6
3	6.6	9	43.56	19.8
7	16.8	49	282.24	117.6
合计　50	110.8	294	1 465.00	654.9

$$r=\frac{n\sum xy-\left(\sum x\right)\left(\sum y\right)}{\sqrt{n\sum x^2-\left(\sum x\right)^2}\cdot\sqrt{n\sum y^2-\left(\sum y\right)^2}}$$

$$=\frac{10\times654.9-50\times110.8}{\sqrt{10\times294-50^2}\sqrt{10\times1\ 465-110.8^2}}$$

$$=0.987$$

计算结果表明利润率和人均销售额之间存在高度的直线正相关关系。

【例 6.6】 某企业某产品产量与单位成本资料如表 6.14 所示。

表 6.14　某企业某种产品产量与单位成本资料

月份	产量/千件	单位成本/元
1	2	73
2	3	73
3	4	71
4	3	73
5	4	69
6	5	68
合计	21	427

根据上表资料，要求：计算相关系数，说明产量与单位成本相关关系的密切程度。

解：计算过程如表 6.15 所示。

表 6.15 某企业某种产品产量与单位成本资料

月份	产量/千件 x	单位成本/元 y	x^2	y^2	xy
1	2	73	4	5 329	146
2	3	73	9	5 329	219
3	4	71	16	5 041	284
4	3	73	9	5 329	219
5	4	69	16	4 761	276
6	5	68	25	4 624	340
合计	21	427	79	30 413	1 484

据上表资料得相关系数：

$$r=\frac{n\sum xy-(\sum x)(\sum y)}{\sqrt{n\sum x^2-(\sum x)^2}\cdot\sqrt{n\sum y^2-(\sum y)^2}}=\frac{6\times 1\ 484-21\times 427}{\sqrt{6\times 79-21^2}\cdot\sqrt{6\times 30\ 413-427^2}}$$

$$=\frac{8\ 904-8\ 967}{\sqrt{474-441}\cdot\sqrt{182\ 478-182\ 329}}=\frac{-63}{\sqrt{33\times 149}}=-\frac{63}{70.12}=-0.898\ 5$$

即产量与单位成本之间存在着高度负相关关系。

(五)直线相关分析的特点

(1)相关系数是测定变量之间相关关系密切程度和相关方向的代表性指标，在分析两变量的直线相关关系时，通常计算直线相关系数。

(2)参与相关分析的两个变量是对等的，不分自变量和因变量，因此相关系数只有一个。

(3)相关系数有正负号，反映相关关系的方向。正号反映两变量呈正线性相关关系，负号反映两变量呈负线性相关关系。

(4)相关分析的两个变量都是随机变量。

第四节 一元线性回归分析

一、回归分析的概念和种类

(一)一元线性回归分析的概念和特点

把两个或两个以上变量之间的相关关系加以模型化，求出回归方程，并据以进行估计推算，这种方法在统计学中称为回归分析。两个变量之间的回归称为一元回归(简单回归)，三个或三个以上变量之间的回归称为多元回归(复回归)。回归方程为线性的称为线性回归，回归方程为非线性的称为非线性回归。本节主要介绍简单回归中的直线回归，即一元线性回归分析。

与直线相关分析的特点相比，一元线性回归分析有以下特点：

(1)两个变量之间不是对等关系，必须根据研究目的和研究对象的性质，正确确定出自变量和因变量。

(2)相关分析中的相关系数是个抽象的系数，反映变量间相互依存关系的密切程度；回归分析中的回归方程，是利用自变量的给定值来推算因变量值的数学模型，它反映变量之间具体的变动关系。

(3)改变自变量与因变量的地位,会产生不同的回归方程。对于某些互为因果关系的现象,如身高和体重之间的关系,若以身高为自变量 x,体重为因变量 y,其回归方程称为 y 倚 x 的回归方程;若身高作为自变量(y),而体重作为因变量(x),则称为 x 倚 y 的回归方程。y 倚 x 与 x 倚 y 的回归方程是两条斜率不同的回归直线。

(4)直线回归方程中的回归系数也有正负号。回归系数为正号,表示两变量之间的变动方向相同,即两变量间为正相关关系;为负号则表示两变量之间的变动方向相反,也即两变量间为负相关关系。

(5)回归分析中的自变量是给定的数值,不是随机的,而因变量是随机的。将给定的自变量的值代入回归方程,可以得出因变量的估计值,该估计值是许多可能数值的平均数,存在着估计标准误差。

(二)回归分析的种类

(1)根据自变量的个数不同,可将回归分析分为一元回归分析和多元回归分析。当只有一个自变量时,称为一元回归分析;当自变量有两个或多个时,称为多元回归分析。

(2)根据回归线的形状不同,可将回归分析分为线性回归分析和非线性回归分析。根据回归分析的方法,得出的数学表达式称为回归方程(回归模型)。它有多种形式,可以是直线方程,也可以是曲线方程。若拟合的是直线方程则为线性回归分析;拟合曲线方程,则为非线性回归分析。

用回归方程来表明两个变量之间线性相互关系的方程式,称为简单线性回归方程(模型),这种分析方法称为简单线性回归分析,也称一元线性回归分析。本章将重点介绍一元线性回归分析。

二、一元线性回归模型的建立

在相关图中如果自变量和因变量对应的散点图大致呈直线型,或计算出的相关系数具有显著的直线相关关系,则可拟合一条直线方程。

令直线方程的模型为:

$$\hat{y}=a+bx$$

式中:$\hat{y}$ 为因变量 y 的理论估计值,也称左手边变量,是被解释变量,属于从属量。x 为自变量的实际值,也称右手边变量,是解释变量,属于控制变量。a、b 为待定参数,其几何意义是:a 是直线方程的截距,b 是斜率。其经济意义是:a 是当 x 为零时 y 的估计值,b 是当 x 每变动一个单位时,y 平均变动的数量,b 也叫回归系数。当 b 的符号为正时,表示两个变量是正相关,当 b 的符号为负时,表示两个变量是负相关。a、b 都是待定参数。

配合回归直线的目的是要求找到一条理想的直线,用直线上的点来代表所有的相关点。数理证明,用最小平方法配合的直线最理想,最具有代表性。

最小平方法配合直线,就是要求实际估计与趋势值的离差平方和最小。令:

$$Q=\sum(y-\hat{y})^2=\text{最小值}$$

将 $\hat{y}=a+bx$ 代入上式中,得:

$$Q=\sum(y-a-bx)^2=\text{最小值}$$

根据最小平方法的要求，对 Q 求关于 a 和 b 的偏导数，偏导数为零处有极值，可得出直线回归方程中的参数 a、b 的求解方程式。

$$\frac{\partial Q}{\partial a}=2\sum(y-a-bx)(-1)=0$$

$$\frac{\partial Q}{\partial b}=2\sum(y-a-bx)(-x)=0$$

整理上式可得如下方程组：

$$\sum y=na+b\sum x$$

$$\sum xy=a\sum x+b\sum x^2$$

解得参数 a,b 为：

$$b=\frac{n\sum xy-\sum x\sum y}{n\sum x^2-\left(\sum x\right)^2}$$

$$a=\bar{y}-b\bar{x}=\frac{\sum y}{n}-b\frac{\sum x}{n}$$

【例 6.7】 根据上例及表 6.14 资料，要求：

(1)配合单位成本倚产量的直线回归方程，并解释参数 b 的经济含义。

(2)当产量为 6 000 件时，试问单位成本为多少元?

解:(1)计算过程如表 6.16 所示。

表 6.16 某企业某种产品产量与单位成本资料

月份	产量/千件 x	单位成本/元 y	x^2	y^2	xy	$\hat{y}$	$(y-\hat{y})^2$
甲	(1)	(2)	(3)	(4)	(5)=(1)×(2)	(6)	(7)=[(6)-(2)]^2
1	2	73	4	5 329	146	74.030 3	1.060 9
2	3	73	9	5 329	219	72.121 2	0.774 4
3	4	71	16	5 041	284	70.212 1	0.624 1
4	3	73	9	5 329	219	72.121 2	0.774 4
5	4	69	16	4 761	276	70.212 1	1.464 1
6	5	68	25	4 624	340	68.303 0	0.090 0
合计	21	427	79	30 413	1 484	426.999 9	4.787 9

注：第六栏数字是把每月产量代入 $\hat{y}=77.8485-1.9091x$ 这个方程求得的。

令配合单位成本倚产量的简单直线回归方程为：$\hat{y}=a+bx$

因为 $$b=\frac{n\sum xy-\sum x\cdot\sum y}{n\sum x^2-\left(\sum x\right)^2}$$

$$b=\frac{6\times 1\,484-21\times 427}{6\times 79-21^2}=\frac{8\,904-8\,967}{474-441}=\frac{-63}{33}=-1.909\,1$$

因为 $a=\bar{y}-b\bar{x}$

$$a=\frac{\sum y}{n}-b\frac{\sum x}{n}=\frac{427}{6}-(-1.909\,1)\times\frac{21}{6}=\frac{427+40.091\,1}{6}=77.848\,5$$

所以　　$\hat{y}=77.848\,5-1.909\,1x$

所以以产量为自变量 x，单位产品成本为因变量 y 建立的直线回归方程为：

$$\hat{y}=77.848\,5-1.909\,1x$$

参数 b 的经济意义：b 为回归系数，它表示当产量每增加 1 000 件时，每件产品单位成本平均降低 1.909 1 元。

(2)当产量为 6 000 件，即 $x=6$ 时，单位成本为：

$$\hat{y}=77.848\,5-1.909\,1\times 6=66.393\,9(\text{元})$$

注意：题目中产量的计量单位为千件，此处当产量为 6 000 件时，x 应当以 6 代入回归方程。

三、估计标准误差

估计标准误差是用来说明回归方程代表性大小的统计分析指标，它是衡量因变量 y 的实际值和估计值 $\hat{y}$ 离差一般水平的分析指标。因为是用类似标准差的方法来计算的，因此又称作回归标准差。估计标准误差也可用来检验回归模型的拟合程度，即估计标准误差越大，回归模型的拟合程度越差；估计标准误差越小，回归模型的拟合程度越好。

其计算原理与标准差基本相同，估计标准误差的计算公式有以下几种：

公式(1)：

$$S_y=\sqrt{\frac{\sum(y-\hat{y})^2}{n-2}}$$

式中：S_y表示估计标准误差；n 表示因变量的项数；$n-2$ 为自由度。

公式(2)：

$$S_y=\sqrt{\frac{\sum y^2-a\sum y-b\sum xy}{n-2}}$$

在已知两个参数 a、b 时，用公式(2)计算 S_y更为方便，这种方法称为参数计算法。式中符号的含义和前面公式中的含义相同。

当 n 很大时，可用下面的近似公式计算估计标准误差：

$$S_y=\sqrt{\frac{\sum(y-\hat{y})^2}{n}}\quad\text{或}\quad S_y=\sqrt{\frac{\sum y^2-a\sum y-b\sum xy}{n}}$$

回归标准误差可以反映观察值 y 与估计值 $\hat{y}$ 的平均离散程度，从而也衡量了估计值的拟合优劣度。

以表 6.16 资料为例，计算估计标准误差：

$$(1)\ S_y=\sqrt{\frac{\sum(y-\hat{y})^2}{n-2}}=\sqrt{\frac{4.787\,9}{6-2}}=\sqrt{1.969\,75}=1.094\,1$$

计算结果表明单位成本的估计值与实际值的平均误差为 1.094 1 元。

$$(2)\ S_y=\sqrt{\frac{\sum y^2-a\sum y-b\sum xy}{n-2}}=\sqrt{\frac{30413-77.848\,5\times 427-(-1.909\,1\times 1\,484)}{6-2}}$$

$$=\sqrt{\frac{30\ 413-33\ 241.309\ 5+2\ 833.104\ 4}{4}}=\sqrt{\frac{4.794\ 9}{4}}=\sqrt{1.198\ 725}=1.094\ 9$$

计算结果表明单位成本的估计值与实际值的平均误差为 1.094 9 元。

两种计算结果是有所差别，但随着保留小数点位数不断增多，两种计算结果差别将会越来越小。

回归标准误差还可以用来对分析对象进行区间估计。估计公式：$\hat{y}_0-ts_y\leqslant\hat{y}\leqslant\hat{y}_0+ts_y$

【例 6.8】 以上例的资料，如果估计的可靠程度为 95.45%，当产量为 6 000 件时，产品单位成本的区间范围是多少？

据题意得：　$\hat{y}_0=66.393\ 9\quad s_y=1.094\ 1\quad t=2$

所以：$\hat{y}_0-ts_y\leqslant\hat{y}\leqslant\hat{y}_0+ts_y\quad 66.393\ 9-2\times1.094\ 1\leqslant\hat{y}\leqslant66.393\ 9+2\times1.094\ 1$

即：　$64.205\ 7\leqslant\hat{y}\leqslant68.582\ 1$

当产量为 6 000 件时，产品单位成本的区间范围为：64.205 7～68.582 1 元。

第五节　多元线性回归分析

一、多元回归分析的概念

现实生活中客观现象之间的联系是复杂的，许多现象的变动往往都会涉及多个变量之间的数量关系。在统计分析中，研究一个因变量与两个或两个以上自变量之间相互关系的理论和方法，称为多元回归或复回归。多元回归可分为多元线性回归与多元非线性回归，本节只讨论多元线性回归。多元线性回归是一元线性回归的扩展，在计算上比较复杂，但基本原理与一元线性回归类似。

二、多元线性回归模型的建立

多元线性回归模型的一般式为：

$$\hat{y}=b_0+b_1x_1+b_2x_2+\cdots+b_nx_n$$

式中：$\hat{y}$ 为多元线性回归估计值；$x_1,x_2,\cdots,x_n$ 为自变量；b_0 为常数项；$b_1,b_2,\cdots,b_n$ 分别为 y 倚 $x_1,x_2,\cdots,x_n$ 的回归系数。

在多元回归中，y 倚某一自变量的回归系数表示当其他自变量都不变时，该自变量变动一个单位时 y 的平均变动量，也称为偏回归系数。

现以一个因变量和两个自变量的二元线性回归分析为例，对多元线性回归模型的建立及应用做一具体说明。

设 $\hat{y}=b_0+b_1x_1+b_2x_2$

确定上式中 b_0、b_1、b_2 的数值，仍用最小平方法，使剩余平方和 Q 最小。

设 $Q=\sum(y-\hat{y})^2=\sum(y-b_0-b_1x_1-b_2x_2)^2$，由三元函数极值存在的必要条件

$$\begin{cases}\dfrac{\partial Q}{\partial b_0}=0\\[2ex]\dfrac{\partial Q}{\partial b_1}=0\\[2ex]\dfrac{\partial Q}{\partial b_2}=0\end{cases}$$

可得标准方程组如下：

$$\begin{cases} nb_0 + b_1\sum x_1 + b_2\sum x_2 = \sum y \\ b_0\sum x_1 + b_1\sum x_1^2 + b_2\sum x_1x_2 = \sum x_1 y \\ b_0\sum x_2 + b_1\sum x_1x_2 + b_2\sum x_2^2 = \sum x_2 y \end{cases}$$

直接求解以上三元一次方程组，即可求出 b_0、b_1、b_2 的值，将其代入所设 $\hat{y} = b_0 + b_1x_1 + b_2x_2$，即为所求的二元线性回归模型。

【例 6.9】 某企业会计部门以工人的劳动日数与机器的开工台日数作自变量，对未来的管理费用进行估计。2015 年 10 个月的有关数据如表 6.17 所示。

表 6.17 某企业 2015 年 1～10 月份的劳动日数、机器开工台日数与管理费用

月份	劳动日数/万工日 x_1	机器开工台日数/万台日 x_2	管理费用/万元 y	月份	劳动日数/万工日 x_1	机器开工台日数/万台日 x_2	管理费用/万元 y
1	45	16	29	6	46	14	28
2	42	14	24	7	44	16	30
3	44	15	27	8	45	16	28
4	45	13	25	9	44	15	28
5	43	13	26	10	43	15	27

根据以上资料建立二元线性回归模型。

解：设 $\hat{y} = b_0 + b_1x_1 + b_2x_2$

从直观的含义解释，b_0为固定的管理费用；b_1和 b_2分别称为偏回归系数，b_1表示在机器开工台日数不变的情况下，每增加一个单位劳动日平均所增加的管理费用支出；b_2表示在劳动日数不变的情况下，每增加一个机器开工台日平均所增加的管理费用支出。

根据表 6.17 资料可得：

$$n = 10 \quad \sum x_1 = 441 \quad \sum x_2 = 147 \quad \sum y = 272 \quad \sum x_1^2 = 19\,461$$

$$\sum x_1x_2 = 6\,485 \quad \sum x_1 y = 12\,005 \quad \sum x_2 y = 4\,013 \quad \sum x_2^2 = 2\,173$$

将以上数据代入上述标准方程组，得：

$$\begin{cases} 10b_0 + 441b_1 + 147b_2 = 272 \\ 441b_0 + 19\,461b_1 + 6\,485b_2 = 12\,005 \\ 147b_0 + 6\,485b_1 + 2\,173b_2 = 4\,013 \end{cases}$$

解方程组，得：

$$b_0 = -13.819\,6 \qquad b_1 = 0.563\,66 \qquad b_2 = 1.099\,47$$

将 b_0、b_1、b_2 的数值代入所设，得：

$$\hat{y} = -13.819\,6 + 0.563\,66x_1 + 1.099\,47x_2$$

这就是我们所建立的二元线性回归模型，可用来进行回归估计和预测。

三、回归方程的方差分析

我们对所估计出的样本回归线，首先要考察对样本观测数据拟合的优劣程度，即对所谓的拟合优度进行度量。对样本拟合优度的度量是建立在对应变量总离差平方和分解的基础上的。假如已经估计的样本回归函数为：

$$y_i = a + bx_i + e_i = \hat{y}_i + e_i$$

如果以平均值 $\bar{y}$ 为基准，说明观测值 y_i 和估计值 $\hat{y}_i$ 对 $\bar{y}$ 的偏离程度，上式可用离差表示为：

$$(y_i - \bar{y}) = (\hat{y}_i - \bar{y}) + e_i$$

将上式两边平方，并对所有观测值加总，可得到：

$$\sum (y_i - \bar{y})^2 = \sum (\hat{y}_i - \bar{y})^2 + \sum (y_i - \hat{y}_i)^2$$

即

$$TSS = ESS + RSS$$

式中，因变量 Y 的样本观测值 y_i 与其平均值的离差平方和 $TSS = \sum (y_i - \bar{y})^2$，称为总离差平方和；因变量 Y 的样本估计值 $\hat{y}_i$ 与其平均值的离差平方和 $ESS = \sum (\hat{y}_i - \bar{y})^2$，称为回归平方和，是自变量变动解释的离差平方和，是回归线作出解释的离差平方和；因变量的样本观测值 y_i 与样本估计值 $\hat{y}_i$ 之差的平方和 $RSS = \sum (y_i - \hat{y}_i)^2$，称为残差平方和，是回归线未作出解释的离差平方和。

通过对回归方程的方差分析（见表 6.18），可以为回归方程的检验提供基本数据，可以为回归方程的预测精度的确定提供基本数据，可以为回归方程的区间预测的确定提供基本数据。

表 6.18　方差分析

离差来源	平方和	自由度	均方差 MS
来自回归	$ESS = \sum (\hat{y}_i - \bar{y})^2$	k	ESS/k
来自残差	$RSS = \sum (y_i - \hat{y}_i)^2$	$N-k-1$	$RSS/N-k-1$
总离差平方和	$TSS = \sum (y_i - \bar{y})^2$	$N-1$	$TSS/N-1$

表中：k 为自变量的个数，N 为样本数据的项数。

四、多元线性回归模型的检验

为了保证回归分析的可靠性，在建立了多元线性回归模型以后，也需要进行拟合程度和显著性检验。

（一）拟合程度检验

1. 判定系数

在多元线性回归分析中，前面介绍的总离差平方和的分解公式依然成立，因此也可以用判定系数来检验多元线性回归模型的拟合程度。为与一元线性回归模型的判定系数区别开，多元线性回归模型的判定系数一般记为 R^2：

$$R^2 = \frac{U}{L_{YY}} = \frac{\sum (\hat{y}_i - \bar{y})^2}{\sum (y_i - \bar{y})^2}$$

多元判定系数 R^2 指的是因变量中的变异性可由所建立的多元回归方程解释的程度。因此，R^2 值越大，说明模型的拟合程度越好。

2.估计标准误差

回归模型的估计标准误差的公式与计算一元线性回归模型估计标准误差的公式基本相同，仅有自由度的区别。

设二元线性回归模型的估计标准误差为 S_Y ：

$$S_Y=\sqrt{\frac{Q}{n-2-1}}=\sqrt{\frac{\sum(y-\hat{y})^2}{n-2-1}}$$

估计标准误差 S_Y 越小，表明回归模型的拟合程度越高。

(二)回归模型的显著性检验

1.t 检验

多元线性回归模型的 t 检验，目的在于检验多元线性回归模型中的回归系数 $b_j(j=1,2,3,\cdots,k)$ 的显著性。如果其中某个回归系数 b_i 不具有显著性，即自变量 x_i 对因变量 y 的作用不显著，就可以将此自变量从模型中剔除，重新建立更为简单的回归模型。

t 检验的步骤：

第一步，对于任一参数 b_j，提出假设：$H_0:b_j=0\quad H_1:b_j\neq 0$。

第二步，计算回归系数 b_j 的检验统计量：

$$t_j=\frac{\hat{b}_j-b_j}{s_{b_j}}\sim t(n-k-1)$$

其中 s_{b_j} 为 b_j 的估计标准误差，在对二元线性回归模型的显著性检验中，其计算公式为：

$$s_{b_1}=\sqrt{\frac{\sum(x_{i2}-\bar{x}_2)^2\sum(y_i-\hat{y}_i)^2}{\left\{\sum(x_{i1}-\bar{x}_1)^2\sum(x_{i2}-\bar{x}_2)^2-\left[\sum(x_{i1}-\bar{x}_1)(x_{i2}-\bar{x}_2)\right]^2\right\}(n-3)}}$$

$$s_{b_2}=\sqrt{\frac{\sum(x_{i1}-\bar{x}_1)^2\sum(y_i-\hat{y}_i)^2}{\left\{\sum(x_{i1}-\bar{x}_1)^2\sum(x_{i2}-\bar{x}_2)^2-\left[\sum(x_{i1}-\bar{x}_1)(x_{i2}-\bar{x}_2)\right]^2\right\}(n-3)}}$$

第三步，根据给定的显著性水平 α 和自由度 $n-k-1$，查 t 分布表得相应的临界值 $t_{\alpha/2}$。

第四步，决策：若 $|t_j|>t_{\alpha/2}$，则拒绝 H_0，即认为回归系数 b_j 是显著的，自变量 x_j 与因变量之间存在显著的相关性；若 $|t_j|\leqslant t_{\alpha/2}$，则不能拒绝 H_0，即认为回归系数 b_j 不显著，也即自变量 x_j 对因变量 y 的影响作用不显著。

2.F 检验

多元线性回归模型的 F 检验，目的是为了检验所建立的多元线性回归模型在整体上是否显著。具体步骤为：

第一步，设回归模型不显著，提出假设：$H_0:b_1=b_2=\cdots=b_k=0$，H_1：至少有一个参数不等于0。

第二步，计算 F 统计量：

$$F=\frac{\sum(\hat{y}-\bar{y})^2/k}{\sum(y-\hat{y})^2/(n-k-1)}\sim F(k,n-k-1)$$

第三步，根据给定的显著性水平 α，查分子自由度为 k、分母自由度为 $n-k-1$ 的 F 分布表，得临界值 F_α。

第四步，决策：若 $F > F_{\alpha}$，则拒绝原假设 H_0，表明所建立的多元线性回归模型有显著意义；若 $F < F_{\alpha}$，则接受 H_0，表明所建立的多元线性回归模型无显著意义。

需要说明的是，与一元线性回归模型的统计检验不同，多元回归方程的整体显著性检验不能用各个回归系数的 t 检验代替。

五、例题

某种商品的需求量(Y)、该商品的价格(X_1)、消费者的收入(X_2)为图 6.7 所示的原始数据，以 X_1，X_2 与 Y 的变化规律来建立回归模型并进行各种检验. 若该商品价格 $X_1=6.5$ 元，消费者收入 $X_2=850$ 元，当显著性水平为 0.05 时，试估计 Y 的预测区间。

需求量 Y(斤)	价格 X_1(元)	消费者收入 X_2(元)
100	5	1100
75	7	700
60	6	790
70	6	680
50	8	520
65	7	680
90	5	950
100	4	1000
110	3	900
60	9	650

图 6.7 原始数据

根据图 6.8 回归结果可得：

SUMMARY OUTPUT

回归统计	
Multiple R	0.975955145
R Square	0.952488445
Adjusted R Square	0.938913716
标准误差	4.839050426
观测值	10

方差分析

	df	SS	MS	F	Significance F
回归分析	2	3286.085137	1643.043	70.16629	2.34E-05
残差	7	163.9148632	23.41641		
总计	9	3450			

	Coefficients	标准误差	t Stat	P-value	Lower 95%	Upper 95%	下限 95.0%	上限 95.0%
Intercept	78.06256788	18.55916465	4.206147	0.004005	34.17712	121.948	34.17712	121.948
X Variable 1	-6.12195703	1.418282342	-4.31646	0.003495	-9.47566	-2.76825	-9.47566	-2.76825
X Variable 2	0.047680856	0.013641325	3.495324	0.010056	0.015424	0.079937	0.015424	0.079937

图 6.8 回归结果

1. 回归方程

$$Y=78.062\ 568-6.121\ 957\ X_1+0.047\ 681\ X_2$$

其中：$b_0=78.062\ 568$，$b_1=-6.121\ 957$，$b_2=0.047\ 681$。

2. R 检验

$R=0.975\ 955$，当 $\alpha=0.05$，$n-k=10-3=7$ 时，$R_{0.05}(7)=0.758$，$R>R_{0.05}$ 说明相关关系显著。

3. F 检验

$F=70.166\ 291$，当 $\alpha=0.05$ 时，$F_{0.05}(3-1,10-3)=4.74$，$F>F_{0.05}$ 说明回归效果非常显著。

4. t 检验

b_0,b_1,b_2 的标准误差分别为：$S_0=18.559\ 165$，$S_1=1.418\ 282$，$S_2=0.013\ 641$。

t 统计量为：$t_0=4.206\ 147$，$t_1=-4.316\ 459$，$t_2=3.495\ 324$。

当 $\alpha=0.05$ 时，$t_{0.05/2}(10-3)=2.365$，因为 t_0、t_1 和 t_2 的绝对值均大于 2.365，可见商品价格和消费者收入对该商品的需求量有显著影响。

b_0,b_1,b_2 的置信区间分别为：$34.177\ 148<b_0<121.947\ 987$，$-9.475\ 659<b_1<-2.768\ 255$，$0.015\ 424<b_2<0.079\ 937$。

第六节　曲线回归分析

一、曲线回归分析的概念

用回归分析方法研究具体问题时，常常会遇到变量之间并不存在线性关系的情况。这时就需要选择适当的曲线，进行非线性回归分析。在进行曲线回归分析时，首先应通过散点图判断、选择回归曲线的类型，然后用变量代换把曲线模型化为一元或多元线性模型，最后用最小平方法计算回归模型的参数并进行相关性检验。

本节主要介绍一元非线性回归分析。

二、几种常用的曲线回归分析模型

(一)二次曲线(抛物线)模型

二次曲线(抛物线)回归模型的表达式为：

$$\hat{y}=a+bx+cx^2$$

若令 $x=x_1$，$x^2=x_2$，则二次曲线(抛物线)回归方程可转化为包含两个自变量的二元一次线性回归模型：

$$\hat{y}'=a+bx_1+cx_2$$

(二)指数曲线模型

当自变量 x 作等差的增加或减少时，因变量 y 随之而作等比的增加或减少，则建立指数曲线模型较合适。其表达式为：

$$\hat{y}=ab^x$$

式中：$\hat{y}$ 是回归估计值；a、b 是参数；自变量 x 是参数 b 的指数。

将指数曲线模型取对数，可得以下对数直线式：

$$\lg\hat{y}=\lg a+x\lg b$$

设 $\lg\hat{y}=\hat{y}'$，$\lg a=a'$，$\lg b=b'$，则指数曲线模型可化为直线回归模型：

$$\hat{y}'=b'x+a'$$

用最小平方法，可得出：

$$\begin{cases}\sum y'=b'\sum x+na'\\ \sum xy'=b'\sum x^2+a'\sum x\end{cases}$$

【例 6.10】 现以 10 个同类企业生产某种产品的月产量与单位产品成本资料为例，说明其回归分析方法见表 6.19。

表 6.19　某企业 2013 年 10 月产量与单位成本的回归计算表

月产量/千件 x	单位产品成本/元 y	x^2	$y'=\lg y$	xy'	$\hat{y}'=\lg\hat{y}$	$\hat{y}$
5	8.0	25	0.903 1	4.515 5	0.887 7	7.72
8	7.5	64	0.875 1	7.000 8	0.840 0	6.92
12	6.4	144	0.806 2	9.674 4	0.776 4	5.97
18	4.5	324	0.653 2	11.757 6	0.681 0	4.79
20	3.8	400	0.579 8	11.596 0	0.649 2	4.45
25	3.3	625	0.518 5	12.962 5	0.569 7	3.71
28	3.2	784	0.505 1	14.142 8	0.522 0	3.32
30	3.1	900	0.491 4	14.742 0	0.490 2	3.09
32	3.0	1 024	0.477 1	15.267 2	0.458 4	2.87
35	3.0	1 225	0.477 1	16.698 5	0.410 7	2.57
213	45.8	5 515	6.286 6	118.357 3	—	45.41

根据上表，$n=10$，$\sum x=213$，$\sum x^2=5\ 515$，$\sum y'=6.286\ 6$，$\sum xy'=118.357\ 3$。代入联立方程，得：

$$\begin{cases}10a'+213b'=6.286\ 6\\ 213a'+5\ 515b'=118.357\ 3\end{cases}$$

解联立方程，可得：

$$a'=0.967\ 2\quad b'=-0.015\ 9$$

$$\hat{y}'=a'+b'x=0.967\ 2-0.015\ 9x$$

查 a' 和 b' 的反对数，得 a=9.272 6，b=0.964 0，则指数曲线回归模型为

$$\hat{y}=9.2726\times0.9640^x$$

将 x 值分别代入上式，可得与自变量 x 对应的因变量 y 的估计值，见表 6.19 的最后一栏。

(三)其他类型曲线模型

1. 双曲线模型

$$\frac{1}{\hat{y}}=a+b\frac{1}{x}$$

设 $\hat{y}'=\frac{1}{\hat{y}}$，$x'=\frac{1}{x}$，则双曲线模型可转化为直线模型：

$$\hat{y}'=a+bx'$$

2. 幂函数曲线模型

$$\hat{y} = dx^b$$

两边取对数：

$$\lg\hat{y} = \lg d + b\lg x$$

令 $\hat{y}' = \lg\hat{y}, a = \lg d, x' = \lg x$，则幂函数曲线模型可转化为直线模型：

$$\hat{y}' = a + bx'$$

3. 龚珀兹(Gompertz)曲线模型

$$\hat{y}' = de^{bx}$$

两边取对数：

$$\ln\hat{y} = \ln d + bx$$

令 $\hat{y}' = \ln\hat{y}, a = \ln d$，$x=x'$则龚伯兹曲线模型可转化为直线模型：

$$\hat{y}' = a + bx'$$

4. 罗吉斯蒂(Logistic)曲线模型

$$\hat{y} = \frac{1}{a + be^{-x}}$$

令 $\hat{y}' = \frac{1}{\hat{y}}, x' = e^{-x}$，则罗吉斯蒂曲线模型也可转化为直线模型：

$$\hat{y}' = a + bx'$$

三、应用回归分析应注意的几个问题

用回归模型分析变量之间的变动关系，是一种有效的科学方法，但要注意以下几个问题，这些问题也适用于一元线性回归分析和多元线性回归分析。

(1)在定性分析的基础上进行定量分析，是正确运用回归分析的必要条件。在确定哪些变量作自变量，哪些变量作因变量之前，必须要对所研究的问题有充分的认识。相关分析的方法解释不了相关关系产生的原因，它本身不能判断现象之间是否存在内在的相关关系。若对本来没有内在联系的现象，硬性进行相关分析，将导致“虚假相关”的错误。若在此基础上据以进行回归分析，并用以指导实际工作，必将会造成失误。要搞好定性分析，必须熟悉所研究的领域，有足够的理论知识、专业知识和实践经验。

(2)回归预测适宜于内插预测，不宜用于超过一定范围的外推预测。这是因为我们建立的回归模型，一般都是根据一定范围的有限样本资料得到的经验公式，其有效性只适用于内插预测和较短时期的外推预测。例如，适当增加施肥量和耕作深度可以提高亩产，但若施肥量过多，耕作太深，亩产不但不会提高，反而会减少。

(3)在回归模型中，回归系数的绝对值只说明自变量与因变量变动的比例关系，不表示变动的密切程度，因为回归系数的大小受变量计算单位大小的影响。

(4)在进行回归分析时，为了使分析结果更准确、可靠，应对所建立的回归模型进行必要的统计检验，包括拟合程度检验和显著性检验。这类检验的方法除本书介绍的以外，还可参考数理统计学或计量经济学介绍的其他有关方法。

四、回归分析与相关分析的区别与联系

回归分析和相关分析都是研究两个变量相互关系的分析方法。相关分析研究两个变量之间相关的方向和相关的密切程度。但是相关分析不能指出两变量相互关系的具体形式，也无法从一个变量的变化来推测另一个变量的变化。回归方程则是通过一定的数学方程来反映变量之间

相互关系的具体形式，以便从一个已知量来推测另一个未知量。为估算预测提供一个重要的方法。

相关分析既可以研究因果关系的现象，也可以研究共变的现象，不必确定两变量中谁是自变量，谁是因变量。计算相关系数的两变量是对等的，可以都是随机变量，各自接受随机因素的影响，改变两变量的地位并不影响相关系数的数值。而回归分析是研究两变量具有因果关系的数学形式，因此必须事先确定变量中自变量与因变量的地位。

本 章 小 结

社会经济现象之间是彼此联系、相互依存的，客观上存在着函数关系和相关关系。函数关系指变量之间的关系是确定的；而相关关系的两变量的关系则是不确定的，是随机的。相关关系有：单相关与复相关；线性相关与非线性相关；正相关与负相关；完全相关、不完全相关和不相关之分。

相关分析的内容：一般在定性分析基础上还要利用编制相关表、绘制相关图粗略地判断现象之间的相关程度、相关方向和相关形态，然后，再通过计算相关系数详细地判断现象之间的相关关系的密切程度。

一元线性回归分析用最小平方法给具有一定线性相关关系的两个变量配合直线方程，即 $\hat{y}=a+bx$，并通过计算估计标准误差来说明拟合的直线方程准确程度，还可以对回归值的大小进行区间估计。

实训材料

相关分析和回归分析中 Excel 的应用

一、简单线性相关分析

1. 相关图的绘制

现将某商业企业某种商品的广告投入与月平均销售额资料建立 Excel 工作表，如图 6.9 所示。

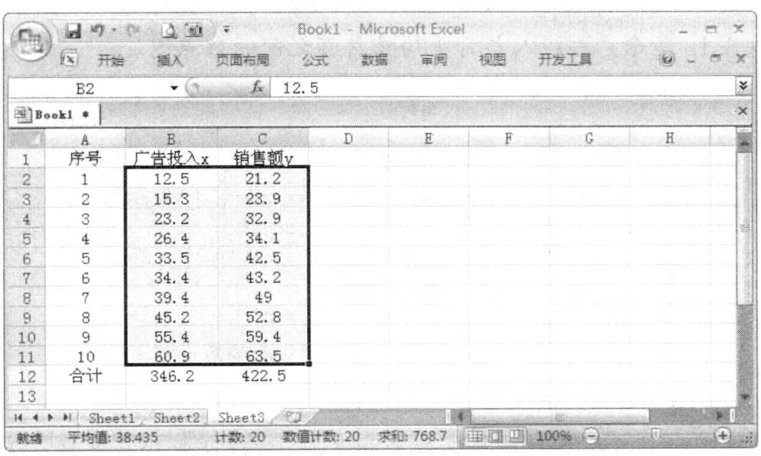

	A	B	C
1	序号	广告投入x	销售额y
2	1	12.5	21.2
3	2	15.3	23.9
4	3	23.2	32.9
5	4	26.4	34.1
6	5	33.5	42.5
7	6	34.4	43.2
8	7	39.4	49
9	8	45.2	52.8
10	9	55.4	59.4
11	10	60.9	63.5
12	合计	346.2	422.5

图 6.9　Excel 工作表

制作相关图的步骤如下：

选择区域 B2:C11，如图 6.9 所示；选择“插入”→“图表”命令，弹出“插入图表”对话框，在

“图表类型”选项卡中选择“XY散点图”,如图6.10所示。

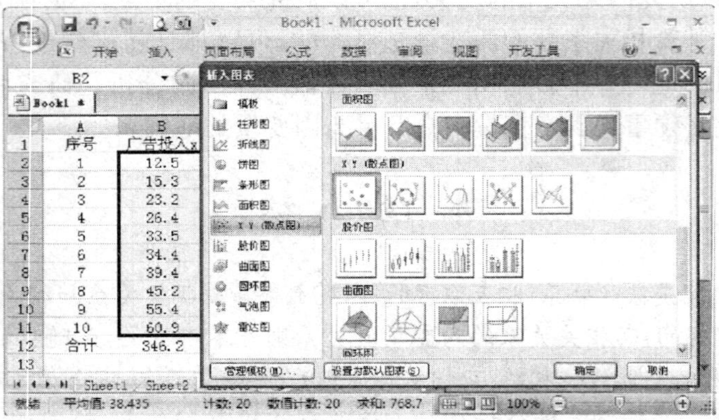

图6.10 选择“XY散点图”

在子图表类型中选择第一种散点图,并单击“确定”按钮,弹出图6.11所示对话框。

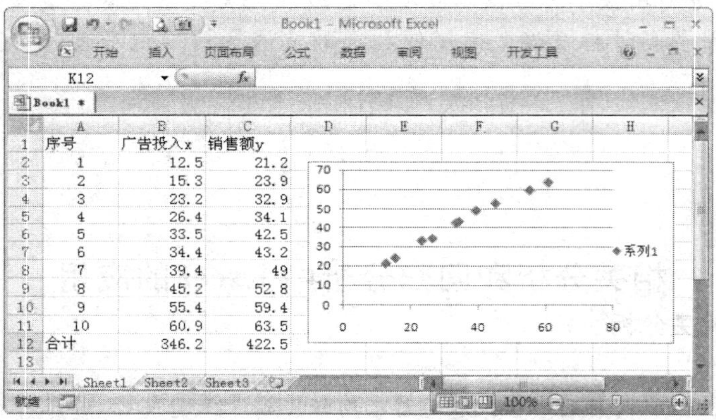

图6.11 散点图的制作

最后得到图6.12所示广告投入与月平均销售额之间的散点图。

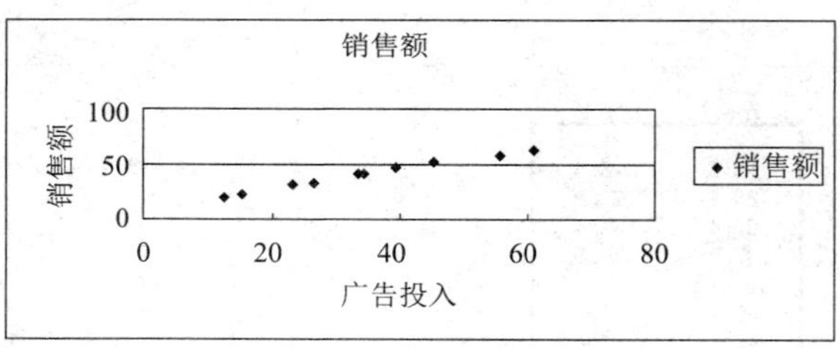

图6.12 广告投入与月平均销售额的散点图

2.相关系数的计算

利用Excel计算相关系数分析变量之间的相关性,可以按照相关系数公式使用常规方法计算,还可使用CORREL函数或相关系数分析工具计算。

现以图6.13说明该商业企业广告投入与月平均销售额之间的相关系数如何利用Excel进行计算。

C16 =SQRT((10*D12-B12*B12)*(10*E12-C12*C12))

	A	B	C	D	E	F	G
1	序号	广告投入x	销售额 y	x^2	y^2	xy	
2	1	12.5	21.2	156.25	449.44	265	
3	2	15.3	23.9	234.09	571.21	365.67	
4	3	23.2	32.9	538.24	1082.41	763.28	
5	4	26.4	34.1	696.96	1162.81	900.24	
6	5	33.5	42.5	1122.25	1806.25	1423.75	
7	6	34.4	43.2	1183.36	1866.24	1486.08	
8	7	39.4	49	1552.36	2401	1930.6	
9	8	45.2	52.8	2043.04	2787.84	2386.56	
10	9	55.4	59.4	3069.16	3528.36	3290.76	
11	10	60.9	63.5	3708.81	4032.25	3867.15	
12	合计	346.2	422.5	14304.52	19687.81	16679.09	
13							
14							
15		分子	20521.4				
16		分母	20641.15				
17		相关系数	0.994198				
18							

图 6.13 广告投入与月平均销售额之间的相关系数计算表

1)使用常规方法计算相关系数

使用常规方法就是利用公式计算相关系数：

$$r=\frac{n\sum xy-\left(\sum x\right)\left(\sum y\right)}{\sqrt{n\sum x^{2}-\left(\sum x\right)^{2}}\cdot\sqrt{n\sum y^{2}-\left(\sum y\right)^{2}}}$$

首先，将数据输入 Excel 中，例如图中 B、C 两列，然后计算相关系数所需要的各项合计数。单击 D2 单元格，输入“=B2 * B2”，并利用填充柄功能，计算 D 列数值。同理，可以计算出 E、F 两列数值。

然后，单击 B12 单元格，输入“=SUM(B2:B11)”，求出 B 列合计数，并利用填充柄功能，按住鼠标左键向右拖至 F12 单元格计算出 C、D、E、F 各列的合计数。

最后，按照公式计算相关系数，可以首先计算分子，单击任一空单元格，输入“10 * F12－B12 * C12”，得出结果 20 521.4，然后再计算分母，单击另一单元格，输入“=SQRT((10 * D12－B12 * B12 * (10 * E12－C12 * C12))”，得出结果 20 641.15，然后单击一单元格输入“=20 521.4/20 641.15”，即得相关系数为 0.994 198。也可将分子、分母合成一个式子计算，输入“=(10 * F12－B12 * C12)/SQRT((10 * D12－B12 * B12) * (10 * E12－C12 * C12))”。

2)用 CORREL 函数计算相关系数

选择“插入”菜单里的“函数”命令，打开“插入函数”对话框，选择函数类别“统计”里的“CORREL 函数”，打开相关系数函数 CORREL 对话框。

在 Array1、Array2 里分别输入两列数据所在区域“B2:B11”和“C2:C11”，即可求得相关系数 0.994 198。

3)利用相关系数分析工具计算

选择“工具”菜单中“数据分析”命令，选择相关函数分析工具。在输入区域内输入“$B$2:$C$11"，分组方式需要指出数据是按列还是按行排列。如果输入数据区域第一行中包含标志项，选中“标志位于第一行”。在输出选项中，选择结果放置位置，是在原工作表、新工作表还是新工作簿中。

设置完成单击“确定”,得到变量间的相关系数。

利用相关系数分析工具可进行多个变量间的相关系数的计算。

若取得的资料是分组资料,只有利用常规方法,相应地利用以下公式计算相关系数:

$$r=\frac{\sum f\sum xyf-\left(\sum xf\right)\left(\sum yf\right)}{\sqrt{\sum f\sum x^2f-\left(\sum xf\right)^2}\sqrt{\sum f\sum y^2f-\left(\sum yf\right)^2}}$$

其操作过程与未分组资料的计算一致。

二、一元线性回归分析

在Excel中拟合回归直线,可使用常规方法,建立回归直线方程,也可以使用回归函数或回归分析工具来建立回归方程。回归分析包括线性回归分析和非线性回归分析,而线性回归分析又可分为一元回归分析和多元回归分析。本章只介绍一元线性回归分析方法。

现仍以图6.12某商业企业某种商品的广告投入与月平均销售额资料说明一元线性回归分析方法。

1.用常规方法建立回归直线方程

通过公式求得参数a、b的值。

$$b=\frac{n\sum xy-\sum x\sum y}{n\sum x^2-\left(\sum x\right)^2}\qquad a=\bar{y}-b\bar{x}=\frac{\sum y}{n}-b\frac{\sum x}{n}$$

其操作方法与计算相关系数相同,不再具体说明。

2.用统计函数建立回归直线方程

Excel提供了一个求截距的函数INTERCEPT和一个求斜率的函数SLOPE,用这两个函数可以建立回归直线方程。另外,Excel还提供了一个既能用于一元线性回归,又能用于多元线性回归和自回归的函数LINEST,也可以用它来建立回归直线方程。

(1)使用截距函数INTERCEPT和斜率函数SLOPE来建立回归方程。单击任一单元格,输入“=INTERCEPT(C2:C11,B2:B11)”求得回归方程的截距11.614 9。

单击另一单元格,输入“=SLOPE (C2 : C11 ,B2: B11)”求得回归方程的斜率0.884 9。这样就建立了回归直线方程$\hat{y}=11.614\ 9+0.884\ 9x$。

(2)使用LINEST函数来建立回归直线方程。在LINEST函数中,回归方程的表达式与常规不同,它是用$y=mx+b$的形式来表示的,而且给出的结果除斜率和截距外,还给出估计标准误差等数值,并以数组的形式给出。具体操作如下:

首先选定两列五行作为放置计算结果的单元格区域,例如选定D4:E8。

然后选择“插入”菜单中的“函数”命令,选择函数类别“统计”里的“LINEST函数”,打开回归函数LINEST对话框。

在Known_y's里输入因变量数据所在区域“C2:C11”,在Known_x's里输入自变量数据所在区域“B2:B11”。

Const栏内要输入逻辑值,用以指定是否要强制常数b为0。如果输入“TRUE”或忽略,则给出正常B值,如果输入“FALSE”,则给出$B=0$。我们输入“TRUE”。

Stats 栏内也要输入逻辑值，如果要给出附加的回归统计值，则输入“TRUE”，如果只需给出斜率和截距，则输入“FALSE”；我们输入“TRUE”。

输入后，按【Ctrl+Shift+Enter】组合键，则计算结果计入选定的区域，如图 6.14 所示。

D6　{=LINEST(C2:C11,B2:B11,TRUE,TRUE)}

	A	B	C	D	E	F
1	序号	广告投入x	销售额 y			
2	1	12.5	21.2			
3	2	15.3	23.9			
4	3	23.2	32.9	0.884896	11.61492	
5	4	26.4	34.1	0.033848	1.280176	
6	5	33.5	42.5	0.98843	1.630011	
7	6	34.4	43.2	683.468	8	
8	7	39.4	49	1815.93	21.25547	
9	8	45.2	52.8			
10	9	55.4	59.4			
11	10	60.9	63.5			
12	合计	346.2	422.5			
13						

图 6.14　回归函数 LINEST 分析结果

其中，D 列和 E 列中第 4 行分别为斜率和截距；第 5 行分别为斜率和截距的标准差；第 6 行分别为判定系数 r^2 和估计标准误差；第 7 行分别为 F 统计量和自由度；第 8 行分别为回归平方和剩余平方和。这些数据用于判定回归直线方程拟合度和显著性检验。

LINEST 函数可用于多元线性分析，在 Known_x′s 里输入多变量数据所在区域，其他项不变。

练习题

一、单选题

1. 下面的函数关系是(　　)。

A. 现代化水平与劳动生产率　　B. 圆的周长与其半径

C. 家庭的收入和消费的关系　　D. 亩产量与施肥量

2. 相关系数 r 的取值范围为(　　)。

A. $-\infty<r<+\infty$　　B. $-1\leqslant r\leqslant+1$

C. $-1<r<+1$　　D. $0\leqslant r\leqslant+1$

3. 年劳动生产率 x(千元)和工人工资 y(元)之间的回归方程为 $y=10+70x$，这意味着年劳动生产率每提高 1 千元时，工人工资平均(　　)。

A. 增加 70 元　　B. 减少 70 元

C. 增加 80 元　　D 减少 80 元

4. 若要证明两变量之间线性相关程度高，则计算出的相关系数应接近于(　　)。

A. +1　　B. −1　　C. 0.5　　D. ±1

5. 回归系数和相关系数的符号是一致的，其符号均可用来判断现象(　　)。

A. 线性相关还是非线性相关

B. 正相关还是负相关

C. 完全相关还是不完全相关

D. 单相关还是复相关

6. 某校经济管理类的学生学习统计学的时间(x)与考试成绩(y)之间建立线性回归方程 $\hat{y}=a+bx$。经计算,方程为 $\hat{y}=200-0.8x$,该方程参数的计算,(　　)。

A. a 值是明显不对的

B. b 值是明显不对的

C. a 值和 b 值都是不对的

D. a 值和 b 值都是正确的

7. 在线性相关的条件下,自变量的标准差为 2,因变量标准差为 5,而相关系数为 0.8 时,则其回归系数为(　　)。

A. 8　　B. 0.32　　C. 2　　D. 12.5

8. 进行相关分析,要求相关的两个变量(　　)。

A. 都是随机的

B 都不是随机的

C. 一个是随机的,一个不是随机的

D. 随机或不随机都可以

9. 下列关系中,属于正相关关系的有(　　)。

A. 合理限度内,施肥量和平均单产量之间的关系

B. 产品产量与单位产品成本之间的关系

C. 商品的流通费用与销售利润之间的关系

D. 流通费用率与商品销售量之间的关系

10. 相关分析是研究(　　)。

A. 变量之间的数量关系

B. 变量之间的变动关系

C. 变量之间的相互关系的密切程度

D. 变量之间的因果关系

11. 在回归直线 $y_c=a+bx$,$b<0$,则 x 与 y 之间的相关系数(　　)。

A. $r=0$

B. $r=1$

C. $0<r<1$

D. $-1<r<0$

12. 当相关系数 $r=0$ 时,表明(　　)。

A. 现象之间完全无关

B. 相关程度较小

C. 现象之间完全相关

D. 无直线相关关系

13. 下列现象的相关密切程度最高的是(　　)。

A. 某商店的职工人数与商品销售额之间的相关系数 0.87

B. 流通费用水平与利润率之间的相关系数为−0.94

C. 商品销售额与利润率之间的相关系数为 0.51

D. 商品销售额与流通费用水平的相关系数为−0.81

14. 估计标准误差是反映(　　)。

A. 平均数代表性的指标

B. 相关关系的指标

C. 回归直线方程的代表性指标

D. 序时平均数代表性指标

二、多选题

1. 下列哪些现象之间的关系为相关关系?(　　)

A. 家庭收入与消费支出关系

B. 圆的面积与它的半径关系

C. 广告支出与商品销售额关系

D. 商品价格一定，商品销售与商品销售量关系

2. 相关系数表明两个变量之间的(　　)。

A. 因果关系　　B. 相关关系　　C. 变异程度　　D. 相关方向

E. 相关的密切程度

3. 对于一元线性回归分析来说(　　)。

A. 两变量之间必须明确哪个是自变量，哪个是因变量

B. 回归方程是据以利用自变量的给定值来估计和预测因变量的平均可能值

C. 可能存在着 y 依 x 和 x 依 y 的两个回归方程

D. 回归系数只有正号

4. 可用来判断现象线性相关方向的指标有(　　)。

A. 相关系数　　B. 回归系数

C. 回归方程参数 a　　D. 估计标准误差

5. 单位成本(元)依产量(千件)变化的回归方程为 $y_c=78-2x$，这表示(　　)。

A. 产量为 1 000 件时，单位成本 76 元

B. 产量为 1 000 件时，单位成本 78 元

C. 产量每增加 1 000 件时，单位成本下降 2 元

D 产量每增加 1 000 件时，单位成本下降 78 元

6. 估计标准误差的作用是表明(　　)。

A. 样本的变异程度　　B. 回归方程的代表性

C. 估计值与实际值的平均误差　　D. 样本指标的代表性

7. 销售额与流通费用率，在一定条件下，存在相关关系，这种相关关系属于(　　)。

A. 完全相关　　B. 单相关　　C. 负相关　　D. 复相关

8. 在直线相关和回归分析中(　　)。

A. 据同一资料，相关系数只能计算一个

B. 据同一资料，相关系数可以计算两个

C. 据同一资料，回归方程只能配合一个

D. 据同一资料，回归方程随自变量与因变量的确定不同，可能配合两个

9. 相关系数 r 的数值(　　)。

A. 可为正值　　B. 可为负值　　C. 可大于 1　　D. 可等于 -1

10. 从变量之间相互关系的表现形式看，相关关系可分为(　　)。

A. 正相关　　B. 负相关　　C. 直线相关　　D. 曲线相关

11. 确定直线回归方程必须满足的条件是(　　)。

A. 现象间确实存在数量上的相互依存关系

B. 相关系数 r 必须等于 1

C. y 与 x 必须同方向变化

D. 现象间存在着较密切的直线相关关系

12. 当两个现象完全相关时,下列统计指标值可能为(　　)。

A. $r=1$　　B. $r=0$　　C. $r=-1$　　D. $S_y=0$

13. 在直线回归分析中,确定直线回归方程的两个变量必须是(　　)。

A. 一个自变量,一个因变量　　B. 均为随机变量

C. 对等关系　　D. 一个是随机变量,一个是可控制变量

14. 配合直线回归方程是为了(　　)。

A. 确定两个变量之间的变动关系　　B. 用因变量推算自变量

C. 用自变量推算因变量　　D. 两个变量都是随机的

15. 在直线回归方程中(　　)。

A. 在两个变量中须确定自变量和因变量

B. 一个回归方程只能作一种推算

C. 要求自变量是给定的,而因变量是随机的

D. 要求两个变量都是随机变量

16. 相关系数与回归系数(　　)。

A. 回归系数大于零则相关系数大于零　　B. 回归系数小于零则相关系数小于零

C. 回归系数大于零则相关系数小于零　　D. 回归系数小于零则相关系数大于零

三、判断题

1. 相关关系和函数关系都属于完全确定性的依存关系。(　　)

2. 如果两个变量的变动方向一致,同时呈上升或下降趋势,则二者是正相关关系。(　　)

3. 假定变量 x 与 y 的相关系数是 0.8,变量 m 与 n 的相关系数为 −0.9,则 x 与 y 的相关密切程度高。(　　)

4. 当直线相关系数 $r=0$ 时,说明变量之间不存在任何相关关系。(　　)

5. 相关系数 r 有正负、有大小,因而它反映的是两现象之间具体的数量变动关系。(　　)

6. 回归系数 b 的符号与相关系数 r 的符号,可以相同也可以不相同。(　　)

7. 在直线回归分析中,两个变量是对等的,不需要区分因变量和自变量。(　　)

8. 相关系数 r 越大,则估计标准误差 S_y 值越大,从而直线回归方程的精确性越低。(　　)

9. 工人的技术水平提高,使得劳动生产率提高。这种关系是一种不完全的正相关关系。(　　)

10. 回归分析和相关分析一样,所分析的两个变量都一定是随机变量。(　　)

11. 相关的两个变量,只能算出一个相关系数。(　　)

12. 一种回归直线只能作一种推算,不能反过来进行另一种推算。(　　)

四、简答题

1. 什么是相关关系?它和函数关系有什么不同?

2. 简述相关分析和回归分析关系。

3. 直线回归方程 $y=a+bx$ 中，参数 a、b 是怎样求得的？它们代表什么意义？

4. 构造直线回归模型应具备哪些条件？

5. 什么是估计标准误差？其作用如何？

6. 应用相关与回归分析应注意哪些问题？

五、计算题

1. 有 14 个同类企业的生产性固定资产年平均价值和工业总产值资料见下表。

14 个同类企业的生产性固定资产年平均价值和工业总产值

企业编号	生产性固定资产价值/万元	工业总产值/万元
1	2.8	6.7
2	2.8	6.9
3	3.0	7.2
4	2.9	7.3
5	3.4	8.4
6	3.9	8.8
7	4.0	9.1
8	4.8	9.8
9	4.9	10.6
10	5.2	11.7
11	5.4	11.1
12	5.5	12.8
13	6.2	12.1
14	7.0	12.4
合计	61.8	134.9

(1)计算两变量的相关系数并说明两变量之间的相关方向。

(2)建立直线回归方程，并说明其参数的经济意义。

(3)生产性固定资产(自变量)为 10 万元时，估计总产值(因变量)的可能值。

2. 某公司对 10 户家庭进行调查，获得以下资料：

某种商品的月需求量和价格调查表

家庭号	需求量/kg	价格/元
1	1.0	5.0
2	3.5	2.0
3	3.0	2.0
4	2.7	2.3
5	2.4	2.5
6	2.5	2.6
7	2.0	2.8
8	1.5	3.0
9	1.2	3.3
10	1.2	3.5

要求:(1)计算相关系数,分析该商品价格与需求量之间的相关性。

(2)建立回归模型,并说明其参数的经济意义。

(3)计算估计标准误差。

(4)假定价格下降至1.5元时,以95.45%的可靠程度估计该商品的需求量。

3. 为研究产品销售额与销售利润之间的关系,某公司对所属6家企业进行调查。设产品销售额 x(万元),销售利润 y(万元),调查资料经初步整理和计算,结果如下:$\sum x=225$,$\sum y=13$,$\sum x^2=982\ 3$,$\sum y^2=36.7$,$\sum xy=593$。

要求:(1)计算产品销售额与销售利润之间相关系数。

(2)写出配合销售利润对销售额的直线回归方程。

4. 在计算一元线性回归方程时,已得到以下结果:F=483.808,RSS=$\sum e_i^2=99.11$,$n-k=22$

要求:试根据此结果,填写下表中的空格。

一元线性回归的结果

离差来源	平方和	自由度	方差
来自回归			2 179.56
来自残差	99.11	22	
总离差平方和	2 278.67		

第七章　统计指数

教学目标

理解指数的概念、种类和作用；掌握综合指数的编制方法、平均数指数的编制和应用，以及平均指标指数的编制方法和分析方法；熟练运用统计指数体系进行因素分析。

开篇案例

2015年12月份居民消费价格变动情况

2015年12月份，全国居民消费价格总水平同比上涨1.6%。其中，城市上涨1.7%，农村上涨1.5%；食品价格上涨2.7%，非食品价格上涨1.1%；消费品价格上涨1.5%，服务价格上涨2.1%。2015年，全国居民消费价格总水平比去年同期上涨1.4%。

12月份，全国居民消费价格总水平环比上涨0.5%。其中，城市上涨0.5%，农村上涨0.5%；食品价格上涨1.5%，非食品价格持平；消费品价格上涨0.7%，服务价格持平。

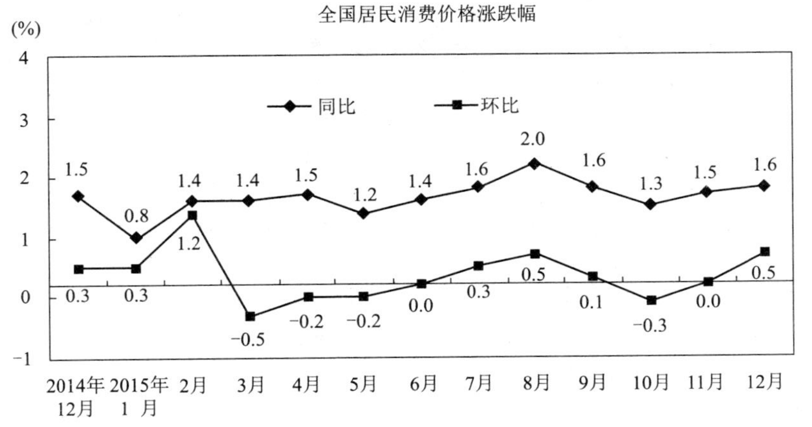

一、各类商品及服务价格同比变动情况

12 月份，食品价格同比上涨 2.7%，影响居民消费价格总水平同比上涨约 0.91 个百分点。其中，鲜菜价格上涨 11.8%，影响居民消费价格总水平上涨约 0.38 个百分点；肉禽及其制品价格上涨 6.2%，影响居民消费价格总水平上涨约 0.46 个百分点(猪肉价格上涨 14.0%，影响居民消费价格总水平上涨约 0.42 个百分点)；水产品价格上涨 2.5%，影响居民消费价格总水平上涨约 0.07 个百分点；粮食价格上涨 1.2%，影响居民消费价格总水平上涨约 0.03 个百分点；蛋价下降 11.1%，影响居民消费价格总水平下降约 0.10 个百分点；鲜果价格下降 6.9%，影响居民消费价格总水平下降约 0.16 个百分点。

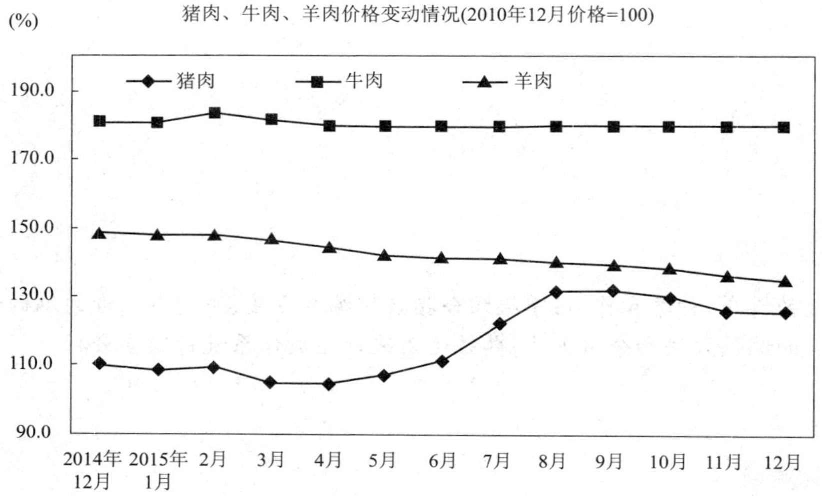

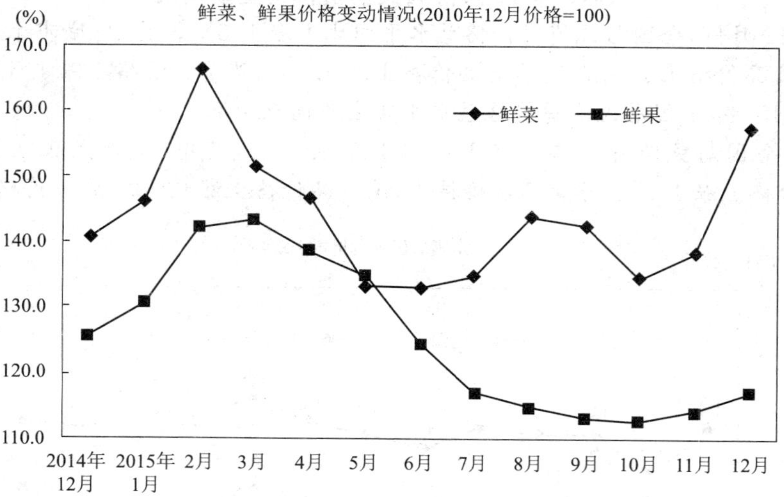

12 月份，非食品价格同比上涨 1.1%。其中，烟酒及用品、医疗保健和个人用品、衣着、娱乐教育文化用品及服务、家庭设备用品及维修服务、居住价格分别上涨 3.9%、2.5%、2.0%、1.3%、0.8%和 0.8%；交通和通信价格下降 1.3%。

据测算，在 12 月份 1.6%的居民消费价格总水平同比涨幅中，上年价格上涨的翘尾因素

消失为0，新涨价因素约为1.6个百分点。

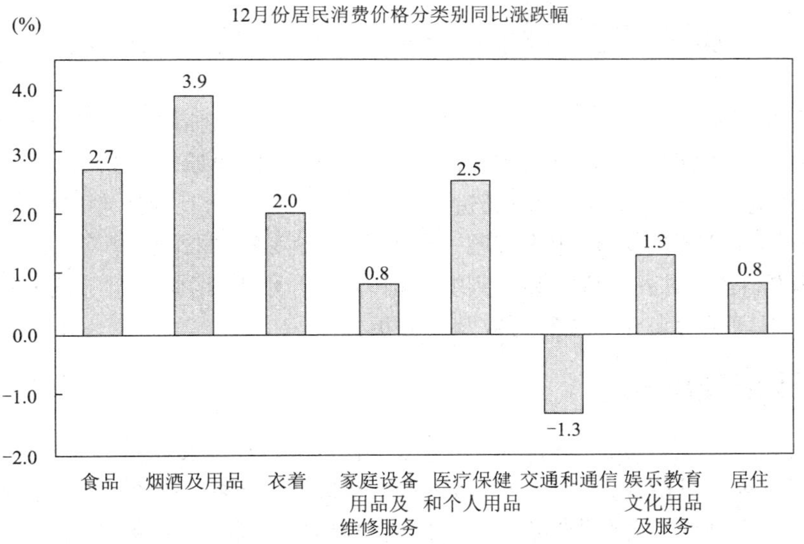

二、各类商品及服务价格环比变动情况

12月份，食品价格环比上涨1.5%。其中，鲜菜价格上涨13.7%，影响居民消费价格总水平上涨约0.43个百分点；鲜果价格上涨2.3%，影响居民消费价格总水平上涨约0.05个百分点；蛋价上涨1.3%，影响居民消费价格总水平上涨约0.01个百分点；水产品价格上涨1.3%，影响居民消费价格总水平上涨约0.03个百分点；肉禽及其制品价格下降0.3%，影响居民消费价格总水平下降约0.02个百分点；猪肉价格下降0.5%，影响居民消费价格总水平下降约0.02个百分点。

12月份，非食品价格环比持平。其中，医疗保健和个人用品价格上涨0.2%；交通和通信、娱乐教育文化用品及服务价格分别下降0.2%和0.1%；烟酒及用品、衣着、家庭设备用品及维修服务、居住价格均持平。

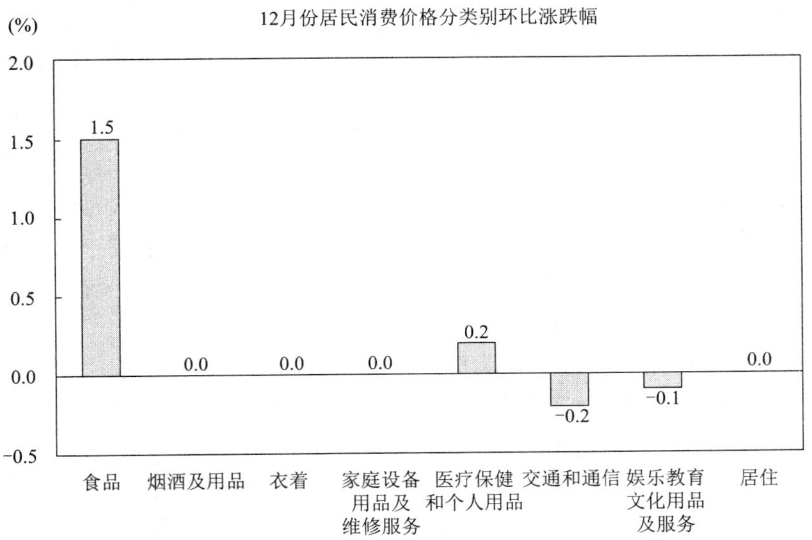

（来源：国家统计局 2016-01-09）

第一节　统计指数的概念和种类

统计指数在现实生活中具有广泛的应用。例如,通过"物价指数"反应市场价格变动,引导消费和投资,作为国家制定宏观调控政策的重要依据;通过"股票价格指数"反应股市行情,引导证券投资,作为一国经济的晴雨表;通过"工业生产指数"综合反映工业产品产量增减变动的相对数,或通过 GDP 增长速度,用来表明一国国民经济发展的状况,等等。可见,指数已经不仅仅是一种分析工具,更成为研究和评判综合国力、生产水平、经济效益、金融运行状态等方面的重要手段。本章我们来介绍统计指数及其分析方法。

一、统计指数的概念

从狭义上说,统计指数是一种特殊的相对数,它是综合反映复杂社会经济总体数量变动方向和程度的相对数。所谓复杂社会经济总体是指构成同类事物总体的各单位(事物)不能直接相加汇总的总体。例如,不同的产品或商品构成的总体,由于不同产品或商品具有不同的使用价值和不同的计量单位,其数量是不能直接相加汇总的,因此是一个复杂总体。要反映这种复杂总体数量的综合变动情况,应用一般的动态相对数是无法解决的,而应当有专门的、特殊的方法。指数就是综合反映复杂总体数量变动情况的统计方法。

从广义上说,指数是用来测定一个变量值对于另一个特定变量值大小的相对数,如发展速度、计划完成程度相对数、比较相对数等都可称之为指数。

二、统计指数的分类

统计指数,可以从不同角度,进行以下几种分类:

(1)按所反映的对象范围不同可分为个体指数、总指数和类指数:

①个体指数是反映某一单项事物数量变动的相对数,如某一产品的产量指数,$K_Q=\frac{Q_{2008}}{Q_{2007}}=\frac{150}{100}=150\%$,某一商品的价格指数 $K_P=\frac{P_{2008}}{P_{2007}}=\frac{114}{100}=114\%$等,都属个体指数。

②总指数是综合反映复杂社会经济总体数量变动的相对数,如工业总产量指数、零售物价总指数等。

③在编制总指数的同时,往往还要结合统计分组编制各类别的指数,如在编制社会零售物价总指数时,先要根据对商品的分类,分别计算食品类、衣着类等类指数。类指数所反映的对象范围介于个体指数和总指数之间,但其性质与总指数相同,也属于狭义指数。类指数同总指数结合起来,可以更深入、更全面地反映现象发展的动态。

(2)按所反映现象性质的不同可分为数量指标指数和质量指标指数:

①数量指标指数是反映总体某种数量指标变动情况的指数,说明的是总体某种数量规模变动的情况,如产量指数、销售量指数、职工人数指数等。

②质量指标指数是反映总体某一质量指标变动情况的指数,说明的是总体某方面内涵数量变动的情况,如价格指数、单位成本指数、劳动生产率指数等。

(3)按照指数的计算方法和表现形式不同,可分为综合指数、平均数指数和平均指标指数:

①综合指数是通过两个有联系的综合总量指标的对比计算的总指数。

②平均数指数是用对个体指数加权平均的方法计算出来的总指数，主要有算术平均数指数和调和平均数指数。

③平均指标指数则是通过两个有联系的平均指标对比来计算的总指数。

(4)按所采用基期的不同分为定基指数和环比指数：

指数往往是随着时间的推移而连续编制的，从而形成了在时间上前后衔接的指数数列。在指数数列中，如果各个指数都以某一固定时期作为基期计算的，即为定基指数；如果各个指数都以报告期的前一期作为基期计算的，即为环比指数。定基指数的基期是固定不变的，反映的是现象长期发展的程度；环比指数是以报告期指标与前一期指标对比所得的动态相对数，反映现象逐期变动的程度。

(5)按对比标准的不同分为时间指数、区域指数、计划完成指数和定额完成指数：

①时间指数又称动态指数，是以某一基期水平作为对比标准计算的，说明现象在时间上发展变化的指数，这是应用最广的指数。

②区域指数是以某空间(国家、地区、部门、单位等)的水平作为对比标准计算的，综合说明同类事物在不同空间表现差异程度的指数，它是一种特殊的比较相对数，又称类比指数。

③计划完成指数是以计划任务为对比标准计算的，说明计划完成程度的指数。

④定额完成指数是以某种定额为对比标准计算的，说明定额完成程度的指数。

区域指数、计划完成指数、定额完成指数三者可称作静态指数，是统计指数的延伸和发展。

三、统计指数的作用

(一)反映复杂总体数量变动的方向和程度

因为社会经济现象中的复杂总体，其各构成单位的特征数值由于计量单位不同不能直接相加汇总，但在社会经济管理与理论研究中，需要经常分析其总的变动情况，这就必须利用指数这一方法才能实现。如我国统计部门经常向社会提供的工业生产指数、农业生产指数、各种主要的价格指数等，都是综合反映有关复杂总体数量变动方向和程度的重要统计指数。

(二)进行复杂总体数量变动的因素分析

利用指数之间的经济联系，可从数量上具体揭示某种现象发展变化的原因及各构成因素对其影响的相对数和影响总量，从而明确现象发展变化的主要原因及其主要矛盾，可以评价政策措施的成效。

(三)研究复杂总体长期的变动趋势

利用连续编制的指数数列，可以对社会经济现象在较长时期内发展变化的趋势进行描述和分析。如编制工业产品成本指数数列，可分析工业产品成本在某一时期内的变动趋势。还可以利用相互联系的指数数列，进行有关对比分析。如根据农产品价格指数数列和工业品零售价格指数数列，来分析工农业产品综合比价的变化趋势，以及工农业产品剪刀差的变化趋势。

(四)进行复杂总体数量变动的推算

利用指数之间的经济联系，可从数量上推算未知指数的数值，以及推算指数变化影响的具体数量。

第二节　综合指数的编制与应用

一、综合指数的编制方法

综合指数是用两个时期的总量指标对比编制成的总指数,综合指数是编制和计算总指数的一种基本形式。

编制综合指数,就是要先计算出两个综合总量,再把两个综合总量对比,得到的相对数即为总指数。

下面以商品销售额指数为例说明其具体编制方法。

【例 7.1】 某商店资料见表 7.1。

表 7.1　某商店 3 种商品价格和销售量资料

商品名称	计算单位	销售量		价格/元		销售额/元			
		基期 Q_0	报告期 Q_1	基　期 P_0	报告期 P_1	基期 Q_0P_0	报告期 Q_1P_1	假定 Q_1P_0	假定 Q_0P_1
甲	吨	4	5	8	10	32	50	40	40
乙	件	2	3	6	7	12	21	18	14
丙	双	3	4	7	9	21	36	28	27
合计	—	—	—	—	—	65	107	86	81

表 7.1 中销售量和价格是已知资料,销售额各栏为计算综合指数而设的计算栏。

编制销售额综合指标指数,其公式为:

$$\bar{K}_{QP}=\frac{\sum Q_1P_1}{\sum Q_0P_0}$$

式中:$\bar{K}_{QP}$为销售额综合指数;Q为数量指标,在这里为销售量指标;P为质量指标,在这里为销售价格指标;下标 1 和 0 分别表示报告期和基期。

将表 7.1 的有关资料代入公式,可得:

$$\bar{K}_{QP}=\frac{\sum Q_1P_1}{\sum Q_0P_0}=\frac{107}{65}=164.62\%$$

计算结果表明,三种商品的销售额总量增长了 64.62%。

在综合指数分析中,通常还要计算研究对象即价格和销售量共同变动时对综合总量的影响绝对额。影响绝对额即综合指数的分子分母之差。仍依上例:

销售额总额增加额=107−65=42(元)

二、数量指标指数

数量指标指数是反映总体某种数量指标变动情况的指数,亦即以数量指标为研究对象编制的指数,如商品销售量指数、工业生产指数、职工人数指数等都是数量指标指数。下面以商品销售量指数为例说明其具体编制方法。资料仍见前表 7.1。

编制数量指标综合指数,一般采用基期的质量指标作同度量因素。其公式为:

$$\bar{K}_Q=\frac{\sum Q_1P_0}{\sum Q_0P_0}$$

将表 7.1 的有关资料代入公式，可得：

$$\bar{K}_Q=\frac{\sum Q_1P_0}{\sum Q_0P_0}=\frac{86}{65}=132.31\%$$

计算结果表明，三种商品的销售量分别来看，各有不同的增长，综合来看，销售量平均增长了 32.31%。

在综合指数分析中，通常还要计算研究对象变动时对综合总量的影响绝对额。影响绝对额即综合指数的分子分母之差。仍依上例：

由于销售量变动影响的销售额 $=\sum Q_1P_0-\sum Q_0P_0=86-65=21$(元)

数量指标综合指数的同度量因素所属时期的选择，在我国实际运用中，除了基期以外，有时还采用某一固定时期，主要表现在我国计算工、农业生产指数时，是采用工、农业产品的不变价格来计算的。

三、质量指标指数

质量指标指数是反映总体某一质量指标变动情况的指数，亦即根据质量指标编制的指数。如商品价格指数、工业产品成本指数、劳动生产率指数等都是质量指标指数。下面以商品价格指数为例说明其具体编制方法，资料仍见前表 7.1。

从表 7.1 资料看，3 种商品的价格，报告期比基期均有不同程度的上涨，要测定三种商品价格的综合变动，需要计算价格总指数。

我国目前编制质量指标综合指数的一般原则是采用报告期的数量指标作同度量因素，其公式为：

$$\bar{K}_P=\frac{\sum P_1Q_1}{\sum P_0Q_1}$$

将表 7.1 中的有关资料代入上面的公式，可得：

$$\bar{K}_P=\frac{\sum P_1Q_1}{\sum P_0Q_1}=\frac{107}{86}=124.42\%$$

计算结果表明，三种商品的价格综合上涨了 24.42%。

利用价格总指数也可以进行影响绝对额分析：

由于价格变动影响的销售额 $=\sum P_1Q_1-\sum P_0Q_1=107-86=21$(元)

四、综合指数在我国的应用

(一)工、农业生产指数

新中国成立以来，编制工业生产指数、农业生产指数均是采用的综合指数法，其中同度量因素采用的是专门编制的不变价格。以工业生产指数为例，用公式表示如下：

$$\bar{K}_Q=\frac{\sum Q_1P_n}{\sum Q_0P_n}$$

式中：Q 为某种工业品产量；P_n 为某种工业品不变价格。

按不变价格计算的工业生产指数，可以消除各年间由于价格变化对指数的影响，便于各年间指数的对比，比较真实地反映工业生产的发展情况。

不变价格是国家为编制工业生产指数，根据某一时期的实际价格水平专门编制的计算价格，一般可使用5～10年不变。新中国成立以来，曾先后编制和使用过1952年、1957年、1970年、1980年和1990年不变价格。由于不变价格不可能永远不变，一般每过一定时期就要修订一次。计算工业生产指数要涉及不同的不变价格时，必须对不变价格进行调整。调整的方法有以下两种：

1. 系数调整法

其步骤是：

(1)计算更替年不变价格换算系数。

(2)用价格换算系数调整按旧不变价格计算的基期总产值。

(3)计算产量指数。

【例7.2】 某工厂1997年工业总产值按1990年不变价格计算，为3 000万元，1987年工业总产值按1980年不变价格计算，为1 000万元。这两年工业总产值若要对比，为了消除不变价格变动因素的影响，需要计算不变价格更替年份的不变价格换算系数。假定1991年按1980年不变价格计算的工业总产值为2 000万元，按1990年不变价格计算为2 600万元，则不变价格换算系数为：

$$\text{不变价格换算系数}=\frac{\text{交替年按新不变价格计算的总产值}}{\text{交替年按旧不变价格计算的总产值}}=\frac{2\ 600}{2\ 000}=1.3(\text{或}\ 130\%)$$

将1987年的工业总产值乘以换算系数得：

$$1\ 000\times1.3=1\ 300(\text{万元})$$

计算1997年与1987年对比的工业产品产量指数：

$$\bar{K}_Q=\frac{3\ 000}{1\ 300}=230.77\%$$

以上换算过程用公式表达如下：

$$\bar{K}_Q=\frac{\sum Q_{97}P_{90}}{\sum Q_{87}P_{80}\times\dfrac{\sum Q_{91}P_{90}}{\sum Q_{91}P_{80}}}=\frac{3\ 000}{1\ 000\times\dfrac{2\ 600}{2\ 000}}=230.77\%$$

或 $$\bar{K}_Q=\frac{\sum Q_{97}P_{90}}{\sum Q_{87}P_{80}}\div\frac{\sum Q_{91}P_{90}}{\sum Q_{91}P_{80}}=\frac{3\ 000}{1\ 000}\div\frac{2\ 600}{2\ 000}=230.77\%$$

从公式的推演中可知，第二式实际上是利用指数体系进行推算，将直接对比结果(总产值动态指标)除以换算系数(也即价格指数)，即得产量指数，与第一式计算结果完全一致，这一方法也可称价格指数缩减法。

2. 环比指数连乘法

即根据环比发展速度连乘积等于定基发展速度的指标关系计算定基指数。仍根据上例某工厂总产值的资料，若要求得1997年为1987年的定基指数，可先分别求出1991年为1987年的环比指数与1997年为1991年的环比指数，然后连乘即得，方法如下：

$$\bar{K}_Q=\frac{\sum Q_{91}P_{80}}{\sum Q_{87}P_{80}}\times\frac{\sum Q_{97}P_{90}}{\sum Q_{91}P_{90}}=\frac{2\ 000}{1\ 000}\times\frac{3\ 000}{2\ 600}=2\times1.15=230\%$$

两种方法所得结果是一样的。

(二)股价指数

股票价格指数是反映某一股票市场上多种股票价格变动趋势的一种相对数，简称股价指数，其单位一般用“点”表示。

在发育较为充分的市场经济条件下，股票价格的波动和走向是反映经济景气状况的重要方面，也是影响投资人的决策和行为的主要因素之一。股票价格指数可以衡量整个股票市场价格变动的基本趋势，从而给投资者提供不同的投资组合分析参照系，随着证券市场在国民经济中的地位日渐重要，股价指数也将逐步成为市场经济运行的“晴雨表”。

编制股价指数，一般以发行量作为权数，具体计算方法有两种：一种是以基期的发行量作为权数；另一种是以报告期的发行量作为权数。其计算公式分别为：

$$\bar{K}_P=\frac{\sum P_1Q_0}{\sum P_0Q_0} \qquad \bar{K}_P=\frac{\sum P_1Q_1}{\sum P_0Q_1}$$

式中：P_0 为基期股价；P_1 为报告期股价；Q_0 为基期发行量；Q_1 为报告期发行量。

大多数股票市场的股价指数都采用后一种方法，即以报告期发行量为权数计算。

【例 7.3】 某股市以 A、B、C、D 四种股票为计算对象，各股票价格和发行量资料如表 7.2 所示。

表 7.2　某股市股票价格和发行量资料

股票种类	股票价格/(元/股)		发行量/股		股价总额/元		
	基期	报告期	基期	报告期	基期	报告期	假定
符号	P_0	$P1$	Q_0	$Q1$	P_0Q_0	P_1Q_1	P_0Q_1
A	10	15	900	1 000	9 000	15 000	10 000
B	50	70	800	900	40 000	63 000	45 000
C	30	40	400	450	12 000	18 000	13 500
D	70	100	600	750	42 000	75 000	25 200
合计	—	—	—	—	103 000	171 000	121 000

解：以报告期发行量作为权数的加权股价指数为：

$$\bar{K}_P=\frac{\sum P_1Q_1}{\sum P_0Q_1}=\frac{171\ 000}{121\ 000}=141.32\%$$

计算结果表明，报告期的股票价格比基期上升了 41.32%(或 41.32 点)。

目前，世界各国的主要证券交易所都有自己的股票价格指数，例如：美国的道·琼斯股价指数和标准普尔股价指数、日本的日京指数、我国香港的恒生指数等。

(三)成本计划完成指数

成本计划完成指数是指数理论的推广应用，属质量指标指数。它又分为单位成本计划完成指数与可比产品成本降低计划完成指数两种。在计算单位成本(即成本水平)计划完成指数时，其公式为：

$$\bar{K}_Z=\frac{\sum Z_1Q_1}{\sum Z_nQ_1}$$

式中：Z_1 为报告期实际单位成本；Z_n 为计划单位成本；$\sum Z_1Q_1$ 为报告期实际总成本；$\sum Z_nQ_1$ 为按报告期实际产量和计划单位成本计算的假定总成本。

上式与反映单位成本动态的总指数类同，分子与分母的差额是由于实际单位成本与计划背离影响的总成本。

检查各种不同产品单位成本降低计划完成情况时，不能用实际成本降低率和计划成本降低率直接对比，而必须分别编制计划成本指数与实际成本指数，然后对比。计算公式如下：

$$计划成本指数=\frac{\sum Z_nQ_n}{\sum Z_0Q_n}$$

式中：Z_0 为基期实际单位成本。

在计算实际成本指数时，为了促使企业按计划品种结构组织生产，应采用计划产量作为同产量因素。其计算公式如下：

$$实际成本指数=\frac{\sum Z_1Q_n}{\sum Z_0Q_n}$$

将实际成本指数与计划成本指数对比，即得成本计划完成指数：

$$成本计划完成指数=\frac{\sum Z_1Q_n}{\sum Z_0Q_n}\div\frac{\sum Z_nQ_n}{\sum Z_0Q_n}=\frac{\sum Z_1Q_n}{\sum Z_nQ_n}$$

可见，这一公式推演的结果，与直接用计划产量为同度量因素的成本计划完成指数的形式是一致的。

【例 7.4】 某工业企业两种产品的单位成本和产量资料如表 7.3 所示，试计算工业产品成本计划完成指数。

表 7.3　某企业产品产量及单位产品成本

可比产品	计量单位	产　量		单位成本(元)			总成本(元)				
		Q_n	Q_1	Z_0	Z_n	Z_1	Z_0Q_n	Z_nQ_n	Z_1Q_n	Z_1Q_1	Z_nQ_1
甲	台	400	600	15	12	10	6 000	4 800	4 000	6 000	7 200
乙	件	200	300	6	8	8	1 200	1 600	1 600	2 400	2 400
合计	—	—	—	—	—	—	7 200	6 400	5 600	8 400	9 600

解：根据表 7.3 资料：

$$计划成本指数=\frac{\sum Z_nQ_n}{\sum Z_0Q_n}=\frac{6\ 400}{7\ 200}=88.89\%$$

$$\sum Z_nQ_n-\sum Z_0Q_n=6\ 400-7\ 200=-800(元)$$

计算结果表明，计划成本指数为 88.89%，即单位产品成本计划比基期降低 11.11%，计划节约总成本 800 元。

$$实际成本指数=\frac{\sum Z_1Q_n}{\sum Z_0Q_n}=\frac{5\ 600}{7\ 200}=77.78\%$$

$$\sum Z_1Q_n-\sum Z_0Q_n=5\ 600-7\ 200=-1\ 600(元)$$

计算结果表明，按计划产量构成计算实际成本指数为 77.78%，即单位产品成本实际比基期降低了 22.22%，实际节约总成本为 1 600 元。

$$可比产品成本降低计划完成指数=\frac{\sum Z_1Q_n}{\sum Z_0Q_n}\div\frac{\sum Z_nQ_n}{\sum Z_0Q_n}=77.78\%\div 88.89\%=87.5\%$$

或

$$\frac{\sum Z_1Q_n}{\sum Z_nQ_n}=\frac{5\ 600}{6\ 400}=87.5\%$$

$$(\sum Z_1Q_n-\sum Z_0Q_n)-(\sum Z_nQ_n-\sum Z_0Q_n)=\sum Z_1Q_n-\sum Z_nQ_n=5\ 600-6\ 400=-800(元)$$

即可比产品成本降低计划完成 87.5%，比计划成本降低任务多降低 12.5%，从而节约总成本 800 元。

如果成本计划完成指数的计算不用计划产量作同度量因素，而用实际产量作同度量因素，则：

$$成本计划完成指数=\frac{\sum Z_1Q_1}{\sum Z_nQ_1}=\frac{8\ 400}{9\ 600}=87.5\%$$

计算结果与以上不同，其原因是由于实际产量的品种构成与计划品种构成不同造成的，有时甚至还会因此得出相反的结论。

五、综合指数的意义和局限性

(一)综合指数的重要意义

综合指数的重要意义在于它是以不同时期的综合总量指标的对比，因而它可较全面地显示出所研究对象的社会经济内容，它不仅能以相对数的形式反映其综合变动方向和程度，而且还能以绝对量的形式反映研究对象变动所产生的效果。

此外，综合指数的优点还在于可根据指数之间的内在联系建立指数体系，对某社会经济现象的变动进行因素分析。

(二)综合指数的局限性

综合指数的局限性主要表现在两点：其一，它需要根据总体各单位不同时期的数量指标和质量指标的数据资料编制，而在市场经济条件下，大量的统计资料将是通过抽样调查取得的非全面资料，因此，综合指数的应用要受到资料条件的限制；其二，综合指数中要使用根据不同时期的数量指标和质量指标计算的综合总量（如$\sum Q_1P_0$），而这对于较大范围的复杂总体，是较难做到的。

第三节　平均数指数的编制与应用

一、平均数指数的编制方法

平均数指数是编制总指数的另一种重要形式。它是以个体指数为基础，通过对个体指数加权平均计算的一种总指数。常用的基本形式有两种：一种是加权算术平均数指数；另一种是加权调和平均数指数。在每种形式中，所用权数又有综合指数变形权数与固定权数两种。

(一)加权算术平均数指数

(1)综合指数变形权数的加权算术平均数指数。这种方法一般适用于对数量指标指数的计算。基本公式为：

$$\bar{K}_Q=\frac{\sum K_QQ_0P_0}{\sum Q_0P_0}\quad\left(K_Q=\frac{Q_1}{Q_0}\right)$$

$$影响绝对额=\sum K_QQ_0P_0-\sum Q_0P_0$$

式中：K_Q为个体物量指数；Q_0P_0是基期某种物量与某种同度量因素（质量指标）形成的综合总值，在这里作为K_Q相应的权数。

因为：

$$\frac{\sum K_QQ_0P_0}{\sum Q_0P_0}=\frac{\sum\frac{Q1}{Q0}Q_0P_0}{\sum Q_0P_0}=\frac{\sum Q_1P_0}{\sum Q_0P_0}$$

即以 Q_0P_0 为权数计算的加权算术平均数指数与前述综合指数相同，所以也把该平均数形式称为综合指数的变形形式，称 Q_0P_0 为综合指数的变形权数。

【例 7.5】 仍以表 7.1 资料为例，总指数的计算过程见表 7.4。

表 7.4　加权算术平均数指数计算表

商品名称	计量单位	销售量		销售量个体指数/%	基期销售额/元
		Q_0	Q_1	K_Q	Q_0P_0
甲	t	4	5	125	32
乙	件	2	3	150	12
丙	双	3	4	133	21
合计	—	—	—	—	65

从表 7.4 中资料可见，3 种商品的销售量都有不同程度的增长，销售量总指数可按以下方法计算：

$$\bar{K}_Q=\frac{\sum K_QQ_0P_0}{\sum Q_0P_0}$$

$$=\frac{125\%\times32+150\%\times12+133\%\times21}{32+12+21}$$

$$=\frac{85.93}{65}=132.2\%$$

由于销售量变动影响的销售额为：

$$\sum K_QQ_0P_0-\sum Q_0P_0=85.93-65=20.93(\text{元})$$

上述计算结果及经济内容与前述综合指数计算结果完全一致。

但必须指出，只有在 Q_0P_0 这个特定权数加权下，加权算术平均数指数才是综合指数的变形。在其他权数条件下，平均数指数具有独立意义。

从理论上讲，计算质量指标指数也可使用加权算术平均的方法，计算公式为：

$$\bar{K}_P=\frac{\sum K_PQ_1P_0}{\sum Q_1P_0}\qquad\left(K_P=\frac{P_1}{P_0}\right)$$

$$\bar{K}_P=\frac{\sum\frac{P_1}{P_0}Q_1P_0}{\sum Q_1P_0}=\frac{\sum Q_1P_1}{\sum Q_1P_0}$$

但由于 Q_1P_0 这个综合指数的变形权数不易得到，故实际应用受到较大限制。

(2)固定权数的加权算术平均数指数。由于这种计算形式容易取得资料，特别是适应非全面资料，因此在国内外的统计实践中得到广泛应用。例如我国的社会商品零售价格指数、居民消费指数、西方国家的工业生产指数等都是采用固定权数的加权算术平均数指数形式编制的。这种形式应用起来比较方便，同时，在编制环比指数时，不同时期采用同样的权数，可比性强，有利于指数数列的分析。固定权数资料可以根据有关的普查或抽样调查资料调整计算确定，权数的表现形式为比重。权数一经确定，便可在较长时间内固定使用，从而可大大减少工作量。这种固定权数的加权算术平均数指数与综合指数不存在变形关系。基本公式为：

数量指标指数：

$$\bar{K}_Q=\frac{\sum K_QW}{\sum W}=\sum K_Q\frac{W}{\sum W}$$

式中：W 为固定权数（比重权数）；K_Q为个体数量指标指数或类指数。

质量指标指数：

$$\bar{K}_P=\frac{\sum K_P W}{\sum W}$$

式中：K_P为个体质量指标指数或类指数；W 为固定权数，一般仍为某项或某类事物在某一基期总值中所占比重。

（二）加权调和平均数指数

（1）综合指数变形权数的加权调和平均数指数。这种方法一般适用于计算质量指标总指数。计算公式为：

$$\bar{K}_P=\frac{\sum P_1Q_1}{\sum \frac{1}{K_P}P_1Q_1}$$

因为：
$$\sum \frac{1}{K_P}P_1Q_1=\sum \frac{P_0}{P_1}P_1Q_1=\sum P_0Q_1$$

所以：
$$\bar{K}_P=\frac{\sum P_1Q_1}{\sum P_0Q_1}$$

因此称这里的权数 P_1Q_1 为综合指数的变形权数。仍用表 7.1 的资料，说明其计算过程（见表 7.5）。

表 7.5　加权调和平均数指数计算表

商品名称	计量单位	商品价格/元		个体价格指数/%	报告期销售额/元	$\frac{1}{K_P}P_1Q_1$
		基期 P_0	报告期 P_1	K_P	P_1Q_1	P_0Q_1
甲	t	8	10	125	50	40
乙	件	6	7	117	21	18
丙	双	7	9	129	36	28
合计	—	—	—	—	107	86

从表 7.5 中资料可见，三种商品的价格都有不同程度的上涨，价格总指数为：

$$\bar{K}_P=\frac{\sum P_1Q_1}{\sum\frac{1}{K_P}P_1Q_1}=\frac{50+21+36}{\frac{50}{1.25}+\frac{21}{1.17}+\frac{36}{1.29}}=\frac{107}{86}=124.42\%$$

$$\text{由于价格变动影响的销售额}=\sum P_1Q_1-\sum\frac{1}{K_P}P_1Q_1=107-86=21(\text{元})$$

以上计算结果同综合指数完全一致。但若采用其他权数，两者不存在变形关系，自然结果也不一致。

（2）固定权数的加权调和平均数指数。如把权数定为某种固定权数 W（某项比重），加权调和平均数指数的一般公式应为：

$$\bar{K}=\frac{\sum W}{\sum\frac{1}{K}W}$$

从理论上讲，这种方法既可用于计算数量指标总指数，也可用于计算质量指标总指数，但这种形式在社会经济生活中很少实际应用。

二、平均数指数的应用

(一)居民消费价格指数的编制

居民消费价格指数是度量一组代表性消费商品及服务项目价格水平随着时间而变动的相对数,通常简记为 CPI。该指数用于反映居民家庭购买消费品及服务价格水平的变动情况,反映居民消费价格变动对居民实际收入和实际消费水平的影响,反映通货膨胀的程度。

通货膨胀率＝居民消费价格指数的增长率

货币购买力指数＝居民消费价格指数的倒数

职工实际工资＝名义工资/居民消费价格指数

我国编制居民消费价格指数的基本程序与方法如下:

1.进行商品分类

编制居民消费价格指数的商品和服务项目基本是根据用途进行分类的,共分为 8 个大类,包括食品、烟酒及用品、衣着、家庭设备用品及维修服务费、医疗保健及个人用品、交通和通信、娱乐教育文化用品及服务、居住等。下设 251 个基本分类,如衣着大类下设 4 个中类,中类下设小类。其他的大类也分别下设中、小类。一般在小类之下选择有代表性的商品和服务项目作为规格品编制指数。

2.选择代表规格品和服务项目

居民消费价格指数的编制首先要选择代表规格品和服务项目。目前国家根据全国城乡 9 万余户居民家庭消费支出调查资料中消费额较大的项目和习惯,确定了 550 余种必报商品和服务项目。国家允许各地区可根据当地实际情况适当增加部分商品和服务项目。

为使代表规格品更加科学并符合实际,必须经常注意掌握代表规格品的实际消费情况,一般每年根据居民的实际消费情况进行适当的调整,以确保代表规格品的代表性。

3.采集价格并计算平均价格

为编制这一指数,全国采用抽样调查的方法,从省、自治区、直辖市抽选若干市县和价格调查点,进行经常性的价格调查。

(1)价格的采集。价格的采集方法主要是采用定人、定点、定时的直接调查法。

(2)调查次数。代表规格品的调查次数是影响价格指数科学性、准确性的一个重要因素。目前我国编制居民消费价格指数的商品价格调查次数,是根据不同商品的价格变动规律来规定不同的调查次数。

(3)平均价格的计算方法。平均价格的计算方法很多,主要有简单算术平均法、序时平均法、按数量加权平均法和按价格加权平均法。

4.居民消费价格指数的编制

居民消费价格类指数和总指数均采用加权算术平均公式编制。基本计算公式为:

$$\bar{K}_P=\frac{\sum K_P W}{\sum W}=\sum K_P\frac{W}{\sum W}$$

式中:$\bar{K}_P$ 为居民消费价格总指数;K_P 为个体价格指数或类指数,W 为权数。

【例 7.6】 现以表 7.6 资料为例介绍某市居民消费价格指数的编制程序和方法。

表 7.6 某市居民消费价格指数计算表

商品类别和名称	代表规格品的规格等级牌号	计量单位	平均牌价/元			以上年为基础	
			上年 P_0	本年 P_1	权数/% W	个体指数/% $K_P=\frac{P_1}{P_0}$	个体指数乘权数/% K_PW
(甲)	(乙)	(丙)	(1)	(2)	(3)	(4)=$\frac{(2)}{(1)}$	(5)=(4)×(3)
总指数					100		115.05
(一)食品类					46	119.07	54.77
1.粮食中类					18	123.73	22.27
(1)细粮小类					99	123.75	122.51
大米	二等硬米	kg	1.2	1.5	95	125.00	118.75
面粉	标准粉	kg	1.70	1.70	5	100.00	5.00
(2)粗粮小类					1	112.00	1.12
2.副食品中类					45	110.00	49.50
3.烟酒茶中类					20	126.00	25.20
4.其他食品中类					17	130.00	22.10
(二)衣着类					10	107.00	10.70
(三)家庭设备及用品类					12	115.00	13.80
(四)医疗保健类					8	109.00	8.72
(五)交通和通信工具类					6	124.00	7.44
(六)娱乐教育文化用品类					7	108.00	7.56
(七)居住类					8	111.00	8.88
(八)服务项目类					3	106	3.18

(1)计算每种商品或服务项目的个体价格指数。例如大米的个体价格指数为：

$$K_P=\frac{P_1}{P_0}=\frac{1.5}{1.2}=125\%$$

(2)将所有个体价格指数分别乘以相应权数，再除以权数总和，得小类价格指数。例如细粮小类价格指数为：

$$\bar{K}_P=\frac{\sum K_PP_0Q_0}{\sum P_0Q_0}=\sum K_PW$$

$$=125\%\times0.95+100\%\times0.05=123.75\%$$

(3)根据小类指数及相应的权数，按以上同样方法计算中类价格指数。例如粮食中类指数为：

$$\bar{K}_P=\sum K_PW=123.75\%\times0.99+112\%\times0.01=123.7325\%$$

(4)根据中类指数及相应的权数，按以上同样方法计算大类指数。例如食品类指数为：

$$\bar{K}_P=\sum K_PW=123.73\%\times0.18+110\%\times0.45+126\%\times0.2+130\%\times0.17$$
$$=119.07\%$$

(5)根据各大类指数及相应的权数,按以上同样方法,计算总指数。

$$\begin{aligned}\bar{K}_P = \sum K_P W &= 119.07\% \times 0.46 + 107\% \times 0.10 + 115\% \times 0.12 + 109\% \times 0.08 + \\ &\quad 124\% \times 0.06 + 108\% \times 0.07 + 111\% \times 0.08 + 106\% \times 0.03 \\ &= 115.05\%\end{aligned}$$

从2000年开始,我国居民消费价格指数的编制方法按国际通行规则,改用国际上先进的链式拉氏公式计算定基指数,并通过定基指数换算出年距同比、月距环比及其他各种时间间距的价格指数。编制居民消费价格定基指数,首轮定基为2000年,每5年更换一次基期。类别指数及总指数仍采取逐级加权平均计算,计算公式为

$$L_t = \left(\sum W_{t-1} \frac{P_t}{P_{t-1}}\right) \times L_{t-1}$$

式中:W为权数;P为价格;t为报告期;$t-1$为报告期的上一时期。

利用以上定基指数可以换算出环比指数和同比指数,换算方法为

$$I_{环比} = \frac{报告期定基指数}{上期定基指数}$$

$$I_{同比} = \frac{报告期定基指数}{上年同期定基指数}$$

在实际工作中,编制职工生活费用指数、商品零售物价指数也采用加权算术平均数指数。

(二)工业品价格指数的编制

工业品价格指数(PPI)是反映工业品价格水平变动趋势和变动幅度的相对数,也称作"工业生产者价格指数"。包括两部分:工业品出厂价格指数(亦称产出型工业生产者价格指数)和原材料、燃料、动力购进价格指数(亦称投入型工业生产者价格指数)。工业品出厂价格是工业企业生产的产品第一次进入流通领域的销售价格,是构成工业总产值的价格。

编制工业品价格指数,主要反映工业品价格水平的变动趋势和变动幅度,为宏观经济分析和决策、国民经济核算(缩减工业增加值)和社会公众服务。

工业品价格指数的编制过程如下:

1. PPI的编制流程

(1)选择调查产品。

(2)确定调查企业。

(3)开展价格调查。

(4)计算权数。

(5)计算价格指数。

前三步是获得原始价格资料的过程。

2. 需要遵循的原则

选择工业产品中的代表产品需要遵循以下原则:选择对国计民生影响比较大,生产、销售量比较大的产品;选择有发展前景的产品;选择生产较为稳定的合格产品;选择有地方特色的产品。

选择代表产品的具体操作办法(一般是按中类工业行业选择代表产品):

(1)先将各中类行业中的产品按销售额从大到小排队,列出清单。

(2)从上到下计算出累计销售额。

(3)根据销售额确定代表产品。在进入累计额90%线以上的产品中,销售额排在前列的

可全部抽选，其余的产品可以按抽样方法或划类选择方法确定代表产品。

(4)在全部工业中所占比重大的行业，代表产品可多选一些。否则，可少选一些。

3. 调查企业的选择

工业品价格调查采用重点调查与典型调查相结合的调查方法。重点调查将全部国有企业和年销售收入500万元以上的非国有企业列为调查对象，采用主观选样的方法选择调查企业；典型调查是把年销售收入500万元以下的非国有企业作为抽样对象，采用随机抽样的调查方法。调查内容是所选择企业生产的各种规格品的价格。

选择代表企业的原则：按工业行业选择调查企业；大型企业应尽量都选上(或占相当大比重)；选择生产稳定、正常的企业作为调查对象；每种代表规格品尽量选择2个以上的企业。

4. 调查时间及上报要求

规格品价格采集日为报告月的8日、18日。如果调查日当日没有发生交易，价格则为距调查日最近发生交易当天的价格。各省(市、自治区)调查总队生产处于每月28日将审核好的当月工业品价格调查数据经压缩后通过FTP上传到国家统计局城市司生产投资价格处(如遇周末或节假日可根据具体情况顺延)。这样就保证了数据的时效性。

5. 权数的调整情况

工业品价格总指数是根据代表产品的价格指数进行加权汇总编制的。我国编制工业品价格指数的权数采用固定间接权数，权数确定后，一般要固定使用5年，每年可根据实际情况，进行适当的调整。计算工业品价格指数的权数资料主要包括：工业统计年报《全部国有和500万元以上非国有企业主要经济指标》、行业销售价值量汇总表、工业普查的工业产品销售表；本地区典型调查资料等。

目前，我国工业品价格统计覆盖50 000多家企业，涉及4 000多种产品，9 500种规格，每月报送数据达数十万条。对于控制数据质量，有十六字方针，即“方法科学，流程规范，严格检查，科学评估”。按照国家统计局的要求，各地要开展年度数据质量检查活动，对数据质量进行自查，根据自查情况进行评估，对存在的问题及时进行整改，并上报自查评估报告。数据质量检查及评估主要从以下几个方面进行：

(1)调查方案执行情况评估：

①调查单位数量的变化以及分布是否合理。

②大、中、小类产品价格变化情况及其合理性。

③价格指数编制方法是否正确，是否使用了国家编制的程序。

④数据资料处理是否准确，是否经过正确的审核，及时、完整、准确地上报了有关数据和资料。

(2)代表性评估：

①调查单位代表性评估。检查是否按照调查方案的规定抽选工业企业，调查单位产品销售额是否达到方案规定的覆盖面的要求，是否做到不同地区、不同经济类型和大中小型企业兼顾等。

②调查产品或项目代表性评估。调查的工业产品要覆盖本地区主要中类工业行业。

(3)权数资料评估：检查权数资料来源是否正确，是否采用国家统一规定的方法计算权数，是否及时对权数进行修订。

(4)价格指数数据质量评估。包括调查单位报表质量评估(调查单位报送的价格资料是否同质可比，是否剔除了非价格变动因素)，数据审核、录入、汇总评估，价格指数计算结果评估。检查是否建立了价格指数和相关资料台账，台账资料是否完整、准确、真实；是否对结果数据做了完整的备份；是否对各种分析说明资料整理归档。

(5)各调查队的数据质量评估报告按规定时间上报。

(三)农副产品收购价格指数的编制

我国农副产品收购价格指数是按加权调和平均法计算的。基本公式为：

$$\bar{K}_P=\frac{\sum P_1Q_1}{\sum\frac{1}{K_P}P_1Q_1}$$

我国编制农产品收购价格指数也采用分类加权平均的方法。首先将农副产品分为粮食、经济作物、竹木材等11大类。大类下又分有23个小类，小类下选择了250多种产品；然后由计算个体价格指数开始，通过加权平均求小类指数，再对小类指数加权平均求得大类指数，最后通过对大类指数加权平均求得总指数。

【例7.7】 下面以某省农副产品收购价格总指数为例，说明其计算程序和方法，如表7.7所示。

表7.7 某省农副产品收购价格指数计算表

商品类别和名称	代表规格品规格等级	计量单位	平均价格		指数	收购金额/万元	
			P_0	P_1	$K_P=\frac{P_1}{P_0}$	P_1Q_1	$\frac{1}{K_P}P_1Q_1$
(甲)	(乙)	(丙)	(1)	(2)	$(3)=\frac{(2)}{(1)}$	(4)	$(5)=\frac{(4)}{(3)}$
总指数					108.8	399 460	367 000
一、粮食类					125.75	109 400	87 000
1.稻谷	二级	kg	1	1.3	130	76 700	59 000
2.小麦	中等	kg	2.5	3	120	22 800	19 000
3.玉米	中等	kg	2	2.2	110	9 900	9 000
二、经济作物类					105	50 400	48 000
三、木材类					104	20 800	20 000
四、工业品油漆类					100	35 000	35 000
五、禽畜产品类					99	14 850	15 000
六、蚕丝类					101	10 100	10 000
七、干鲜类					102	29 580	29 000
八、干鲜菜及调味品类					108	49 680	46 000
九、土特产品类					106	29 680	28 000
十、药材类					103	40 170	39 000
十一、水产品类					98	9 800	10 000

编制农副产品收购价格指数的步骤为：

(1)计算各类代表规格品的个体价格指数，如稻谷的个体价格指数为：

$$K_P=\frac{P_1}{P_0}=\frac{1.3}{1}=130\%$$

(2)把报告期的收购金额除以各代表规格品的个体指数，即得按基期价格计算的收购金额，如稻谷按基期价格计算的收购金额为：

$$P_0Q_1=\frac{1}{K_P}P_1Q_1=\frac{76\ 700}{130\%}=59\ 000(\text{万元})$$

(3)计算各类商品的价格指数，如粮食类的价格指数为：

$$\bar{K}_P=\frac{\sum P_1Q_1}{\sum\frac{1}{K_P}P_1Q_1}=\frac{76\ 700+22\ 800+9\ 900}{\frac{76\ 700}{130\%}+\frac{22\ 800}{120\%}+\frac{9\ 900}{110\%}}=\frac{109\ 400}{87\ 000}=125.75\%$$

(4)计算该省农副产品收购价格指数为：

$$\bar{K}_P=\frac{\sum P_1Q_1}{\sum\frac{1}{K_P}P_1Q_1}=\frac{399\ 460}{367\ 000}=108.84\%$$

据此也可以计算分子与分母之差，即：

$$\sum P_1Q_1-\sum\frac{1}{K_P}P_1Q_1=399\ 460-367\ 000=32\ 460(\text{万元})$$

对于出售农产品的农民来说，这一差额说明由于农产品价格提高而增加的收入；对收购农产品的部门来说，则是因价格上涨而多支付的金额。

(四)工农业生产指数的编制

1.工业生产指数

国外编制工业生产指数一般多采用平均数指数的方法，计算公式为：

$$\bar{K}_Q=\frac{\sum KW}{\sum W}$$

按上式编制工业生产指数需要掌握两方面的资料：一是代表产品的实物量指数；二是价值量比重权数(W)。目前，西方国家编制工业生产指数均采用这种方法，所选代表产品的数目多少很不一致，关于年度生产指数，美国选择 1 400 种代表产品，英国选择 880 种，日本为 446 种，权数通常是普查年工业部门增加值所占比重资料。表 7.8 是某国家 1993 年工业生产指数计算表：

表 7.8 某国某年工业生产指数计算表

工业部门	代表产品数	部门权数（万分比）	1993 年指数（1990=100）	指数×权数
(甲)	(乙)	(1)	(2)	(3)=(1)×(2)
公用事业	2	300	100	300
矿业	11	100	80	80
制造业	446	9 600	150	14 400
合计	459	10 000	—	14 780

工业生产指数：
$$\bar{K}_Q=\frac{\sum K_QW}{\sum W}=\frac{14\ 780}{10\ 000}=147.8\%$$

2.农业生产指数

国外农业生产指数的计算方法和编制程序与工业生产指数基本相同，都是采用加权算术平均公式计算。但由于农业生产特点与工业生产不同，因此，农业生产指数的内涵与工业生产指数存在以下区别：

第一,农业生产过程是自然再生产过程,农产品种类远比工业品种类简单,在计算生产指数时,不必采用代表产品计算。各国所编制的农业生产指数,几乎都以全部产品种类计算。如日本编制农业生产指数是依据125种农产品,几乎包括了全国全部的农产品。

第二,农业总产值采用产品法计算,全社会重复计算比较少,因此,农业生产指数采用总产值比重作为权数,而不采用增加值比重。

第三,农作物生产周期较长,且带有明显的季节性,一般都只编制年生产指数。

第四,农业生产受自然因素影响较大,因此,编制农业生产指数除选择某一年作为基期外,有些国家以几年的平均产值作为基期水平。农业生产指数计算公式为:

$$\bar{K}_Q=\frac{\sum K_Q W}{\sum W}$$

三、平均数指数的特点及意义

与综合指数相比较,平均数指数具有如下特点和意义:

(1)平均数指数的计算程序不同于综合指数。它不像综合指数那样,先综合后对比,而是先对比计算出个体指数,然后以个体指数为变量,并根据一定权数加权平均。

(2)平均数指数既适用于全面调查资料,也适用于非全面调查资料,因此它比综合指数更能适应市场经济条件下以抽样调查为主体的统计调查方法体系,因而更具有现实应用的意义。

(3)平均数指数的权数比较灵活,可以用报告期容易得到的实际综合资料(如计算农副产品收购价格指数中的 $\sum P_1Q_1$)作权数,也可用其基期的各组比重资料(如计算居民消费价格指数中的 W)作权数,而且还可固定使用,而不像综合指数的权数(即同度量因素),不仅要求全面实际资料,而且还必须要有与分析对象在不同时期的对应资料。因而平均数指数更容易计算。

第四节　指数体系的建立与应用

一、指数体系的建立

(一)指数体系的概念

从狭义上说,指数体系是指由不仅在意义上具有一定联系,而且在数量上具有一定对等关系的三个或三个以上的指数所构成的一个整体。显然,狭义指数体系的概念强调了指数间的数量关系。本节所讲的内容体系是针对狭义的指数体系而言。

从广义上说,指数体系是指由若干个具有一定联系的指数所构成的一个整体。由于现象之间的联系是多种多样的,因此,指数间相互联系的形式也是多种多样的。例如,反映工业经济总体运营状况的变动,可以利用一系列的工业经济指数,如工业产品产量指数、工业劳动生产率指数、工业消耗指数、工业成本指数、工业出厂价格指数、工业销售指数、产品库存指数等。这些指数从不同的侧面反映了工业经济总体运营状况的变化情况,存在一定的内在联系,因此,可以说这一系列指数组成了一个工业经济指数体系。

指数体系产生于指标之间的社会经济联系和数量关系。例如:

商品销售额＝商品销售量×商品价格

工业产品价值量＝工业产品产量×工业产品价格

产品总成本＝产品产量×单位产品成本

以上关系式反映着指标之间客观存在的经济联系，这种联系在应用指数进行动态分析时，便形成了如下指数体系。

商品销售额指数＝商品销售量指数×商品价格指数

工业产品价值量指数＝工业产品产量指数×工业产品价格指数

产品总成本指数＝产品产量指数×单位产品成本指数

可以说，只要指标之间存在上述的数量关系，相应的指数体系必然存在。

(二)建立指数体系的作用

(1)利用指数体系分析复杂现象的总变动及各个影响因素的具体变动和影响，从而揭示现象总变动的具体原因，并对其变动做出正确评价。

(2)利用指数体系可以进行指数推算。可利用指数体系中的等式关系，根据已知指数推算未知指数。如某商品价格降低后，同样多的人民币可多购商品15%，物价变动程度如何？这里的经济联系是：商品购买额＝商品购买量×商品价格，根据这种经济联系建立的指数体系为：

商品购买金额指数＝商品购买量指数×商品价格指数

即：

$$100\%=115\%\times 商品价格指数$$

则：

$$商品价格指数=\frac{100\%}{115\%}=86.96\%$$

(3)利用指数体系，可以检验指数编制结果的准确性。如果有若干指数所形成的指数体系，不符合指数之间的数量对等关系，则说明所编制的指数中至少有一个是不正确的，应重新加以验算。

二、指数体系的应用——因素分析

(一)因素分析的步骤和方法

利用指数体系进行因素分析，不论是两因素分析，还是多因素分析，都应按以下步骤和方法来进行：

(1)明确分析目的。在分析前，必须依据有关科学理论，在对现象进行定性分析的基础上，确定要分析的角度及其主要影响因素。因为现象的变动可以由多种因素从不同角度影响所致，所以必须首先根据研究目的、对象性质及所掌握的资料情况，选择一个正确合理的分析角度。例如，对产品总量变动的分析，既可以从劳动要素角度，确定为劳动消耗量和劳动生产率两个影响因素，也可以从物质技术要素角度，确定为设备投入量和设备生产率两个影响因素。

(2)对分析对象进行因素分解，形成指标体系。根据指标间数量对等关系的基本要求，对象指标可以有多种分解形式，现分述如下：

①对总量指标的分解。若以A表示作为分析对象的总量指标，引进一个与之相联系的过渡指标B，就可以分解为两个因素；引进两个过渡指标B、C，就可以分解为三个因素；以此类推。其一般公式为：

$$A = B \times \frac{A}{B}\text{(两因素)}$$

$$A = B \times \frac{C}{B} \times \frac{A}{C}\text{(三因素)}$$

现以工业总产值和原材料费用指标为例,分解指标体系如下:

$$\text{工业总产值} = \text{工业产品产量} \times \frac{\text{工业总产值}}{\text{工业产品产量}}$$

$$= \text{工业产品产量} \times \text{工业产品出厂价格}$$

$$\text{原材料费用} = \text{产量} \times \frac{\text{原材料总消耗量}}{\text{产量}} \times \frac{\text{原材料费用}}{\text{原材料总消耗量}}$$

$$= \text{产量} \times \text{单位产品原材料消耗量} \times \text{单位原材料价格}$$

②对相对指标和平均指标的分解。由于相对指标和平均指标都是分子指标和分母指标的对比值,其分解的方法一样,即在分子与分母之间,引进一个过渡指标,分解成两因素;引进两个过渡指标,分解成三个因素;依此类推。其一般公式为:

$$\frac{A}{B} = \frac{C}{B} \times \frac{A}{C}\text{(两因素)}$$

$$\frac{A}{B} = \frac{C}{B} \times \frac{D}{C} \times \frac{A}{D}\text{(三因素)}$$

现以人均国内生产总值为例,进行两因素分解如下:

$$\frac{\text{国内生产总值}}{\text{总人口数}} = \frac{\text{劳动力人数}}{\text{总人口数}} \times \frac{\text{国内生产总值}}{\text{劳动力人数}}$$

即:人均国内生产总值=劳动力占总人口比重×社会劳动生产率

再以工人月劳动生产率为例,进行三因素分解如下:

$$\frac{\text{月总产值}}{\text{工人月平均人数}} = \frac{\text{实际工作工日}}{\text{工人月平均人数}} \times \frac{\text{实际工作工时}}{\text{实际工作工日}} \times \frac{\text{月总产值}}{\text{实际工作工时}}$$

即:工人月劳动生产率=平均工作月长度(日)×平均工作日长度(时)×时劳动生产率

(3)确定指标性质,合理安排因素指标的排列顺序。

在进行两因素分析时,出现的两个因素指标可能有三种常见的结合形式:

①分析对象指标=总量指标×相对指标

例如,产品产量=制品总量×产品合格率

②分析对象指标=总量指标×平均指标

例如,总成本=总产量×单位产品成本

③分析对象指标=相对指标×平均指标

例如,全员劳动生产率=工人占全员比重(%)×工人劳动生产率

以上三式中,前一个因素指标属数量指标,后一个因素指标为质量指标。也就是说,总量指标永远是数量指标,平均指标一般为质量指标,至于相对指标要看和谁结合,与总量指标结合为质量指标,与平均指标结合是数量指标。

若两个因素指标均为相对指标或均为平均指标,则应以与分析目的更吻合的实质性指标为质量指标,另一个为数量指标。例如:

①资金利税率=资金产值率×产值利税率

②月劳动生产率=平均实际工作月长度(日)×日劳动生产率

以上两式，①式是为了分析资金利税率变动的原因，故产值利税率为质量指标，资金产值率为数量指标；②式是为了分析劳动生产率变动的原因，故日劳动生产率为质量指标，平均实际工作月长度（日）为数量指标。

（4）建立指数体系。指数体系中因素指数的个数与因素指标相对应，各因素指数仍按编制综合指数选择和控制同度量因素的一般原则，即数量指标指数以基期质量指标作同度量因素，质量指标指数以报告期的数量指标作同度量因素，可将指标体系转化成指数体系。例如：

因为：　　商品销售额＝商品销售量×商品价格

　　　　　（QP）　　（Q）　　（P）

所以：　　商品销售额指数＝商品销售量指数×商品价格指数

即：

$$\frac{\sum Q_1P_1}{\sum Q_0P_0}=\frac{\sum Q_1P_0}{\sum Q_0P_0}\times\frac{\sum Q_1P_1}{\sum Q_1P_0}$$

（5）进行分析和计算。根据指数体系中分子和分母的具体要求，计算出所需数据，并将各项数据代入指数体系各公式中，计算出各项指数，及其分子分母的绝对差额，并将上述结果联系起来作出综合分析说明。

（二）总量指标变动的两因素分析

因素分析的对象可以是简单现象，也可以是复杂现象。在简单现象的条件下，指数体系及绝对量关系式如下：

$$\frac{A_1B_1}{A_0B_0}=\frac{A_1B_0}{A_0B_0}\times\frac{A_1B_1}{A_1B_0}$$

$$A_1B_1-A_0B_0=(A_1-A_0)B_0+(B_1-B_0)A_1$$

表 7.9　某企业职工人数及工资资料

指标	符号	基期	报告期
工资总额（万元）	AB	500	630
职工人数（人）	A	1 000	1 050
平均工资（元/人）	B	5 000	6 000

【例 7.8】　某企业工资资料见表 7.9。

工资总额的变动：

$$工资总额指数=\frac{A_1B_1}{A_0B_0}=\frac{630}{500}=126\%$$

$$工资总额增加额=A_1B_1-A_0B_0=630-500=130（万元）$$

其中：①职工人数变动及影响：

$$职工人数指数=\frac{A_1B_0}{A_0B_0}=\frac{A_1}{A_0}=\frac{1\ 050}{1\ 000}=105\%$$

$$职工人数变动影响的工资总额=(A_1-A_0)B_0=(1\ 050-1\ 000)\times 5\ 000=250\ 000（元）=25（万元）$$

②平均工资变动及影响：

$$平均工资指数=\frac{A_1B_1}{A_1B_0}=\frac{B_1}{B_0}=\frac{6\ 000}{5\ 000}=120\%$$

$$平均工资变动影响的工资总额=(B_1-B_0)A_1=(6\ 000-5\ 000)\times 1\ 050=1\ 050\ 000（元）=105（万元）$$

综合分析：

$$126\%=105\%\times 120\%$$

$$130\ 万元=25\ 万元+105\ 万元$$

上述结果说明：由于职工人数增长 5%，影响工资总额增加 25 万元，由于职工平均工资增长20%,影响工资总额增加105万元,两者综合影响的结果使工资总额增长26%,总额增加130万元。

如果分析的是复杂现象,因素指数必须用综合指数形式编制。下面仍以表7.1三种商品的资料,计算商品销售额指数,并对其进行因素分析。

三种商品销售额总指数: $\bar{K}_{QP}=\frac{\sum Q_1P_1}{\sum Q_0P_0}=\frac{107}{65}=164.62\%$

增加销售额: $\sum Q_1P_1-\sum Q_0P_0=107-65=42$(元)

其中:

①销售量变动及影响:

销售量指数: $\bar{K}_Q=\frac{\sum Q_1P_0}{\sum Q_0P_0}=\frac{86}{65}=132.31\%$

影响的销售额: $\sum Q_1P_0-\sum Q_0P_0=86-65=21$(元)

②商品价格变动及影响:

价格指数: $\bar{K}_P=\frac{\sum P_1Q_1}{\sum P_0Q_1}=\frac{107}{86}=124.42\%$

影响的销售额: $\sum Q_1P_1-\sum Q_1P_0=107-86=21$(元)

把以上结果综合起来,即:

$$164.62\%=132.31\%\times124.42\%$$

$$42\text{元}=21\text{元}+21\text{元}$$

计算结果表明,该商店报告期销售额提高了64.62%,增加42元,是由于三种商品销售量综合提高了32.31%,影响销售额增加21元;由于三种商品价格综合上涨24.42%,影响销售额增加21元。仅根据销售额指数,难以准确评价其工作成绩,只有通过指数体系进行因素分析,才能找出影响销售额变动的具体原因,在此基础上才能对其业绩做出客观评价。

(三)平均指标变动的因素分析

加权算术平均数的大小,是由变量和权数两个因素所决定的。因此,平均指标的动态,同样也受两个因素的影响:一是变量的变动;二是权数的变动。利用指数分析法,也可测定这两个因素中的每一个因素对平均指标总变动的影响,这就是指数理论中平均指标变动的因素分析。例如,分析平均工资、平均成本、平均价格、平均劳动生产率、平均亩产量等一系列平均指标的变动中,总体各部分变量水平和结构变化的影响各自有多大,都需要利用这一分析方法。

平均指标变动的因素分析是一种重要的统计分析方法,对经济管理与理论研究有重要意义。因为总体结构状况决定着总体的基本特征,经济管理与理论研究的一项重要任务就是要不断调整和优化结构,从而实现更好的经济效益。平均指标的因素分析,可为实现这一目标提供重要依据。

平均指标变动的因素分析需要计算三个指数,即可变构成指数、固定构成指数和结构影响指数。

1.可变构成指数(平均指标指数)

可变构成指数是两个不同时期同一经济内容的平均指标之比。其一般公式为:

$$\frac{\bar{X}_1}{\bar{X}_0}=\frac{\sum x_1f_1}{\sum f_1}\div\frac{\sum x_0f_0}{\sum f_0}$$

式中：$\bar{X}$ 为总体平均指标；x 为各组的变量水平；f 为各组的单位数。

$$平均指标变动额=\frac{\sum x_1 f_1}{\sum f_1}-\frac{\sum x_0 f_0}{\sum f_0}$$

显然，可变构成指数受两个因素变动的影响：各组变量水平（x）变动的影响；总体结构（$\frac{f}{\sum f}$）变动的影响。

2. 固定构成指数

固定构成指数是指在计算平均指标指数时，把分子分母中的总体结构固定在同一个时期（一般为报告期），用以专门反映各组变量水平（x）变动及影响的总指数。公式为：

$$固定构成指数=\frac{\sum x_1 f_1}{\sum f_1}\div\frac{\sum x_0 f_1}{\sum f_1}$$

$$各组变量水平(x)变动对总体平均水平的影响额=\frac{\sum x_1 f_1}{\sum f_1}-\frac{\sum x_0 f_1}{\sum f_1}$$

3. 结构影响指数

结构影响指数是指在计算平均指标指数时，把分子分母中的各组变量水平（x）固定在同一个时期（一般为基期），分子采用报告期的总体结构，分母采用基期的总体结构，用以专门反映总体结构变动（f）变动及影响的总指数。公式为：

$$结构影响指数=\frac{\sum x_0 f_1}{\sum f_1}\div\frac{\sum x_0 f_0}{\sum f_0}$$

$$结构变动对总体平均水平的影响额=\frac{\sum x_0 f_1}{\sum f_1}-\frac{\sum x_0 f_0}{\sum f_0}$$

上述 3 个指数构成如下指数体系：

可变构成指数＝固定构成指数×结构影响指数

即：

$$\frac{\sum x_1 f_1}{\sum f_1}\div\frac{\sum x_0 f_0}{\sum f_0}=\left(\frac{\sum x_1 f_1}{\sum f_1}\div\frac{\sum x_0 f_1}{\sum f_1}\right)\times\left(\frac{\sum x_0 f_1}{\sum f_1}\div\frac{\sum x_0 f_0}{\sum f_0}\right)$$

$$\frac{\sum x_1 f_1}{\sum f_1}-\frac{\sum x_0 f_0}{\sum f_0}=\left(\frac{\sum x_1 f_1}{\sum f_1}-\frac{\sum x_0 f_1}{\sum f_1}\right)+\left(\frac{\sum x_0 f_1}{\sum f_1}-\frac{\sum x_0 f_0}{\sum f_0}\right)$$

【例 7.9】 某企业职工平均工资和职工人数资料如表 7.10 所示。

表 7.10　某企业职工平均工资及职工人数情况

职工分组	月平均工资/元		职工人数/人		工资总额/万元		
	基期	报告期	基期	报告期	基期	报告期	假定
—	x_0	x_1	f_0	f_1	$x_0 f_0$	$x_1 f_1$	$x_0 f_1$
老职工	800	850	500	300	40	25.5	24
新职工	600	620	500	750	30	46.5	45
合计	700	685.71	1 000	1 050	70	72	69

根据表中资料计算：

$$基期实际平均工资\bar{x}_0=\frac{\sum x_0 f_0}{\sum f_0}=\frac{700\ 000}{1\ 000}=700.00(元)$$

$$报告期实际平均工资\bar{x}_1=\frac{\sum x_1 f_1}{\sum f_1}=\frac{720\ 000}{1\ 050}=685.71(元)$$

报告期假定平均工资$\bar{x}_n=\frac{\sum x_0 f_1}{\sum f_1}=\frac{690\ 000}{1\ 050}=657.14$(元)

则:可变构成指数$=\frac{\bar{x}_1}{\bar{x}_0}=\frac{\sum x_1 f_1}{\sum f_1}\div\frac{\sum x_0 f_0}{\sum f_0}=\frac{685.71}{700}=97.96\%$

总平均工资变动额为:

$$\bar{x}_1-\bar{x}_0=\frac{\sum x_1 f_1}{\sum f_1}-\frac{\sum x_0 f_0}{\sum f_0}=685.71-700=-14.29(\text{元})$$

从表7.10可以清楚地看到,报告期新老职工的平均工资比基期都有所提高,但上述计算结果却表明职工的平均工资降低了2.04%,平均每个职工工资减少14.29元。这是为什么呢?为回答这一问题,必须对职工平均工资的变动进行因素分析,即要分别计算固定构成工资指数和结构影响工资指数:

$$\text{固定构成指数}=\frac{\bar{x}_1}{\bar{x}_n}=\frac{\sum x_1 f_1}{\sum f_1}\div\frac{\sum x_0 f_1}{\sum f_1}=685.71\div657.14=104.35\%$$

$$\bar{x}_1-\bar{x}_n=\frac{\sum x_1 f_1}{\sum f_1}-\frac{\sum x_0 f_1}{\sum f_1}=685.71-657.14=28.57(\text{元})$$

计算结果表明,报告期新老职工的平均工资平均提高了4.35%,使每个职工的平均工资额增加了28.57元。

$$\text{结构变动影响指数}=\frac{\bar{x}_n}{\bar{x}_0}=\frac{\sum x_0 f_1}{\sum f_1}\div\frac{\sum x_0 f_0}{\sum f_0}=657.14\div700=93.88\%$$

$$\bar{x}_n-\bar{x}_0=\frac{\sum x_0 f_1}{\sum f_1}-\frac{\sum x_0 f_0}{\sum f_0}=657.14-700=-42.86(\text{元})$$

计算结果表明,由于新、老职工人数构成的变化,使全厂总平均工资降低了6.12%,使每个职工的平均工资额减少了42.86元。

根据平均指标指数体系可知,上述三个指数值的关系是:

$$97.96\%=104.35\%\times93.88\%$$

绝对额之间的关系是:

$$-14.29=28.57-42.86$$

这说明该企业职工总平均工资报告期比基期下降了2.04%,平均每个职工的工资额减少14.29元,完全是由于新老职工结构变化影响所致。其中,由于新、老职工工资水平上升使总平均工资上升4.35%,平均每个职工工资增加28.57元;由于新、老职工人数比重变动使总平均工资下降了6.12%,平均每个职工的工资额减少42.86元。

平均数的变动会影响总量指标的变动,例如,平均工资的变动会影响工资总额的变动。因此,对平均指标变动的因素分析还可以和总量指标变动的因素分析结合起来。

第五节　其他指数编制方法简介

一、基期加权综合法——拉氏公式

拉氏公式是德国经济学家拉斯贝尔于1864年首先提出的。他主张不论是数量指标指数还是质量指标指数,都采用基期的指标作同度量因素(权数),其代表性计算公式如下:

拉氏价格指数：　$\bar{K}_P=\frac{\sum P_1Q_0}{\sum P_0Q_0}=\frac{\sum\frac{P_1}{P_0}P_0Q_0}{\sum P_0Q_0}$

拉氏物量指数：　$\bar{K}_Q=\frac{\sum Q_1P_0}{\sum Q_0P_0}=\frac{\sum\frac{Q_1}{Q_0}Q_0P_0}{\sum Q_0P_0}$

根据表7.1的资料，其计算结果如下：

$$\bar{K}_P=\frac{\sum P_1Q_0}{\sum P_0Q_0}=\frac{81}{65}=124.62\%$$

物价变化影响的销售额$=\sum P_1Q_0-\sum P_0Q_0=81-65=16$(元)

$$\bar{K}_Q=\frac{\sum Q_1P_0}{\sum Q_0P_0}=\frac{86}{65}=132.31\%$$

物量价变化影响的销售额$=\sum Q_1P_0-\sum Q_0P_0=86-65=21$(元)

拉氏公式的优点是不必区分数量指标指数还是质量指标指数，同度量因素一律固定在基期水平，使指数公式的构建大大简化。此外，在定基指数数列中，由于各期权数相同，指数之间可以进行相互比较，便于说明所研究现象变化的程度及其规律性。

拉氏公式的缺点主要体现在物价指数中，利用拉氏公式计算物价指数，要把物量作为同度量因素（权数）固定在基期，它反映的是在冻结的消费模式下的物价变动情况，无法体现现实消费结构下物价总水平的实际变化及其对社会经济生活的影响，因而现实意义较差。

二、报告期加权综合法——派氏公式

派氏公式是德用经济学家派许于1874年首创的。他主张不论是数量指标指数还是质量指标指数都采用报告期的指标作同度量因素（权数）。其代表性公式为：

派氏价格指数：　$\bar{K}_P=\frac{\sum P_1Q_1}{\sum P_0Q_1}=\frac{\sum P_1Q_1}{\sum\frac{1}{K_P}P_1Q_1}$

派氏物量指数：　$\bar{K}_Q=\frac{\sum Q_1P_1}{\sum Q_0P_1}=\frac{\sum Q_1P_1}{\sum\frac{1}{K_Q}Q_1P_1}$

仍用表7.1的资料，其计算结果如下：

$$\bar{K}_P=\frac{\sum P_1Q_1}{\sum P_0Q_1}=\frac{107}{86}=124.42\%$$

物价变化影响的销售额$=\sum P_1Q_1-\sum P_0Q_1=107-86=21$(元)

$$\bar{K}_Q=\frac{\sum Q_1P_1}{\sum Q_0P_1}=\frac{107}{81}=132.1\%$$

物量变化影响的销售额$=\sum Q_1P_1-\sum Q_0P_1=107-81=26$(元)

派氏公式的优点也是不用区分数量指标指数和质量指标指数，同度量因素（权数）均控制在报告期水平。特别是在物价指数中，派氏公式以报告期的物量为权数（同度量因素），反映的是现期消费模式下物价总水平的实际变动及其对社会经济生活的影响，具有现实的经济意义。

派氏指数的缺陷有：一是表现在编制指数数列时，由于不断改变现期权数，各期指数数值之间不能直接比较;二是每个时期都必须搜集一套新的权数,资料往往不能迅速取得,工作量较大。

三、交叉加权综合法——马埃公式

马埃公式是1887—1890年间英国学者马歇尔和埃奇沃思两人共同设计出来的指数,简称马埃公式。其物价指数公式和物量指数公式分别为:

物价指数:
$$\bar{K}_P=\frac{\sum P_1\left(\frac{Q_1+Q_0}{2}\right)}{\sum P_0\left(\frac{Q_1+Q_0}{2}\right)}=\frac{\sum P_1(Q_1+Q_0)}{\sum P_0(Q_1+Q_0)}$$
$$=\frac{\sum P_1Q_1+\sum P_1Q_0}{\sum P_0Q_1+\sum P_0Q_0}$$

物量指数:
$$\bar{K}_Q=\frac{\sum Q_1\left(\frac{P_1+P_0}{2}\right)}{\sum Q_0\left(\frac{P_1+P_0}{2}\right)}=\frac{\sum Q_1(P_1+P_0)}{\sum Q_0(P_1+P_0)}$$
$$=\frac{\sum Q_1P_1+\sum Q_1P_0}{\sum Q_0P_1+\sum Q_0P_0}$$

马埃公式是对拉氏公式和派氏公式的折衷,鉴于用报告期和基期的指标数值作权数,在不同形势下都有不同方向的较大偏误,于是提出用报告期数值和基期数值的平均值作为权数,即所谓交叉权数,以中和两者的偏误。可以推断,马埃公式的计算结果一定介于拉氏公式和派氏公式的计算结果之间。用表7.1资料计算如下:

物价指数:
$$\bar{K}_P=\frac{\sum P_1Q_1+\sum P_1Q_0}{\sum P_0Q_1+\sum P_0Q_0}=\frac{107+81}{86+65}=\frac{188}{151}=124.5\%$$

物价变动影响的销售额=188-151=37(元)

物量指数:
$$\bar{K}_Q=\frac{\sum Q_1P_1+\sum Q_1P_0}{\sum Q_0P_1+\sum Q_0P_0}=\frac{107+86}{81+65}=\frac{193}{146}=132.19\%$$

物量变动影响的销售额=193-146=47(元)

从指数的计算结果看,马埃公式的物价指数为124.5%,高于派氏公式的物价指数124.42%,低于拉氏物价指数124.62%;马埃公式的物量指数为132.19%,高于派氏指数的132.1%,低于拉氏指数的132.31%,两个指数均介于两者之间。

四、几何平均综合法——费暄公式

费暄公式是由美国统计学家费暄于1927年提出的。费暄主张先分别用拉氏公式和派氏公式编制出两个不同权数的总指数,然后对二者进行几何平均来求得总指数。他称这是最优的"理想公式"。显然这也是对拉氏公式和派氏公式的折中。其代表性公式如下:

物价指数:
$$\bar{K}_P=\sqrt{\frac{\sum P_1Q_0}{\sum P_0Q_0}\times\frac{\sum P_1Q_1}{\sum P_0Q_1}}$$

物量指数:
$$\bar{K}_Q=\sqrt{\frac{\sum Q_1P_0}{\sum Q_0P_0}\times\frac{\sum Q_1P_1}{\sum Q_0P_1}}$$

将前述计算结果代入公式，得：

物价指数：$\bar{K}_P=\sqrt{124.62\%\times124.42\%}=124.52\%$

物量指数：$\bar{K}_Q=\sqrt{132.31\%\times132.1\%}=132.20\%$

用费暄公式编制的物价指数和物量指数也是处于拉氏指数和派氏指数之间。

五、固定加权综合法——杨格公式

杨格公式是英国经济学家杨格提出的计算总指数的公式。杨格提出用综合形式编制总指数时，应将同度量因素固定在特定时期的水平上，称作固定加权的综合指数公式，其代表性公式为：

物价指数：$\bar{K}_P=\dfrac{\sum P_1Q_n}{\sum P_0Q_n}$

物量指数：$\bar{K}_Q=\dfrac{\sum Q_1P_n}{\sum Q_0P_n}$

式中：n 为某一固定的特定时期。

新中国成立以后长期使用不变价格编制工业生产指数和农业生产指数，实际上采用的就是固定权数综合法，即杨格公式。杨格公式的优点是权数资料不因指数基期的改变而改变，在指数数列中便于观察所研究现象在较长时期内发展变化的趋势。缺点是每隔一定时期须对权数进行调整，而且权数调整时，按不同权数计算的综合价值指标也必须作相应调整，才能编制总指数，工作量很大。另外，随着时间的推移，以固定权数计算的总指数会脱离实际越来越远。

本 章 小 结

统计指数是综合反映复杂社会经济总体数量变动方向和程度的相对数。数量指标指数是反映总体某种数量指标变动情况的指数，说明的是总体某种数量规模变动的情况。质量指标指数是反映总体某一质量指标变动情况的指数，说明的是总体某方面内涵数量变动的情况。

统计指数的作用有：反映复杂总体数量变动的方向和程度、进行复杂总体数量变动的因素分析、研究复杂总体长期的变动趋势、进行复杂总体数量变动的推算。

综合指数是用两个总量指标对比编制成的总指数，综合指数是编制和计算总指数的一种基本形式。综合指数的编制方法，是先综合后对比。编制综合指数，就是要先计算出两个综合总量，再把两个综合总量对比，得到的相对数即为总指数。

数量指标指数是反映总体某种数量指标变动情况的指数。编制数量指标综合指数，一般采用基期的质量指标作同度量因素。我国目前编制质量指标综合指数，一般采用报告期的数量指标作同度量因素。综合指数的重要意义在于它是以不同时期的综合总量指标的对比，因而它可较全面地显示出所研究对象的社会经济内容，它不仅能以相对数的形式反映其综合变动方向和程度，而且还能以绝对量的形式反映研究对象变动所产生的效果。

平均数指数是以个体指数为基础，通过对个体指数加权平均计算的一种总指数。常用的基本形式有两种:一种是加权算术平均数指数;另一种是加权调和平均数指数。在每种形式中,所用权数又有综合指数变形权数与固定权数两种。它是先对比计算出个体指数,然后以个体指数为变量,并根据一定权数加权平均,既适用于全面调查资料,也适用于非全面调查资料,权数比较灵活,因而平均数指数更容易计算。

指数体系是指由不仅在意义上具有一定联系,而且在数量上具有一定对等关系的三个或三个以上的指数所构成的一个整体。建立指数体系的作用:分析复杂现象的总变动及各个影响因素的具体变动和影响,利用指数体系可以进行指数推算,可以检验指数编制结果的准确性。

利用综合指数体系进行因素分析,一是从相对数方面分解成各因素指数研究其相对变动,一是从绝对数方面计算各因素指数分子与分母之差进行分析。

实训材料

Excel 在统计指数中的应用

Excel 中没有专门的函数来计算统计指数,但是用一般的公式和函数计算也很方便,下面我们举例说明综合指数和平均数指数的计算方法。

一、综合指数

综合指数又分为数量指标综合指数和质量指标综合指数。

例:下面以某商场三种商品的价格及销售量资料为例,输入 Excel 后,如图 7.1 所示。

首先,要计算 G、H、I、J 四列的销售额。对于 G 列,单击 G3 单元格,输入"=C3 * E3",并利用填充柄功能计算 G4 和 G5;H、I、J 列均可仿此计算;然后单击 G6 单元格,输入"=SUM(G3:G5)",并利用填充柄功能,计算出 G、H、I、J 各列的总销售额。

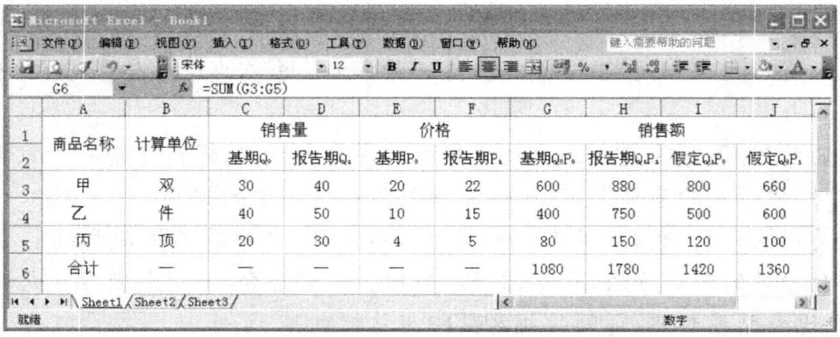

G6 =SUM(G3:G5)

商品名称	计算单位	销售量		价格		销售额			
		基期Q_0	报告期Q_1	基期P_0	报告期P_1	基期Q_0P_0	报告期Q_1P_1	假定Q_1P_0	假定Q_0P_1
甲	双	30	40	20	22	600	880	800	660
乙	件	40	50	10	15	400	750	500	600
丙	顶	20	30	4	5	80	150	120	100
合计	—	—	—	—	—	1080	1780	1420	1360

图 7.1　某商场三种商品的价格及销售量的工作表

1. 数量指标综合指数的计算

数量指标综合指数就是以价格作为同度量因素来编制商品销售量指数,并反映销售量的变动情况。在一般情况下,同度量因素要固定在基期。因此,单击任一空单元格,例如,在 I7 中,输入"I6/G6 * 100"得到 131.4815%,即商品销售量综合指数为 131.4815%。它说明了该商场三种商品总的销售量,报告期比基期平均增长了 31.4851%,而由于销售量的增长使商品销售额增加了(＝I6－G6)，即 340 元。数量指标综合指数的计算结果如图 7.2 所示。

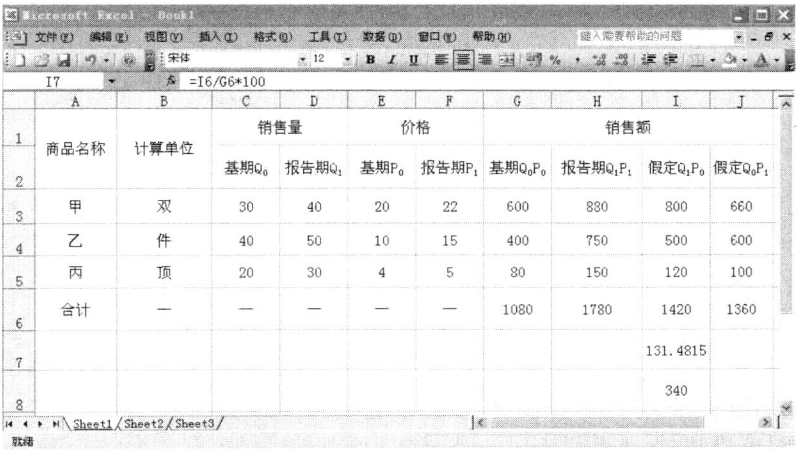

I7　=I6/G6*100

	A	B	C	D	E	F	G	H	I	J
1	商品名称	计算单位	销售量		价格		销售额			
2			基期Q_0	报告期Q_1	基期P_0	报告期P_1	基期Q_0P_0	报告期Q_1P_1	假定Q_1P_0	假定Q_0P_1
3	甲	双	30	40	20	22	600	880	800	660
4	乙	件	40	50	10	15	400	750	500	600
5	丙	顶	20	30	4	5	80	150	120	100
6	合计	—	—	—	—	—	1080	1780	1420	1360
7									131.4815	
8									340	

图 7.2　数量指标综合指数的计算结果

2. 质量指标综合指数的计算

质量指标综合指数就是以商品销售量作为同度量因素，来编制价格指数，反映商品价格的变动情况。一般情况下，同度量因素固定在报告期。因此，单击任一空单元格，例如，H7，输入"＝H6/I6＊100"，得，即商品价格综合指数为 125.35%．它说明了该三种商品综合价格指数上升了 25.35%，由于价格的上升，使商品销售额增加了(＝H6－I6)360 元。质量指标综合指数的计算结果如图 7.3 所示。

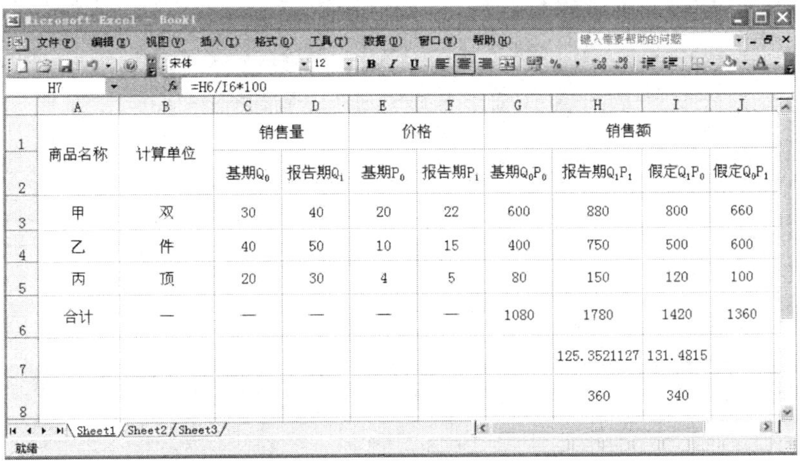

H7　=H6/I6*100

	A	B	C	D	E	F	G	H	I	J
1	商品名称	计算单位	销售量		价格		销售额			
2			基期Q_0	报告期Q_1	基期P_0	报告期P_1	基期Q_0P_0	报告期Q_1P_1	假定Q_1P_0	假定Q_0P_1
3	甲	双	30	40	20	22	600	880	800	660
4	乙	件	40	50	10	15	400	750	500	600
5	丙	顶	20	30	4	5	80	150	120	100
6	合计	—	—	—	—	—	1080	1780	1420	1360
7								125.3521127	131.4815	
8								360	340	

图 7.3　质量指标综合指数的计算结果

3. 销售额指数的计算

单击任一单元格，例如，G7，输入"＝H6/G6＊100"，得 164.81%。说明由于价格和销售量的影响，是报告期销售额上升了 64.81%，共增加了 700 元。销售额指数的计算结果如图 7.4所示。

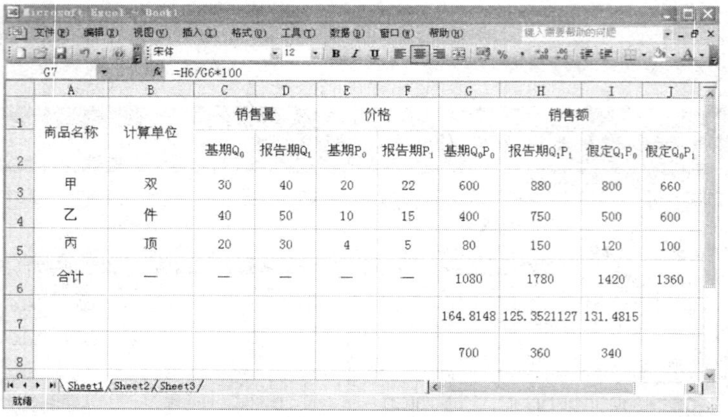

G7 =H6/G6*100

	A	B	C	D	E	F	G	H	I	J
1	商品名称	计算单位	销售量		价格		销售额			
2			基期Q_0	报告期Q_1	基期P_0	报告期P_1	基期Q_0P_0	报告期Q_1P_1	假定Q_1P_0	假定Q_0P_1
3	甲	双	30	40	20	22	600	880	800	660
4	乙	件	40	50	10	15	400	750	500	600
5	丙	顶	20	30	4	5	80	150	120	100
6	合计	—	—	—	—	—	1080	1780	1420	1360
7							164.8148	125.3521127	131.4815	
8							700	360	340	

图 7.4 销售额指数的计算结果

二、平均数指数

1. 加权算术平均指数

在一定条件下,根据基期同一度量因素编制的数量指标综合指数可以变形为加权算术平均数指数。一般来说,加权算术平均数指数公式多用于计算数量指标指数。仍以上述资料为例,说明如何计算算术平均数指数。

(1)分别插入G、J两列。

(2)单击G3单元格,输入"=F3/E3*100";然后利用填充柄功能计算G4、G5的值,如图7.5所示。

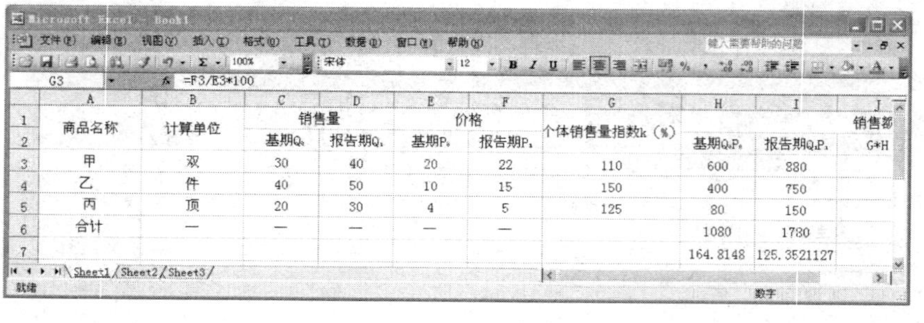

G3 =F3/E3*100

	A	B	C	D	E	F	G	H	I	J
1	商品名称	计算单位	销售量		价格		个体销售量指数k(%)			销售额
2			基期Q_0	报告期Q_1	基期P_0	报告期P_1		基期Q_0P_0	报告期Q_1P_1	G*H
3	甲	双	30	40	20	22	110	600	880	
4	乙	件	40	50	10	15	150	400	750	
5	丙	顶	20	30	4	5	125	80	150	
6	合计	—	—	—	—	—		1080	1780	
7								164.8148	125.3521127	

图 7.5 计算个体销量指数

(3)单击J3,输入"=G3*H3",并利用填充柄功能计算J4、J5,如图7.6所示。

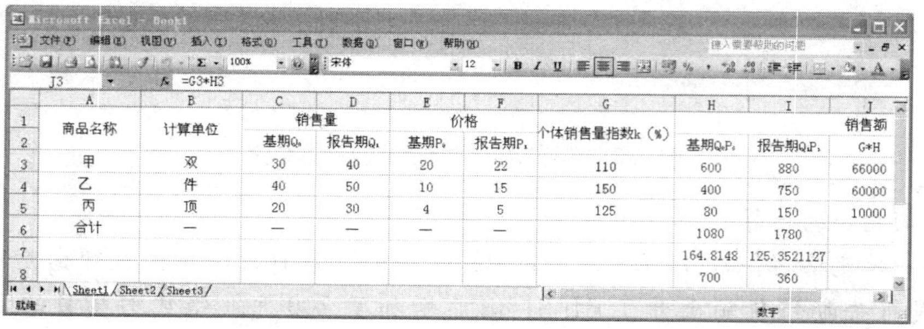

J3 =G3*H3

	A	B	C	D	E	F	G	H	I	J
1	商品名称	计算单位	销售量		价格		个体销售量指数k(%)			销售额
2			基期Q_0	报告期Q_1	基期P_0	报告期P_1		基期Q_0P_0	报告期Q_1P_1	G*H
3	甲	双	30	40	20	22	110	600	880	66000
4	乙	件	40	50	10	15	150	400	750	60000
5	丙	顶	20	30	4	5	125	80	150	10000
6	合计	—	—	—	—	—		1080	1780	
7								164.8148	125.3521127	
8								700	360	

图 7.6 计算销售额

(4)单击 H6,输入"=SUM(H3:H5)",求出基期总销售额,并利用填充柄功能计算 J6。

(5)单击任一空单元格,例如 J7,输入"=J6/H6",即销售量的算术平均数为 125.926%,如图 7.7 所示。

J7 | =J6/H6

	A	B	C	D	E	F	G	H	I	J
1	商品名称	计算单位	销售量		价格		个体销售量指数k(%)	销售额		
2			基期Q_0	报告期Q_1	基期P_0	报告期P_1		基期Q_0P_0	报告期Q_1P_1	G*H
3	甲	双	30	40	20	22	110	600	880	66000
4	乙	件	40	50	10	15	150	400	750	60000
5	丙	顶	20	30	4	5	125	80	150	10000
6	合计	—	—	—	—	—		1080	1780	136000
7								164.8148	125.3521127	125.926
8								700	360	

图 7.7 计算销售量的算术平均数

2. 加权调和平均指数

在一定条件下,根据报告期同度量因素计算的质量指标综合指数可以变形为加权调和平均指数。一般来说,加权调和平均指数公式多用于计算质量指标指数。具体方法与加权算术平均指数类似。

三、进行因素分析

例:现以某企业各类职工月工资及职工人数资料为例,说明平均工资指数体系的编制操作方法,如图 7.8 所示。

	A	B	C	D	E	F	G	H
1	职工级别	月工资(元)		职工人数		月工资总额(元)		
2		基期x_0	报告期x_1	基期f_0	报告期f_1	基期 x_0*f_0	报告期 x_1*f_1	x_0*f_1
3	高级	1000	1100	500	400	500000	440000	400000
4	一般	600	750	700	800	420000	600000	480000
5	合计			1200	1200	920000	1040000	880000

图 7.8 某企业各类职工月工资及职工人数资料

1. 可变构成指数

单击一空单元格,例如,F7,输入"=(G5/E5)/(F5/D5)"得到 1.1304,如图 7.9 所示。说明总平均工资增长了 13.04%,每个职工工资平均增长(=G5/E5−F5/D5)100 元。

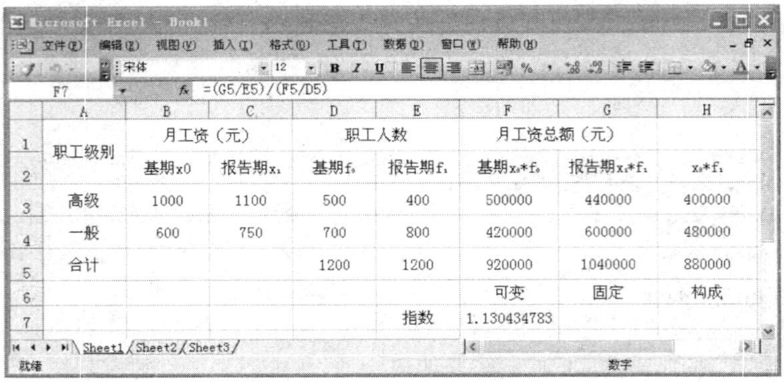

F7 f_x =(G5/E5)/(F5/D5)

	A	B	C	D	E	F	G	H
1	职工级别	月工资(元)		职工人数		月工资总额(元)		
2		基期x0	报告期x_1	基期f_0	报告期f_1	基期x_0*f_0	报告期x_1*f_1	x_0*f_1
3	高级	1000	1100	500	400	500000	440000	400000
4	一般	600	750	700	800	420000	600000	480000
5	合计			1200	1200	920000	1040000	880000
6						可变	固定	构成
7					指数	1.130434783		

图 7.9　可变构成指数的计算结果

2. 固定构成指数

单击一空单元格,例如G7,输入"=(G5/E5)/(H5/E5)"得1.1818,如图7.10所示。说明各类职工月工资的提高使总平均工资提高了18.18%,月工资的提高使每个职工平均增加(=G5/E5-H5/E5)133.34元。

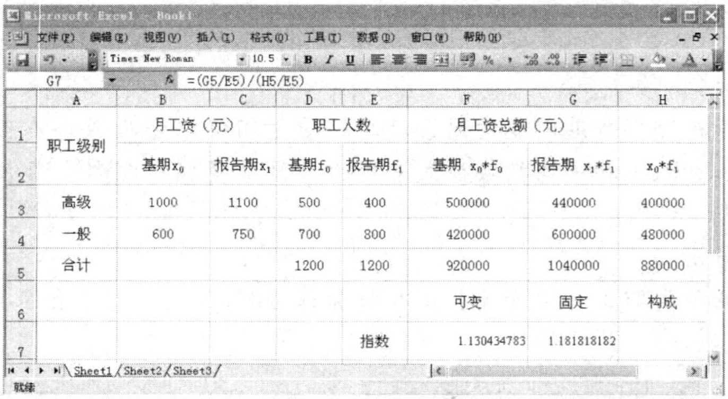

G7 f_x =(G5/E5)/(H5/E5)

	A	B	C	D	E	F	G	H
1	职工级别	月工资(元)		职工人数		月工资总额(元)		
2		基期x_0	报告期x_1	基期f_0	报告期f_1	基期 x_0*f_0	报告期 x_1*f_1	x_0*f_1
3	高级	1000	1100	500	400	500000	440000	400000
4	一般	600	750	700	800	420000	600000	480000
5	合计			1200	1200	920000	1040000	880000
6						可变	固定	构成
7					指数	1.130434783	1.181818182	

图 7.10　固定构成指数的计算结果

3. 结构影响指数

单击一空单元格,例如H7,输入"=(H5/E5)/(F5/D5)"得0.9565,如图7.11所示。说明各类职工人数的变动,使总平均工资下降了4.35%,平均每个职工减少(=H5/E5-F5/D5)33.34元。

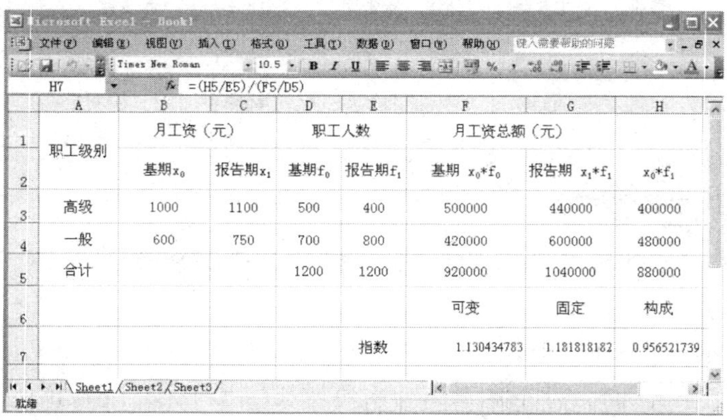

H7 f_x =(H5/E5)/(F5/D5)

	A	B	C	D	E	F	G	H
1	职工级别	月工资(元)		职工人数		月工资总额(元)		
2		基期x_0	报告期x_1	基期f_0	报告期f_1	基期 x_0*f_0	报告期 x_1*f_1	x_0*f_1
3	高级	1000	1100	500	400	500000	440000	400000
4	一般	600	750	700	800	420000	600000	480000
5	合计			1200	1200	920000	1040000	880000
6						可变	固定	构成
7					指数	1.130434783	1.181818182	0.956521739

图 7.11　结构影响指数的计算结果

练习题

一、单选题

1. 按指数所包括的范围不同,可以把它分为(　　)。

A. 个体指数和总指数　　B. 数量指标指数和质量指标指数

C. 综合指数和平均指数　　D. 定基指数和环比指数

2. 某集团公司为了反映所属各企业劳动生产率水平的提高情况,需要编制(　　)。

A. 质量指标综合指数　　B. 数量指标综合指数

C. 可变构成指数　　D. 固定构成指数

3. 在一般情况下,商品销售量指数和工资水平指数的同度量因素分别为(　　)。

A. 商品销售量、平均工资水平　　B. 商品销售量、职工人数

C. 单位商品销售价格、职工人数　　D. 单位商品销售价格、平均工资水平

4. 下列指数中属于数量指标指数的是(　　)。

A. 产品价格指数　　B. 单位成本指数

C. 产量指数　　D. 劳动生产率指数

5. 下面属于价格指数的是(　　)。

A. $\frac{\sum P_1Q_1}{\sum P_0Q_1}$　　B. $\frac{\sum P_1Q_1}{\sum P_0Q_0}$　　C. $\frac{\sum P_0Q_1}{\sum P_0Q_0}$　　D. $\frac{\sum P_1Q_0}{\sum P_0Q_1}$

6. 某商品价格发生变化,现在的 100 元只值原来的 90 元,则价格指数为(　　)。

A. 10%　　B. 90%　　C. 110%　　D. 111%

7. 固定构成指数的公式是(　　)。

A. $\frac{\sum X_1F_1}{\sum F_1} \div \frac{\sum X_0F_0}{\sum F_0}$　　B. $\frac{\sum X_0F_1}{\sum F_1} \div \frac{\sum X_0F_0}{\sum F_0}$

C. $\frac{\sum X_1F_1}{\sum F_1} \div \frac{\sum X_0F_1}{\sum F_1}$　　D. $\frac{\sum X_0F_1}{\sum F_1} \div \frac{\sum X_1F_0}{\sum F_0}$

二、多选题

1. 下列属于数量指标指数的有(　　)。

A. 产量指数　　B. 销售量指数

C. 价格指数　　D. 单位产品成本指数

E. 职工人数指数

2. 下列表述正确的是(　　)。

A. 综合指数是先综合后对比　　B. 平均数指数是先对比后综合

C. 平均数指数必须使用全面资料　　D. 平均数指数可以使用固定权数

E. 固定构成指数受总体结构影响

3. 同度量因素的作用有(　　)。

A. 同度量作用　　B. 联系作用

C. 权数作用　　D. 比较作用

E. 平衡作用

4. 对某商店某时期商品销售额的变动情况进行分析,其指数体系包括(　　)。

A. 销售量指数　　B. 销售价格指数
C. 总平均价格指数　　D. 销售额指数
E. 个体指数

5. 若用某企业职工人数和劳动生产率的分组资料来进行分析时，该企业总的劳动生产率的变动主要受到(　　)。

A. 企业全部职工人数变动的影响
B. 企业劳动生产率变动的影响
C. 企业各类职工人数在全部职工人数中所占比重的变动影响
D. 企业各类工人劳动生产率的变动影响
E. 受各组职工人数和相应劳动生产率两因素的影响

6. 下列指数中，属于拉氏指数的有(　　)。

A. $\frac{\sum p_1Q_0}{\sum p_0Q_0}$　　B. $\frac{\sum P_1Q_0}{\sum p_0Q_1}$　　C. $\frac{\sum Q_1p_0}{\sum Q_0p_0}$　　D. $\frac{\sum p_1Q_1}{\sum p_0Q_1}$

E. $\frac{\sum Q_1p_1}{\sum Q_0p_1}$

7. 某企业产品总成本，报告期为 183 150 元，比基期增长 10%，单位成本综合指数为 104%，则(　　)。

A. 总成本指数 110%　　B. 产量增长了 5.77%
C. 基期总成本为 166 500 元　　D. 单位成本上升使总成本增加了 7 044 元
E. 产量增产使总成本增加了 9 606 元

三、判断题

1. 综合指数的编制方法是先综合后对比。(　　)
2. 同度量因素是把不可直接综合的指标转化为可以综合的指标的媒介因素。(　　)
3. 计算综合生产总量，同度量因素可以是单位成本，也可以是价格。(　　)
4. 计算价格指数，销售量是同度量因素。(　　)
5. 单位成本指数是质量指标指数，产量指标指数是数量指标指数。(　　)
6. 计算数量指标指数，要用基期的质量指标作同度量因素。(　　)
7. 计算质量指标指数，要用报告期的数量指标作同度量因素。(　　)
8. 平均数指数的编制方法是先对比后综合。(　　)
9. 平均数指数的编制必须要有全面资料。(　　)
10. 综合指数的编制必须要有全面资料。(　　)

四、填空题

1. 从狭义上讲，指数是综合反映__________数量变动方向和程度的相对数。

2. 编制数量指标综合指数的一般原则是采用__________质量指标作同度量因素。编制质量指标综合指数的一般原则是采用__________的数量指标作同度量因素。

3. __________是指不仅在经济上有一定联系，在数量上具有一定对等关系的三个或三个以上指数所构成的整体。

4. 固定构成指数是用以专门反映各组__________变动及影响的总指数。

5. 拉氏指数都采用__________指标作同度量因素。派氏指数都采用__________指标作同度量因素。

五、名词解释

统计指数　综合指数　平均指标指数　指数体系

六、简答题

1. 同度量因素固定时期的一般方法是什么？
2. 综合指数和平均数指数有何区别与联系？
3. 平均数指数在什么条件下才能成为综合指数的变形？试列式证明两者之间的关系。
4. 平均数指数和平均指标指数有何区别？
5. 简述指数体系的作用。

七、计算题

1. 某市几种主要副食品价格和销售量的资料如下表所示。

商　品	基　　期		报　告　期	
	零售价/(元/kg)	销售量/万吨	零售价(元/kg)	销售量/万吨
蔬　菜	2.0	5.00	2.5	5.00
猪　肉	10.0	4.00	15.0	6.00
鲜　蛋	4.0	1.00	6.0	1.10
水产品	10.0	1.00	16.0	1.50

要求计算：

(1)各商品零售价格的个体指数。

(2)四种商品的物价总指数。

(3)由于每种商品和全部商品价格变动使居民增加的支出。

2. 某商店三种商品销售资料如下表所示。

商品	计量单位	销　售　量		价　　格/元	
		报告期	基期	报告期	基期
甲	个	360	300	0.5	0.4
乙	件	200	200	0.3	0.2
丙	台	1 600	1 400	0.2	0.3

要求计算：试从相对数和绝对数两方面分析该商店报告期比基期三种商品销售额的增长情况，并分析其中由于销售量及价格变动的影响。

3. 某企业三种产品的产值和产量资料如下表所示。

产品	实际产值/万元		2008年比2006年产量增长的百分比/%
	2006年	2008年	
甲	200	240	25
乙	450	485	10
丙	350	480	40

要求计算：

(1)三种产品的产值总指数。

(2)产量总指数及由于产量变动而增加的产值。

(3)利用指数体系推算价格总指数。

第八章　时间数列

教学目标

理解时间数列的作用、编制原则；掌握时间数列的概念和特点，掌握发展水平、增长水平、平均发展水平、平均增长水平指标；掌握发展速度、增长速度、平均发展速度、平均增长速度指标，掌握累积增长量、逐期增长量之间的关系，掌握定基发展速度与环比发展速度之间的关系。

理解时间数列趋势分析的目的，掌握时间数列发展变动的影响因素，掌握时间数列的修匀方法及其特点，掌握动态趋势的测定方法，掌握季节变动的测定与分析方法。

开篇案例

2015 年，面对错综复杂的国际形势和不断加大的经济下行压力，党中央、国务院保持战略定力，统筹谋划国际国内两个大局，坚持稳中求进的工作总基调，主动适应引领新常态，以新理念指导新实践，以新战略谋求新发展，不断创新宏观调控，深入推进结构性改革，扎实推动“大众创业、万众创新”，经济保持了总体平稳、稳中有进、稳中有好的发展态势。

初步核算，全年国内生产总值 676 708 亿元，按可比价格计算，比上年增长 6.9%。分季度看，一季度同比增长 7.0%，二季度增长 7.0%，三季度增长 6.9%，四季度增长 6.8%。分产业看，第一产业增加值 60 863 亿元，比上年增长 3.9%；第二产业增加值 274 278 亿元，增长6.0%；第三产业增加值 341 567 亿元，增长 8.3%。从环比看，四季度国内生产总值增长1.6%。农业生产再获丰收。全年全国粮食总产量 62 143 万吨，比上年增加 1 441 万吨，增长2.4%。工业升级态势明显。全年全国规模以上工业增加值按可比价格计算比上年增长6.1%。分经济类型看，国有控股企业增加值比上年增长 1.4%，集体企业增长 1.2%，股份制企业增长 7.3%，外商及港澳台商投资企业增长 3.7%。固定资产投资增速回落。全年固定资产投资（不含农户）551 590 亿元，比上年名义增长 10.0%，扣除价格因素实际增长 12.0%，实际增速比上年回落 2.9 个百分点。市场销售较快增长。全年社会消费品零售总额 300 931 亿元，比上年名义增长 10.7%（扣除价格因素实际增长 10.6%）。进出口同比下降。全年进出口总额 245 849 亿元，比上年下降 7.0%。其中，出口 141 357 亿元，下降 1.8%；进口 104 492 亿元，下降 13.2%。进出口相抵，顺差 36 865 亿元。12 月份，进出口总额 24 757 亿元，同比下降 0.5%。其中，出口 14 289 亿元，增长 2.3%；进口10 468亿元，下降 4.0%。居民消费价格温和上涨。全年居民消费价格比上年上涨 1.4%。其中，城市上涨 1.5%，农村上涨 1.3%。居民收入稳定增长。全年全国居民人均可支配收入 21 966 元，比上年名义增长 8.9%，扣除价格因素实际增长 7.4%。

第一节 时间数列分析的一般问题

任何社会经济现象都是随着时间的推移在不断变化和发展着，因此，在统计研究中，不仅要对社会经济现象在一定时期内的数量表现、数量关系进行静态分析，而且还要对现象在不同时间上的发展进行动态分析。

一、时间数列的概念和意义

时间数列是指将某一指标的历史数据按时间顺序排列而形成的数列，又称动态数列。例如，将我国 2003—2014 年若干主要经济指标按时间先后顺序排列形成时间数列见表 8.1。

表 8.1 我国 2003—2014 年若干主要经济指标

年份	国内生产总值/亿元	年末总人口/万人	职工平均工资/元	人均国内生产总值/(元/人)
2003	135 822.8	129 227	14 040	10 510.4
2004	159 878.3	129 988	16 024	12 299.5
2005	183 084.8	130 756	18 364	14 012.2
2006	211 923.5	131 448	21 001	16 122.2
2007	249 529.9	132 129	24 932	18 885.3
2008	314 045.43	132 802	28 898	23 707.71
2009	340 902.81	133 450	32 244	25 607.53
2010	401 512.80	134 091	36 539	30 015.05
2011	473 104.05	134 735	41 799	35 197.79
2012	534 123.0	135 404	46 769	39 544
2013	588 018.8	136 072	51 483	43 320
2014	636 138.7	136 782	56 360	46 629

（资料来源：中国统计年鉴 2015）

时间数列由两个基本要素构成：一是现象所属的时间；二是现象在不同时间上对应的指标数值，也称为时间数列的发展水平。

时间数列在统计和经济分析中，具有重要的作用：

(1)利用时间数列可以反映社会经济现象发展变化的过程。

(2)根据时间数列可以计算动态分析指标，考查社会经济现象发展变化的方向、速度、趋势及其变化的规律性，并据此进行统计预测。

(3)将互相联系的时间数列进行对比，可以研究有关现象的动态联系程度。

总之，编制时间数列，对时间数列进行分析和研究，有助于了解过去的发展变化规律，并据此进行分析、评价当前的形势和成绩，安排未来的计划方案，故时间数列分析是应用广泛的一种重要统计分析方法。

二、时间数列的种类

时间数列根据所属指标的表现形式分为总量指标时间数列、相对指标时间数列和平均指标时间数列3种。其中总量指标时间数列是基本数列或称原始数列,其余两种是由总量指标时间数列派生而得。

(一)总量指标时间数列

由一系列总量指标按时间先后顺序排列而成的时间数列称为总量指标时间数列,又称绝对数时间数列。它是时间数列中最基本的表现形式,用于反映社会经济现象在各期达到的绝对水平。总量指标时间数列根据所属指标的时间状况,可以分为时期数列和时点数列。时期数列中的总量指标值反映现象在一段时期内的活动总量,如表8.1中的国内生产总值时间数列就是时期数列。时点数列中的总量指标值反映现象在某一时点上所达到的数量水平,如表8.1中的年末总人口时间数列就是时点数列。

(二)相对指标时间数列

由一系列相对指标按时间先后顺序排列而成的时间数列称为相对指标时间数列。它反映社会经济现象之间对比关系的发展过程。例如,表8.1中人均国内生产总值时间数列就属于相对指标时间数列。

相对指标时间数列是两个总量指标时间数列对比而得的派生数列,归纳起来可分三种情况:一是由两个时期数列对比而得的相对指标时间数列;二是由两个时点数列对比而得的相对指标时间数列;三是由一个时期数列和一个时点数列对比而得的相对指标时间数列。由于相对指标时间数列中,计算各项指标值时的分母不同,故在一般情况下各项指标值不能直接相加。

(三)平均指标时间数列

由一系列平均指标按时间先后顺序排列而成的时间数列称为平均指标时间数列。它反映社会经济现象一般水平的发展趋势。例如,表8.1职工平均工资时间数列就是平均指标时间数列。

由于平均指标有静态和动态之分,所以平均指标时间数列也有两种:一是由一般平均数所形成的静态平均指标时间数列;二是由序时平均数所形成的动态平均指标时间数列。平均指标时间数列中的指标值也具有不可相加的特点,因为它们相加的总和也毫无经济意义。

三、时间数列的编制原则

编制时间数列的目的是通过对数列中各时间上的指标值进行比较,以研究社会经济现象发展变化的过程、趋势和规律性。因此,保证数列中各个指标值的可比性是编制时间数列最主要的原则。可比性的具体要求是:

(一)时期长短应前后一致

在时期数列中,由于各个指标值的大小与包含的时间长短有直接关系,因此,一般要求时期数列中各项指标值包含的时期长短应前后一致,以利于对比。时点数列虽然指标值的大小与时间的间隔长短无直接联系,但若时点数列各数值之间间隔相等,既便于观察现象发展变化的趋势或规律,又利于进一步计算动态分析指标。

但在特殊研究目的下,也可故意将时期长短或间隔不相等的指标值编成时间数列。例如,将我国几个重要时期的钢产量编制成时间数列如表8.2所示。

表8.2　我国几个重要时期的钢产量资料　　单位:万吨

时间	1900—1948	1953—1957	1981—1985	1986—1990
产量	760	1 667	20 304	27 372

表8.2明显反映出我国“一五”时期钢产量超过旧中国半个世纪的产量一倍以上,“六五”

时期产量比“一五”时期增长 11 倍，而“七五”时期产量又比“六五”时期增长 34.8%。该时间数列中指标所属的时期间隔不等，但更能显示出我国钢铁工业迅速发展的状况。

(二)总体范围应该统一

时间数列中各时期指标值的大小，与其包括的总体范围有直接关系，如果总体范围发生了变化，前后期的指标值就不能直接对比，必须将资料进行适当调整，以求得总体范围的统一，然后再做动态分析。例如，我国重庆成为直辖市后，四川省历年统计资料所包括的总体范围就发生了变化。要利用时间数列进行历史对比，就要进行调整，即按最新的行政区划，从时间数列的历史资料中，把现属重庆市的那部分数值剔除以后，方可能对四川省历年的统计资料进行对比分析。

(三)计算方法应该统一

时间数列中各时间上的指标值与计算方法直接有关。因此要求各时期的计算口径、计算单位、计算价格和计算方法应当基本一致。如有不同，应进行相应调整，然后再进行对比分析。

(四)经济内容应该统一

时间数列中各项指标值大小与它包括的经济内容也有直接关系，如果经济内容发生了变化，前后时间的指标值也不能直接对比，也需要作调整，以保证它们的一致性。比如农业总产值指标，由原来包括农村工副业，到后来把农村工业单列出来，其经济内容发生了变化，前后时间的指标值就不能直接对比，如果要比较就需要作调整，以保证它们的可比性。

第二节 动态发展水平与速度分析

一、时间数列水平分析

(一)发展水平

时间数列中各时间上对应的指标值，又称为现象在不同时间上的发展水平。它是计算动态发展水平与速度指标的基础。

由于时间数列中指标值的不同表现形式，发展水平有总量指标发展水平、相对指标发展水平和平均指标发展水平三种形式，它们的序时平均数有不同的计算方法。

根据发展水平指标在动态分析中所处的地位和作用，可以分为最初发展水平、中间发展水平和最末发展水平。在时间数列 $a_0, a_1, a_2, \cdots, a_{n-1}, a_n$ 中，a_0 为最初发展水平，a_n 为最末发展水平，其余为中间发展水平。

在动态分析中，常需要将两个时期的发展水平进行比较，这时作为基础时期的发展水平称为基期水平，作为分析时期的发展水平称为报告期水平。

(二)平均发展水平

平均发展水平又称为序时平均数或动态平均数，是对现象在不同时间上的指标值加以平均所得的平均数。它可以概括性地描述出社会经济现象在一定时期内所达到的一般水平。在证券市场上，常用序时平均数对股票价格或股票价格指数进行分析。

序时平均数与第四章介绍的静态平均数既有共同之处，也有区别。共同之处是二者都是将变量值的个别数量差异抽象化，概括出现象在数量上达到的一般水平。两者的区别在于：静态平均数是根据变量数列中同一时期总体标志总量与总体单位总量对比求得的，说明总体各单位某一数量标志在特定时间达到的一般水平；序时平均数则是根据时间数列中不同时期的指标数值的总和与时期的项数对比求得的，从而说明某一现象在不同时间上达到的一般水平。

在动态分析中,利用序时平均数分析社会经济现象具有重要的作用:首先,用它可以反映社会经济现象在一定时期内发展达到的一般水平,并对其作出概括性的说明;其次,利用它可以消除现象受短期波动的影响,便于广泛进行对比,观察现象的发展趋势;再次,运用它还可对不同单位、不同地区在某一时期内,某一事物发展达到的一般水平进行比较与评价。

由于发展水平有不同的表现形式,序时平均数有不同的计算方法。

1.根据总量指标时间数列计算

(1)由时期数列计算。根据时期数列的特点,计算平均发展水平,可采用简单算术平均法。即将各时期指标数值相加除以时期项数。计算公式为:

$$\bar{a}=\frac{a_1+a_2+\cdots+a_n}{n}=\frac{\sum a_i}{n}$$

式中:$\bar{a}$ 为平均发展水平;a_i 为各个时期的发展水平;n 为时期项数。

根据表 8.1,我国 2003—2014 年国内生产总值时间数列,计算 2013 年和 2014 年国内生产总值的年平均发展水平,即:

$$\bar{a}=\frac{a_1+a_2+\cdots+a_n}{n}=\frac{\sum a_i}{n}=\frac{588\ 018.80+636\ 138.7}{2}=612\ 078.75(\text{亿元})$$

(2)由时点数列计算。需视资料掌握的具体情况采用不同的方法。

①连续变动的连续时点数列。若时点数列是以天为间隔而编制的,可视为间隔相等的连续时点数列,利用简单算术平均法求平均发展水平。即以所有时点(每一天)指标值之和除以时点项数。计算公式为:

$$\bar{a}=\frac{\sum a_i}{n}$$

例如,若已知某乳品公司 2015 年 12 月份每天出勤人数,计算该月的日均出勤人数时,将每天出勤人数相加除以该月的应出勤天数即可。

②不连续变动的连续时点数列。若时点数列不是逐日变动,而是每隔一段时期才发生变动,则应以每次变动持续的时间长度(f)为权数对各时点水平(a)加权,应用加权算术平均法计算平均发展水平。计算公式为:

$$\bar{a}=\frac{\sum a_i f_i}{\sum f_i}$$

【例 8.1】 某化工厂 2015 年 5 月份产品库存变动资料记录如表 8.3 所示。

表 8.3 化工厂 2015 年 5 月份产品库存 单位:万吨

变动日期	1 日	5 日	15 日	19 日	22 日	26 日	28 日	31 日
库存量	20	25	15	15	16	4	12	8

解:该化工厂 2015 年 5 月份产品平均库存量为:

$$\bar{a}=\frac{\sum a_i f_i}{n}=17.774\ 19\ (\text{万吨})$$

③间隔相等的间断时点数列。在实际统计工作中,对时点指标,为了简化登记手续,往往每隔一定时间登记一次,这样就构成了间隔相等的间断时点数列。在这种情况下,我们可以假设所研究现象在两个相邻时点之间变动是均匀的,并假设本期末和下期初的时点指标值相等,计算序时平均数时先计算两个相邻时点指标数值的简单算术平均数,作为这两个相邻时点所

构成区间的代表值，然后根据这些作为各时期代表值的平均数，再次利用简单算术平均法，求得整个研究期间的平均发展水平。其计算公式为：

$$\bar{a}=\frac{\frac{a_1+a_2}{2}+\frac{a_2+a_3}{2}+\cdots+\frac{a_{n-1}+a_n}{2}}{n-1}$$

$$=\frac{\frac{a_1}{2}+a_2+\cdots+a_{n-1}+\frac{a_n}{2}}{n-1}$$

根据表8.1中的年末总人口时间数列，计算2011—2014年间的年平均人口数，则：

$$\bar{a}=\frac{a_1+a_2+\cdots+a_n}{n}=\frac{\sum a_i}{n}=\frac{\frac{134\ 735}{2}+135\ 404+136\ 072+\cdots+\frac{136\ 782}{2}}{9-1}=135\ 745(\text{万人})$$

④间隔不等的间断时点数列。若时间数列各自间断时点间的间隔长短不等，计算平均发展水平也需假定指标值在两个时点之间的变动是均匀的，并假定本期末与下期初时点指标值相等，然后先求两相邻时点指标数值的简单算术平均数，最后再以间隔时间长度(f)为权数进行加权平均，求得平均发展水平。其计算公式为：

$$\bar{a}=\frac{\frac{a_1+a_2}{2}\cdot f_1+\frac{a_2+a_3}{2}\cdot f_2+\cdots+\frac{a_{n-1}+a_n}{2}\cdot f_{n-1}}{\sum_{i=1}^{n-1}f_i}$$

【例8.2】 设某只股票2015年各统计时点的收盘价如表8.4所示，计算该股票2015年的年平均价格。

表8.4　某只股票2015年各统计时点的收盘价　　单位：元

统计时点	1月1日	3月1日	7月1日	10月1日	12月31日
收盘价	14.3	12.7	15.6	14.4	12.8

解：根据公式，该股票2015年的年平均价格为

$$\bar{a}=\frac{\frac{14.3+12.7}{2}\times 2+\frac{12.7+15.6}{2}\times 4+\frac{15.6+14.4}{2}\times 3+\frac{14.4+12.8}{2}\times 3}{2+4+3+3}=14.11$$

根据间断时点数列计算平均发展水平，是在两种假定前提下计算的，但实际上各种现象的变动并不像假设的那样均匀变动，因此为了使计算结果能尽量地反映实际情况，间断时点数列的间隔不宜过长。

2.根据相对指标时间数列计算

相对指标时间数列属于派生数列，它是由两个具有密切联系的总量指标时间数列相应项对比而得的一种数列。因此，一般不宜直接将数列中的相对指标值简单平均，而应分别计算出构成相对指标时间数列的分子数列与分母数列的平均发展水平，然后进行对比，求得相对指标时间数列的平均发展水平。

设$c=\frac{a}{b}$，c为相对指标，a、b均为总量指标，则：$\bar{c}=\frac{\bar{a}}{\bar{b}}$。

式中：$\bar{c}$为相对指标时间数列的平均发展水平；$\bar{a}$为相对指标分子数列的平均发展水平；$\bar{b}$为相对指标分母数列的平均发展水平。

相对指标时间数列有3种常见的对比形式,对比形式不同,计算平均发展水平的具体方法也有差别,现分述如下:

(1)由两个时期数列对比而成的相对指标时间数列求平均发展水平。要先分别求出两个时期数列的平均发展水平,然后对比求得相对指标时间数列的平均发展水平。

【例 8.3】 某公司2015年1、2、3月份产量计划完成情况的资料见表8.5,要求计算该公司第一季度平均计划完成率。

表 8.5 某服装公司 2015 年第一季度产量计划完成情况

指　标	单位	1月	2月	3月
a. 实际产量	件	6 000	6 200	8 400
b. 计划产量	件	5 000	6 000	8 000
c. 计划完成程度	%	120	103	105

解:计划完成程度是相对数时间数列,分子、分母均为时期数列,故有:

$$\bar{a}=\frac{\sum a}{n}=\frac{6\ 000+6\ 200+8\ 400}{3}=6\ 867(\text{件})$$

$$\bar{b}=\frac{\sum b}{n}=\frac{5\ 000+6\ 000+8\ 000}{3}=\frac{19\ 000}{3}=6\ 333.33(\text{件})$$

$$\bar{c}=\frac{\bar{a}}{\bar{b}}=\frac{6\ 867}{6\ 333.33}=108.42\%$$

即公司第一季度的平均计划完成率为108.42%。

如果只掌握相对指标 c 与分母 b 或分子 a 的资料,也可利用指标间的关系先求出未知的分子 a 或分母 b 的资料,然后对分子、分母分别平均,并进行对比来求得该相对指标时间数列的平均发展水平,这里不再赘述。

(2)由两个时点数列对比而成的相对指标时间数列求平均发展水平。如前所述,由时点数列求平均发展水平,有连续时点数列和间断时点数列之分,其中最常用的是根据间隔相等的间断时点数列所形成的相对指标时间数列求平均发展水平。

【例 8.4】 根据表8.6资料,要求计算我国2012—2014年城镇人口占全国总人口的平均比重。

城镇人口比重时间数列是由两个间隔相等的间断时点数列对比形成的相对指标时间数列。要计算城镇人口的平均比重,先要分别计算分子项数列 a 和分母项数列 b 的平均发展水平,然后将它们对比求得城镇人口平均比重。其计算过程为:

表 8.6 我国 2001—2014 年城乡人口及构成

指标	年末城镇人口/万人	年末总人口数/万人	城镇人口比重/%
2001	48 064	127 627	37.66
2002	50 212	128 453	39.09
2003	52 376	129 227	40.53
2004	54 283	129 988	41.76
2005	56 212	130 756	42.99
2006	57 706	131 448	43.90
2007	59 379	132 129	44.94
2008	62 403	132 802	46.99
2009	64 512	133 450	48.34
2010	66 978	134 091	49.95
2011	69 079	134 735	51.27
2012	71 182	135 404	52.6
2013	73 111	136 072	53.73
2014	74 916	136 782	54.77

(资料来源:中国统计年鉴2015)

$$\bar{a}=\frac{\frac{69\ 079}{2}+71\ 182+73\ 111+\frac{74\ 916}{2}}{4-1}=72\ 097$$

$$\bar{b}=\frac{\frac{134\ 735}{2}+135\ 404+136\ 072+\frac{136\ 782}{2}}{4-1}=135\ 745$$

$$\bar{c}=\frac{\bar{a}}{\bar{b}}=\frac{(\frac{a_1}{2}+a_2+\cdots+\frac{a_n}{2})/(n-1)}{(\frac{b_1}{2}+b_2+\cdots+\frac{b_n}{2})/(n-1)}=\frac{72\ 097}{135\ 745}=53.11\%$$

(3)由一个时期数列与一个时点数列对比而成的相对指标时间数列求平均发展水平。基本公式仍为 $\bar{c}=\frac{\bar{a}}{\bar{b}}$，$a$ 若为时期数列，则 $\bar{a}=\frac{\sum a_i}{n}$，$b$ 则需视时点数列的具体种类，选择相应的计算方法。若为间隔相等的间断时点数列，则 $\bar{b}=\frac{\frac{b_1}{2}+b_2+\cdots+b_{n-1}+\frac{b_n}{2}}{n-1}$。

【例 8.5】 某商场 2015 年第一季度商品销售、库存及流转情况如表 8.7 所示。

表 8.7　某商场 2015 年第一季度销售额与库存额及商品流转次数

指　标	单位	1 月	2 月	3 月	4 月
商品销售额	万元	100	150	290	
月初库存额	万元	40	60	80	40
月平均库存额	万元	50	70	60	
商品流转次数	次	2.00	2.1	4.8	

表 8.7 中，商品销售额是时期数列，月初商品库存额是时点数列，商品流转次数是将商品销售额与商品库存额对比求得的强度相对指标，其平均发展水平计算如下：

第一季度月平均商品销售额：

$$\bar{a}=\frac{\sum a_i}{n}=\frac{100+150+290}{3}=180(\text{万元})$$

第一季度月平均库存额：

$$\bar{b}=\frac{\frac{b_1}{2}+b_2+\cdots+\frac{b_n}{2}}{n-1}=\frac{\frac{40}{2}+60+80+\frac{40}{2}}{4-1}=\frac{180}{3}=60(\text{万元})$$

第一季度月平均商品流转次数：

$$\bar{c}=\frac{\bar{a}}{\bar{b}}=\frac{180}{60}=3(\text{次})$$

根据上述资料，若计算第一季度的商品流转次数，不是各月商品流转次数直接相加的总和，而是用第一季度的商品销售总额与第一季度的平均商品库存额对比来求得，即：

$$\bar{c}=\frac{\sum a_i}{\bar{b}}=\frac{100+150+290}{(\frac{40}{2}+60+80+\frac{40}{2})/(4-1)}=\frac{540}{60}=9(\text{次})$$

3. 根据平均指标时间数列计算

平均指标时间数列由一般平均数或序时平均数组成，由于这两种平均数各有不同的特点，因此，由它们组成的时间数列计算平均发展水平的方法也不相同。一般平均数和相对数一样，也是分子与分母的对比值，对比的形式也有3种，因此，由一般平均数组成的平均指标时间数列计算平均发展水平的方法与相对指标时间数列相同。

根据序时平均数所组成的平均指标时间数列求平均发展水平视掌握资料的不同，有两种方法：

(1)数列中的时期长短相同：用简单算术平均法。

【例8.6】 已知某商场2015年各季度月平均增加值为：一季度230万元，二季度270万元，三季度380万元，四季度320万元。则该公司全年月平均增加值为：

$$\bar{a}=\frac{\sum a_i}{n}=\frac{230+270+380+320}{4}=300(\text{万元})$$

(2)数列中的时期长短不同：用加权算术平均法。

【例8.7】 某企业1月份职工平均人数为4 000人，2～3月份的职工平均人数为3 550人，4～6月份职工平均人数为5 000人，该公司上半年职工月平均人数为：

$$\bar{a}=\frac{\sum a_i f_i}{\sum f_i}=\frac{4\ 000\times1+3\ 550\times2+5\ 000\times3}{1+2+3}=4\ 350(\text{人})$$

(三)增长水平(增长量)

增长水平反映了现象在一定时期内增长的绝对数量，一般称作增长量。它是报告期水平与基期水平之差。其计算公式为：

增长量=报告期水平－基期水平

增长量有正负之分，若报告期水平高于基期水平，增长量为正，表示增长的绝对量；反之，则表示减少的绝对量。

根据采用的基期不同，增长量可以分为逐期增长量和累积增长量。逐期增长量是报告期水平与前一期水平之差，说明本期比上期增长的绝对数量；累积增长量是报告期水平与某一固定时期水平(通常为最初水平)之差，说明现象在较长时期内增长的绝对数量。计算公式分别为

逐期增长量：$a_1-a_0, a_2-a_1, \cdots, a_n-a_{n-1}$。

累积增长量：$a_1-a_0, a_2-a_0, \cdots, a_n-a_0$。

从上述公式中，可以看出逐期增长量与累积增长量之间，存在着如下关系：

(1)n项逐期增长量之和，等于第n期的累积增长量。即：

$$a_1-a_0+a_2-a_1+\cdots+a_n-a_{n-1}=a_n-a_0$$

(2)相邻两个累积增长量之差，等于相应时期的逐期增长量。即：

$$(a_i-a_0)-(a_{i-1}-a_0)=a_i-a_{i-1}$$

现以我国2003—2014年国内生产总值资料计算增长量如表8.8所示。

表8.8 我国2003—2014年国内生产总值资料 单位：亿元

年份	国内生产总值	逐期增长量	累积增长量	年份	国内生产总值	逐期增长量	累积增长量
2003	135 822.8	—	—	2009	340 902.81	26 857.38	205 080
2004	159 878.3	24 055.5	24 055.5	2010	401 512.80	60 609.99	265 690
2005	183 084.8	23 206.5	47 262	2011	473 104.05	71 591.25	337 281.3
2006	211 923.5	28 838.7	76 100.7	2012	534 123.0	61 018.95	398 300.25
2007	249 529.9	37 606.4	113 707.1	2013	588 018.8	53 895.8	452 196.05
2008	314 045.43	64 515.53	178 222.6	2014	636 138.7	48 119.9	500 315.96

(资料来源：中国统计年鉴2015)

在上表中，2003—2014 年逐年增长量之和即为 2014 年的累积增长量 500 315.95 亿元。

在实际统计工作中，为了消除季节变动的影响，也常计算本期发展水平较去年同期发展水平的增长量，这个指标称为年距增长量，即：

$$年距增长量=报告年某期发展水平-上年同期发展水平$$

(四)平均增长水平(平均增长量)

平均增长水平是逐期增长量的序时平均数，一般称作平均增长量。用以反映某种社会经济现象在一段时期内增长的一般水平。它可以根据逐期增长量求得，也可以根据累积增长量求得。计算公式为：

$$平均增长量=\frac{逐期增长量之和}{逐期增长量个数}=\frac{累积增长量}{时间数列项数-1}$$

利用表 8.8 资料计算我国 2003—2014 年国内生产总值的平均增长量，则：

$$国内生产总值年平均增长量=\frac{24\ 055.5+23\ 206.5+\cdots+48\ 119.9}{11}=45\ 483.27(亿元)$$

二、时间数列速度分析

(一)发展速度

发展速度是时间数列中报告期发展水平与基期发展水平之比，用来反映现象在一定时期内发展变化的方向和程度。计算公式为：

$$发展速度=\frac{报告期水平}{基期水平}$$

发展速度一般用百分数表示，若大于 100%，表示上升，若小于 100%，则表示下降。在评价社会经济现象的发展状况时，要考虑指标的性质，一般来说，正指标大于 100%为好，逆指标小于 100%为好。

由于采用的基期不同，发展速度可分为环比发展速度和定基发展速度。环比发展速度是报告期发展水平与前一时期发展水平之比，表明社会经济现象逐期发展变化的方向和程度。定基发展速度是报告期发展水平与某一固定时期发展水平(通常为最初水平)之比，用来表明社会经济现象在较长时期内发展变化的方向和程度。计算公式如下：

环比发展速度：$\frac{a_1}{a_0},\frac{a_2}{a_1},\cdots,\frac{a_n}{a_{n-1}}$。

定基发展速度：$\frac{a_1}{a_0},\frac{a_2}{a_0},\cdots,\frac{a_n}{a_0}$。

环比发展速度与定期发展速度之间，存在着如下关系：

(1)n 项环比发展速度的连乘积，等于第 n 期的定基发展速度，即：

$$\frac{a_1}{a_0}\times\frac{a_2}{a_1}\times\cdots\times\frac{a_n}{a_{n-1}}=\frac{a_n}{a_0}$$

(2)相邻两个时期定基发展速度之商，等于前一时期的环比发展速度，即：

$$\frac{a_i}{a_0}\div\frac{a_{i-1}}{a_0}=\frac{a_i}{a_{i-1}}$$

我国 2003—2014 年国内生产总值资料如表 8.9 所示，现以其计算各期发展速度。

表 8.9　我国 2003—2014 年国内生产总值发展速度算表

年　份	国内生产总值/亿元	环比发展速度/%	定基发展速度/%
2003	134 976.97		
2004	159 453.60	118.133 930 6	118.133 930 6
2005	183 617.37	115.154 107 5	136.036 073 4
2006	215 904.41	117.583 870 2	159.956 48
2007	266 422.00	123.398 127 9	197.383 301 8
2008	316 030.34	118.620 211 5	234.136 490 1
2009	340 319.95	107.685 847 5	252.131 863 7
2010	399 759.54	117.465 796 5	296.168 702
2011	468 562.38	117.211 056 4	347.142 464 4
2012	519 322.00	110.833 054 9	384.748 598 2
2013	588 018.80	113.228 170 6	435.643 799 1
2014	636 138.70	108.183 394 8	471.294 251 2

(资料来源：中国统计局网站 2016)

需要说明的是:这里计算的国内生产总值发展速度是名义发展速度,名义发展速度中包含了价格的变动;如果需要计算实际发展速度,则需要消除价格的变动,用不变价国内生产总值计算,或者对现价国内生产总值发展速度除以相应的物价指数。

在实际工作中,为了消除季节变动的影响,确切地反映研究对象的发展速度,常计算年距发展速度,也称同比速度。它是报告年某期水平与去年同期水平之比,用来反映现象一年后的发展变化方向和程度。其计算公式为:

$$\text{年距发展速度}=\frac{\text{报告年某期发展水平}}{\text{上年同期发展水平}}$$

(二)平均发展速度

平均发展速度是时间数列中各时期环比发展速度的序时平均数,用以表明现象在一个较长时期内平均发展变化的程度。

平均发展速度是十分重要并得到广泛适用的动态分析指标。其作用主要是:①可以概括说明一段时期内我国国民经济及各部门有关指标发展变化的一般程度;②是编制国民经济发展计划的重要依据,特别是长远目标确定后,可以计算为实现该目标每年应达到的平均发展速度,并据以编制年度计划;③根据平均发展速度指标可以计算出若干年后某种社会经济现象达到的水平,所以它也是进行经济预测的重要方法之一;④将国民经济各个时期的平均发展速度指标进行对比,可以说明不同时期经济发展的速度差异;⑤还可用来对比说明不同国家或地区在某一时期经济发展的快慢程度。

计算平均发展速度的常用方法有水平法和方程法两种。

1.水平法

水平法又称几何平均法。水平法的数理论据是:从最初水平 a_0 出发,按平均发展速度 $\bar{x}$ 逐期发展,经过 n 期以后,可以达到最末水平 a_n。即:

$$a_0\bar{x}^n=a_n$$

据此可得:

$$\bar{x}=\sqrt[n]{\frac{a_n}{a_0}}$$

又因为:

$$\frac{a_n}{a_0}=\frac{a_1}{a_0}\times\frac{a_2}{a_1}\times\cdots\times\frac{a_{n-1}}{a_{n-2}}\times\frac{a_n}{a_{n-1}}$$

所以:

$$\bar{x}=\sqrt[n]{\frac{a_1}{a_0}\times\frac{a_2}{a_1}\times\cdots\times\frac{a_{n-1}}{a_{n-2}}\times\frac{a_n}{a_{n-1}}}=\sqrt[n]{\prod_{i=1}^{n}\frac{a_i}{a_{i-1}}}=\sqrt[n]{\frac{a_n}{a_0}}$$

在实际应用中,可根据所掌握的资料条件来选择其一进行计算。

【例8.8】 根据表8.9的资料计算,我国2010—2014年国内生产总值的平均发展速度为:

$$\bar{x}=\sqrt[n]{\frac{a_n}{a_0}}=\sqrt[4]{\frac{636\ 138.70}{399\ 759.54}}=116.4\%$$

或

$$\bar{x}=\sqrt[n]{\prod_{i-1}^{n}\frac{a_i}{a_{i-1}}}=\sqrt[4]{1.172\times1.108\times1.132\times1.082}=112.3\%$$

利用水平法,不仅可以求得平均发展速度,而且还可据以推算最末水平和实现期末目标所需的时间。这里所依据的具体公式是:

$$a_0=a_0\bar{x}^n$$

$$n=\frac{\lg a_n-\lg a_0}{\lg\bar{x}}=\frac{\sum_{i=1}^{n}\lg\frac{a_i}{a_{i-1}}}{\lg\bar{x}}=\frac{\lg\frac{a_n}{a_0}}{\lg\bar{x}}$$

【例8.9】 已知我国2011—2015年国内生产总值的平均发展速度为106.9%,2015年的国内生产总值为 676 708 亿元，若继续按此速度发展，到 2018 年我国国内生产总值可达多少？

解：$a_n = a_0 \bar{x}^n = 676\ 708 \times 1.069^3 = 826\ 674.3$（亿元）

【例 8.10】 已知我国 2015 年的国内生产总值为 676 708 亿元，今后若保持 106.9% 的平均发展速度不变，要达到 940 078.1 亿元的目标，需用多少时间？

解：$n = \dfrac{\lg a_n - \lg a_0}{\lg \bar{x}} = \dfrac{\lg 940\ 078.1 - \lg 676\ 708}{\lg 1.069} = 5$（年）

2. 方程法

方程法又称累计法。它是通过求解高次方程的正根得到平均发展速度。方程法的数理论据是：从最初水平（a_0）出发，按平均发展速度（$\bar{x}$）发展，n 期后达到的各期水平的总和应与各期实际发展水平的总和一致。即：

$$a_0 \bar{x} + a_0 \bar{x}^2 + a_0 \bar{x}^3 + \cdots + a_0 \bar{x}^{n-1} + a_0 \bar{x}^n = \sum_{i=1}^{n} a_i$$

整理得高次方程：

$$\bar{x}^n + \bar{x}^{n-1} + \cdots + \bar{x}^3 + \bar{x}^2 + \bar{x} - \frac{\sum_{i=1}^{n} a_i}{a_0} = 0$$

这个方程式的正根，即所求平均发展速度。在实际工作中可通过查《平均增长速度查对表》得到平均增长速度，然后加 1 可得平均发展速度，如表 8.10 所示，用方程法计算各年平均发展速度。

表 8.10　某地区固定资产投资额　　单位：亿元

年　份	2010	2011	2012	2013	2014	2015
固定资产投资额	1 084	1 166	1 334	1 583	1 546	1 080

（1）计算各年发展水平总和为基期水平的百分比或各年定基发展速度之和，作为查表的依据。根据表 8.10 资料：

$$\frac{\sum_{i=1}^{n} a_i}{a_0} = \frac{1\ 084 + 1\ 166 + 1\ 334 + \cdots + 1\ 080}{1\ 084} = 718.91\%$$

或

$$\sum_{i=1}^{n} \frac{a_i}{a_0} = 718.91\%$$

（2）确定递增或递减速度：

$\dfrac{\sum_{i=1}^{n} a_i}{a_0} \cdot \dfrac{1}{n} > 100\%$ 为递增速度，应查表的增长速度部分；$\dfrac{\sum_{i=1}^{n} a_i}{a_0} \cdot \dfrac{1}{n} < 100\%$ 为递减速度，应查表的降低速度部分。

本例 684.25%÷5>100% 为递增速度。

（3）查表，见表 8.11。

表 8.11　累计法平均增长速度查对表　　间隔期：1～5 年

平均每年增长/%	总发展速度=各年发展水平总和为基期水平的百分比				
	1 年	2 年	3 年	4 年	5 年
⋮	⋮	⋮	⋮	⋮	⋮
10.6	110.60	232.92	368.21	517.84	683.33
10.7	110.70	233.24	368.89	519.05	685.28
⋮	⋮	⋮	⋮	⋮	⋮

在累计法增长速度查对表中的$n=5$栏内，684.25%介于683.33%和685.28%之间，这两个值对应的平均每年增长速度为10.6%和10.7%，即所求的平均增长速度应在10.6%～10.7%之间，运用插值法，可得到投资额年平均增长速度为：

$$10.6\%+\frac{684.25\%-683.33\%}{685.28\%-683.33}\times(10.7\%-10.6\%)=10.64\%$$

上述两种方法除数理论据(约束条件)不同外，在应用上有以下3点区别：

第一，考查重点不同：水平法侧重于考查期末水平(a_n)；方程法着重考查累计水平($\sum_{i=1}^{n}a_i$)。

第二，影响因素不同：水平法平均发展速度大小只取决于最初水平和最末水平；方程法平均发展速度则受各期发展水平的影响。

第三，适用对象不同：水平法适用于按期末水平提出任务或目标的研究对象；方程法适用于按各期累计总量提出任务或目标的研究对象。

利用水平法计算的平均发展速度，只取决于期初和期末水平，因此，在计算和应用平均发展速度指标时，应注意以下问题：首先，要根据研究目的选择适当的基期，并注意其所依据的基本指标在整个研究时期的同质性；其次，要根据事物的发展动态，用分段的平均发展速度补充说明全时期总平均发展速度；再次，应用环比发展速度补充说明平均发展速度；最后，平均发展速度分析应与平均水平、绝对量分析相结合。

(三)增长速度

增长速度是增长量与基期水平之比，也等于发展速度减1，用以说明现象在一定时期内增长的相对程度。其计算公式是：

$$增长速度=\frac{增长量}{基期水平}=\frac{报告期水平-基期水平}{基期水平}=发展速度-1$$

增长速度也有正有负，当发展速度大于1时，增长速度为正值，表示现象增长或提高的程度；当发展速度小于1时，增长速度为负值，表示现象降低或减少的程度。具体评价时，也要视基础指标的性质而定。

增长速度由于比较的基期不同，分为环比增长速度和定基增长速度。环比增长速度是逐期增长量与前一期水平之比，等于环比发展速度减1，用来反映现象逐期增长的相对程度。定基增长速度是累积增长量与某一固定时期水平之比，等于定基发展速度减1，用来反映现象在较长时期内增长的相对程度。计算公式分别为：

环比增长速度：$\frac{a_1-a_0}{a_0},\frac{a_2-a_1}{a_1},\cdots,\frac{a_n-a_{n-1}}{a_{n-1}}$ 或 $\frac{a_1}{a_0}-1,\frac{a_2}{a_1}-1,\cdots,\frac{a_n}{a_{n-1}}-1$

定基增长速度：$\frac{a_1-a_0}{a_0},\frac{a_2-a_0}{a_0},\cdots,\frac{a_n-a_0}{a_0}$ 或 $\frac{a_1}{a_0}-1,\cdots,\frac{a_n}{a_0}-1$

环比增长速度和定基增长速度都是发展速度的派生指标，它们只反映增长部分的相对程度。这里必须注意，环比增长速度的连乘积不等于定基增长速度。如果要由环比增长速度推算定基增长速度，或用定基增长速度推算环比增长速度，都必须先计算发展速度，然后减1变为增长速度。

在实际工作中，也常计算年距增长速度，它等于年距增长量与上年同期水平之比，或等于年距发展速度减1。

现以我国2003—2014年国内生产总值资料计算各期增长速度，如表8.12所示。

表8.12　我国2003—2014年国内生产总值增长速度计算表

年　度	国内生产总值/亿元	环比发展速度/%	环比增长速度/%	定基发展速度/%	定基增长速度/%
2003	134 976.97	—	—	—	—
2004	159 453.60	118.133 930 6	18.133 930 55	118.133 930 6	18.133 930 55
2005	183 617.37	115.154 107 5	15.154 107 53	136.036 073 4	36.036 073 41
2006	215 904.41	117.583 870 2	17.583 870 2	159.956 48	59.956 479 98
2007	266 422.00	123.398 127 9	23.398 127 9	197.383 301 8	97.383 301 76
2008	316 030.34	118.620 211 5	18.620 211 54	234.136 490 1	134.136 490 1
2009	340 319.95	107.685 847 5	7.685 847 504	252.131 863 7	152.131 863 7
2010	408 903.00	120.152 521 2	20.152 521 18	302.942 790 9	202.942 790 9
2011	484 123.50	118.395 683 1	18.395 683 08	358.671 186 6	258.671 186 6
2012	534 123.00	110.327 839 9	10.327 839 9	395.714 172 6	295.714 172 6
2013	588 018.80	110.090 522 2	10.090 522 22	435.643 799 1	335.643 799 1
2014	636 138.70	108.183 394 8	8.183 394 817	471.294 251 2	371.294 251 2

资料来源：中国统计局网站2015

运用时间数列进行动态分析时，既要看速度，又要看水平，只有把它们结合起来，才能对现象的变化做出全面的认识。统计中体现速度与水平相结合的一个代表性指标就是增长1%的绝对值。增长1%的绝对值反映环比速度每增长1个百分点所增加的绝对数量，即逐期增长量与环比增长速度的对比值，也即前一期发展水平的百分之一。其计算公式为：

$$\text{增长}1\%\text{的绝对值}=\frac{\text{逐期增长量}}{\text{环比增长速度}(\%)}\times 1\%$$

或

$$\text{增长}1\%\text{的绝对值}=\frac{\text{前一期发展水平}}{100}$$

(四)平均增长速度

平均增长速度是时间数列中各期环比增长速度的代表值，它用以表明现象在较长时间内平均递增或递减的一般程度。

平均增长速度不能根据各期环比增长速度来直接进行序时平均，因为各期环比增长速度的连乘积不等于总增长速度。若计算平均增长速度必须还原为发展速度，求出平均发展速度($\bar{x}$)，平均发展速度再减1求得平均增长速度，即

$$\text{平均增长速度}=\text{平均发展速度}-1(\text{或}100\%)$$

所得结果为正数，说明是平均递增；为负数，说明是平均递减。

如前例中，我国2010—2014年国内生产总值的平均发展速度为112.3%，则平均增长速度为112.3%−100%=12.3%。

第三节　时间数列趋势分析

一切社会经济现象，虽按照自身固有的规律处于不断发展变化之中，但由于客观条件、自然条件和科学技术等多种因素的影响，现象的发展会呈现出各种波动和不平衡。因此，要研究现象发展的长期趋势，需对原来的动态数列进行统计处理，以测定现象的长期趋势和季节变动，进而进行趋势预测和季节预测。

一、时间数列的变动因素及分析模型

(一) 时间数列的变动因素分析

社会经济现象的发展变化是许多错综复杂的因素共同作用的结果。这些影响因素归纳起来,可分为以下 4 类:

1. 长期趋势(T)

长期趋势是指现象在较长的时期内持续发展变化的趋势。它是受某种根本性因素作用而形成的变动形态。例如,我国 GDP 表现出持续迅速增长的趋势,这是由社会生产力发展提高等根本性因素所决定的。又如,在农业生产中,随着农业科学技术的进步,不断采用新的耕作技术、优良品种和其他现代高效优质的农业生产资料等,由这些根本性因素所决定,我国农业生产效率呈现出不断提高的趋势。

2. 季节变动(S)

季节变动是指某些社会经济指标在一定时期内由于受自然与社会因素的影响而发生的周期长度固定、波动幅度比较稳定的有规律的周期性变动。变动的周期长度一般在一年以内,而且周期长度相对固定。例如,羽绒服的销售量每年都是夏季少、冬季多;农产品的收购量随农产品的收获季节变动,变动周期长度为一年。也有以月、周、日为周期的,例如银行存款,月初增加,月末减少;公共汽车乘客的流量每天上下班时形成高峰。

3. 循环变动(C)

循环变动是指现象呈现出周期长度不固定的一种涨落起伏的往复变动。其变动特征是:不是朝单一方向持续发展;不同于季节变动,它的波动周期较长,一般在一年以上,且周期长短不一,短则三、五年,长则数十年,波动的幅度往往不是非常稳定。影响其变动的原因可能是重大自然资源发现、重大技术创新、固定资产大规模更新、消费结构升级、重大制度创新、瘟疫、战争等。非常复杂,其规律性较难测定。

4. 偶然变动(I)

偶然变动是指由于一些偶然因素的影响使时间数列的正常值所发生的偏离。这种变动的方向不确定,波动幅度较小,无法预知和计算,对它的测定一般采用剩余法。

(二)时间数列的分析模型

将上述变动同时间数列实际变动的关系用一定的数学模型表示出来,就形成了时间数列的分析模型。将各种变动分别从时间数列中分离出来并加以测定的过程,称为时间数列的构成因素分解分析。

根据对各构成因素的结合方式和相互作用方式的假设,时间数列可分解为多种模型,如加法模型、乘法模型、混合模型等。其中常用的是加法模型和乘法模型。

(1)加法模型。设时间数列指标值为 T、S、C、I 分别表示长期趋势、季节变动、循环变动和偶然变动,并假设影响时间数列的四种因素独立发生作用,则:

$$Y=T+S+C+I$$

如果 Y 为年度资料,季节变动不存在,这时有:$Y=T+C+I(S=0)$

(2)乘法模型。假设上述 4 种因素交织在一起发生作用,则:

$$Y=T\times S\times C\times I$$

如 Y 为年度资料,季节变动不存在,这时有:$Y=T\times C\times I(S=1)$

在实际应用中需要根据研究对象的性质、研究的目的和掌握资料的情况来确定采用哪种模型进行分析。由于乘法模型的假设在很多情况下更符合社会经济现象的实际变动，因此使用较为普遍。

二、测定长期趋势的作用

(1)正确反映社会经济现象发展变化的趋向，掌握其发展变化的规律性，为决策者制订经营决策和长远规划提供依据。如考查我国人口增长的趋势，可为制定人口政策、编制就业计划提供必要依据；分析我国学龄儿童入学率的变化趋势，可以为制订国民教育计划政策提供依据；研究商品需求的长期趋势，对指导有关商品的生产和营销具有重要意义。

(2)为统计预测提供必要条件。统计预测是立足于现在和过去以推算将来。时间数列资料是社会经济现象过去和现在的数量表现，用它去推测现象将来的发展水平，是统计预测的重要方法。利用时间数列预测时，要根据长期趋势的变化特点，选择适当的预测方法和模型，以科学预测现象未来可能达到的发展水平。

(3)通过测定长期趋势，可以从时间数列中分离出长期趋势变动的数量部分，从而更好地测定季节变动的数值，为季节预测提供条件。

三、测定长期线性趋势的方法

测定长期趋势就是采用一定的方法对时间数列进行修匀，使修匀后的数列消除季节变动、循环变动和偶然变动因素的影响，显现出现象变动的长期趋势，作为长期趋势预测的依据。长期趋势主要分为线性趋势和非线性趋势。本节分析线性趋势的修匀方法。

(一)时距扩大法

它是将原有时间数列中较小时距单位的若干数据加以合并，得出较大时距单位的数据，形成新的时间数列。其目的在于通过扩大时距消除短期偶然因素影响，显示现象发展变化的基本趋势。这是测定长期趋势最简便的方法。

扩大时距后，可以用总量指标表示，也可以用平均指标表示。前者只适用于时期数列，后者适用于时期数列和时点数列。

【例 8.11】某化工厂 2015 年各月产值资料，见表 8.13。

表 8.13　某化工厂 2015 年各月总产值资料　　单位：万元

月　份	1月	2月	3月	4月	5月	6月	7月	8月	9月	10月	11月	12月
总产值	50.0	44.0	54.0	60.0	56.0	66.0	62.0	65.2	68.0	70.0	74.0	77.0

从表 8.13 可以看出，该公司各月总产值有上升的发展趋势，但各月产值起伏不定，趋势并不显著。若将时距由月扩大为季度，则可整理出新的时间数列，见表 8.14。

表 8.14　某化工厂 2015 年各季度总产值　　单位：万元

季　度	1 季度	2 季度	3 季度	4 季度
总产值	276.0	182.0	195.2	221.0
月平均产值	92.0	60.7	65.1	73.7

修匀后的新时间数列中，总产值呈现出明显的上升趋势。

时距扩大法是测定长期趋势最原始的方法。其优点是方法简便,缺点是新数列的项数大量减少,不便于作进一步的趋势分析,它不能满足季节变动分析的需要。

(二)移动平均法

移动平均法是对原时间数列按事先选择的时期长度,采用逐项递移的办法,计算出一系列移动平均数,从而形成一个新的时间数列,作为原时间数列对应时期的趋势值。这种派生数列,原数列中偶然因素的影响削弱了,发展趋势得以呈现。

设时间数列的指标为 $a_i(i=1,2,\cdots,n)$,若取3项移动平均,则各时期趋势值的计算公式为:

$$\bar{a}_2=\frac{a_1+a_2+a_3}{3},\bar{a}_3=\frac{a_2+a_3+a_4}{3},\cdots,\bar{a}_{n-1}=\frac{a_{n-2}+a_{n-1}+a_n}{3}$$

若取5项移动平均,则各时期趋势值的计算公式为:

$$\bar{a}_3=\frac{a_1+a_2+a_3+a_4+a_5}{5},\bar{a}_4=\frac{a_2+a_3+a_4+a_5+a_6}{5},\cdots,\bar{a}_{n-2}=\frac{a_{n-4}+a_{n-3}+a_{n-2}+a_{n-1}+a_n}{5}$$

现以我国1978—2014年间的钢材产量资料为例,用移动平均法对原数列进行修匀,编制新的时间数列,见表8.15。

表8.15　我国1978—2014年钢产量移动平均趋势值　　单位:万吨

年份	钢材产量	3年移动平均	5年移动平均	4年移动平均	2年移正平均
1978	3 179	—	—	—	—
1979	3 448	3 446.33	—	—	—
1980	3 712	3 573.33	3 523.00	3 474.75	3 541.88
1981	3 560	3 662.67	3 687.60	3 609.00	3 678.25
1982	3 716	3 759.33	3 867.40	3 747.50	3 826.88
1983	4 002	4 021.67	4 060.80	3 906.25	4 046.13
1984	4 347	4 342.67	4 392.80	4 186.00	4 374.00
1985	4 679	4 748.67	4 775.20	4 562.00	4 765.25
1986	5 220	5 175.67	5 163.40	4 968.50	5 168.00
1987	5 628	5 597.00	5 525.80	5 367.50	5 552.50
1988	5 943	5 910.00	5 917.00	5 737.50	5 914.38
1989	6 159	6 245.67	6 293.00	6 091.25	6 275.25
1990	6 635	6 631.33	6 786.20	6 459.25	6 728.13
1991	7 100	7 276.33	7 388.80	6 997.00	7 346.63
1992	8 094	8 050.00	8 009.20	7 696.25	8 024.50
1993	8 956	8 770.33	8 589.40	8 352.75	8 657.25
1994	9 261	9 251.00	9 194.21	8 961.75	9 215.51
1995	9 535.99	9 640.35	9 754.24	9 469.26	9 711.53
1996	10 124.06	10 184.74	10 274.84	9 953.81	10 241.06
1997	10 894.17	10 859.08	10 907.84	10 528.31	10 889.56
1998	11 559	11 626.39	11 570.65	11 250.81	11 591.55
1999	12 426	12 278.33	12 578.52	11 932.29	12 465.95

续表

年份	钢材产量	3 年移动平均	5 年移动平均	4 年移动平均	2 年移正平均
2000	12 850	13 479.81	14 047.01	12 999.61	13 834.31
2001	15 163.44	15 416.68	16 181.93	14 669.01	15 894.96
2002	18 236.61	18 544.55	19 354.95	17 120.91	19 051.05
2003	22 233.6	22 920.43	23 849.74	20 981.19	23 501.25
2004	28 291.09	28 616.22	30 195.73	26 021.32	29 603.41
2005	35 323.98	36 836.14	37 860.58	33 185.51	37 476.42
2006	46 893.36	46 259.4	45 698.424	41 767.325	45 788.475
2007	56 560.87	54 638.173 33	53 984.664 67	49 809.625	54 069.802 5
2008	60 460.29	62 142.186 67	62 504.206 67	58 329.98	62 502.882 5
2009	69 405.4	70 047.423 33	70 883.925 33	66 675.785	70 683.122 5
2010	80 276.58	79 433.85	79 449.486 67	74 690.46	79 080.152 5
2011	88 619.57	88 157.993 33	88 107.148 67	83 469.845	88 319.237 5
2012	95 577.83	97 465.98	97 037.528	93 168.63	97 198.197 5
2013	108 200.54	105 430.496 7	—	101 227.765	—
2014	112 513.12	—	—	—	—

偶数项移动平均数对应的中点是在两个时期之间，如表 8.15 的第 5 栏，故其平均的结果不能直接作为某一时期的趋势值，必须对其进行 2 项平均移正，如表 8.15 的最后一栏，才能得到原数列对应的趋势值。用公式表示为：

$$\bar{a}_{2-3}=\frac{a_1+a_2+a_3+a_4}{4},\bar{a}_{3-4}=\frac{a_2+a_3+a_4+a_5}{4},\cdots,\bar{a}_{(n-2)-(n-1)}=\frac{a_{n-3}+a_{n-2}+a_{n-1}+a_n}{4}$$

2 项移正平均法的计算公式为：

$$\bar{a}_3=\frac{\bar{a}_{2-3}+\bar{a}_{3-4}}{2},\bar{a}_4=\frac{\bar{a}_{3-4}+\bar{a}_{4-5}}{4},\cdots,\bar{a}_{n-2}=\frac{\bar{a}_{(n-3)-(n-2)}+\bar{a}_{(n-2)-(n-1)}}{2}$$

为简便计算，可将上面两步合并起来，以公式表示：

$$\bar{a}_3=\frac{\bar{a}_{2-3}+\bar{a}_{3-4}}{2}=\frac{\dfrac{a_1+a_2+a_3+a_4}{4}+\dfrac{a_2+a_3+a_4+a_5}{4}}{2}=\frac{\dfrac{a_1}{2}+a_2+a_3+a_4+\dfrac{a_5}{2}}{5-1}$$

如表 8.15 所示，最后一栏的数值可采用上式一次得出趋势值，如以 4 项移动平均求得的 2011 年的趋势值为：

$$\bar{a}_{2011}=\frac{\dfrac{69\ 405.4}{2}+80\ 276.58+88\ 619.57+95\ 577.83+\dfrac{108\ 200.54}{2}}{5-1}=88\ 319.24(\text{万吨})$$

2012 年的趋势值为：

$$\bar{a}_{2012}=\frac{\dfrac{80\ 276.58}{2}+88\ 619.57+95\ 577.83+108\ 200.54+\dfrac{112\ 513.12}{2}}{5-1}=97\ 198.20(\text{万吨})$$

其他各年的趋势值依此类推。

由此可见，使用偶数项移动平均时，必须一次取 $k+1$ 项资料(k 为移动平均项数)，将首末两项折半后平均，此法也可称为首末折半法。

采用移动平均法测定长期趋势应注意几点：

(1)移动平均法的作用在于通过修匀原时间数列，削弱偶然因素变动的影响，以显现出原长期趋势。因此移动平均的时期长度应适中，一般包括一个波动周期。只有这样，才能消除周期性变动的影响，呈现出数列的长期趋势。

(2)如果时间数列周期性波动不明显，则宜对其作奇数项移动平均，以便直接得到原数列的长期趋势；如果采用偶数项移动平均，则需注意进行移正平均。

(3)用移动平均法修匀时间数列，所得新数列项数要少于原数列。移动平均项数越多，修匀效果越好，但信息量损失就越多。因此，移动平均法不能直接用于外推预测。

(三)指数平滑法

指数平滑法是通过计算指数平滑值，建立一定的时间数列长期趋势模型。指数平滑法由美国学者布朗(Robert. G. Brown)于1959年在其著作《库存管理的统计预测》中首先提出的，后来又被不断的丰富、完善和发展，因其具有的诸多优点，使其在时间数列长期趋势预测中得到广泛应用。

根据平滑次数不同，指数平滑法又可分为一次指数平滑法、二次指数平滑法、三次指数平滑法和高次指数平滑法。这里仅介绍一次指数平滑法。

一次指数平滑法是指根据本期指标值和上期一次指数平滑值，计算其加权平均值，并将其作为下期预测值的方法。平滑公式和预测模型为：

$$S_i^{(1)}=\alpha a_i+(1-\alpha)S_{i-1}^{(1)} \qquad 0<\alpha<1$$

式中：$S_i^{(1)}$ 为第 i 期的一次指数平滑值，并作为第 $i+1$ 期的长期趋势预测值；α 为平滑系数；a_i 为第 t 期的指标值。

运用指数平滑法的首要问题，是选择适宜的平滑系数 α。平滑系数的选择，既是指数平滑法的灵活性所在，又是运用指数平滑法的难点之一，迄今仍没有从理论上完全解决，它的确定带有一定的经验性。可根据时间数列数据的波动状况作如下选择：

第一，若时间数列数据增长(减少)趋势较大、不规则波动较小，α 宜取较大值(如0.6～0.9)，以加大近期数据的比重，使长期趋势预测模型能迅速跟上实际观察值的变化。

第二，若时间数列数据增长(减少)趋势较小、不规则变动较大，α 宜取较小值(如0.1～0.3)，减小修正误差的幅度，使长期趋势预测模型更接近实际观察值的变化。

在实际应用中，对于特定的时间序列，往往同时选用若干个不同的 α 值进行试算，最终选择使均方误差(MSE)较小的那个 α 值用于预测。

确定平滑初始值 $S_0^{(1)}$ 也是应用指数平滑法首先要解决的问题之一。在一次指数平滑法中，只有先确定了一次指数平滑初始值 $S_0^{(1)}$ 后，才能计算第1期的一次指数平滑值 $S_1^{(1)}$ 和第 i 期的一次指数平滑值 $S_i^{(1)}$。在一般情况下，一次指数平滑初始值 $S_0^{(1)}$ 通常可采用如下方法加以确定：

$$S_0^{(1)}=a_1 \qquad (t\geqslant 30)$$

$$S_0^{(1)}=\frac{a_1+a_2+a_3}{3} \qquad (t<30)$$

现对我国1999—2014年国内生产总值时间数列进行一次指数平滑，并预测2015年的国内生产总值。分别取 $\alpha=0.3$、0.6、0.9，为了简便起见，这里平滑初始值取 $S_0^{(1)}=a_1$，计算结果见表8.16。

表8.16 我国1999—2014年国内生产总值及一次指数平滑值 单位：亿元

年份	t	国内生产总值	$\alpha=0.3$	$\alpha=0.6$	$\alpha=0.9$
1999	1	89 677.1	89 677.1	89 677.1	89 677.1
2000	2	99 214.6	92 538.3	95 399.554 49	98 260.85
2001	3	109 655.2	32 896.55	65 793.102 33	108 515.765
2002	4	120 332.7	36 099.81	72 199.613 56	119 151.006 5
2003	5	135 822.8	40 746.83	81 493.653 69	134 155.620 7
2004	6	159 878.3	47 963.5	95 927.002 75	157 306.0321
2005	7	183 217.4	54 965.22	109 930.44	180 626.263 2
2006	8	211 923.5	63 577.05	127 154.1	208 793.7763
2007	9	249 529.9	74 858.97	149 717.94	245 456.2876
2008	10	316 030.34	147 210.381	249 505.38	308 972.934 8
2009	11	340 319.95	205 143.251 7	303 994.122	337 185.248 5
2010	12	408 903.00	266 271.176 2	366 939.448 8	401 731.224 8
2011	13	484 123.50	331 626.873 3	437 249.879 5	475 884.272 5
2012	14	534 123.00	392 375.711 3	495 373.751 8	528 299.127 2
2013	15	588 018.80	451 068.637 9	550 960.780 7	582 046.832 7
2014	16	636 138.70	506 589.656 6	602 067.532 3	630 729.513 3

资料来源：中国统计年鉴2015

由标准误差可知，$\alpha=0.9$ 为最优平滑系数，$\alpha=0.9$ 时2015年国内生产总值的预测值为：

$$Y_{2015}=S_{2014}^{(1)}=0.9\times X_{2014}+0.1\times S_{2013}^{(1)}=0.9\times 636\ 138.70+0.1\times 630\ 729.51=617\ 597.78\text{(亿元)}$$

式中：Y_{2015} 表示2015年的预测值；$S_i^{(1)}$ 表示 i 期平滑值；X_{2014} 表示2014年的实际值。

（四）线性模型法

如果时间数列的逐期增长量相对稳定，即现象的发展按照线性趋势变化时，可用下列线性模型来描述：

$$y_c=a+bt$$

式中：y_c 表示时间数列的趋势值；t 表示时间的序号；参数 a、b 通常利用最小二乘法求得。

最小二乘法是根据回归分析中的最小二乘原理，对时间数列配合一条趋势线，使之满足：时间数列的实际观测值（y）与趋势值（y_c）的离差平方和达到最小值，即 $\sum(y-y_c)^2=$ 最小值。

根据最小二乘法的要求，计算未知参数 a、b 的标准方程组为：

$$\begin{cases}\sum y=na+b\sum t\\ \sum ty=a\sum t+b\sum t^2\end{cases}$$

解得：

$$\begin{cases} b = \dfrac{n\sum ty + (\sum t)(\sum y)}{n\sum t^2 - (\sum t)^2} \\ a = \bar{y} - b\bar{t} \end{cases}$$

当变量 t 以时间数列的中间时期为0对称取值时，$\sum t = 0$，上式可简化为：

$$\begin{cases} \sum y = na \\ \sum ty = b\sum t^2 \end{cases}$$

解得：

$$\begin{cases} b = \dfrac{\sum ty}{\sum t^2} \\ a = \bar{y} \end{cases}$$

【例8.12】 根据化肥厂年销售额资料(见表8.17)，利用最小二乘法确定年销售额的直线趋势方程，计算2007—2015各年的销售额趋势值，并预测2016年该化肥厂的销售额。

表8.17 某化肥厂年销售额直线趋势计算表 单位：万元

年份	时间标号 t	销售额 y	ty	t^2	y_c
2007	−4	15	−60	16	15.554
2008	−3	20	−60	9	19.721
2009	−2	25	−50	4	23.888
2010	−1	30	−30	1	28.055
2011	0	30	0	0	32.222
2012	1	35	35	1	36.389
2013	2	40	80	4	40.556
2014	3	45	135	9	44.723
2015	4	50	200	16	48.89
合计	0	290	250	60	—

(原点：2011年1月1日，t 的单位：年)

解：根据简化公式，可计算参数值如下：

$$a = \frac{\sum y}{n} = \frac{290}{9} = 32.222$$

$$b = \frac{\sum ty}{\sum t^2} = \frac{250}{60} = 4.167$$

化肥年销售额的直线趋势方程为：

$$y_c = a + bt = 32.222 + 4.167t$$

将各年 t 值代入，计算各年趋势值，见表8.17中 y_c 栏。

计算2017年该化肥厂销售额的预测值：

$$Y_{2017} = 32.222 + 4.167 \times 6 = 57.224(\text{万元})$$

将化肥厂销售额及其趋势值绘成图(见图8.1)。

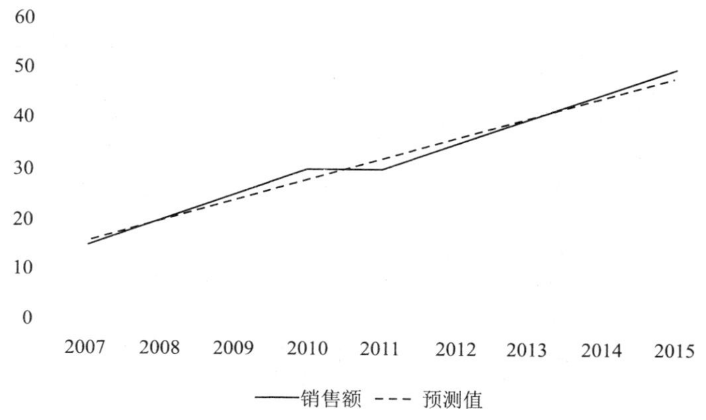

图 8.1　年销售额直线趋势

四、测定长期非线性趋势的方法

对大量时间数列的研究表明，并不是每一个时间数列都按直线趋势变动。时间数列若呈现出非直线状态时，则应选用适当的曲线函数对其进行拟合和预测。下面介绍几种常用的趋势曲线。

(一)抛物线趋势

当现象发展的趋势为抛物线形态时，可配合抛物线曲线，其一般方程为：

$$y_c = a + bt + ct^2$$

按照最小平方法的要求，可推导出求解未知参数 a、b、c 的标准方程组：

$$\begin{cases} \sum y = na + b\sum t + c\sum t^2 \\ \sum ty = a\sum t + b\sum t^2 + c\sum t^3 \\ \sum t^2 y = a\sum t^2 + b\sum t^3 + c\sum t^4 \end{cases}$$

若变量 t 以时间数列的中间时期为 0 对称取值时，$\sum t = 0$，上式可简化为：

$$\begin{cases} \sum y = na + c\sum t^2 \\ \sum ty = b\sum t^2 \\ \sum t^2 y = a\sum t^2 + c\sum t^4 \end{cases}$$

【例 8.13】　根据某农药厂 2007—2015 年产量时间数列(见表 8.18)，利用最小二乘法确定年农药产量的抛物线趋势方程，预测 2016 年农药产量。

表 8.18　某农药厂产量抛物线趋势计算表　　单位：t

年份	t	农药产量 y	t^2	t^4	ty	t^2y	y_c
2007	−4	10	16	256	−40	160	
2008	−3	18	9	81	−54	162	
2009	−2	25	4	16	−50	100	
2010	−1	30.5	1	1	−30.5	30.5	
2011	0	35	0	0	0	0	

续表

年份	t	农药产量 y	t^2	t^4	ty	t^2y	y_c
2012	1	38	1	1	38	38	
2013	2	40	4	16	80	160	
2014	3	39.5	9	81	118.5	355	
2015	4	38	16	256	152	608	
合计	0	274	60	708	214	1 613.5	0

(原点:2011 年,t 的单位:年)

解:将表 8.18 中有关数据代入上述简化方程,则:

$$\begin{cases}\sum y = na + c\sum t^2 \\ \sum ty = b\sum t^2 \\ \sum t^2 y = a\sum t^2 + c\sum t^4\end{cases}$$

$$\begin{cases}274 = 9a + 60c \\ 214 = 60b \\ 1\ 613.5 = 60a + 708c\end{cases}$$

解得:$b=35.05 \quad a=3.57 \quad c=-0.69$

该农药产量的抛物线趋势方程为:

$$y_c = 35.05 + 3.57t - 0.69t^2$$

计算 2016 年农药产量的预测值:

$$Y_{2016} = 35.05 + 3.57\times 5 - 0.69\times 5^2 = 36.15(\text{吨})$$

(二)指数曲线趋势

当现象的发展以几何级数递增或递减时,即现象的时间数列按大致相同的环比增长速度变化,应选择指数曲线拟合并做趋势预测。指数曲线的一般形式为

$$y_c = ab^t$$

式中:a、b 为未知参数。

对于上式通常首先对其两边取常用对数使其“线性化”,然后利用最小二乘法求解未知参数。

设 $\lg y_c = y_c'$,$\lg a = a'$,$\lg b = b'$,则得:

$$y_c' = a' + b't$$

根据最小二乘法解得:

$$\begin{cases}b' = \dfrac{n\sum ty' + (\sum t)(\sum y')}{n\sum t^2 - (\sum t)^2} \\ a' = \bar{y}' - b'\bar{t}\end{cases}$$

当变量 t 以时间数列的中间时期为 0 对称取值时,$\sum t = 0$,上式可简化为:

$$\begin{cases}b' = \dfrac{\sum ty'}{\sum t^2} \\ a' = \bar{y}'\end{cases}$$

求出 a' 和 b' 后，再利用反对数，即得参数 a 和 b。

【例 8.14】 根据某商品的社会需求量时间数列（见表 8.19），利用最小二乘法确定商品的指数曲线趋势方程，计算商品趋势值，并预测 2016 年该商品的需求量。

表 8.19 某商品的指数曲线趋势计算表 单位：万件

年份	t	销售量 y	$y'=\lg y$	ty'	t^2	y_c'	y_c
2007	−4	165	2.22	−8.87	16	2.2	158.49
2008	−3	270	2.43	−7.29	9	2.42	263.09
2009	−2	450	2.65	−5.31	4	2.64	436.52
2010	−1	740	2.87	−2.87	1	2.86	724.44
2011	0	1 220	3	0	0	3	1 202.26
2012	1	2 010	3.3	3.3	1	3.3	1 995.28
2013	2	3 120	3.49	6.99	4	3.52	3 311.31
2014	3	5 460	3.76	11.21	9	3.74	5 495.41
2015	4	9 000	3.95	15.82	16	3.96	9 120.11
合计	0	22 435	27.75	12.98	60	27.72	22 706.82

（原点：2008 年 1 月 1 日，t 的单位：年）

解： 将表 8.19 中有关数据代入上述简化方程，则：

$$a'=3.08 \quad b'=0.22$$

该商品销售额的对数直线趋势方程为：

$$y_c'=3.08+0.22t$$

该商销售额的指数曲线趋势方程为：

$$y_c=1\ 202.264\ 4\times 1.659\ 6^t$$

将各年 t 值代入，计算各年趋势值，见表 8.19 中 y_c 栏。

计算 2016 年销售额的预测值：

$$y_c=1\ 202.2\ 644\times 1.659\ 6^5=15\ 135.61\text{（万件）}$$

将该商品的销售额及其趋势值绘成图（见图 8.2）。

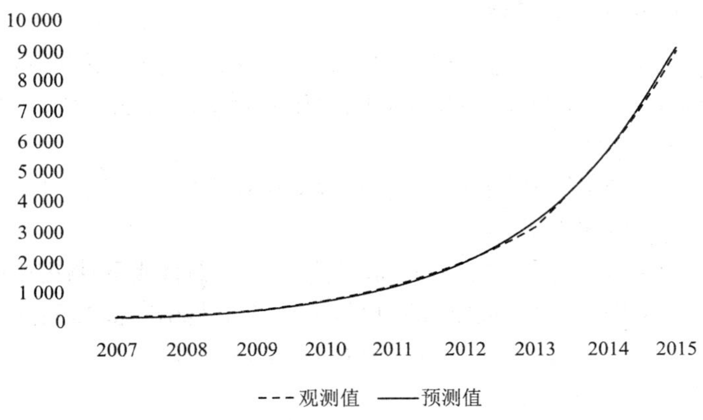

图 8.2 销售量指数曲线趋势

(三)长期趋势形态的选择

在实际应用中,对于一个时间数列资料应如何判断和选择趋势形态,配合相应的趋势方程是十分重要的问题,它直接关系到对现象描述及其规律性认识的结论。在对实际的时间数列拟合长期趋势方程时,通常可参考以下方法:

(1)进行定性分析。首先应对所研究现象的客观性质及本质特征进行研究,分析其一般的发展规律,从而对现象的长期趋势做出基本判断。

(2)描绘散点图。根据时间数列观测值描绘散点图,从散点图的基本形态判断现象的长期趋势。

(3)分析时间数列的数据特征,利用以下标准选择趋势线:时间数列的逐期增长量大体相同,可以配合直线趋势方程;时间数列的二次增长量(二次差)大体相同,可配合抛物线趋势方程;时间数列各期环比速度大体相同,可配合指数曲线趋势方程。

(4)最小均方误差分析。当时间数列有几种趋势线可供选择时,以估计均方误差最小者为优。估计均方误差的计算公式为:

$$S_y=\frac{\sum(y-y_c)^2}{n-m}$$

式中:n 为时间数列项数;m 为趋势线未知参数的个数;y 为时间数列观测值;y_c 为时间数列的趋势值。

第四节　季节变动分析与预测

一、季节变动及其测定目的

季节变动是指客观现象因受自然因素或社会因素影响,而形成的有规律的周期性变动。它是时间数列的主要构成因素之一。季节变动中"季节"泛指有规律的、按一定周期重复出现的变化,一般是指周期长度在一年以内(半年、季、月、周、日)的周期变动。

科学测定季节变动的规律,可为当前的相关决策提供依据;根据季节变动规律配合适当的数学模型可进行季节预测;测定季节变动,有利于消除时间数列中季节变动的影响,取得不含有季节变动因素的数据,便于其他因素的分析。

二、测定季节变动的方法

测定季节变动的方法很多,这里介绍两种常用的方法。一种是不考虑长期趋势的影响,直接用原始数列资料测定季节变动;一种是先剔除原始数列中的长期趋势,再测定季节变动。

(一)按月(季)平均法

按月(季)平均法又称原始资料平均法,它是对原始时间数据不剔除长期趋势因素,直接计算季节指数的方法,其基本步骤为:

第一步,计算各年数据同月(或季)的平均数,以消除各年同月(或季)数据中的不规则变动。

第二步,计算所有年份数据月(或季)的总平均数,找出整个时间数列的水平趋势。

第三步,计算季节比率,即计算各年数据同月(或季)的平均数与全部年份数据月(或季)的总平均数的百分比。其计算公式为:

$$季节比率(\%)=\frac{各年同月(或季)平均数}{全时期各月(或季)总平均数}\times 100\%$$

【例 8.15】 已知某商场 2008—2012 年各季度的销售额数据见表 8.20，利用按月(季)平均法计算各季的季节比率。

表 8.20 某商场销售额季节变动计算表 单位:万元

年份＼季度	第一季度	第二季度	第三季度	第四季度	全年合计
2011	5	16	28	11	60
2012	10	17	30	13	70
2013	15	18	35	12	80
2014	18	19	40	13	90
2015	20	20	45	15	80
同季合计	68	90	178	64	380
同季平均	13.6	18	35.6	12.8	76
季节比率	0.715 789	0.947 368	1.873 684	0.673 684	4.210 526
修正季节比率	0.680 085	0.900 113	1.780 223	0.64 008	4.000 5

表 8.20 中的计算结果表明，该商品的销售额存在着明显的季节变动：第四季度销售水平最低，仅为全年平均销售水平的 64.008%，是销售的低谷；第三季度销售水平最高，达到全年平均销售水平的 178.02%，是销售的高峰。掌握了销售水平季节变动规律，就可采取适当措施，合理安排调度全年生产，争取实现最好经济效益。

按月(季)平均法的优点是计算简便，概念明确，容易了解和掌握。但应当注意应用该方法的基本假设是原时间数列没有明显的长期增减趋势和循环变动，通过各年同期数据的平均，可以消除不规则变动，而且当平均的周期与循环周期基本一致时，循环变动也可在平均过程中予以消除。但在实践中各种时间数列的长期趋势是经常存在的，循环变动的周期也总是远长于平均的周期(因为循环变动周期都在一年以上)。

当时间数列存在明显的长期趋势时，按月(季)平均法会使季节变动的分析不准确，当存在明显的上升趋势时，年末季节指数将明显高于年初季节指数；当存在明显的下降趋势时，年末季节指数又会明显低于年初的季节指数；当循环周期长于平均周期时，也必将影响季节变动分析的准确性。因此，只有当时间数列中的长期趋势和循环变动不明显时，按月(或季)平均法才适用。

(二)趋势剔除法

当时间数列存在明显的长期趋势时，测定季节变动，需首先把时间数列中的长期趋势剔除掉，然后再求季节比率。数列中的长期趋势可用移动平均法求得，也可利用最小二乘法拟合趋势方程求得。利用趋势剔除法分析季节变动时，假定时间数列各影响因素的结构模型为：$Y=T \cdot S \cdot C \cdot I$，同时假定各年的不规则变动相互独立。以移动平均法为例，确定季节变动的基本步骤为：

第一步，对原时间数列通过 12 个月(或 4 个季度)的移动平均，消除季节变动 S 和偶然变动 I，所得结果仅包含时间数列的长期趋势变动 T 和循环变动 C。

第二步，将原时间数列各项数据除以移动平均数列的对应数据，即得消除长期趋势变动 T 和循环变动 C 的数列。

$$\frac{T \cdot S \cdot C \cdot I}{T \cdot C}=S \cdot I$$

第三步，计算 $S \cdot I$ 的同月(季)平均数，以消除偶然变动 I，再除以总平均数，即得季节比率 S。

【例 8.16】 仍用某大型超市 2011—2015 年各季度的销售额数据，利用移动平均趋势剔除法计算各季的季节比率。

解:首先通过4个季度的移动平均,求得趋势值 T,并求得 Y/T,计算结果见表8.21。

表8.21　某大型超市销售额季节变动计算表(Ⅰ)　　单位:万元

年　份	季度	销售额 Y/万元	趋势值 T/万元	Y/T/%
2011	1	15	—	—
	2	16	—	—
	3	20	16.4	122.1
	4	14	16.4	85.5
2012	1	16	17.5	91.4
	2	15	19	78.9
	3	30	19.1	156.9
	4	16	19.4	82.6
2013	1	15	20.3	73.6
	2	18	21	85.7
	3	35	21.4	163.7
	4	16	21.9	73.1
2014	1	18	22.6	79.6
	2	19	26.3	72.3
	3	40	30.8	130.1
	4	40	33.4	119.9
2015	1	30	35.1	85.4
	2	28	34.5	81.2
	3	45	—	—
	4	30	—	—

然后将 Y/T 重新排列,求出各年同季平均数,即得季节比率,但一般要进行必要的修正。修正系数为:

$$修正系数=\frac{400}{395.5}=1.0114$$

将各年同季平均数分别乘以修正系数即得所求的季节比率。计算结果见表8.22。

表8.22　某大型超市销售额季节变动计算表(Ⅱ)　　单位:%

年份＼季度	一季度	二季度	三季度	四季度	全年合计
2011	—	—	122.1	85.5	—
2012	91.4	78.9	156.9	82.6	—
2013	73.6	85.7	163.7	73.1	—
2014	79.6	72.3	130.1	119.9	—
2015	85.4	81.2	—	—	—
同季合计	330	318.1	572.8	361.1	—
同季平均	82.5	79.5	143.2	90.3	395.5
季节比率	83.5	80.4	144.8	91.3	400

将季节比率资料绘成季节变动曲线图(见图 8.3),可以直观地看出该大型超市销售额的季节变动状况。

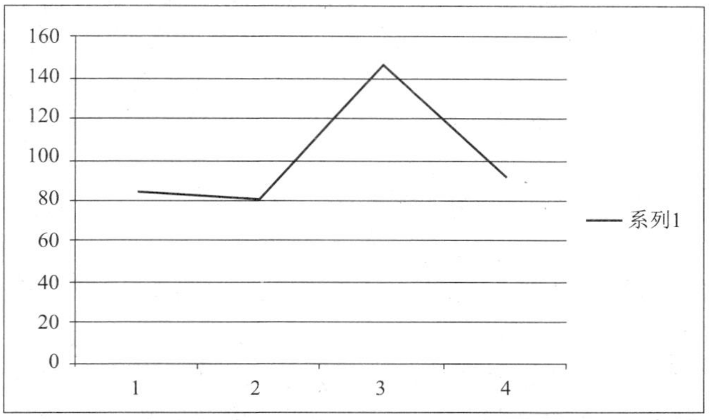

图 8.3 乳品大型超市销售额季节变动

三、季节变动预测的方法

利用时间数列资料进行外推预测,在确定年度以下的预测值时,必须考虑季节变动对现象总变动的影响。而季节性因素影响有时是长期稳定的,有时则可能有变化,因此季节预测模型也就有各种不同方法。常用的季节预测模型有两种:

(一)简单季节预测模型

若没有明显的长期趋势,或允许不考虑长期趋势存在,可以应用简单季节模型进行外推预测。基本作法是:直接以各月(季)的季节比率调整各月(季)的预测值。具体方法有两种:

(1)如果已测得下一年的全年预测值,则各月(季)的预测值等于月(季)平均预测值乘以该月(季)的季节比率。

假定已预测得知上例中超市 2016 年总销售额为 140 万元,则平均每季预测值为 35 万元。用该数乘以按月(季)平均法求得的季节比率,即得 2016 年各季销售额的预测值(见表 8.23)。

表 8.23 某商场 2016 年各季度季节比率和销售额预测值

季 度	第一季度	第二季度	第三季度	第四季度	全年平均
季节比率/%	83.5	80.4	144.8	91.3	
预测值/万元	29.2	28.1	50.7	32.0	35

(2)如果已知下一年前几个月(季)的实际数,则以后各月(季)的预测值,可用已知月(季)的实际数乘以以后各月(季)季节比率与已知月(季)季节比率的比值求得。

假如已知该商场 2016 年第一季度实际销售额为 29.2 万元,则:

第二季度预测值$=29.2\times80.4/83.5=28.1$(万元)

第三季度预测值$=29.2\times144.8/83.5=50.7$(万元)

第四季度预测值$=29.2\times91.3/83.5=32.0$(万元)

(二)季节调整的预测模型

当时间数列数据既具有明显的长期趋势又受到季节变动的影响时,这就需要首先将原时间数列除以相应的季节比率以消除季节变动的影响;然后对消除了季节变动的时间数列数据配合趋势预测模型进行预测；最后再将预测值乘以相应的季节比率对其加以调整，以达到更准确的预测效果。

某季季度预测值＝该季度长期趋势值×该季季节比率

如，预测2016年第2季度销售额为40亿元，该季度季节比率为80%，则该季度季节预测销售额为：

2016年第2季度销售额预测值＝40×80%＝32(亿元)

本章小结

时间数列是指将某一指标的历史数据按时间顺序排列而形成的数列，又称动态数列。时间数列根据所属指标的表现形式分为总量指标时间数列、相对指标时间数列和平均指标时间数列三种。总量指标时间数列根据所属指标的时间状况，可以分为时期数列和时点数列。

相对指标时间数列中各个指标都是相对指标，一般情况下各项指标值不能直接相加。

平均指标时间数列中的指标值也具有不可相加的特点。

编制时间数列的主要原则是保证数列中各个指标值的可比性。

时间数列动态分析首先是计算发展水平、增长量、平均发展水平、平均增长量。

增长量的基期不同，有逐期增长量和累计增长量。累计增长量是相应的逐期增长量之和。

平均发展水平又称为序时平均数或动态平均数，是对现象在不同时间上的指标值加以平均所得的平均数。由于发展水平有不同的表现形式，序时平均数有不同的计算方法。根据总量指标时间数列计算，时期数列可采用简单平均法，时点数列要根据资料特点分别采用不同方法计算。根据相对指标时间数列计算，应分别计算出构成相对指标时间数列的分子数列与分母数列的平均发展水平，然后进行对比，求得相对指标时间数列的平均发展水平。

平均增长量是逐期增长量的序时平均数，用以反映某种社会经济现象在一段时期内增长的一般水平。它可以根据逐期增长量求得，也可以根据累积增长量求得。

发展速度是时间数列中报告期发展水平与基期发展水平之比，用来反映现象在一定时期内发展变化的方向和程度。环比发展速度是报告期发展水平与前一时期发展水平之比，表明社会经济现象逐期发展变化的方向和程度。定基发展速度是报告期发展水平与某一固定时期发展水平之比，用来表明社会经济现象在较长时期内发展变化的方向和程度。

平均发展速度是时间数列中各时期环比发展速度的序时平均数，用以表明现象在一个较长时期内平均发展变化的程度。计算平均发展速度的常用方法有水平法和方程法两种。

增长速度是增长量与基期水平之比，也等于发展速度减1，用以说明现象在一定时期内增长的相对程度。环比增长速度是逐期增长量与前一期水平之比，用来反映现象逐期增长的相对程度。定基增长速度是累积增长量与某一固定时期水平之比，用来反映现象在较长时期内增长的相对程度。

平均增长速度是时间数列中各期环比增长速度的代表值，它用以表明现象在较长时间内平均递增或递减的一般程度。平均增长速度不能根据各期环比增长速度来直接进行序时平均，必须还原为发展速度，求出平均发展速度，平均发展速度再减1求得平均增长速度。

时间数列的变动因素可分为：长期趋势、季节变动、循环变动、偶然变动。将这些因素与时间数列变动关系用一定的数学模型表示出来，就形成了时间数列的分析模型。将各种变动分别从时间数列中分离出来并加以测定的过程，称为时间数列的构成因素分解分析。

根据对各构成因素的结合方式和相互作用方式的假设，时间数列可分解为多种模型，如加法模型、乘法模型、混合模型等。其中常用的是加法模型和乘法模型。

测定长期趋势可以正确反映社会经济现象发展变化的趋向，掌握其发展变化的规律性，统计预测提供必要条件，为季节预测提供条件。测定长期趋势就是采用一定的方法对时间数列进行修匀，长期趋势主要分为线性趋势和非线性趋势。

线性趋势的修匀方法可以用时距扩大法、移动平均法、指数平滑法等。趋势曲线拟合主要有抛物线、指数曲线拟合并做趋势预测。

季节变动是指客观现象因受自然因素或社会因素影响，而形成的有规律的周期性变动。测定季节变动常用的方法一种是不考虑长期趋势的影响，直接用原始数列资料测定季节变动；一种是先剔除原始数列中的长期趋势，再测定季节变动利用时间数列资料进行外推预测，常用的季节预测模型有简单季节模型预测和季节比率调整预测。

实训材料

Excel在时间数列分析中的应用

我们举例说明时间数列分析中的计算方法。

一、算术平均法和加权算术平均法计算平均发展水平

平均发展水平又称为序时平均数或动态平均数，是对现象在不同时间上的指标值加以平均所得的平均数。它可以概括性地描述出社会经济现象在一定时期内所达到的一般水平。在证券市场上，常用序时平均数对股票价格或股票价格指数进行分析。

【例8.17】 计算我国2003—2012年国内生产总值时间数列的年平均发展水平。

首先，将我国2003—2012年国内生产总值时间数列数据输入Excel表格，要在C11单元格内，输入公式“=SUM(B1:B10)/COUNT(A1:A10)”，其中单元格B1到B10为原始数据所在区域，按【Enter】键后得到计算结果(见图8.4)。

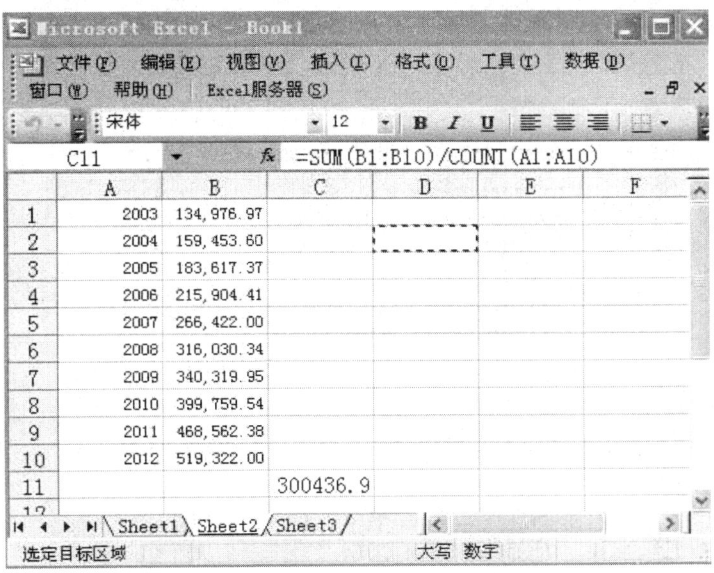

图8.4 我国2003—2012年国内生产总量

【例8.18】 计算2009—2011年的年平均人口数。

首先,将计算2009—2011年间的年人口数时间数列数据输入Excel表格,要在D5单元格内,输入公式"=SUM(B2/2,C2,D2/2)/(COUNT(B1:D1)-1)",其中单元格B2到J2为原始数据所在区域,按【Enter】键后得到计算结果(见图8.5)。

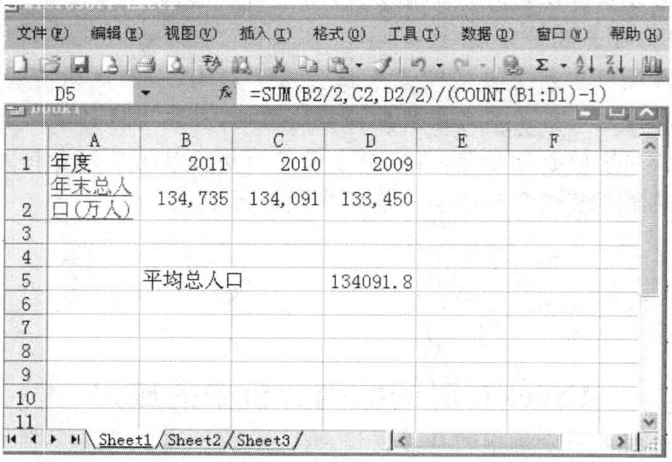

D5 =SUM(B2/2,C2,D2/2)/(COUNT(B1:D1)-1)

	A	B	C	D	E	F
1	年度	2011	2010	2009		
2	年末总人口(万人)	134,735	134,091	133,450		
3						
4						
5		平均总人口		134091.8		

图8.5 2009—2011年的年平均人口数

二、逐期增长量、累计增长量和平均增长量

首先,将我国2003—2012年国内生产总值时间数列数据输入Excel表格,在C3单元格内,填写公式"=B3-B2",其中单元格B2到B11为原始数据所在区域,单击鼠标左键拖动C3单元格右下角的填充柄到C11单元格,释放鼠标左键后得到逐期增长量的计算结果(见图8.6)。

C3 =B3-B2

	A	B	C	D	E
1	年度	国内生产总值(亿元)	逐期增长量(亿元)	累计增长量(亿元)	
2	2003	134,976.97			
3	2004	159,453.60	24,476.63		
4	2005	183,617.37	24,163.77		
5	2006	215,904.41	32,287.04		
6	2007	266,422.00	50,517.59		
7	2008	316,030.34	49,608.34		
8	2009	340,319.95	24,289.61		
9	2010	399,759.54	59,439.59		
10	2011	468,562.38	68,802.84		
11	2012	519,322.00	50,759.62		

图8.6 计算逐期增长量

在D3单元格内，输入公式“=B3−134 976.97”，其中134 976.97为B2单元格数值，单击鼠标左键拖动D3单元格右下角的填充柄到D11单元格，释放鼠标左键后得到累计增长量的计算结果(见图8.7)。

D3　=B3-134976.97

	A	B	C	D	E
1	年度	国内生产总值（亿元）	逐期增长量（亿元）	累计增长量（亿元）	
2	2003	134,976.97			
3	2004	159,453.60	24,476.63	24,476.63	
4	2005	183,617.37	24,163.77	48,640.40	
5	2006	215,904.41	32,287.04	80,927.44	
6	2007	266,422.00	50,517.59	131,445.03	
7	2008	316,030.34	49,608.34	181,053.37	
8	2009	340,319.95	24,289.61	205,342.98	
9	2010	399,759.54	59,439.59	264,782.57	
10	2011	468,562.38	68,802.84	333,585.41	
11	2012	519,322.00	50,759.62	384,345.03	
12					

图8.7　计算累计增长量

在D6单元格内填写公式“=SUM(C3:C11)/COUNT(A3:A11)”，按【Enter】键后得到计算结果(见图8.8)。

D13　=SUM(C3:C11)/COUNT(A3:A11)

	A	B	C	D	E
2	2003	134,976.97			
3	2004	159,453.60	24,476.63	24,476.63	
4	2005	183,617.37	24,163.77	48,640.40	
5	2006	215,904.41	32,287.04	80,927.44	
6	2007	266,422.00	50,517.59	131,445.03	
7	2008	316,030.34	49,608.34	181,053.37	
8	2009	340,319.95	24,289.61	205,342.98	
9	2010	399,759.54	59,439.59	264,782.57	
10	2011	468,562.38	68,802.84	333,585.41	
11	2012	519,322.00	50,759.62	384,345.03	
12					
13	年平均增长量			42,705.00	
14					

图8.8　计算年平均增长量

三、平均发展速度和增长速度

例：现以我国1999—2007年国内生产总值资料计算各期增长速度。

首先，将我国1999—2007年国内生产总值时间数列数据输入Excel表格：

在D3单元格内，填写公式“=D2/C2*100”，其中单元格C2到K2为原始数据所在区域。

在D4单元格内，填写公式“=D2/89677.1*100”。

在D5单元格内，填写公式“=POWER(D2/89677.1,1/(D1-1999))*100”。

在D6单元格内，填写公式“=(D2-C2)/C2*100”。

在D7单元格内，填写公式“=(D2-89677.1)*100/89677.1”。

框选D3～D7单元格，单击鼠标左键拖动D7单元格右下角的填充柄到K7单元格，释放鼠标左键后得到发展速度、平均发展速度和增长速度的计算结果(见图8.9)。

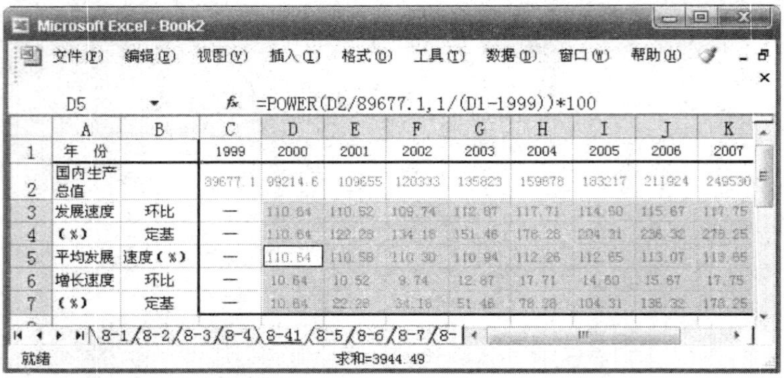

图8.9 计算发展速度、平均发展速度和增长速度

Excel在动态趋势分析与预测中的应用

一、移动平均法测定长期趋势

移动平均法是对原时间数列按事先选择的时期长度，采用逐项递移的办法，计算出一系列移动平均数，从而形成一个新的时间数列，作为原时间数列对应时期的趋势值。

【例8.19】 计算我国1982—2011年钢产量移动平均趋势值：

如图8.10所示，将我国1982—2011年钢产量输入Excel表格：

在C3单元格内，输入公式“=SUM(B2:B4)/3”。

在D4单元格内，输入公式“=SUM(B2:B6)/5”。

在E4单元格内，输入公式“=SUM(B2:B5)/4”。

在F4单元格内，输入公式“=SUM(B2/2,B3:B5,B6/2)/4”。

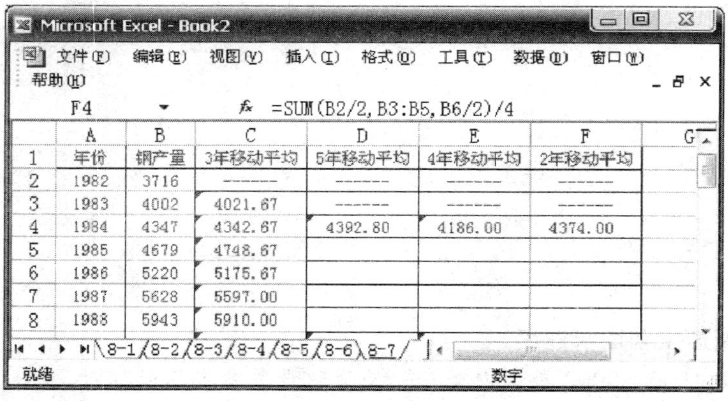

图8.10 我国1982—2011年钢产量移动平均趋势值计算公式

其中单元格A列和B列为原始数据所在区域，按住鼠标左键拖动公式所在单元格右下角自动填充柄到需要计算的单元格，如图8.11所示得到我国1983—2011年钢产量移动平均趋势值计算结果。

Microsoft Excel - Book2

F4　f_x =SUM(B2/2,B3:B5,B6/2)/4

	A	B	C	D	E	F
1	年份	钢产量	3年移动平均	5年移动平均	4年移动平均	2年移动平均
2	1982	3716	------	------	------	------
3	1983	4002	4021.67	------	------	------
4	1984	4347	4342.67	4392.80	4186.00	4374.00
5	1985	4679	4748.67	4775.20	4562.00	4765.25
6	1986	5220	5175.67	5163.40	4968.50	5168.00
7	1987	5628	5597.00	5525.80	5367.50	5552.50
8	1988	5943	5910.00	5917.00	5737.50	5914.38
9	1989	6159	6245.67	6293.00	6091.25	6275.25
10	1990	6635	6631.33	6786.20	6459.25	6728.13
11	1991	7100	7276.33	7388.80	6997.00	7346.63
12	1992	8094	8050.00	8009.20	7696.25	8024.50
13	1993	8956	8770.33	8589.40	8352.75	8657.25
14	1994	9261	9251.00	9194.21	8961.75	9215.51
15	1995	9536	9640.35	9754.24	9469.26	9711.53
16	1996	10124	10184.74	10274.84	9953.81	10241.06
17	1997	10894	10859.08	10907.84	10528.31	10889.56
18	1998	11559	11626.39	11570.65	11250.81	11591.55
19	1999	12426	12278.33	12578.52	11932.29	12465.95
20	2000	12850	13479.81	14047.01	12999.61	13834.31
21	2001	15163	15416.68	16181.93	14669.01	15894.96
22	2002	18237	18544.55	19354.95	17120.91	19051.05
23	2003	22234	22920.43	23849.74	20981.19	23501.25
24	2004	28291	28616.22	30195.73	26021.32	29603.41
25	2005	35324	36836.14	37860.58	33185.51	37476.42
26	2006	46893	46259.40	45111.48	41767.33	45541.95
27	2007	56561	53980.78	53334.34	49316.58	53576.76
28	2008	58488	61484.79	62324.86	57836.93	62009.84
29	2009	69405	69390.03	70670.10	66182.74	70190.08
30	2010	80277	79433.85	------	------	------
31	2011	88620	------	------	------	------

就绪　求和=497601.05　数字

图8.11　我国1982—2011年钢产量移动平均趋势值

二、线性模型法测定长期趋势

如果时间数列的逐期增长量相对稳定，即现象的发展按照线性趋势变化时，可用下列线性模型来描述：

$$y_c=a+bt$$

式中：y_c为时间数列的趋势值；t为时间的序号；参数a、b通常利用最小二乘法求得。

最小二乘法是根据回归分析中的最小二乘原理，对时间数列配合一条趋势线，使之满足：时间数列的实际观测值(y)与趋势值(y_c)的离差平方和达到最小值，即$\sum(y-y_c)^2=$最小值。

【例8.20】 根据化肥厂年销售额资料，利用最小二乘法确定年销售额的直线趋势方程，计算2002—2011各年的销售额趋势值，并预测2012年该化肥厂的销售额。

首先将化肥厂销售额数据输入Excel表格，并规划所需参数列，如图8.12所示。

在B2单元格输入数值"－9"，在B3单元格输入数值"－7"，框选B2和B3单元格，按住鼠标左键并拖动B3右下角的填充柄到B11单元格，释放鼠标左键，即得到图8.12所示的时间标号序列。

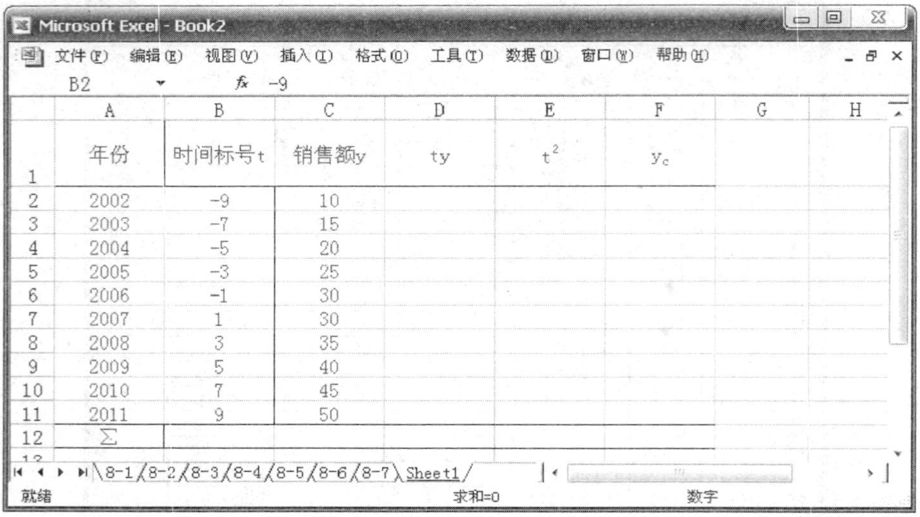

	A	B	C	D	E	F
1	年份	时间标号t	销售额y	ty	t^2	y_c
2	2002	-9	10			
3	2003	-7	15			
4	2004	-5	20			
5	2005	-3	25			
6	2006	-1	30			
7	2007	1	30			
8	2008	3	35			
9	2009	5	40			
10	2010	7	45			
11	2011	9	50			
12	Σ					

图8.12 计算2002—2011各年的销售额趋势值的时间标号

如图8.12所示，在D2单元格填写公式"＝B2＊C2"，

在E2单元格输入公式"＝B2＊B2"，框选D2和E2单元格，按住鼠标左键并拖动E2右下角的填充柄到E11单元格，释放鼠标左键，即得到结果如图8.13所示的两项数据ty和t^2。

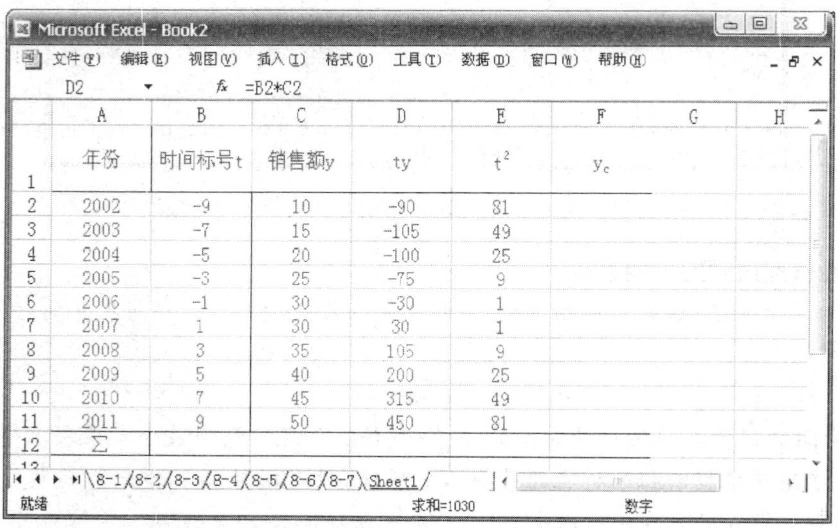

	A	B	C	D	E	F
1	年份	时间标号t	销售额y	ty	t^2	y_c
2	2002	-9	10	-90	81	
3	2003	-7	15	-105	49	
4	2004	-5	20	-100	25	
5	2005	-3	25	-75	9	
6	2006	-1	30	-30	1	
7	2007	1	30	30	1	
8	2008	3	35	105	9	
9	2009	5	40	200	25	
10	2010	7	45	315	49	
11	2011	9	50	450	81	
12	Σ					

图8.13 计算2002—2011各年的销售额趋势值的两项数据ty和t^2

如图8.14所示，在B12单元格填写公式"＝SUM(B2:B11)"，按住鼠标左键并拖动B12

单元格右下角的填充柄至 F12 单元格，即得到各项数据的总和。

如图 8.15 所示，在 C14 单元格输入公式“=C12/COUNT(C2:C11)”，按【Enter】键输出销售额趋势值的公式的常数项 a 的计算结果 30。

在 C15 单元格输入公式“=D12/E12”，按【Enter】键输出计算销售额趋势值的公式的常数项 b 计算结果 2.121 212。

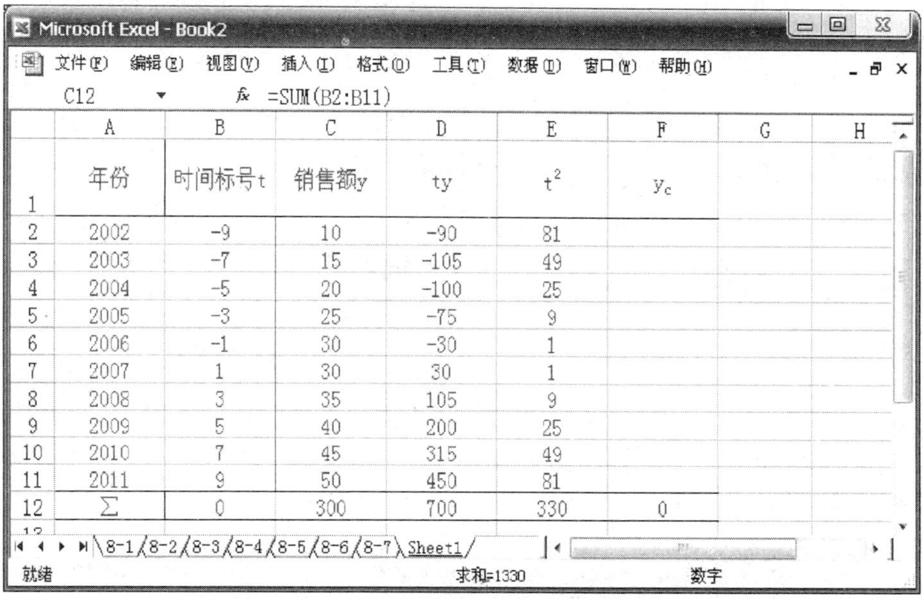

Microsoft Excel - Book2

文件(F) 编辑(E) 视图(V) 插入(I) 格式(O) 工具(T) 数据(D) 窗口(W) 帮助(H)

C12 f_x =SUM(B2:B11)

	A	B	C	D	E	F
1	年份	时间标号t	销售额y	ty	t^2	y_c
2	2002	-9	10	-90	81	
3	2003	-7	15	-105	49	
4	2004	-5	20	-100	25	
5	2005	-3	25	-75	9	
6	2006	-1	30	-30	1	
7	2007	1	30	30	1	
8	2008	3	35	105	9	
9	2009	5	40	200	25	
10	2010	7	45	315	49	
11	2011	9	50	450	81	
12	Σ	0	300	700	330	0

就绪 求和=1330 数字

图 8.14 计算 2002—2011 各年的销售额趋势值的各个参数的总和

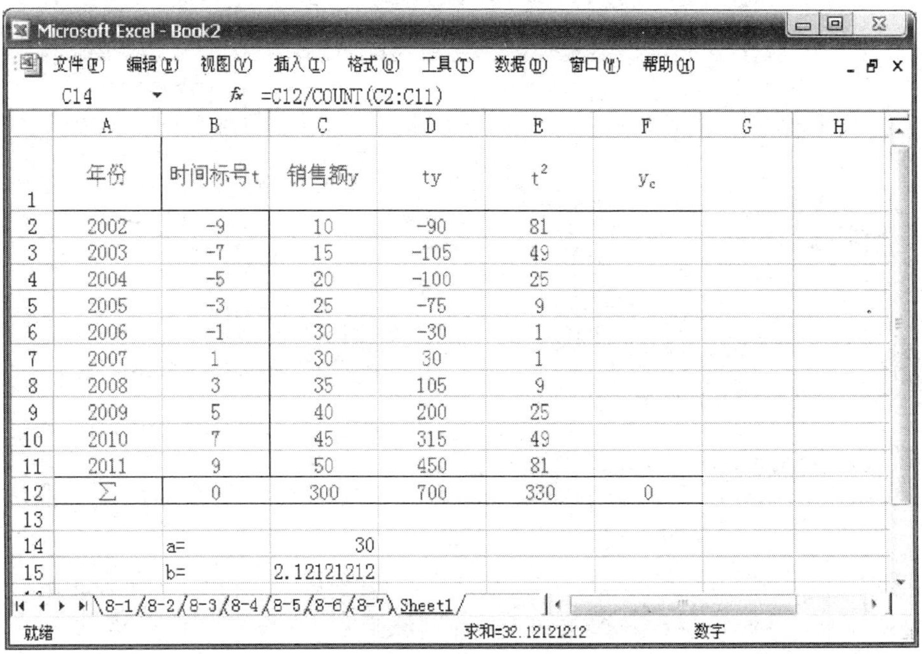

Microsoft Excel - Book2

文件(F) 编辑(E) 视图(V) 插入(I) 格式(O) 工具(T) 数据(D) 窗口(W) 帮助(H)

C14 f_x =C12/COUNT(C2:C11)

	A	B	C	D	E	F
1	年份	时间标号t	销售额y	ty	t^2	y_c
2	2002	-9	10	-90	81	
3	2003	-7	15	-105	49	
4	2004	-5	20	-100	25	
5	2005	-3	25	-75	9	
6	2006	-1	30	-30	1	
7	2007	1	30	30	1	
8	2008	3	35	105	9	
9	2009	5	40	200	25	
10	2010	7	45	315	49	
11	2011	9	50	450	81	
12	Σ	0	300	700	330	0
13						
14		a=	30			
15		b=	2.12121212			

就绪 求和=32.12121212 数字

图 8.15 计算 2002—2011 各年的销售额趋势值的常数项的公式和结果

在单元格F2内输入公式“=30+2.121 2*B2”，其中常数为上一步计算结果，拖动填充柄到F11单元格，即得到拟合销售额趋势值的公式和结果，如图8.16所示。

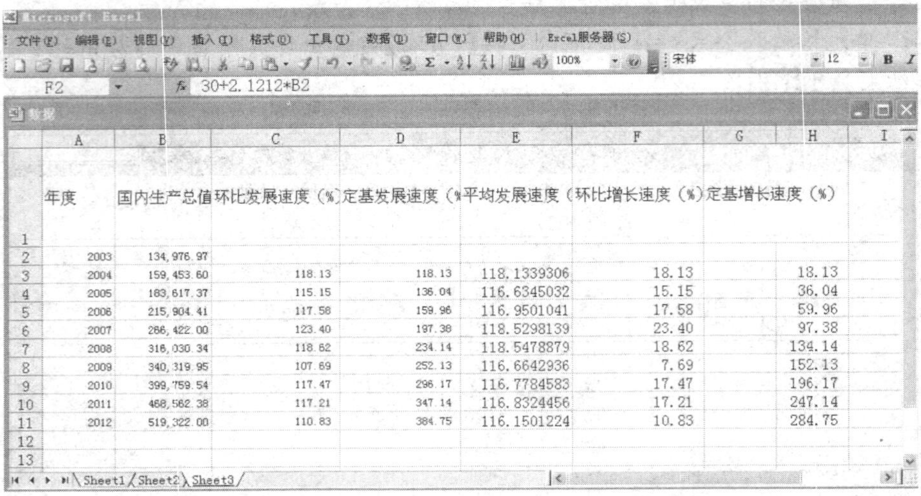

	A	B	C	D	E	F	G
1	年度	国内生产总值	环比发展速度（%）	定基发展速度（%	平均发展速度（	环比增长速度（%）	定基增长速度（%）
2	2003	134,976.97					
3	2004	159,453.60	118.13	118.13	118.1339306	18.13	18.13
4	2005	183,617.37	115.15	136.04	116.6345032	15.15	36.04
5	2006	215,904.41	117.58	159.96	116.9501041	17.58	59.96
6	2007	266,422.00	123.40	197.38	118.5298139	23.40	97.38
7	2008	316,030.34	118.62	234.14	118.5478879	18.62	134.14
8	2009	340,319.95	107.69	252.13	116.6642936	7.69	152.13
9	2010	399,759.54	117.47	296.17	116.7784583	17.47	196.17
10	2011	468,562.38	117.21	347.14	116.8324456	17.21	247.14
11	2012	519,322.00	110.83	384.75	116.1501224	10.83	284.75

图8.16 拟合销售额趋势值的公式和结果

如图8.17所示，在单元格F13输入公式“=30+2.121 2*11”，其中11为2012年的时间标号，按【Enter】键输出计算结果，即2012年该化肥厂销售额预测值：53.333万元。

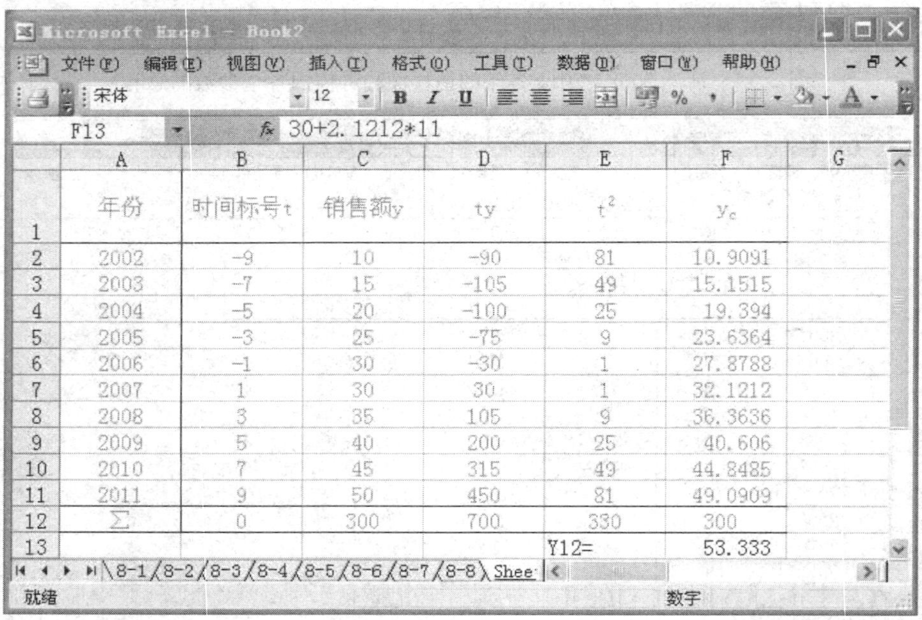

	A	B	C	D	E	F
1	年份	时间标号t	销售额y	ty	t^2	y_c
2	2002	-9	10	-90	81	10.9091
3	2003	-7	15	-105	49	15.1515
4	2004	-5	20	-100	25	19.394
5	2005	-3	25	-75	9	23.6364
6	2006	-1	30	-30	1	27.8788
7	2007	1	30	30	1	32.1212
8	2008	3	35	105	9	36.3636
9	2009	5	40	200	25	40.606
10	2010	7	45	315	49	44.8485
11	2011	9	50	450	81	49.0909
12	Σ	0	300	700	330	300
13					Y12=	53.333

图8.17 2012年该化肥厂销售额预测值

生成实际数值和拟合数值线。首先框选数据区域，如图8.18所示，在菜单栏中选择“插入”→“图表”命令，在弹出的对话框中选择折线图，单击“系列”标签，单击“下一步”按钮，如图8.19所示。

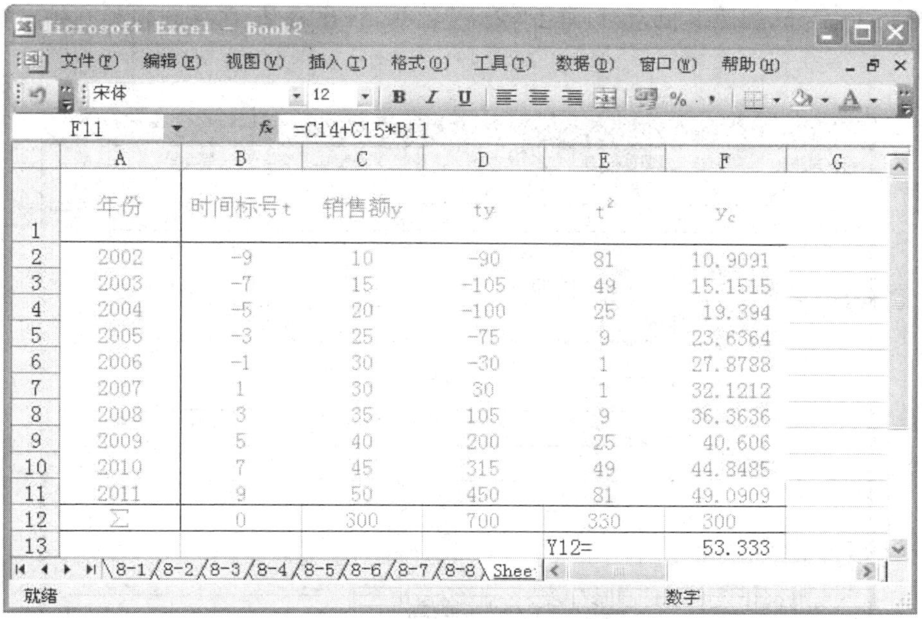

Microsoft Excel - Book2

F11 =C14+C15*B11

	A	B	C	D	E	F
1	年份	时间标号t	销售额y	ty	t^2	y_c
2	2002	-9	10	-90	81	10.9091
3	2003	-7	15	-105	49	15.1515
4	2004	-5	20	-100	25	19.394
5	2005	-3	25	-75	9	23.6364
6	2006	-1	30	-30	1	27.8788
7	2007	1	30	30	1	32.1212
8	2008	3	35	105	9	36.3636
9	2009	5	40	200	25	40.606
10	2010	7	45	315	49	44.8485
11	2011	9	50	450	81	49.0909
12	Σ	0	300	700	330	300
13					Y12=	53.333

图 8.18 生成实际数值和拟合数值曲线的数据选择

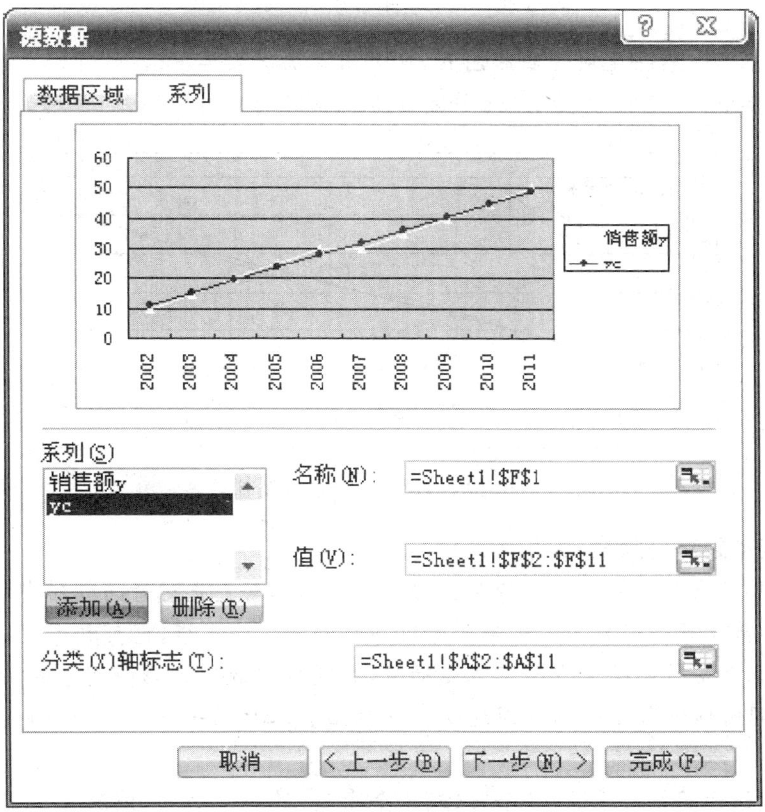

图 8.19 生成实际数值和拟合数值曲线的数值系列选择

如图8.20所示,删除其他系列,单击"完成"按钮,稍作调整,即得到化肥厂销售额及其趋势值图。

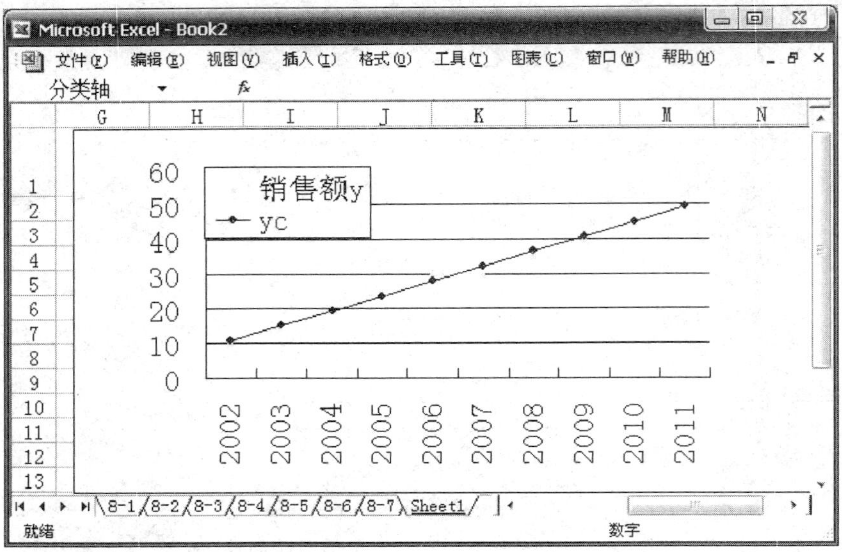

图8.20　化肥厂销售额及其趋势值图

如图8.21所示,右击生成的曲线图表,在弹出的快捷菜单中选择"复制"命令,再在目的文档选择快捷菜单中的"粘贴"命令,即可将图表单独粘贴到应用文档。

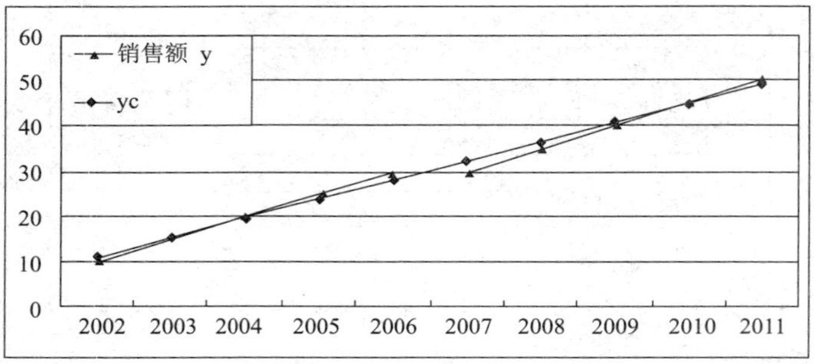

图8.21　调整后的化肥厂销售额及其趋势值图

三、季节变动趋势剔除法

当时间数列存在明显的长期趋势时,测定季节变动,需首先把时间数列中的长期趋势剔除掉,然后再求季节比率。数列中的长期趋势可用移动平均法求得,也可利用最小二乘法拟合趋势方程求得。利用趋势剔除法分析季节变动时,假定时间数列各影响因素的结构模型为:$Y=T \cdot S \cdot C \cdot I$,同时假定各年的不规则变动相互独立。以移动平均法为例,确定季节变动的基本步骤为:

第一步,对原时间数列通过12个月(或4个季度)的移动平均,消除季节变动S和大部分不规则变动I,所得结果仅包含时间数列的长期趋势变动T和循环变动C。

第二步，将原时间数列各项数据除以移动平均数列的对应数据，即得消除长期趋势变动 T 和循环变动 C 的数列。

$$\frac{T \cdot S \cdot C \cdot I}{T \cdot C}=S \cdot I$$

第三步，计算消除了长期趋势 T 和循环变动 C 的数据 $S \cdot I$ 的同月(季)平均数，以消除不规则变动 I，再除以总平均数，即得季节比率 S。

【例 8.21】 仍用某大型超市 2008—2012 年各季度的销售额数据，利用移动平均趋势剔除法计算各季的季节比率。

解：首先通过 4 个季度的移动平均，求得趋势值 T，并求得 Y/T。

如图 8.22 所示，将数据输入 Excel 表格：

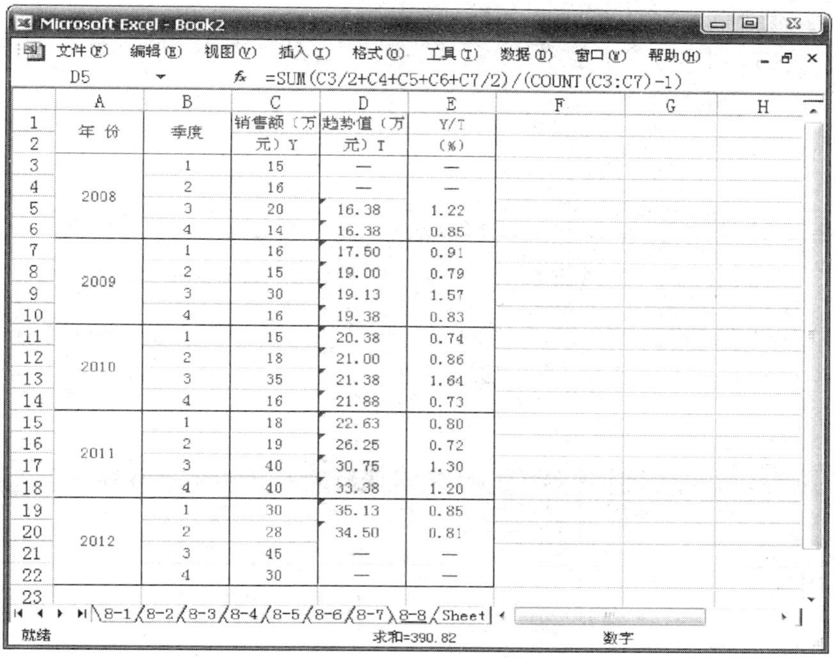

Microsoft Excel - Book2

文件(F)　编辑(E)　视图(V)　插入(I)　格式(O)　工具(T)　数据(D)　窗口(W)　帮助(H)

D5　　=SUM(C3/2+C4+C5+C6+C7/2)/(COUNT(C3:C7)-1)

年份	季度	销售额(万元)Y	趋势值(万元)T	Y/T(%)
2008	1	15	—	—
	2	16	—	—
	3	20	16.38	1.22
	4	14	16.38	0.85
2009	1	16	17.50	0.91
	2	15	19.00	0.79
	3	30	19.13	1.57
	4	16	19.38	0.83
2010	1	15	20.38	0.74
	2	18	21.00	0.86
	3	35	21.38	1.64
	4	16	21.88	0.73
2011	1	18	22.63	0.80
	2	19	26.25	0.72
	3	40	30.75	1.30
	4	40	33.38	1.20
2012	1	30	35.13	0.85
	2	28	34.50	0.81
	3	45	—	—
	4	30	—	—

8-1　8-2　8-3　8-4　8-5　8-6　8-7　8-8　Sheet

就绪　　求和=390.82　　数字

图 8.22　某大型超市 2008—2012 年各季度的销售额数据的移动平均趋势剔除后的比例

在 D5 单元格内输入公式“=(C3/2+C4+C5+C6+C7/2)/(COUNT(C3:C7)−1)”，拖动填充柄到 D20 单元格，即得到移动平均法趋势值。

在 E5 单元格内填写公式“=C5/T5”，并拖动填充柄到 E20 单元格，即得到移动平均趋势剔除后的比例。

在表后构建新的表格，如图 8.23 所示：

在 G7 单元格内输入公式“=SUM(G3:G6)”，并拖动填充柄到 I7 单元格，即得到全年合计。

在 G3 单元格内输入公式“=SUM(E3,E7,E11,E15,E19)*100”，并拖动填充柄到 G6 单元格，即得到同季合计的百分比数。

在 H3 单元格内输入公式“=G3/5”，并拖动填充柄到 H6 单元格，即得到同季平均比率数。

在 I3 单元格内输入公式“=H3/395.53*400”，并拖动填充柄到 I6 单元格，即得到季节比率。

Microsoft Excel - Book2

文件(F) 编辑(E) 视图(V) 插入(I) 格式(O) 工具(T) 数据(D) 窗口(W) 帮助(H)

G3 　 f_x =SUM(E3,E7,E11,E15,E19)*100

	B	C	D	E	F	G	H	I
1	季度	销售额(万	趋势值(万	Y/T				
2		元) Y	元) T	(%)	%	同季合计	同季平均	季节比率
3	1	15	—	—	一季度	330.02	66.00	66.75
4	2	16	—	—	二季度	318.20	63.64	64.36
5	3	20	16.38	1.22	三季度	572.82	114.56	115.86
6	4	14	16.38	0.85	四季度	361.07	72.21	73.03
7	1	16	17.50	0.91	全年合计	1582.11	316.42	320.00
8	2	15	19.00	0.79				
9	3	30	19.13	1.57				
10	4	16	19.38	0.83				
11	1	15	20.38	0.74				
12	2	18	21.00	0.86				
13	3	35	21.38	1.64				
14	4	16	21.88	0.73				
15	1	18	22.63	0.80				
16	2	19	26.25	0.72				
17	3	40	30.75	1.30				
18	4	40	33.38	1.20				
19	1	30	35.13	0.85				
20	2	28	34.50	0.81				
21	3	45	—	—				
22	4	30	—	—				
23								

8-1 / 8-2 / 8-3 / 8-4 / 8-5 / 8-6 / 8-7 / 8-8 / Sb

就绪 　 求和=2218.53 　 数字

图 8.23　某大型超市 2008—2012 年各季度的销售额数据的季节比率

生成季节变动曲线图。首先框选数据区域,如图 8.24 所示,在菜单栏中选择"插入"→"图表"命令,在弹出的对话框中选择"折线图",单击"系列"标签,单击"下一步"按钮,如图 8.25 所示。

Microsoft Excel - Book2

文件(F) 编辑(E) 视图(V) 插入(I) 格式(O) 工具(T) 数据(D) 窗口(W) 帮助(H)

I6 　 f_x =H6/395.53*400

	A	B	C	D	E	F	G	H	I
1	年 份	季度	销售额(万	趋势值(万	Y/T				
2			元) Y	元) T	(%)	%	同季合计	同季平均	季节比率
3	2008	1	15	—	—	一季度	330.02	66.00	66.75
4		2	16	—	—	二季度	318.20	63.64	64.36
5		3	20	16.38	1.22	三季度	572.82	114.56	115.86
6		4	14	16.38	0.85	四季度	361.07	72.21	73.03
7	2009	1	16	17.50	0.91	全年合计	1582.11	316.42	320.00
8		2	15	19.00	0.79				
9		3	30	19.13	1.57				
10		4	16	19.38	0.83				
11	2010	1	15	20.38	0.74				
12		2	18	21.00	0.86				
13		3	35	21.38	1.64				
14		4	16	21.88	0.73				
15	2011	1	18	22.63	0.80				
16		2	19	26.25	0.72				
17		3	40	30.75	1.30				
18		4	40	33.38	1.20				
19	2012	1	30	35.13	0.85				
20		2	28	34.50	0.81				
21		3	45	—	—				
22		4	30	—	—				

8-1 / 8-2 / 8-3 / 8-4 / 8-5 / 8-6 / 8-7 / 8-8 / Sheet1 /

就绪 　 求和=2218.53 　 数字

图 8.24　某大型超市 2008—2012 年各季度的销售额数据的季节比率制图数据选择

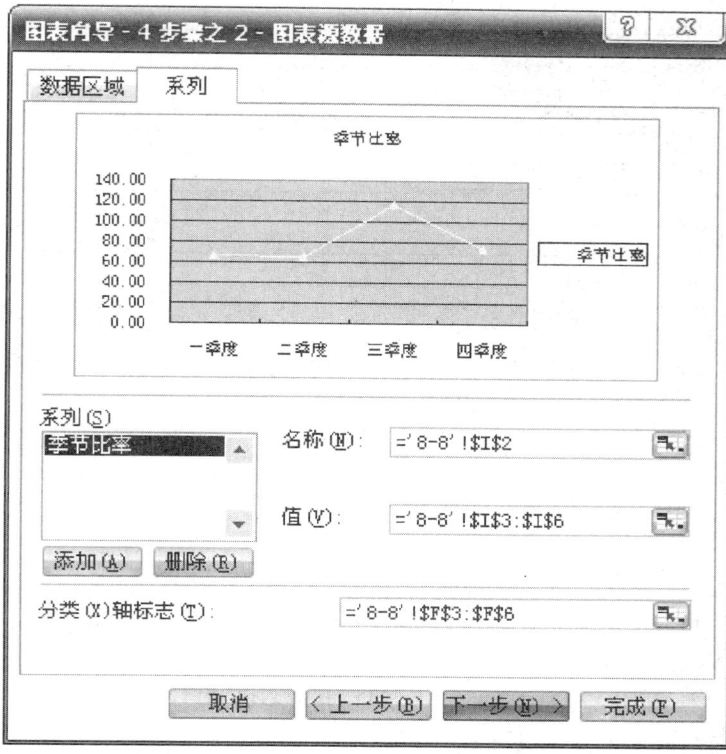

图 8.25　选择"系列"选项卡

删除其他系列，单击"完成"按钮，稍作调整，即得到季节变动图，如图 8.26 所示。

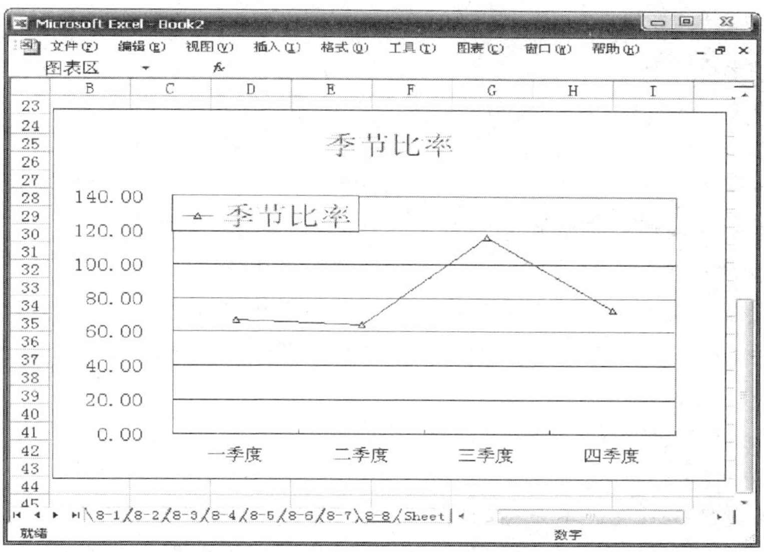

图 8.26　季节变动曲线图

如图 8.27 所示，右击生成的曲线图表，在弹出的快捷菜单中选择"复制"命令，再在目的文档选择快捷菜单中的"粘贴"命令,即可将图表单独粘贴到应用文档。

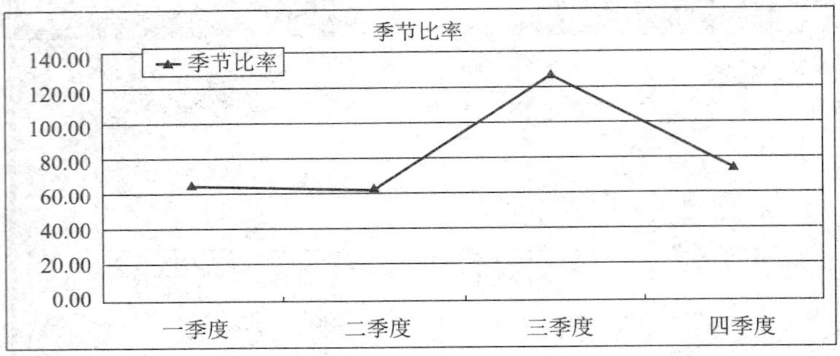

图 8.27　某大型超市 2008—2012 年各季度的销售额数据的季节比率图

练习题

一、单选题

1. 时间数列的构成要素是(　　)。

A. 变量和次数　　B. 时间和指标数值
C. 时间和次数　　D. 主词和时间

2. 编制时间数列的基本原则是保证数列中各个指标值具有(　　)。

A. 可加性　　B. 连续性
C. 一致性　　D. 可比性

3. 相邻两个累积增长量之差,等于相应时期的(　　)。

A. 累积增长量　　B. 平均增长量
C. 逐期增长量　　D. 年距增长量

4. 统计工作中,为了消除季节变动的影响可以计算(　　)。

A. 逐期增长量　　B. 累积增长量
C. 平均增长量　　D. 年距增长量

5. 基期均为前一期水平的发展速度是(　　)。

A. 定基发展速度　　B. 环比发展速度
C. 年距发展速度　　D. 平均发展速度

6. 某企业 2003 年产值比 1996 年增长了 1 倍,比 2001 年增长了 50%,则 2001 年比 1996 年增长了(　　)。

A. 33%　　B. 50%
C. 75%　　D. 100%

7. 关于增长速度以下表述不正确的有(　　)。

A. 增长速度是增长量与基期水平之比　　B. 增长速度是发展速度减 1
C. 增长速度有环比和定基之分　　D. 增长速度只能取正值

8. 如果时间数列环比发展速度大体相同,可配合(　　)。

A. 直线趋势方程　　B. 抛物线趋势方程

C. 指数曲线方程　　D. 二次曲线方程

9. 时间数列的变动因素一般有不包括(　　)。

A. 长期趋势　　B. 季节变动　　C. 标志变动　　D. 循环变动

10. 如果时间数列逐期增长量大体相同,可配合(　　)。

A. 抛物线趋势方程　　B. 直线趋势方程

C. 指数曲线方程　　D. 二次曲线方程

11. 如果时间数列环比发展速度大体相同,可配合(　　)。

A. 直线趋势方程　　B. 抛物线趋势方程

C. 指数曲线方程　　D. 二次曲线方程

12. 按季平均法测定季节比率时,各季的季节比率之和应等于(　　)。

A. 100%　　B. 400%　　C. 120%　　D. 1 200%

13. 按月平均法测定季节比率时,各月的季节比率之和应等于(　　)。

A. 100%　　B. 120%　　C. 400%　　D. 1 200%

14. 若时间数列资料无季节变动,则季节比率应(　　)。

A. 等于0　　B. 等于1　　C. 大于1　　D. 小于1

15. 测定长期趋势最常用,且拟合最优的方法是(　　)。

A. 时距扩大法　　B. 移动平均法

C. 最小平方法　　D. 分割平均法

16. 测定季节变动的方法主要有(　　)。

A. 时距扩大法　　B. 按月(季)平均法

C. 移动平均法　　D. 最小平方法

17. 设某企业2000—2004年的年销售额分别为130、132、132、135、141(单位万元),若选取步长为5,则采用简单移动平均法预测2005年的销售额为(　　)。

A. 132　　B. 135　　C. 134　　D. 136

18. 一经济序列的对数呈直线性趋势,则恰当的预测曲线是(　　)。

A. 二次曲线　　B. 简单指数曲线

C. 修正指数曲线　　D. 一次多项式曲线

二、多选题

1. 编制时间数列的原则有(　　)。

A. 时期长短应一致　　B. 总体范围应该统一

C. 计算方法应该统一　　D. 计算价格应该统一

E. 经济内容应该统一

2. 发展水平有(　　)。

A. 最初水平　　B. 最末水平

C. 中间水平　　D. 报告期水平

E. 基期水平

3. 时间数列水平分析指标有(　　)。

A. 发展速度　　B. 发展水平

C. 增长量
D. 平均发展水平
E. 平均增长量

4. 测定长期趋势的方法有(　　)。

A. 时距扩大法
B. 移动平均法
C. 序时平均法
D. 分割平均法
E. 最小平方法

5. 由时点数列计算序时平均数的公式有(　　)。

A. $\bar{a}=\dfrac{\sum a}{n}$

B. $\bar{a}=\dfrac{\sum af}{\sum f}$

C. $\bar{a}=\dfrac{\frac{a_1}{2}+a_2+\cdots+\frac{a_n}{2}}{n}$

D. $\bar{a}=\dfrac{\frac{a_1}{2}+a_2+\cdots+\frac{a_n}{2}}{n-1}$

E. $\bar{a}=\dfrac{\frac{a_1+a_2}{2}\cdot f_1+\frac{a_2+a_3}{2}\cdot f_2+\cdots+\frac{a_{n-1}+a_n}{2}\cdot f_{n-1}}{\sum\limits_{i=1}^{n-1} f_i}$

6. 水平法平均发展速度的计算公式有(　　)。

A. $\bar{X}=\sqrt[n]{\dfrac{a_n}{a_0}}$

B. $\bar{X}=\sqrt[n]{X_1\cdot X_2\cdots X_n}$

C. $\bar{X}=\sqrt[n]{\prod X}$

D. $\bar{X}=\sqrt{pq}$

E. $\bar{x}=\sqrt[n]{R}$

7. 根据连续五年的历史资料计算得到各季的季节比率为(　　)。

A. 120%
B. 80%
C. 50%
D. 140%
E. 150%

三、填空题

1. 保证数列中各个指标值的________是编制时间数列的最主要规则。

2. 根据采用的基期不同,增长量可以分为逐期增长量和________增长量两种。

3. 累积增长量等于相应的________之和。两个相邻的________之差,等于相应时期的逐期增长量。

4. 各个环比发展速度的连乘积等于________。

5. 相邻两个定基发展速度之商,等于相应的________发展速度。

6. 平均发展速度是各个时期________的序时平均数。

7. 在实际工作中,为了消除季节变动的影响,常计算________发展速度。

8. 用最小平方法拟合趋势直线,要求满足两个条件:① $\sum(y-y_c)=0$;②________。

9. 移动平均法的重要作用在于修匀原时间数列,把长期趋势以外的不规则变动削弱,能否达到目的,关键在于恰当地确定移动时期的长度。原数列如有周期性变化,应以________为长度。

10. 时间数列经移动平均后,两端将各损失若干项指标值,按奇数项长度移动,首尾各少________项。

11. 一时间数列有 30 项数据，若采用 4 项移动平均，修均后的数列有________项。

12. 对于趋势线 $y_c=a+bt$，若已知 $b=2$，$\bar{x}=23$，$\bar{y}=18$，则 a 等于________。

13. 已知趋势方程 $y_c=a+bt$ 中的 $a=100$，$n=6$，$\sum y=1\ 230$，$\bar{t}=3.5$，则 b 为________。

四、判断题

1. 时点指标的数值与时点间隔成正比。 (　　)
2. 相对指标可以直接平均。 (　　)
3. 平均增长量等于累计增长量除以逐期增长量的个数。 (　　)
4. 环比发展速度的连乘积等于定基发展速度。 (　　)
5. 平均增长速度是通过平均发展速度求得的。 (　　)
6. 将逐期增长速度直接平均可以求得平均增长速度。 (　　)
7. 将各期平均数简单平均，可以求得总平均数。 (　　)
8. 对时间数列进行移动平均时，每次包括的项数要包括整个季节周期。 (　　)
9. 所有季节指数的总和应该等于季节指数的项数乘以 100%。 (　　)
10. 季节变动的特点是周期长度固定，波动幅度大致相等。 (　　)
11. 指数平滑法对于偶然波动大的数列，要选用较大的平滑系数。 (　　)
12. 对于发展速度大致相等的数列，要用指数曲线拟合。 (　　)
13. 对于逐期增长量大致相等的数列，要用直线方程拟合。 (　　)

五、名词解释

时点数列　平均发展速度　平均增长速度　长期趋势　季节变动　季节比率

简单移动平均法　指数平滑法

六、简答题

1. 简述编制时间数列的原则。
2. 简述时间数列在统计和经济分析中的重要作用。
3. 简述计算平均发展速度的水平法与累计法的区别。
4. 测定长期趋势有什么作用？
5. 为什么要测定季节变动？
6. 试述进行季节预测的方法有哪些。

七、计算题

1. 某工业企业 2015 年 1 月 1 日产品库存 1 800 t，3 月 1 日为 2 000 t，6 月 1 日为 2 100 t，6 月 30 日为 1 940 t。该产品上半年平均库存是多少？

2. 某企业 2015 年第一季度职工人数及产值资料如下表所示。

	单　位	1月	2月	3月	4月
总产值	百　元	4 000	4 200	4 500	4 800
月初人数	人	60	64	68	67

要求：

(1)编制第一季度各月劳动生产率的动态数列。

(2)计算第一季度的月平均劳动生产率。

(3)计算第一季度的劳动生产率。

3. 已知某企业2011—2015年产值资料如下表所示。

单位:万元

	2011	2012	2013	2014	2015
逐期增长量		21			71
累积增长量	60		120	123	

要求:(1)填上表空缺数字。

(2)用水平法和总和法计算年平均增长量。

4. 某工厂2015年各月人数资料如下表所示。

单位:人

	1月	2月	3月	4月	5月	6月	7月
月初职工人数	500	510	514	526			
月平均人数				533	549	564	577

试计算:

(1)填上表中空缺数字。

(2)第一、第二季度及上半年的平均人数。

5. 某厂历年化肥产量资料如下表所示。

年　份	产量/万吨	年　份	产量/万吨
2009	21	2013	28
2010	23	2014	31
2011	25	2015	33
2012	26		

试用最小平方法建立直线趋势方程,并预测2016年的产量。

第九章　国民经济核算

教学目标

理解和掌握国民经济核算的有关概念，包括国民经济核算指标体系、国内生产总值、国民生产总值等；掌握国民经济核算的理论体系。

开篇案例

我国2015年4季度和全年GDP初步核算结果

根据有关基础资料和国民经济核算方法，我国2015年4季度和全年GDP（国内生产总值）初步核算主要结果如下：

2015年4季度和全年GDP初步核算数据

项　目	绝对额/亿元		比上年同期增长/%	
	4季度	全年	4季度	全年
GDP	189 372	676 708	6.8	6.9
第一产业	21 965	60 863	4.1	3.9
第二产业	76 405	274 278	6.1	6.0
第三产业	91 002	341 567	8.2	8.3
农林牧渔业	22 708	62 911	4.2	4.0
工业	61 587	228 974	5.8	5.9
建筑业	15 129	46 456	7.3	6.8
批发和零售业	18 357	66 204	6.3	6.1
交通运输、仓储和邮政业	8 099	30 364	4.6	4.6
住宿和餐饮业	3 427	12 159	6.6	6.2
金融业	14 815	57 500	12.9	15.9
房地产业	11 595	41 308	4.1	3.8
其他服务业	33 655	130 833	9.9	9.2

注：1. 绝对额按现价计算，增长速度按不变价计算。

2. 三次产业分类依据国家统计局2012年制定的《三次产业划分规定》。

3. 行业分类采用《国民经济行业分类(GB/T 4754—2011)》。

4. 本表中国内生产总值总量数据中,有的不等于各产业(行业)之和,是由于数值修约误差所致,未作机械调整。

GDP环比和同比增长速度

项　　目	GDP环比增长速度/%	GDP同比增长速度/%		GDP环比增长速度/%	GDP同比增长速度/%
2011年1季度	2.5	10.2	3季度	2.2	7.9
2季度	2.4	9.9	4季度	1.6	7.6
3季度	1.9	9.4	2014年1季度	1.6	7.3
4季度	1.5	8.7	2季度	1.8	7.4
2012年1季度	1.8	8.0	3季度	1.8	7.1
2季度	2.1	7.5	4季度	1.7	7.2
3季度	1.8	7.4	2015年1季度	1.3	7.0
4季度	2.0	8.0	2季度	1.9	7.0
2013年1季度	1.8	7.8	3季度	1.8	6.9
2季度	1.7	7.5	4季度	1.6	6.8

注:1. 环比增长速度为经季节调整后与上一季度对比的增长速度。

2. 同比增长速度为与上年同期对比的增长速度。

来源:国家统计局

第一节　国民经济核算概述

一、国民经济与国民经济核算的含义

所谓国民经济,就是一国(或地区)范围内和一定历史时期中整个社会经济活动的总和。国民经济核算就是以整个国民经济为总体的全面核算,它以一定经济理论为指导,综合应用统计核算、会计核算、业务核算,从实物资产、金融资产、物质产品和劳务等各个角度,以各种流量和存量的形式,对能反映整个国民经济状况的各种重要指标及其组成部分作系统的测定,并把各种指标组成一个系统来综合描述一国(或地区)国民经济的联系和结构的全貌。形象具体地说:是指对一定范围和一定时间的人力、物力、财力资源与利用所进行的计量;对生产、分配、交换、消费所进行的计量;对经济运行中形成的总量、速度、比例、效益所进行的计量。一个国家或一个地区、部门、企业在一定时期拥有多少人力、物力、财力,怎样利用它们进行经济、科技、社会活动,取得多少成果、形成多少收入,国家、集体、个人三者之间如何进行分配,积累与消费比例如何,投入与产出、供给与需求、部门与部门、环节与环节之间的比例是否协调,纵向、横向比较、发展变化如何;等等,都需要采用科学的方法进行测量和计算。这种测量和计算,就叫国民经济核算。它是适应国民经济与社会发展需要而逐步形成并发展起来的。

国民经济核算有两种含义：一是广义的，包括统计核算、会计核算、业务核算。它们相辅相成，分工协作，有机地组成国民经济核算体系；二是狭义的，仅指国民经济综合平衡统计核算。国民经济核算可区分为五个层次，即企业（单位）的经济核算，部门（行业）的经济核算，地区的经济核算，全国的经济核算，国际的经济核算。

二、国民经济核算的作用

国民经济核算所提供的各种指标，是研究一国（或地区）经济现实和历史发展的重要依据，也是进行经济预测、编制计划和制定政策的基本依据。国民经济核算体系的主要功能：

一是经济社会发展的测量系统。运用它可以把握经济社会发展的规律性。

二是科学管理和决策的信息系统。采用大量信息的国民经济核算体系，对计划、决策的确定和执行情况，起着重要的咨询、服务与监督作用。

三是社会经济运行的预警系统。对宏观经济运行是否正常，以及各种商品市场价格、供求状况等微观经济行为起着预警和导向作用。

四是国际经济技术交流的共同语言系统。运用它更便于国际经济技术交流和对比分析。

三、国民经济核算的基本框架

《中国国民经济核算体系(2002)》是在广泛征求了各方面的意见和建议，总结了十年来我国国民经济核算实践经验和理论研究成果的基础上修订的。它采纳了 1993 年 SNA 的基本核算原则、内容和方法，是我国国民经济核算工作新的规范性文本。

（一）国民经济核算体系的基本框架

新方案由基本核算表、国民经济账户和附属表三部分构成。其中，基本核算表和国民经济账户是核心部分，附属表是对核心部分的补充。中国国民经济核算体系的基本框架如图 9.1 所示。

（二）国民经济核算体系的基本关系

在新方案中，基本核算表和国民经济账户通过不同的方式对国民经济运行过程及结果进行全面的描述，两者之间既密切联系，又相对独立。每张基本核算表侧重于经济活动某一方面内容的核算，所有的基本核算表构成一个有机的整体，对国民经济活动进行全面的核算。国民经济账户则侧重于对经济循环过程的核算，各个账户按生产、收入分配、消费、储蓄、投资和融资等环节设置，相互之间通过平衡项来衔接，既系统地反映了经济循环过程中每个环节的基本内容，又清楚地反映了各环节之间的有机联系。

四、国民经济核算的原则

国民经济核算的产生与西方宏观经济学的发展有着不可分割的密切联系。一方面，宏观经济理论为国民经济核算的产生提供了理论依据，规定了体系内容。另一方面，国民经济核算的产生又为宏观经济学的运用铺平了道路，提供了统计指标体系。这是因为，宏观经济学以整个国民经济活动为研究对象，以分析经济的总需求和总供给为核心，这就需要一整套核算国民经济活动的指标体系。

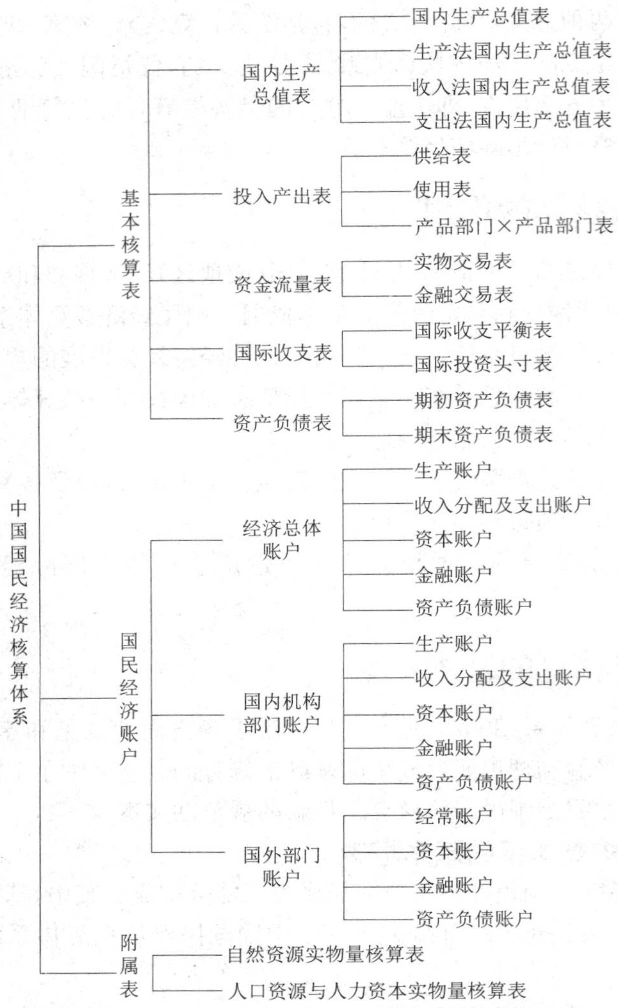

图 9.1 中国国民经济核算体系的基本框架

(资料来源:国家统计局网站,国家统计局国民经济核算司)

(一)国民经济核算原则

国民经济核算原则是国民经济核算基本理论的组成部分,它对国民经济核算体系的设计、范围确定、核算的系统一致性等具有直接的指导或决定作用。

1. 市场原则

从市场出发,考虑市场过程和市场活动,以及市场发展变化等,就成为确定国民经济核算范围、分类、账户划分等方面的重要原则,这就是我们简称的市场原则。

2. 所有权原则

所有权原则是确定国民经济核算中资产和负债范围的基本原则。在市场经济活动中,资产和负债是进行生产活动、获取经济利益的根本条件,因此,它必须表现为企业等机构单位或机构部门的所有权,才可能在生产经营等经济活动中产生决定的作用。正由于这个原因,国民经济核算把资产界定为机构单位或机构部门能够行使所有权的统计范围,负债与资产相对应,这就是简称的所有权原则。

3. 三等价原则

三等价原则是指国民经济运行过程中国民生产、国民(原始或可支配)收入、国民(最终)支出之间的总量平衡关系的等价统计原则。三等价原则是确定国民经济生产、收入分配、消费和积累核算一致性的重要原则。

(二)国民经济核算的统计原则

国民经济核算的统计原则首先是权责发生制。所谓权责发生制原则是指对经济活动中机构单位之间的交易按照其债权债务发生时,或生产活动中价值转移,或新价值形成或取消时进行统计的原则。国民经济核算的统计原则与微观会计核算原则有相同的一面,也有不同的一面。

五、国民经济核算总量及结构描述

国民经济核算体系是对国民经济运行过程的系统描述。国民经济核算体系包含总量和结构描述两个层次,它们描述国民经济运行过程,设计统计指标体系是以社会再生产理论和市场经济理论为依据的。国民经济核算体系划分生产核算、收入分配核算、积累核算、资产负债核算和国外核算。国民经济核算的结构描述是通过宏观层次上的系统分类进行的:

(1)生产领域。对生产成果分别进行国民经济产业部门分类、国民经济机构部门分类及产品分类。

(2)收入初次分配再分配领域。收入初次分配和再分配结果的可支配收入分别按国民经济机构部门分类,主要为分析收入分配结构服务。

(3)最终使用领域。包括消费领域和积累领域。消费领域,政府最终消费支出按政府目的分类,主要为分析政府职能作用而服务;居民最终消费支出按消费目的分类,主要是为分析居民消费行为和消费结构服务。

国民经济核算分类体系是对总量核算的深化,或者说是对国民经济运行过程深层的解剖和描述,每种分类不仅有一个主要的分析功能,而且还要在与其他分类联系中兼顾其他多种分析功能。此外,分类的系统一致也是保证国民经济核算一致性的重要基础。因此,国民经济分类体系的发展对国民经济核算体系具有非常重要的作用。

第二节　国民经济分类

一、国民经济分类的意义

国民经济分类是国民经济统计和宏观经济分析的重要基础性工作。通过分类,旨在将大量、丰富的国民经济核算资料分门别类地加工整理,使之条理化、系统化。也只有以科学的国民经济分类为基础,才能正确地说明国民经济各部门、各环节、各要素、各方面的相互联系和比例关系,进而深刻地反映出国民经济的内在结构机制和运行规律性。

二、两大生产领域的划分

国民经济两大生产领域按照生产活动的产品形态分为货物生产与服务生产。在现代经济核算和经济分析中,所谓货物是指一切具有外在表现和外在形态的产品,包括农业、工业和建筑业的产品;服务(或劳务)则是指其他一切不具有外在形态,只能通过活动本身提供某种使用价值或效用的产品。货物是生产活动的成果;服务则是一种生产活动,又是该种活动的成果,两者合二为一。从使用特点来看,货物通常是可以储存的,其生产、流通和使用过程是可以分离的;服务则相反,它是不可储存的,其生产、流通和使用过程同步进行,同时完成,生产多少就使用多少。在市场经济条件下,货物和服务的大部分都成了"商品",但整个经济体系中仍然存在着非市场性的生产活动。因此,严格地说,"商品"与"非商品""货物"与"服务"是两组不同的概念。商品包括服务,货物也不一定就是商品,它们之间存在着相互交叉的关系。

三、两大生产部类的划分

两大部类分类法是马克思在剖析资本主义再生产过程中提出的。马克思对资本主义物质生产领域的社会总产品的形态进行了分析,他根据不同产品在社会再生产过程中的不同作用,从实物形态上将社会总产品分为生产资料的生产和消费资料的生产两大部类。

这样划分的结果,同一种产品可能只属于一个部类,也可能分别属于两个部类。在计算和分析两大部类比例时,有的因数量较小可以舍去或扣除掉,有的可以根据该产品最终使用情况的历史资料来计算它用于生产消费或生活消费的比例。

四、三次产业的划分

为更好地反映我国三次产业的发展情况,满足国民经济核算、服务业统计及其他统计调查对三次产业划分的需求,根据《国民经济行业分类》(GB/T 4754—2011),制定本规定。

第一产业是指农、林、牧、渔业(不含农、林、牧、渔服务业)。

第二产业是指采矿业(不含开采辅助活动),制造业(不含金属制品、机械和设备修理业),电力、热力、燃气及水生产和供应业,建筑业。

第三产业即服务业,是指除第一产业、第二产业以外的其他行业。第三产业包括:批发和零售业,交通运输、仓储和邮政业,住宿和餐饮业,信息传输、软件和信息技术服务业,金融业,房地产业,租赁和商务服务业,科学研究和技术服务业,水利、环境和公共设施管理业,居民服务、修理和其他服务业,教育,卫生和社会工作,文化、体育和娱乐业,公共管理、社会保障和社会组织,国际组织,以及农、林、牧、渔业中的农、林、牧、渔服务业,采矿业中的开采辅助活动,制造业中的金属制品、机械和设备修理业。

五、国民经济行业分类

《国民经济行业分类》国家标准于1984年首次发布,分别于1994年和2002年进行修订,2011年第三次修订。该标准(GB/T 4754—2011)由国家统计局起草,国家质量监督检验检疫总局、国家标准化管理委员会批准发布,并于2011年11月1日实施。此次修订除参照2008年联合国新修订的《国际标准行业分类》修订四版(简称ISIC4)外,主要依据我国近年来经济发展状况和趋势,对门类、大类、中类、小类做了调整和修改。

国民经济行业分类(GB/T 4754—2011):

(1)农、林、牧、渔业。

(2)采矿业。

(3)制造业。
(4)电力、热力、燃气及水生产和供应业。
(5)建筑业。
(6)批发和零售业。
(7)交通运输、仓储和邮政业。
(8)住宿和餐饮业。
(9)信息传输、软件和信息技术服务业。
(10)金融业。
(11)房地产业。
(12)租赁和商务服务业。
(13)科学研究和技术服务业。
(14)水利、环境和公共设施管理业。
(15)居民服务、修理和其他服务业。
(16)教育。
(17)卫生和社会工作。
(18)文化、体育和娱乐业。
(19)公共管理、社会保障和社会组织。
(20)国际组织。

第三节 核算国民经济的主要指标

一、国民经济核算指标体系

国民经济核算是对国民经济活动进行整体的系统的核算，也就是以社会再生产全过程为对象的宏观经济核算。它从数量上系统地反映国民经济运行状况及社会再生产过程中生产、分配、交换、使用各个环节之间以及国民经济各部门之间的内在联系，为国家宏观经济管理提供依据。国民经济核算体系是一个国家或地区在社会经济发展的测量系统，包括人力、物力、财力、资源与利用，又有生产、分配、交换和消费，以及经济运行的总量、速度、比例和效益。

(1)指国家或国际组织为统一国民经济核算而制定的核算标准和规范。它以一定的经济理论为基础，明确规定一系列核算概念、定义和核算原则，制定一套反映国民经济运行的指标体系、分类标准和核算方法以及相应的表现形式(平衡表、账户、矩阵等)，形成一套逻辑一致和机构完整的核算标准和规范。这些标准和规范是保证国民经济核算的科学性、统一性和可比性所不可缺少的，同时也是正确理解和使用国民经济核算资料并进行国际比较所必需的。

(2)指全面、系统反映国民经济运行的数据体系。它是遵循一定的国民经济核算标准和规范对国民经济进行核算的结果，就是一整套国民经济核算资料。它通过一系列的经济总体数据和分部门数据，系统地反映从生产、分配到交换、使用的经济循环全过程，以及各部门在社会再生产中的地位、作用和相互联系，因而是国家宏观经济决策和调控的重要依据。

二、常用的核算国民经济的指标的概念、计算方法

(一)国内生产总值

国内生产总值(Gross Domestic Product,GDP)是指一个国家(国界范围内)所有常住单位在一定时期内生产的所有最终产品和劳务的市场价值。GDP是国民经济核算的核心指标,也是衡量一个国家或地区总体经济状况重要指标。

1.概念分析

第一,国内生产总值是用最终产品和服务来计量的,即最终产品和服务在该时期的最终出售价值。一般根据产品的实际用途,可以把产品分为中间产品和最终产品。

所谓最终产品,是指在一定时期内生产的可供人们直接消费或者使用的物品和服务。这部分产品已经到达生产的最后阶段,不能再作为原料或半成品投入其他产品和劳务的生产过程中去,如消费品、资本品等,一般在最终消费品市场上进行销售。中间产品是指为了再加工或者转卖用于供别种产品生产使用的物品和劳务,如原材料、燃料等。GDP必须按当期最终产品计算,中间产品不能计入,否则会造成重复计算。

第二,国内生产总值是一个市场价值的概念。各种最终产品的市场价值是在市场上达成交换的价值,都是用货币来加以衡量的,通过市场交换体现出来。一种产品的市场价值就是用这种最终产品的单价乘以其产量获得的。

第三,国内生产总值一般仅指市场活动导致的价值。那些非生产性活动以及地下交易、黑市交易等不计入GDP中,如家务劳动、自给自足性生产,以及赌博和毒品的非法交易等。

第四,GDP是计算期内生产的最终产品价值,因而是流量而不是存量。

第五,GDP不是实实在在流通的财富,它只是用标准的货币平均值来表示财富的多少。但是生产出来的东西能不能完全的转化成流通的财富,这是不一定的。

2.表现形态

即价值形态、收入形态和产品形态。从价值形态看,它是所有常住单位在一定时期内所生产的全部货物和服务价值超过同期投入的全部非固定资产货物和服务价值的差额,即所有常住单位的增加值之和;从收入形态看,它是所有常住单位在一定时期内所创造并分配给常住单位和非常住单位的初次分配收入之和;从产品形态看,它是最终使用的货物和服务减去进口货物和服务。

3.核算方法

在实际核算中,国内生产总值的三种表现形态表现为三种计算方法,即生产法、收入法和支出法,三种方法分别从不同的方面反映国内生产总值及其构成。用生产法、收入法、支出法计算的结果分别称为生产法GDP、收入法GDP或分配法GDP、支出法GDP。按三种方法计算的GDP反映的是同一经济总体在同一时期的生产活动成果,因此,从理论上讲,三种计算方法所得到的结果应该是一致的。但在实践中,由于受资料来源、口径范围、计算方法等因素的影响,这三种方法的计算结果往往存在差异即存在统计误差。

(1)生产法。生产法是从生产的角度衡量常住单位在核算期内新创造价值的一种方法,即从国民经济各个部门在核算期内生产的总产品价值中,扣除生产过程中投入的中间产品价值,得到增加值。核算公式为:

$$增加值=总产出-中间投入$$

用生产法核算GDP，是指按提供物质产品与劳务的各个部门的产值来计算国内生产总值。生产法又叫部门法。这种计算方法反映了国内生产总值的来源。

运用这种方法进行计算时，各生产部门要把使用的中间产品的产值扣除，只计算所增加的价值。商业和服务等部门也按增值法计算。卫生、教育、行政、家庭服务等部门无法计算其增值，就按工资收入来计算其服务的价值。

按生产法核算国内生产总值，可以分为下列部门：农林渔业；矿业；建筑业；制造业；运输业；邮电和公用事业；电、煤气、自来水业；批发、零售商业；金融、保险、不动产；服务业；政府服务和政府企业。把以上部门生产的国内生产总值加总，再与国外要素净收入相加，考虑统计误差项，就可以得到用生产法计算的GDP了。

从理论上说，按支出法、收入法与生产法计算的GDP在量上是相等的，但实际核算中常有误差，因而要加上一个统计误差项来进行调整，使其达到一致。实际统计中，一般以国民经济核算体系的支出法为基本方法，即以支出法所计算出的国内生产总值为标准。

在中国的统计实践中，生产法计算GDP分为四项：

GDP＝劳动者报酬＋生产税净额＋固定资产折旧＋营业盈余

第一项为劳动者报酬。是指劳动者因从事生产活动所获得全部报酬。包括劳动者获得的各种形式的工资、奖金和津贴，既包括货币形式的，也包括实物形式的，还包括劳动者所享受的公费医疗和医药卫生费、上下班交通补贴和单位支付的社会保险费等。

第二项为生产税净额，指生产税减生产补贴后的余额。生产税指政府对生产单位生产、销售和从事经营活动，以及因从事生产活动使用某些生产要素（如固定资产、土地、劳动力）所征收的各种税、附加费和规划费。生产补贴与生产税相反，是指政府对生产单位的单方面的收入转移，因此视为负生产税，包括政策亏损补贴、粮食系统价格补贴、外贸企业出口退税等。

第三项为固定资产折旧，是指一定时期内为弥补固定资产损耗按照核定的固定资产折旧率提取的固定资产折旧。它反映了固定资产在当期生产中的转移价值。

第四项为营业盈余，是指常驻单位创造的增加值扣除劳动报酬、生产税净额和固定资产折旧后的余额。它相当于企业的营业利润加上生产补贴。

(2)收入法。收入法核算GDP，就是从收入的角度，把生产要素在生产中所得到的各种收入相加来计算的GDP，即把劳动所得到的工资、土地所有者得到的地租、资本所得到的利息以及企业家才能得到的利润相加来计算GDP。这种方法又叫要素支付法、要素成本法。

在没有政府的简单经济中，企业的增加值即其创造的国内生产总值，就等于要素收入加上折旧，但当政府介入后，政府往往征收间接税，这时的GDP还应包括间接税和企业转移支付。间接税是对产品销售征收的税，它包括货物税、周转税。这种税收名义上是对企业征收，但企业可以把它打入生产成本之中，最终转嫁到消费者身上，故也应视为成本。同样，还有企业转移支付（即企业对非营利组织的社会慈善捐款和消费者呆账），它也不是生产要素创造的收入，但要通过产品价格转移给消费者，故也应看作成本。

资本折旧也应计入GDP。因为它虽不是要素收入，但包括在应回收的投资成本中。

还有，非公司企业主收入也应计入GDP中。非公司企业主收入，是指医生、律师、小店铺主、农民等的收入。他们使用自己的资金，自我雇用，其工资、利息、租金很难像公司的账目那样，分成其自己经营应得的工资、自有资金的利息、自有房子的租金等，其工资、利息、利润、租金常混在一起作为非公司企业主收入。

这样,按收入法计算的公式就是:

GDP =工资+利息+利润+租金+间接税和企业转移支付+折旧

也可看成是:

GDP=生产要素的收入+非生产要素的收入

从理论上讲,用收入法计算出的GDP与用支出法计算出的GDP在量上是相等的。

(3)支出法。支出法核算GDP,就是从产品的使用出发,把一年内购买的各项最终产品的支出加总而计算出的该年内生产的最终产品的市场价值。这种方法又称最终产品法、产品流动法。从支出法来看,国内生产总值包括一个国家(或地区)所有常住单位在一定时期内用于最终消费、资本形成总额,以及货物和服务的净出口总额,它反映本期生产的国内生产总值的使用及构成。

在实际中,由于生产法和收入法都是对各产业部门的增加值进行核算,为了就每一产业部门取得一致的增加值数据,根据资料来源情况,有的产业部门,如农业、工业部门,增加值主要以生产法计算的结果为准,有的产业部门如一些服务部门,增加值主要以收入法的计算结果为准,因此我国生产法GDP等于收入法GDP,但支出法GDP大多数情况下与这两者不同,有时会大一些,有时会小一些。鉴于生产法和收入法的计算基础更好一些,因此,国家规定一般以生产法GDP和收入法GDP数据为准,并将支出法GDP与生产法GDP的统计误差控制在一定范围内,一般是2%。各种公开发表的GDP总量和增长速度数据均是生产法和收入法的计算结果。在经济学中,常用GDP和GNI(国民总收入,Gross National Income)共同来衡量该国或地区的经济发展综合水平。这也是各个国家和地区常采用的衡量手段。GDP是宏观经济中最受关注的经济统计数字,因为它被认为是衡量国民经济发展情况最重要的一个指标。GDP反映的是国民经济各部门的增加值的总额。

(二)国民生产总值

国民生产总值(GNP)是指一个国家(或地区)所有国民在一定时期内新生产的产品和服务价值的总和。GNP是按国民原则核算的,只要是本国(或地区)居民,无论是否在本国境内(或地区内)居住,其生产和经营活动新创造的增加值都应该计算在内。比如说,中国的居民通过劳务输出在境外所获得的收入就应该计算在中国的GNP中。

GNP是最重要的宏观经济指标,指一个国家(地区)所有常驻机构单位在一定时期内(年或季)收入初次分配的最终成果。是一国所拥有的生产要素所生产的最终产品价值,是一个国民概念。

举例说明:一个在日本工作的美国公民所创造的财富计入美国的GNP,但不计入美国的GDP,而是计入日本的GDP。在1991年之前,美国均是采用GNP作为经济总产出的基本测量指标,后来因为大多数国家都采用GDP,加之国外净收入数据不足,GDP相对于GNP来说是衡量国内就业潜力的更好指标,易于测量,所以美国才改用GDP。

另外,GNP这个指标已被更名为国民总收入(GNI)。

(三)国内生产净值

国内生产净值(NDP)是指在一个国家或地区,在一定时期内所生产的最终产品和劳务按市场价格计算的净值,以及新增加的产值。

按市场价格计算的国内生产净值等于国内生产总值减去所有常住单位的固定资产折旧。即从GDP中扣除资本折旧,就得NDP。

(四)国民净收入

国民净收入(NNI)又称国民生产净值,是指一个国家在一定时期内,国民经济各部门生产的最终产品和劳务价值的净值。一般以市场价格计算,它等于国民生产总值减去固定资产折旧后的余额。

练习题

一、名词解释

国民经济核算　国内生产总值　国民生产总值

二、简答题

1. 国民经济核算的基本原则有哪些?
2. 我国的国民经济核算体系由哪些部分组成?
3. 试比较国内生产总值与国民生产总值的差别。

三、计算题

已知如下资料:国内生产总值 28 000 亿元,中间投入 17 600 亿元,最终消费 8 054 亿元,资本形成总额 2 546 亿元,出口 2 100 亿元,固定资本消耗 1 310 亿元,劳动者报酬 6 050 亿元,生产税净额 972 亿元,营业盈余 2 068 亿元,国外净收入要素 45 亿元。

要求:

(1)分别用三种方法计算国内生产总值。

(2)计算国内生产净值。

附表1:正态概率表

t	$F(t)$	t	$F(t)$	t	$F(t)$	t	$F(t)$
0.00	0.000 0	0.60	0.451 5	1.20	0.769 9	1.80	0.928 1
0.01	0.008 0	0.61	0.458 1	1.21	0.773 7	1.81	0.929 7
0.02	0.016 0	0.62	0.464 7	1.22	0.778 7	1.82	0.931 2
0.03	0.023 9	0.63	0.471 3	1.23	0.781 3	1.83	0.932 8
0.04	0.031 9	0.64	0.477 8	1.24	0.785 0	1.84	0.934 2
0.05	0.039 9	0.65	0.484 3	1.25	0.788 7	1.85	0.935 7
0.06	0.047 8	0.66	0.490 7	1.26	0.792 3	1.86	0.937 1
0.07	0.055 8	0.67	0.497 1	1.27	0.795 8	1.87	0.938 5
0.08	0.063 8	0.68	0.503 5	1.28	0.799 5	1.88	0.939 9
0.09	0.071 7	0.69	0.509 3	1.29	0.803 0	1.89	0.941 2
0.10	0.079 7	0.70	0.506 1	1.30	0.864 0	1.90	0.942 6
0.11	0.087 6	0.71	0.522 3	1.31	0.809 8	1.91	0.943 9
0.12	0.095 5	0.72	0.528 5	1.32	0.813 2	1.92	0.945 1
0.13	0.103 4	0.73	0.534 6	1.33	0.816 5	1.93	0.946 4
0.14	0.111 3	0.74	0.540 7	1.34	0.819 8	1.94	0.947 6
0.15	0.119 2	0.75	0.546 7	1.35	0.823 0	1.95	0.948 8
0.16	0.127 1	0.76	0.552 7	1.36	0.826 2	1.96	0.950 0
0.17	0.135 0	0.77	0.558 7	1.37	0.829 3	1.97	0.951 2
0.18	0.142 8	0.78	0.564 6	1.38	0.832 4	1.98	0.952 3
0.19	0.150 7	0.79	0.570 5	1.39	0.835 5	1.99	0.953 4
0.20	0.158 5	0.80	0.576 3	1.40	0.838 5	2.00	0.956 6
0.21	0.166 3	0.81	0.582 1	1.41	0.841 5	2.02	0.956 8
0.22	0.174 1	0.82	0.587 8	1.42	0.844 0	2.04	0.958 7
0.23	0.181 9	0.83	0.595 5	1.43	0.847 3	2.06	0.960 6
0.24	0.189 7	0.84	0.599 1	1.44	0.850 1	2.08	0.962 5
0.25	0.197 4	0.85	0.604 7	1.45	0.852 9	2.10	0.964 3
0.26	0.205 1	0.86	0.610 2	1.46	0.855 7	2.12	0.966 0
0.27	0.212 8	0.87	0.615 7	1.47	0.858 4	2.14	0.967 6
0.28	0.220 5	0.88	0.621 1	1.48	0.861 1	2.16	0.969 2
0.29	0.228 2	0.89	0.626 5	1.49	0.863 8	2.18	0.970 7
0.30	0.235 8	0.90	0.631 9	1.50	0.866 4	2.20	0.972 2
0.31	0.233 4	0.91	0.637 2	1.51	0.869 0	2.22	0.973 6
0.32	0.251 0	0.92	0.642 4	1.52	0.817 5	2.24	0.974 9
0.33	0.258 6	0.93	0.647 6	1.53	0.874 0	2.26	0.976 2

续表

t	F(t)	t	F(t)	t	F(t)	t	F(t)
0.34	0.266 1	0.94	0.652 8	1.54	0.876 4	2.28	0.977 4
0.35	0.273 7	0.95	0.657 9	1.55	0.878 9	2.30	0.978 6
0.36	0.281 2	0.96	0.662 9	1.56	0.881 2	2.32	0.979 7
0.37	0.288 6	0.97	0.668 0	1.57	0.883 6	2.34	0.980 7
0.38	0.296 1	0.98	0.672 9	1.58	0.885 9	2.36	0.981 7
0.39	0.303 5	0.99	0.677 8	1.59	0.888 2	2.38	0.982 7
0.40	0.310 8	1.00	0.682 7	1.60	0.890 4	2.40	0.983 6
0.41	0.318 2	1.01	0.687 5	1.61	0.892 6	2.42	0.984 5
0.42	0.325 5	1.02	0.692 3	1.62	0.894 8	2.44	0.985 3
0.43	0.332 8	1.03	0.697 0	1.63	0.896 9	2.46	0.986 1
0.44	0.340 1	1.04	0.701 7	1.64	0.899 0	2.48	0.986 9
0.45	0.347 3	1.05	0.706 3	1.65	0.901 1	2.50	0.987 6
0.46	0.354 5	1.06	0.710 5	1.66	0.903 1	2.52	0.988 3
0.47	0.366 1	1.07	0.715 4	1.67	0.905 1	2.54	0.989 0
0.48	0.368 2	1.08	0.719 9	1.68	0.907 0	2.56	0.989 5
0.49	0.375 9	1.09	0.724 3	1.69	0.909 0	2.58	0.990 0
0.50	0.382 9	1.10	0.728 2	1.70	0.910 9	2.60	0.990 7
0.51	0.389 9	1.11	0.733 0	1.71	0.912 7	2.62	0.991 2
0.52	0.396 9	1.12	0.737 3	1.72	0.914 6	2.64	0.991 7
0.53	0.403 4	1.13	0.737 3	1.73	0.916 4	2.66	0.992 2
0.54	0.410 8	1.14	0.745 7	1.74	0.918 1	2.68	0.992 6
0.55	0.417 7	1.15	0.749 9	1.75	0.919 9	2.80	0.994 9
0.56	0.421 5	1.16	0.754 0	1.76	0.921 6	3.00	0.997 3
0.57	0.431 3	1.17	0.758 0	1.77	0.923 3	4.00	0.999 9
0.58	0.438 1	1.18	0.762 0	1.78	0.924 9	4.60	0.999 993
0.59	0.444 8	1.19	0.766 0	1.79	0.926 5	5.00	0.999 999

附表2：t 值表(双尾)

α 自由度	0.50	0.25	0.10	0.05	0.025	0.01	0.005
1	1.000 00	2.414 2	6.313 8	12.706 0	25.452 0	63.657 0	127.320 0
2	0.916 50	1.660 3	2.920 0	4.302 7	9.205 9	9.942 8	14.089 0
3	0.764 89	1.422 6	2.353 4	3.182 5	4.176 5	5.849 0	7.453 3
4	0.740 70	1.344 4	2.131 8	2.778 4	3.495 4	4.604 1	5.597 6
5	0.726 69	1.300 9	2.015 0	2.570 6	3.163 4	4.032 1	4.773 3
6	0.717 56	1.277 3	1.943 2	2.446 9	2.968 7	3.707 4	4.316 8
7	0.711 14	1.254 3	1.894 6	2.364 6	2.841 2	3.499 5	4.029 3
8	0.706 39	1.240 3	1.859 5	2.306 0	2.751 5	3.355 4	3.832 5
9	0.702 72	1.229 7	1.833 1	2.262 2	2.685 0	3.249 8	3.698 7
10	0.699 81	1.221 3	1.812 5	2.228 1	2.633 8	3.169 3	3.581 4
11	0.697 45	1.214 5	1.795 9	2.201 0	2.593 1	3.105 8	3.496 6
12	0.605 48	1.208 9	1.782 3	2.178 8	2.560 0	3.054 5	3.428 4
13	0.693 84	1.204 1	1.770 9	2.160 4	2.532 6	3.0123	3.372 5
14	0.692 42	1.200 1	1.763 1	2.144 8	2.599 6	2.976 8	3.325 7
15	0.691 20	1.196 7	1.753 0	2.131 5	2.489 9	2.946 7	3.286 0
16	0.690 13	1.193 7	1.754 9	2.119 9	2.472 9	2.920 8	3.252 0
17	0.689 19	1.191 0	1.739 6	2.109 8	2.458 1	2.898 2	3.225 0
18	0.688 37	1.188 7	1.734 1	2.100 9	2.445 0	2.878 4	3.196 6
19	0.687 63	1.186 6	1.729 1	2.093 9	2.433 4	2.860 9	3.173 7
20	0.686 96	1.184 8	1.724 7	2.086 0	2.423 1	2.854 3	3.153 4
21	0.686 35	1.183 1	1.720 7	2.079 6	2.413 8	2.831 4	3.135 2
22	0.685 30	1.181 6	1.717 1	2.073 9	2.405 5	2.818 8	3.118 3
23	0.685 31	1.180 2	1.713 9	2.068 7	2.397 9	2.807 3	3.104 0
24	0.684 85	1.178 9	1.710 9	2.063 9	2.391 0	2.796 9	3.095 0
25	0.684 43	1.177 7	1.708 1	2.059 5	2.384 6	2.787 4	3.078 2
26	0.684 05	1.176 6	1.705 6	2.055 5	2.378 8	2.779 7	3.066 9
27	0.683 70	1.175 7	1.703 3	2.051 8	2.373 4	2.770 7	3.056 5
28	0.683 35	1.174 8	1.701 1	2.048 1	2.369 5	2.763 3	3.046 9
29	0.683 04	1.173 9	1.699 1	2.045 2	2.363 8	2.756 4	3.038 0
30	0.682 76	1.173 1	1.697 3	2.042 3	2.359 6	2.750 0	3.029 8
40	0.680 66	1.167 3	1.683 9	2.021 1	2.328 9	2.704 5	2.971 2
60	0.678 72	1.161 6	1.670 7	2.000 3	2.299 1	2.660 8	2.941 6
120	0.676 55	1.155 9	1.657 7	1.979 9	2.269 9	2.617 4	2.859 9
∞	0.674 49	1.150 3	1.644 9	1.960 0	2.241 4	2.578 8	2.807 0

附表 3：F 值表($\alpha=0.05$)

	1	2	3	4	5	6	7	8	9	10	20	30	40	∞
1	161.4	199.5	215.7	224.6	230.2	234.0	238.9	240.5	241.9	243.9	249.1	251.1	252.2	254.3
2	18.51	19.00	19.16	19.25	19.30	19.33	19.35	19.37	19.38	19.40	19.45	19.46	19.47	19.49
3	10.13	9.55	9.28	9.12	9.01	8.94	8.89	8.85	8.81	8.79	8.66	8.62	8.59	5.55
4	7.71	6.94	6.59	6.39	6.26	6.16	6.09	6.04	6.00	5.96	5.80	5.75	5.72	5.66
5	6.61	5.79	5.41	5.19	5.05	4.95	4.88	4.82	4.77	4.74	4.56	4.50	4.46	4.40
6	5.99	5.14	4.76	4.53	4.39	4.28	4.21	4.15	4.10	4.06	3.87	3.81	3.77	3.70
7	5.59	4.74	4.35	4.12	3.97	3.87	3.50	3.44	3.39	3.35	3.15	3.08	3.04	2.97
8	5.32	4.46	4.07	3.84	3.69	3.58	3.50	3.44	3.39	3.35	3.15	3.08	3.04	2.97
9	5.12	4.26	3.86	3.63	3.48	3.37	3.25	3.23	3.18	3.14	2.94	2.86	2.83	2.75
10	4.96	4.10	3.71	3.48	3.33	3.22	3.14	3.07	3.02	2.98	2.77	2.07	2.66	2.58
15	4.45	3.68	3.29	3.06	2.90	2.79	2.71	2.64	2.59	2.54	2.35	2.24	2.19	2.11
20	4.35	3.49	3.10	2.87	2.71	2.60	2.51	2.45	2.39	2.35	2.12	2.04	1.99	1.90
30	4.17	3.32	2.92	2.69	2.53	2.79	2.33	2.27	2.21	2.16	1.93	1.84	1.79	1.68
40	4.08	3.23	2.84	2.61	2.45	2.23	2.25	2.18	2.12	2.08	1.84	1.74	1.69	1.58
∞	3.94	3.00	3.60	2.37	2.21	2.10	2.01	1.94	1.86	1.83	1.57	1.46	1.39	1.22

附表 4：F 值表($\alpha=0.01$)

	1	2	3	4	5	6	7	8	9	10	20	30	40	∞
1	4 052	4 999.5	5 403	5 625	5 764	5 859	5 928	5 981	6 002	6 056	6 209	6 261	6 287	6 366
2	98.50	99.00	99.17	99.25	99.30	99.33	99.36	99.37	99.39	99.40	99.45	99.47	99.48	99.51
3	34.12	30.82	29.46	28.71	28.42	27.91	27.67	27.49	27.35	27.23	26.69	26.50	26.41	26.13
4	21.20	18.00	16.69	15.98	15.52	15.21	14.98	14.80	14.66	14.55	14.02	13.84	13.75	13.46
5	16.26	13.27	12.06	11.39	10.97	10.67	10.46	10.29	10.16	10.05	9.55	9.38	9.28	9.02
6	13.75	10.92	9.78	9.15	8.75	8.47	8.26	8.10	7.98	7.87	7.40	7.23	7.14	6.88
7	12.25	9.55	8.45	7.85	7.46	7.19	6.99	6.84	6.72	6.62	6.16	5.99	5.91	5.65
8	11.26	8.65	7.95	7.20	6.63	6.37	6.18	6.03	5.91	5.91	5.36	5.20	5.12	4.86
9	10.56	8.02	6.99	6.42	6.06	5.80	5.61	5.47	5.35	5.26	4.81	4.65	4.57	4.31
10	10.04	7.56	6.55	5.99	5.64	5.39	5.20	5.06	4.94	4.85	4.41	4.25	3.17	3.91
15	8.68	6.36	5.42	4.89	4.56	4.32	4.14	4.00	3.89	3.80	3.37	3.21	3.13	2.87
20	8.10	5.85	4.94	4.43	4.10	8.87	3.60	3.56	3.46	3.37	2.94	2.78	2.69	2.42
30	7.56	5.39	4.51	4.02	3.70	3.47	3.30	3.17	3.07	2.98	2.55	2.39	2.30	2.01
40	7.31	5.18	4.31	3.83	3.51	3.29	3.12	2.99	2.89	2.80	2.37	2.20	2.11	1.80
∞	6.63	4.61	3.78	3.32	3.02	2.80	2.64	2.51	2.41	2.32	1.88	1.70	1.59	1.00

参 考 文 献

[1] 卢治飞,孙忠宝.应用统计学[M].北京:清华大学出版社,2012.

[2] 袁卫,庞皓,曾五一,等.统计学[M].2版.北京:高等教育出版社,2005.

[3] 卞毓宁.统计学概论[M].北京:高等教育出版社,2008.

[4] 黄良文.统计学原理[M].北京:中国统计出版社,2000.

[5] 李洁明.统计学原理[M].上海:复旦大学出版社,2000.

[6] 曾五一.统计学概论[M].北京:首都经贸大学出版社,2003.

[7] 袁卫.统计学[M].北京:高等教育出版社,2000.

[8] 栗方忠.统计学原理[M].大连:东北财经大学出版社,2001.

[9] 耿修林.商务经济统计学[M].北京:科学出版社,2003.

[10] 胡健颖.实用统计学[M].北京:北京大学出版社,1997.

[11] 李心愉.应用经济统计学[M].北京:北京大学出版社,1999.

[12] 邢春玲.统计学原理[M].重庆:重庆大学出版社,2008.

[13] 王健健,陈银珍,仇大勇.统计学基础[M].武汉:武汉理工大学出版社,2008.

[14] 李林杰,董正信.经济应用统计学教程[M].北京:经济日报出版社,2005.